BELLROTH

Die Bindungswirkung bergrechtlicher Rahmenbetriebsplanzulassungen

Bochumer Beiträge zum Berg- und Energierecht
Band 69

Herausgegeben von Professor Dr. iur. Johann-Christian Pielow
　　　　　　　　　Professor Dr. iur. Martin Burgi
　　　　　　　　　Professor Dr. iur. Wolfram Cremer
　　　　　　　　　Professor Dr. rer. oec. Helmut Karl
　　　　　　　　　Professor Dr. iur. Andrea Lohse

Begründet von 　 Professor Dr. iur. Uwe Hüffer
　　　　　　　　　Professor Dr. iur. Dr. h. c. mult. Knut Ipsen
　　　　　　　　　Professor Dr. iur. Peter J. Tettinger †

　　　　　　　　　Institut für Berg- und Energierecht
　　　　　　　　　der Ruhr-Universität Bochum

Die Bindungswirkung bergrechtlicher Rahmenbetriebsplanzulassungen

Dag M. Bellroth

Bibliografische Information der Deutschen Nationalbibliothek ǀ Die Deutsche Nationalbibliothek verzeichnet diese Publikation in der Deutschen Nationalbibliografie; detaillierte bibliografische Daten sind im Internet über www.dnb.de abrufbar.

ISBN 978-3-415-06987-9

© 2021 Richard Boorberg Verlag

Das Werk einschließlich aller seiner Teile ist urheberrechtlich geschützt. Jede Verwertung, die nicht ausdrücklich vom Urheberrechtsgesetz zugelassen ist, bedarf der vorherigen Zustimmung des Verlages. Dies gilt insbesondere für Vervielfältigungen, Bearbeitungen, Übersetzungen, Mikroverfilmungen und die Einspeicherung und Verarbeitung in elektronischen Systemen.

Titelfoto: © spot-shot/Frank-Peter Funke/Hans-Joachim Roy/Rebel – Fotolia ǀ Satz: Thomas Schäfer, www.schaefer-buchsatz.de ǀ Druck und Bindung: Esser PrintSolutions GmbH, Westliche Gewerbestraße 6, 75015 Bretten

Richard Boorberg Verlag GmbH & Co KG ǀ Scharrstraße 2 ǀ 70563 Stuttgart
Stuttgart ǀ München ǀ Hannover ǀ Berlin ǀ Weimar ǀ Dresden
www.boorberg.de

Meinem Vater und meinem Großvater in Gedenken

Vorwort

Auch wenn der sogenannte Kohleausstieg bei der Förderung der Steinkohle bereits vollzogen und bei der Braunkohle nun eingeleitet worden ist, bleibt das Bergrecht dennoch ein Rechtsgebiet von fortbestehendem Interesse. Seine Institutionen, insbesondere das Berechtsamswesen und das System der Betriebsplanzulassungen, haben auch weiterhin aktuelle Bedeutung für andere Bodenschätze und Rohstoffe sowie neuere technische Entwicklungen.

Die vorliegende Arbeit wurde im Wintersemester 2020/2021 von der Juristischen Fakultät der Georg-August-Universität Göttingen als Dissertation angenommen. Das Manuskript wurde ursprünglich Mitte 2018 abgeschlossen. Dennoch konnten vor der Drucklegung noch einige Aktualisierungen eingepflegt werden, die insbesondere wichtige nach Fertigstellung erschienene fachspezifische Literaturquellen berücksichtigen und vor allem die behandelte Rechtslage auf den aktuellen Rechtsstand von November 2020 gehoben haben.

Mein herzlichster Dank gilt zuerst meinem Doktorvater, Herrn Prof. Dr. Thomas Mann, der sowohl mein Interesse an der Wissenschaft ermutigte, als auch durch seine jederzeitige Unterstützung und die mir allzeit entgegengebrachte vertrauensvolle Wertschätzung für eine Promotionszeit am Lehrstuhl sorgte, an die ich immer wieder mit größter Freude zurückdenken werde. Für diese Zeit möchte ich auch der gesamten „Mannschaft" herzlich danken.

Frau Prof. Dr. Angela Schwerdtfeger danke ich herzlich für die schnelle Erstellung des Zweitgutachtens.

Weiter möchte ich Herrn Prof. Dr. Johann-Christian Pielow für die Aufnahme dieser Arbeit in die Reihe *Bochumer Beiträge zum Berg- und Energierecht* danken.

Bedanken möchte ich mich herzlich auch bei all denjenigen, die durch ihren kontinuierlichen Zuspruch zum Gelingen dieser Arbeit beigetragen haben, vor allem bei Dr. Katharina Bode, Dr. Sina Fontana und Manuela Schumann.

Mein größter Dank gilt meiner Familie, insbesondere meiner Mutter, für die herzliche Unterstützung auf meinem Lebensweg und den immerwährenden Rückhalt.

Hamburg, im Dezember 2020 *Dag M. Bellroth*

Inhaltsverzeichnis

Literaturverzeichnis 15

Einleitung 27

Kapitel 1:
Grundlegende Einführung in die Dogmatik des bergrechtlichen Betriebsplanverfahrens 29

A) Besondere Sachgesetzlichkeiten des Bergbaus 29
B) Die historische Entwicklung des Betriebsplanverfahrens im Bergrecht 31
   I) Die Entwicklung des Betriebsplans unter Einfluss des Direktionsprinzips 31
   II) Die Entwicklung des Betriebsplans im Allgemeinen Berggesetz für die Preußischen Staaten unter Einfluss des Inspektionsprinzips 32
   III) Die Entwicklung des Betriebsplans im 20. Jahrhundert . . 34
      1. Die Etablierung weiterer Betriebsplanarten 35
      2. Die Wandlung der Betriebsplanzulassung zu einem Verwaltungsakt 36
   IV) Der Betriebsplan nach dem Bundesberggesetz 37
C) Ausgestaltung des Betriebsplanverfahrens nach den §§ 51 ff. BBergG 38
   I) Besonderheiten des Betriebsplanverfahrens 39
   II) Betriebsplanarten im BBergG 40
      1. Hauptbetriebsplan 40
      2. Rahmenbetriebsplan 42
         a) Fakultativer Rahmenbetriebsplan 43
         b) Obligatorischer Rahmenbetriebsplan 45
      3. Sonderbetriebsplan 46
   III) Das (einfache) Betriebsplanzulassungsverfahren 47
      1. Ablauf des (einfachen) Betriebsplanzulassungsverfahrens 48
         a) Öffentlichkeitsbeteiligung 49
         b) Zulassungsvoraussetzungen 52
      2. Die Betriebsplanzulassung als behördliche Entscheidung 52
         a) Die Betriebsplanzulassung als gebundene Kontrollerlaubnis 53

        b) Keine Planungsentscheidung der Bergbehörde ... 55
        c) Rechtswirkungen der Betriebsplanzulassung 58
            aa) Feststellende Regelungswirkung 59
            bb) Gestattungswirkung 59
            cc) Konzentrationswirkung 61
            dd) Tatbestandswirkung 62

Kapitel 2:
Die Bindungswirkung von Rahmenbetriebsplanzulassungen 65

A) Die abstrakte Bindungswirkung von Verwaltungsakten 65
   I) Begriffliche Determinierung der Bindungswirkung ... 65
      1. Allgemeine Grundlagen der Bindungswirkung eines Verwaltungsakts 66
      2. Bindungswirkung von Teilentscheidungen in gestuften Verwaltungsverfahren 71
      3. Präjudizielle Wirkung der Bindung in gestuften Verwaltungsverfahren? 73
      4. Der Begriff des Gesamtverfahrens 76
   II) Abgrenzung zur Selbstbindung der Verwaltung an die Verwaltungspraxis i. V. m. Art. 3 Abs. 1 GG 77

B) Die Bindungswirkung der Zulassung fakultativer Rahmenbetriebspläne 78
   I) Die Zulassung eines fakultativen Rahmenbetriebsplans als „Vorbescheid"? 80
      1. Entwicklungsgeschichtliche Aspekte des Vorbescheids 82
        a) Baurechtliche Entwicklung 83
        b) Immissionsschutzrechtliche Entwicklung 84
        c) Atomrechtliche Entwicklung 86
        d) Zwischenergebnis zur Entwicklungsgeschichte des Vorbescheids 87
      2. Dogmatik des Vorbescheids 88
        a) Ziel und Zweck des Vorbescheids im Genehmigungsverfahren 88
        b) Gegenstand des Vorbescheids 90
            aa) Abschließende Entscheidung hinsichtlich einzelner Genehmigungsvoraussetzungen 90
            bb) Vorläufige positive Gesamtbeurteilung des Anlagenvorhabens 91
            cc) „Konzeptvorbescheid" 92
            dd) „Standortvorbescheid" 93
            ee) „Grundsatz- / Gesamtvorbescheid" 94

c)		Voraussetzungen der Erteilung des Vorbescheids	96
	aa)	Antragserfordernis	96
	bb)	Materielle Erteilungsvoraussetzungen	96
	cc)	Ermessen / Soll-Entscheidung	97
d)		Rechtswirkungen des Vorbescheids	98
	aa)	Feststellende Regelung ohne Gestattungswirkung	98
	bb)	Bindungswirkung des Vorbescheids und deren Umfang	99
		(1) Bindungswirkung hinsichtlich der abschließenden Feststellungen	100
		(2) Bindungswirkung hinsichtlich des vorläufigen positiven Gesamturteils	103
	cc)	Präklusionswirkung	104
	dd)	Konzentrationswirkung	105
e)		Zeitliche Begrenzung der Wirksamkeit des Vorbescheids	106

3. Materiell-inhaltliche Vergleichbarkeit zwischen der Zulassung eines fakultativen Rahmenbetriebsplans und dem Vorbescheid? 107

a)		Fehlende ausdrückliche Normierung einer Bindungswirkung	107
	aa)	Behördliche Aufhebbarkeit des Vorbescheids	108
	bb)	Behördliche Aufhebbarkeit der Betriebsplanzulassung	108
	cc)	Zwischenergebnis	111
b)		Ungleiche Zweckrichtungen beider Instrumente	112
	aa)	Historisch geprägter Kontroll- und Überwachungszweck	112
	bb)	Investitions- und Planungsschutzinteresse des Bergbauunternehmers	113
	cc)	Investitions- und Planungsschutz als positiver Nebeneffekt	115
	dd)	Allgemeine Zweckvorgaben des § 1 BBergG	118
	ee)	Investitionsschutzzweck des Vorbescheids	120
	ff)	Zwischenergebnis	121
c)		Teilweise unterschiedliche Verlagerung der Stufungsbefugnis	121
d)		Unterschiedlicher Zeitpunkt im „Gesamtverfahren"	122
e)		Unterschiedliche strukturelle Aspekte der Stufungssystematik im anlagenbezogenen Genehmigungs- / betriebsplanrechtlichen Zulassungsverfahren	125

		aa)	Das Fehlen einer einmaligen „Vollgenehmigung" im Betriebsplanverfahren als Ausgangskomplikation	126
		bb)	Gliederung des Betriebsplanverfahrens nach zeitlichen Durchführungsetappen	127
		cc)	Zusätzlich optionale gegenstandsbezogene Aufgliederung durch Sonderbetriebspläne	131
		dd)	Systematisches Verhältnis des fakultativen Rahmenbetriebsplans zu Haupt- und Sonderbetriebsplänen im gegliederten Betriebsplanverfahren	133
		ee)	Zwischenergebnis	140
	f)		Regelungsgehalt: Zweigliedriger Aufbau von Teilentscheidungen?	141
		aa)	Feststellender Regelungsgehalt	141
		bb)	Abschließende Regelungsintensität dieser Feststellung	142
			(1) Begriffliche Präzisierung des abschließenden Charakters einer Regelung	143
			(2) Keine normative Differenzierung	146
			(3) Abgleich mit den abstrakten Determinanten vorläufiger Regelungen	147
			(4) Widerrufsvorbehalt und behördliche Aufhebungsmöglichkeit	152
			(5) Zwischenergebnis	154
			(6) Inhaltsbedingter Konkretisierungsgrad der Zulassungsregelung	155
			(7) Zwischenergebnis	163
		cc)	Kein zusätzliches vorläufiges positives Gesamturteil	163
		dd)	Zwischenergebnis	166
	g)		Strukturähnlichkeit der Zulassungs- / Genehmigungsvoraussetzungen?	167
		aa)	Struktur der Genehmigungsvoraussetzungen eines anlagengenehmigungsrechtlichen Vorbescheids, §§ 5, 6 BImSchG und § 7 AtG	167
		bb)	Struktur der bergrechtlichen Zulassungsvoraussetzungen eines fakultativen Rahmenbetriebsplans, § 55 Abs. 1 BBergG	168
		cc)	Prüfungsintensität	169
		dd)	Zwischenergebnis	170
	h)		Unterschiedliche zeitliche Begrenzung	171

		i)	Gemeinsam fehlende Gestattungswirkung	175

- i) Gemeinsam fehlende Gestattungswirkung 175
- j) Entscheidungsübergreifende Präklusionswirkung als Vergleichskriterium 175
  - aa) Das Verhältnis zwischen nationalen materiellen Präklusionen und den unionsrechtlichen Vorgaben 176
  - bb) Dogmatische Eignung der Präklusion als Vergleichskriterium 177
  - cc) Zulassungsübergreifende Präklusion im bergrechtlichen Rahmenbetriebsplanverfahren 179
  - dd) Unterschiede der Präklusionswirkungen des jeweiligen Fachrechts 182
  - ee) Zwischenergebnis 184
- k) Fehlende Konzentrationswirkung im Bergrecht 185
- 4. Teilergebnis 189
- II) Vergleichbarkeit der Zulassung eines fakultativen Rahmenbetriebsplans mit anderen Instrumenten des gestuften Anlagengenehmigungsverfahrens 192
  - 1. Die Zulassung eines fakultativen Rahmenbetriebsplans als Teilgenehmigung? 192
  - 2. Die Zulassung eines fakultativen Rahmenbetriebsplans als „isoliertes vorläufiges positives Gesamturteil"? 193
- III) Die Zulassung eines fakultativen Rahmenbetriebsplans als „Zusicherung" 196
- IV) Bergrechtliche Bindungswirkung der Zulassung eines fakultativen Rahmenbetriebsplans sui generis 200
  - 1. Bindung nach allgemeinen Grundlagen wirksamer Verwaltungsakte 201
  - 2. Bestimmung des Umfangs dieser Bindungswirkung 203
    - a) Regelungskongruenter Bindungsumfang 204
      - aa) Bindungsinhalt 204
      - bb) Bindungsintensität 207
    - b) Funktionales Bindungserfordernis des Betriebsplanverfahrens 213
    - c) Ergänzung und Abänderung zugelassener Betriebspläne, §§ 52 Abs. 4 Satz 2, 54 Abs. 1, 56 Abs. 3 BBergG 213
    - d) Abweichung von einem zugelassenen Betriebsplan, § 57 BBergG 216
    - e) Nachträgliche Auflagen, § 56 Abs. 1 Satz 2 BBergG 217
    - f) Allgemeine Anordnungsbefugnis, § 71 BBergG 219

g) Verhältnis zum Bergschadensrecht im Sinne der §§ 110 Abs. 1, 124 BBergG 220
h) Kein Verlust der sachgesetzlich notwendigen Flexibilität des Betriebsplanverfahrens 223
3. Teilergebnis 228
4. Keine Bindungswirkung der Rahmenbetriebsplanzulassung über ihr Fristende hinaus 229
5. Auswirkung der Bindung für den Rechtsschutz Dritter 232

C) Die Bindungswirkung der Zulassung obligatorischer Rahmenbetriebspläne 235
  I) Dogmatischer Ausgang der Bindungswirkung 235
  II) Regelungskongruenter Bindungsumfang 238
    1. Regelungsgehalt der Zulassung eines obligatorischen Rahmenbetriebsplans 238
    2. Folgen der systematischen Position des obligatorischen Rahmenbetriebsplans 241
    3. Bindungsinhalt 243
    4. Bindungsintensität 247
    5. Zeitliche Grenze der Bindungswirkung und Rechtsschutz Dritter 247
  III) Teilergebnis 248

Kapitel 3:
Zusammenfassung in Thesen 251

Literaturverzeichnis

Appel, Ivo / Melchinger, Hansjörg Rechtsanwendung und feststellender Verwaltungsakt – Zur Konkretisierung der Merkmale Regelung und Außenwirkung beim Verwaltungsakt –, VerwArch 84 (1993), S. 349 ff.

Bader, Johann / Ronellenfitsch, Michael Verwaltungsverfahrensgesetz, mit Verwaltungs-Vollstreckungsgesetz und Verwaltungszustellungsgesetz, Kommentar, 2. Auflage, München 2016

Baltz, Constanz / Fischer, Friedrich Wilhelm (Hrsg.) Preußisches Baupolizeirecht, 6. neubearbeitete Auflage, Berlin 1954 (unveränderter Nachdruck)

Beaucamp, Guy Zur Notwendigkeit vorläufiger Verwaltungsakte, JA 2010, 247 ff.

Becker, Stephan Die Bindungswirkung von Verwaltungsakten im Schnittpunkt von Handlungsformenlehre und materiellem öffentlichen Recht, Dargestellt am Beispiel des gestuften Verfahrens im Atom- und Immissionsschutzrecht, Berlin 1997, zugl.: Berlin, Univ., Diss., 1996

Beckmann, Martin Oberflächeneigentum und Bergbau, DVBl. 1992, 741 ff.
Umweltschutz und Öffentlichkeitsbeteiligung im Bergrecht, NuR 2015, 152 ff.
Rechtliche Rahmenbedingungen der Einstellung des Steinkohlenbergbaus an der Ruhr, DÖV 2010, 512 ff.

Beckmann, Martin / Durner, Wolfgang / Mann, Thomas / Röckinghausen, Marc (Hrsg.) Landmann/Rohmer, Umweltrecht
Band I, Kommentar, Band III, Kommentar, 85. Ergänzungslieferung, Stand: Dezember 2017, München

Beddies, Dirk Rechtsfragen im Zusammenhang mit der Einstellung eines Bergwerkes, Köln 1995, zugl.: Göttingen, Univ., Diss., 1994

Bieback, Karl-Jürgen Anmerkung zum Urteil des BSG v. 11.06.1987 – 7 RAr 105/ 85 –, DVBl. 1988, 453 ff.

Bohne, Eberhard Die Umweltverträglichkeitsprüfung bergbaulicher Vorhaben nach den Gesetzentwürfen der Bundesregierung zur Umsetzung der EG-Richtlinie vom 27. 6. 1985 – (85/337/EWG), in: Umweltverträglichkeitsprüfung bei Projekten des Bergbaus und der Energiewirtschaft (Hrsg.: *Tettinger, Peter J.*), Stuttgart 1989, S. 13–52
Die Umweltverträglichkeitsprüfung bergbaulicher Vorhaben nach den Gesetzentwürfen der Bundesregierung zur Umsetzung der EG-Richtlinie vom 27.06.1985 (85/337/EWG), ZfB 130 (1989), 93 ff.

Boisserée, Klaus / Oels, Franz / Hansmann, Klaus / Denkhaus, Wolf-Christian Immissionsschutzrecht, Band I, 56. Ergänzungslieferung, Stand: Dezember 2017, Siegburg

Boldt, Gerhard Staat und Bergbau, Der Einfluß des Staates auf die rechtliche Gestaltung und wirtschaftliche Struktur des westdeutschen Bergbaus, München 1950

Boldt, Gerhard / Weller, Herbert Bundesberggesetz, Kommentar, 1. Auflage, Berlin 1984

Boldt, Gerhard / Weller, Herbert / Kühne, Gunther / v. Mäßenhausen, Hans-Ulrich (Hrsg.) Bundesberggesetz (BBergG), Kommentar, 2. Auflage, Berlin 2016

Bork, Gundolf Planungs- und bergrechtliche Probleme im Bereich des Braunkohlengebietes, Städte- und Gemeinderat 1983, 401 ff.

Braun, Joachim Die präjudizielle Wirkung bestandskräftiger Verwaltungsakte, Ein Beitrag zur Auseinandersetzung um Notwendigkeit und Grenzen der materiellen Bestandskraft belastender Verwaltungsakte, Frankfurt a.M. 1981, zugl.: Bielefeld, Univ., Diss., 1979

Brauner, Roman J. Abschied vom Vorrang des Bergbaus?, Anmerkung zum Urteil des Bundesverwaltungsgerichts vom 13. 12. 1991 – 7 C 25.90 –, RdR 1992, 109 ff., NuR 1994, 20 ff.

Breuer, Rüdiger Die Bindungswirkung von Bescheiden – insbesondere Zwischenbescheiden – und Präklusion, 1. Referat, in: Sechstes Deutsches Atomrechts-Symposium (Hrsg.: *Lukes, Rudolf*), Köln 1980, S. 243–261
Die Bedeutung der Entsorgungsvorsorgeklausel in atomrechtlichen Teilgenehmigungen, VerwArch 72 (1981), 261 ff.

Brüning, Christoph Einstweilige Verwaltungsführung, Verfassungsrechtliche Anforderungen und verwaltungsrechtliche Ausgestaltung, Tübingen 2003, zugl.: Bochum, Univ., Habil-Schr., 2001–2002

Büdenbender, Ulrich / Mutschler, Ulrich Bindungs- und Präklusionswirkung von Teilentscheidungen nach BImSchG und AtG, Köln 1979

Burmeister, Joachim Selbstbindungen der Verwaltung, Zur Wirkkraft des rechtsstaatlichen Übermaßverbots, des Gleichheitssatzes und des Vertrauensschutzprinzips, DÖV 1981, 503 ff.

Christner, Thomas Die Beteiligung der Kommunen an der Betriebsplanzulassung nach dem BBergG, ZfB 133 (1992), 249 ff.

Cosack, Tilman Bergrechtliche Zulassungsverfahren und Flora-Fauna-Habitat-Verträglichkeitsprüfung, NuR 2001, 311 ff.

Dammert, Bernd Umweltrechtliche Prüfungen bei bergrechtlichen Betriebsplanzulassungen, in: Bergrecht im Wandel der Zeit – gestern, heute, morgen, Festgabe zum 200-jährigen Bestehen des OLG Hamm (Hrsg.: *Pielow, Johann-Christian*), Stuttgart 2020, S. 152–178

Degenhart, Christoph Rechtsfragen der Braunkohlenplanung für Brandenburg, Zum Urteil des Verfassungsgerichts des Landes Brandenburg vom 1. Juni 1995 – Braunkohlenplan Tagebau Jänschwalde, Stuttgart 1996

Durner, Wolfgang Konflikte räumlicher Planungen, verfassungs-, verwaltungs- und gemeinschaftsrechtliche Regeln für das Zusammentreffen konkurrierender planerischer Raumansprüche, Tübingen 2005, zugl.: München, Univ., Habil-Schr., 2003–2004

Ebel, Herbert / Weller, Herbert Allgemeines Berggesetz (ABG) mit Erläuterungen, 2. Auflage, Berlin 1963

Engelhardt, Dieter Das Allgemeine Berggesetz für die Preußischen Staaten in seinen Auswirkungen auf das Bergrecht, ZfB 106 (1965), 110 ff.

Erbguth, Wilfried Zulassungsverfahren des Bergrechts und Raumordnung, – am Beispiel der Aufsuchung und Gewinnung von Kies und Sand in den neuen Bundesländern –, VerwArch 87 (1996), 258 ff.

Erichsen, Hans-Uwe / Ehlers, Dirk (Hrsg.) Allgemeines Verwaltungsrecht, 14. Auflage, Berlin 2010
Allgemeines Verwaltungsrecht, 12. Auflage, Berlin 2002

Erichsen, Hans-Uwe / Knoke, Ulrich Bestandskraft von Verwaltungsakten, NVwZ 1983, 185 ff.

Ermisch, Hans-Jürgen Bau- und immissionsschutzrechtlicher Vorbescheid – taugliche Instrumente zur Rechtssicherung für den Vorhabenträger?, NordÖR 2013, 49 ff.

Eyermann, Erich / Fröhler, Ludwig / Ritgen, Wolfgang Landmann-Rohmer, Gewerbeordnung, Kommentar, Erster Band (§§ 1–80), 12. Auflage, München 1969

Feldhaus, Gerhard (Hrsg.) Bundesimmissionsschutzrecht, Kommentar, Band 1 – Teil I, 2. Auflage, 201. Aktualisierung, Stand: Februar 2018, Heidelberg

Feldmann, Franz Josef Teilgenehmigung und Vorbescheid im atomrechtlichen Genehmigungsverfahren, et 1984, 775 ff.

Fiedler, Wilfried Zum Wirkungsbereich der clausula rebus sic stantibus im Verwaltungsrecht, VerwArch 67 (1976), 125 ff.

Fischerhof, Hans Deutsches Atomgesetz und Strahlenschutzrecht, Kommentar, Band I, 2. Auflage, Baden-Baden 1978

Fluck, Jürgen Anmerkungen zum Urteil des VG Berlin vom 18.05.1988, ZfB 130 (1989), 127 ff. (Urteil), 142 ff. (Anmerkungen)
Die „Legalisierungswirkung" von Genehmigungen als ein Zentralproblem öffentlich-rechtlicher Haftung für Altlasten, VerwArch 79 (1988), 406 ff.

Forsthoff, Ernst Lehrbuch des Verwaltungsrechts, Erster Band: Allgemeiner Teil, 10. Auflage, München 1973

Fouquet, Helmut Zur UVP-Pflichtigkeit von Tagebauen, ZUR 1994, 190 ff.

Frenz, Walter Bergrecht und Nachhaltige Entwicklung, Berlin 2001
Sonderbetriebsplan als aufschiebende Bedingung, NVwZ 2012, 1221 ff.

Frenz, Walter (Hrsg.) Atomrecht, Atomgesetz und Ausstiegsgesetze, 1. Auflage, Baden-Baden 2019
Bundesberggesetz (BBergG), Kommentar, Berlin 2019

Führ, Martin (Hrsg.) GK-BImSchG, Bundes-Immissionsschutzgesetz, Köln 2016

Gädtke, Horst / Czepuck, Knut / Johlen, Markus / Plietz, Andreas / Wenzel, Gerhard BauO NRW, Kommentar, 12. Auflage, Köln 2011

Gaentzsch, Günter Die bergrechtliche Planfeststellung, in: Festschrift für Horst Sendler (Hrsg.: *Franßen, Everhardt / Redeker, Konrad / Schlichter, Otto / Wilke, Dieter*), S. 403 ff., München 1991
Die Zulassung bergbaulicher Vorhaben im System des Anlagengenehmigungsrechts, in: Wandel und Beharren im Bergrecht (Hrsg.: *Kühne, Gunther / Gaentzsch, Günter*), 1. Auflage, Baden-Baden 1992, S. 9–43
Konkurrenz paralleler Anlagengenehmigungen, NJW 1986, 2787 ff.
Rechtliche Fragen des Abbaus von Kies und Sand, NVwZ 1998, 889 ff.

Gärditz, Klaus F. (Hrsg.) Verwaltungsgerichtsordnung (VwGO) mit Nebengesetzen, Kommentar, 2. Auflage, Köln 2018

Glitz, Albrecht Grundprobleme von Vorbescheid und Teilgenehmigung im Immissionsschutzrecht, Heidelberg, zugl.: Bielefeld, Univ., Diss., 1985

Glückert, Jürgen Sonderbetriebsplan und Sonderbetriebsplanzulassung – Anmerkungen zu einigen offenen Fragen, in: Festschrift für Gunther Kühne zum 70. Geburtstag (Hrsg.: *Baur, Jürgen F. / Sandrock, Otto / Scholtka, Boris / Shapira, Amos*), Frankfurt a.M. 2009

Götz, Volkmar Die vorläufige Subventionsbewilligung – BVerwG, NJW 1983, 2043*, JuS 1983, 924 ff.

Guckelberger, Annette Behördliche Zusicherungen und Zusagen, DÖV 2004, 357 ff.

Hansmann, Klaus Die Bindungswirkung von Bescheiden – insbesondere Zwischenbescheiden – und Präklusion, 2. Referat, in: Sechstes Deutsches Atomrechts-Symposium (Hrsg.: *Lukes, Rudolf*), Köln 1980, S. 263–277

Härchen, Claus-Dieter Braunkohlenplanung in der Praxis, Städte- und Gemeinderat 1983, 395, 398 f.

Heitmann, Gerd Die Leitlinien des Bundesverwaltungsgerichts für den Bergbau, ZfB 131 (1990), 179 ff.

Henke, Wilhelm Anmerkung zum Urteil des BVerwG v. 14.04.1983 – 3 C. 8.82 –, DVBl. 1983, 1247 f.

Hennenhöfer, Gerald / Mann, Thomas / Pelzer, Norbert / Sellner, Dieter Atomgesetz, mit Pariser Atomhaftungsübereinkommen, Kommentar, München 2021

Hildebrandt, Burghard / Koch, Eva Unionsrechtswidrigkeit der Präklusion – Neues aus Leipzig?, NVwZ 2017, 1099 ff.

Himmelmann, Steffen / Tünnesen-Harmes, Christian Wende bei der Beurteilung bergrechtlicher Betriebspläne?, UPR 2002, 212 ff.

Hoffmann-Riem, Wolfgang / Schmidt-Aßmann, Eberhard / Voßkuhle, Andreas (Hrsg.) Grundlagen des Verwaltungsrechts, Informationsordnung, Verwaltungsverfahren, Handlungsformen, Band II, 2. Auflage, München 2012

Hoppe, Werner Bergbauberechtigungen als verfassungskräftige Eigentumsposition und ihr Schutz gegenüber Planung, Ein Beitrag zum neuen Bundesberggesetz und zur Novellierung des nordrhein-westfälischen Landesplanungsgesetzes, DVBl. 1982, 101 ff.

Die Einschränkung bergbaulicher Berechtigungen durch eine Nationalparkverordnung – am Beispiel des niedersächsischen Wattenmeeres, DVBl. 1987, 757 ff.

Gelenkfunktion der Braunkohlenplanung zwischen Landesplanung und bergrechtlichem Betriebsplan?, UPR 1983, 105 ff.

Hoppe, Werner / Beckmann, Martin Grundeigentumsschutz bei heranrückendem Bergbau, Eine Untersuchung zur Reichweite des Bestandsschutzes aus Anlaß der Nordwanderung des Bergbaus in Nordrhein-Westfalen, München 1988

Hoppe, Werner / Beckmann, Martin (Hrsg.) Gesetz über die Umweltverträglichkeitsprüfung (UVPG), Kommentar, 4. Auflage, Köln 2012

Hoppe, Werner / Spoerr, Wolfgang Bergrecht und Raumordnung, Einflüsse des Bau- und Raumordnungsgesetzes 1998 auf bergrechtliche Rechtspositionen und die eigentumsrechtlichen Grenzen, Stuttgart 1999

Huck, Winfried / Müller, Martin Verwaltungsverfahrensgesetz, Beck´scher Kompakt-Kommentar, 2. Auflage, München 2016

Hufen, Friedhelm Verwaltungsprozessrecht, 10. Auflage, München 2016

Ipsen, Jörn Einwendungsbefugnis und Einwendungsausschluß im atomrechtlichen Genehmigungsverfahren, DVBl. 1990, 146 ff.

Verbindlichkeit, Bestandskraft und Bindungswirkung von Verwaltungsakten, Die Verwaltung 17 (1984), 169 ff.

Isay, Hermann / Isay, Rudolf Allgemeines Berggesetz für die preußischen Staaten unter besonderer Berücksichtigung des Gewerkschaftsrechts, I. Band, 2. Aufl., Mannheim 1933

Jäckle, Wolfgang Verwaltungsrechtliche Probleme der Fehlbelegungsabgabe im sozialen Wohnungsbau, NJW 1984, 2131 ff.

Jarass, Hans D. Bindungs- und Präklusionswirkung von Teilgenehmigung und Vorbescheid, UPR 1983, 241 ff.
Bundes-Immissionsschutzgesetz, Kommentar, 12. Auflage, München 2017
Konkurrenz, Konzentration und Bindungswirkung von Genehmigungen, Probleme und Lösungen am Beispiel der baulichen Anlagen, Berlin 1984
Umweltverträglichkeitsprüfung zwischen Optimierung der EG-Richtlinie und nahtloser Integration ins deutsche Recht. Probleme im Bergbau- und Energierecht, in: Umweltverträglichkeitsprüfung bei Projekten des Bergbaus und der Energiewirtschaft (Hrsg.: *Tettinger, Peter J.*), Stuttgart 1989, S. 53–64

Jesch, Dietrich Die Bindung des Zivilrichters an Verwaltungsakte, Erlangen 1956, zugl.: Erlangen, Univ., Diss., 1955

Karrenstein, Fabian Errichtung und Betrieb von Erdgasspeichern in unterirdischen Hohlraumstrukturen, Tübingen 2016, zugl.: Bonn, Univ., Diss., 2015

Keienburg, Bettina Das bergrechtliche Betriebsplanzulassungsverfahren, Unter besonderer Berücksichtigung des Sonderbetriebsplans „Abbaueinwirkungen auf das Oberflächeneigentum", NVwZ 2013, 1123 ff.
Die Öffentlichkeitsbeteiligung im Bergrecht, 1. Auflage, Stuttgart 2004, zugl.: Köln, Univ., Diss., 2003

Kemper, Klaus Der vorläufige Verwaltungsakt, Baden-Baden 1990, zugl.: Münster, Univ., Diss., 1989
Der vorläufige Verwaltungsakt, DVBl. 1989, 981 ff.

Kirchner, Michael Anmerkungen zum Gasspeicher-Urteil des Bundesverwaltungsgerichts, Glückauf 128 (1992), 483 ff.

Klante, Thomas Anmerkungen zum Urteil des BVerwG vom 11. 1. 1985 – 7 C 74.82, UPR 1985, 316 ff.
Erste Teilerrichtungsgenehmigung und Vorbescheid im Atomrecht, Köln 1984, zugl.: Osnabrück, Univ., Diss., 1984.

Kloepfer, Michael Umweltrecht, 4. Auflage, München 2016

Knack, Joachim / Henneke, Hans-Günter (Hrsg.) Verwaltungsverfahrensgesetz (VwVfG), Kommentar, 10. Auflage, Köln 2014

Knöchel, Harald Bergbau- und Oberflächeneigentum aus der Sicht der unternehmerischen Praxis, ZfB 134 (1993), 130 ff.
Die Umweltverträglichkeitsprüfung bei Vorhaben des untertägigen Steinkohlebergbaus, NWVBl. 1992, 117 ff.

Kolonko, Britta Anforderungen der naturschutzrechtlichen Eingriffsregelung an einen Abbau von Steinen und Erden, Zur Geltung und Reichweite der Eingriffsregelung bei der Gewinnung oberflächennaher Bodenschätze nach dem Bundesberggesetz, Frankfurt a.M. 1997, zugl.: Frankfurt a.M., Univ., Diss., 1997

Kopp, Ferdinand Johannes Vorläufiges Verwaltungsverfahren und vorläufiger Verwaltungsakt, Frankfurt a.M. 1992, zugl.: Berlin, Freie Univ., Diss., 1991

Kopp, Ferdinand O. (Begr.) / *Schenke, Wolf-Rüdiger* (Hrsg.) Verwaltungsgerichtsordnung, Kommentar, 23. Auflage, München 2017

Kopp, Ferdinand O. (Begr.) / *Ramsauer, Ulrich* (Hrsg.) Verwaltungsverfahrensgesetz, Kommentar, 18. Auflage, München 2017

Kotulla, Michael (Hrsg.) Bundesimmissionsschutzgesetz, Band 1: Kommentar, 22. Lieferung, Stand: September 2017, Stuttgart

Krautschneider, Erich Direktionsprinzip und Inspektionsprinzip im Bergrecht, ZfB 103 (1962), 26 ff.

Kremer, Eduard Umweltverträglichkeitsprüfung im Bergrecht – Anmerkungen zur vierten Änderung des Bundesberggesetzes, NVwZ 1990, 736 ff.

Kremer, Eduard / Neuhaus gen. Wever, Peter U. Bergrecht, Stuttgart 2001

Kühling, Jürgen Fachplanungsrecht, 1. Auflage, Düsseldorf 1988

Kühne, Gunther Bergrechtlicher Rahmenbetriebsplan, Anlagengenehmigungsrecht und Umweltverträglichkeitsprüfung, Fragen der Bindungswirkung und Planfeststellungspflichtigkeit von Rahmenbetriebsplanzulassungen am Beispiel des Erkundungsbergwerks Gorleben, Köln 1993
Bestandsschutz und Verfahrensstufung im Betriebsplanverfahren, Bemerkungen zum Urteil des BVerwG vom 13. 12. 1991 – 7C 25.90 –, UPR 1992, 218 ff.
Bestandsschutz alten Bergwerkseigentums unter besonderer Berücksichtigung des Art. 14 GG, Baden-Baden 1998
Braunkohlenplanung und bergrechtliche Zulassungsverfahren, Köln 1999
Die betriebsplanrechtliche Relevanz bergbauindizierter Erderschütterungen, DVBl. 2010, 874 ff.
Die Einführung der Umweltverträglichkeitsprüfung im Bergrecht, UPR 1989, 326 ff.
Eigentumsschutz im Bergrecht, in: Öffentlichkeitsbeteiligung und Eigentumsschutz im Bergrecht (Hrsg.: *Kühne, Gunther / Ehricke, Ulrich*), S. 41 ff., Baden-Baden 2005
Entwicklungslinien der bergrechtlichen Rechtsprechung zur Zulassung bergbaulicher (Groß-)Vorhaben, in: Entwicklungslinien des Bergrechts, Genehmigungsrechtliche Fragen bei Großvorhaben des Kohlebaus (Hrsg.: *Kühne, Gunther / Ehricke, Ulrich*), S. 51 ff., Baden-Baden 2008
Entwicklungstendenzen des Bergrechts in Deutschland, in: Wandel und Beharren im Bergrecht (Hrsg.: *Kühne, Gunther / Gaentzsch, Günter*), Baden-Baden 1992, S. 45–87
Obligatorische Rahmenbetriebsplanzulassungen im Bergrecht und ihre Wirkungen, DVBl. 2006, 662
Rechtsfragen der Endlagerung radioaktiver Abfälle aus der Sicht des Bergrechts, ZfB 132 (1991), 283 ff.

Verfahrensstufung im bergrechtlichen Betriebsplanverfahren, Zur Funktion und Bedeutung des Rahmenbetriebsplanverfahrens, UPR 1986, 81 ff.

Ludwig, Grit Auswirkungen der FFH-RL auf Vorhaben zum Abbau von Bodenschätzen nach dem BBergG, Baden-Baden 2005, zugl.: Leipzig, Univ., Diss., 2004
Der Schutz des Oberflächeneigentums in der Vorhabenzulassung nach dem BBergG, DVBl. 2016, 685 ff.
Modernisierung des BBergG, VerwArch 108 (2017), 559 ff.
Umweltaspekte in Verfahren nach dem BBergG, ZUR 2012, 150 ff.

Mann, Jürgen Das gestufte Verwaltungsverfahren im Baurecht, Frankfurt a. M. 1992, zugl.: Mannheim, Univ., Diss., 1991

Mann, Thomas Einführung in die juristische Arbeitstechnik, 5. Auflage, München 2015

Mann, Thomas / Sennekamp, Christoph / Uechtritz, Michael (Hrsg.) Verwaltungsverfahrensgesetz, Großkommentar, 1. Auflage, Baden-Baden 2014

Martens, Joachim Die Praxis des Verwaltungsverfahrens, München 1985
Vorläufige Regelungen durch Verwaltungsakt, DÖV 1987, 992 ff.

Maunz, Theodor Selbstbindungen der Verwaltung, DÖV 1981, 497 ff.

Maunz, Theodor / Dürig, Günter (Begr.) / *Herzog, Roman / Scholz, Rupert / Herdegen, Matthias / Klein, Hans H.* (Hrsg.) Grundgesetz, Kommentar, Losebl., Stand: 81. Ergänzungslieferung September 2017

Maurer, Hartmut / Waldhoff, Christian Allgemeines Verwaltungsrecht, 19. Auflage, München 2017

Meiendresch, Uwe Das gestufte Baugenehmigungsverfahren, Vorbescheid und Teilgenehmigung im Baurecht, Düsseldorf 1991, zugl.: Köln, Univ., Diss., 1990

Merten, Detlef Bestandskraft von Verwaltungsakten, NJW 1983, 1993 ff.

Müller, Wolf / Schulz, Paul-Martin Handbuch Recht der Bodenschätzegewinnung, Baden-Baden 2000

Mutschler, Ulrich Die Bindungswirkung von Bescheiden – insbesondere Zwischenbescheiden – und Präklusion, 3. Referat, in: Sechstes Deutsches Atomrechts-Symposium (Hrsg.: *Lukes, Rudolf*), Köln 1980, S. 279–295

Neumann, Werner Entwicklungstendenzen der Rechtsprechung des Bundesverwaltungsgerichts zum Bergrecht, in: Entwicklungslinien des Bergrechts, Genehmigungsrechtliche Fragen bei Großvorhaben des Kohleabbaus (Hrsg.: *Kühne, Gunther / Ehricke, Ulrich*), Baden-Baden 2008, S. 27–50

Nicklisch, Fritz Die Bindung der Gerichte an gestaltende Gerichtsentscheidungen und Verwaltungsakte, Bielfeld 1965, zugl.: Frankfurt, Univ., Diss., 1964

Niermann, Ralf Peter Betriebsplan und Planfeststellung im Bergrecht, Münster 1992, zugl.: Münster (Westf.), Univ., Diss., 1991

Nolte, Rüdiger Aktuelle Rechtsprechung des Bundesverwaltungsgerichts zum Bergrecht, ZfB 159 (2018), 77 ff.

Nöthlichs, Matthias / Schmatz, Hans (Begr.) */ Halmschlag, Achim / Kalmbach, Siegfried* (Bearb.) Immissionsschutz, Kommentar, Band 1, Lieferung 1/18, Februar 2018, Berlin

Obermayer, Klaus / Funke-Kaiser, Michael (Hrsg.) VwVfG, Kommentar zum Verwaltungsverfahrensgesetz, 5. Auflage, Köln 2018

Ortloff, Karsten-Michael Zur Bindungswirkung des baurechtlichen Vorbescheids bei nachfolgender Änderung der Sach- oder Rechtslage, NVwZ 1983, 705 ff.

Ossenbühl, Fritz Regelungsgehalt und Bindungswirkung der 1. Teilgenehmigung im Atomrecht, NJW 1980, 1353 ff.
Selbstbindungen der Verwaltung, DVBl. 1981, 857 ff.

Peine, Franz-Joseph Der vorläufige Verwaltungsakt, DÖV 1986, 849 ff.
Entwicklungen im Recht des Verwaltungsakts – eine Zwischenbilanz, in: Festschrift für Werner Thieme zum 70. Geburtstag (Hrsg.: *Becker, Bernd / Bull, Hans Peter / Seewald, Otfried*), Köln 1993, S. 563–585
Sonderformen des Verwaltungsakts, JA 2004, 417 ff.

Pfadt, Hubert Rechtsfragen zum Betriebsplan im Bergrecht, in VEnergR, 1. Auflage, Baden-Baden 1981

Piens, Reinhart / Schulte, Hans-Wolfgang / Graf Vitzthum, Stephan Bundesberggesetz (BBergG), einschließlich Umweltrecht des Bergbaus, Kommentar, 3. Auflage, Stuttgart 2020
Bundesberggesetz (BBergG), Kommentar, 1. Auflage, Stuttgart 1983

Pietzcker, Jost Selbstbindungen der Verwaltung, NJW 1981, 2087 ff.

Pohl, Arnim Bestandsschutz bergrechtlicher Betriebsplanzulassungen, Göttingen 1996, zugl.: Göttingen, Univ., Diss., 1996

Pollmann, Heinz J. / Wilke, F. Ludwig Der untertägige Steinkohlebergbau und seine Auswirkungen auf die Tagesoberfläche, Stuttgart 1994

Presse- und Informationszentrum des Deutschen Bundestages (Hrsg.) Lärmbekämpfung, Bundes-Immissionsschutzgesetz: aus der öffentlichen Anhörung des Innenausschusses des Deutschen Bundestages am 22. Mai 1973, Umweltschutz (III), Bonn 1973 (zit.: Umweltschutz (III), Lärmbekämpfung, Bundes-Immissionsschutzgesetz, Zur Sache 4/73)

Randak, Michael Bindungswirkungen von Verwaltungsakten, JuS 1992, 33 f.

Rausch, Jan-Dirk Umwelt- und Planungsrecht beim Bergbau, Baden-Baden 1990, zugl.: Frankfurt (Main), Univ., Diss., 1989

Reichelt, Thomas Der Vorbescheid im Verwaltungsverfahren, Zur Verwendung als allgemeines verwaltungsverfahrensrechtliches Institut in gestuften Genehmigungsverfahren, Frankfurt a.M. 1989, zugl.: Gießen, Univ., Diss., 1989

Ronellenfitsch, Michael Das atomrechtliche Genehmigungsverfahren, in Schriftenreihe der Hochschule Speyer, Band 91, Berlin 1983, zugl.: Habil.-Schrift, Speyer

Rudolph, Lothar Das vorläufige Gesamturteil im atom- und immissionsschutzrechtlichen Genehmigungsverfahren, Göttingen 1991, zugl.: Göttingen, Univ., Diss., 1991

Säcker, Franz Jürgen (Hrsg.) Handbuch zum deutsch-russischen Energierecht, München 2010

Salis, Stefan Gestufte Verwaltungsverfahren im Umweltrecht: Eine neue Dogmatik gestufter Verwaltungsverfahren über raumbedeutsame Großvorhaben, Baden-Baden 1991, zugl.: Hamburg, Univ., Diss., 1990

Scheerbarth, Walter Das Allgemeine Bauordnungsrecht, unter besonderer Berücksichtigung der Landesbauordnungen, 2. Auflage, Köln 1966
Das Allgemeine Bauordnungsrecht, unter besonderer Berücksichtigung der Musterbauordnung und der neuen Landesbauordnungen, 1. Auflage, Köln 1962

Schenke, Wolf-Rüdiger Bergbau contra Oberflächeneigentum und kommunale Selbstverwaltung? Zur Bedeutung der verfassungsrechtlichen Garantie des Eigentums und der gemeindlichen Selbstverwaltung bei der bergrechtlichen Betriebsplanzulassung, Berlin 1994

Scheuing, Dieter H. Selbstbindungen der Verwaltung, VVDStRL 40 (1982), 155 ff.

Schimmelpfennig, Hans-Christoph Vorläufige Verwaltungsakte, München 1989, zugl.: München, Univ., Diss. 1988

Schlüter, Wilhelm Die geschichtliche Entwicklung des preußischen Bergpolizeirechts, ZfB 76 (1935), 293 ff.

Schmidt-Aßmann, Eberhard Institute gestufter Verwaltungsverfahren: Vorbescheid und Teilgenehmigung, in: Verwaltungsrecht zwischen Freiheit, Teilhabe und Bindung, Festgabe aus Anlaß des 25jährigen Bestehens des Bundesverwaltungsgerichts (Hrsg.: *Bachof, Otto / Heigl, Ludwig / Redeker, Konrad*), München 1978, S. 569–584

Schmidt-Aßmann, Eberhard / Schoch, Friedrich Bergwerkseigentum und Grundeigentum im Betriebsplanverfahren – Zur verwaltungsrechtlichen Gestaltung vernetzter Grundrechtspositionen –, Berlin 1994

Schnappauf, Werner Die Bindungswirkung von Teilentscheidungen – insbesondere der Standortfeststellung – im atomrechtlichen Genehmigungsverfahren, et 1980, 690 ff.

Schoch, Friedrich Bergwerkseigentum und Grundeigentum im Betriebsplanverfahren, in: Gegenwartsprobleme des Bergrechts (Hrsg.: *Kühne, Gunther / Schoch, Friedrich / Beckmann, Martin*), 1. Auflage, Baden-Baden 1995, S. 25 ff.

Schroeder, Daniela Zur Dogmatik der Bindungswirkungen von Verwaltungsakten, DÖV 2009, 217 ff.

Schulte, Hans Bergbau, Umweltrecht, Raumplanung, ZfB 128 (1987), 178 ff.
Das Bundesberggesetz, NJW 1981, 88 ff.
Eigentum und öffentliches Interesse, Berlin 1970
Kernfragen des bergrechtlichen Genehmigungsverfahrens, 1. Auflage, 1993
Raumplanung und Genehmigung bei der Bodenschätzegewinnung, München 1996

Seibert, Max-Jürgen Die Bindungswirkung von Verwaltungsakten, Baden-Baden 1989, zugl.: Bonn, Univ. Diss., 1988

Sellner, Dieter Die Genehmigung nach dem Bundes-Immissionsschutzgesetz, – Genehmigungstypen, Genehmigungsverfahren, Rechtsschutz –, NJW 1975, 801 ff.
Gestuftes Genehmigungsverfahren, Schadensvorsorge, verwaltungsgerichtliche Kontrolldichte, Zum Whyl-Urteil des BVerwG, NVwZ 1986, 616 ff.
Immissionsschutzrecht und Industrieanlagen, 2. Auflage, München 1988

Sellner, Dieter / Reidt, Olaf / Ohms, Martin J. Immissionsschutzrecht und Industrieanlagen, 3. Auflage, München 2006

Selmer, Peter Vorbescheid und Teilgenehmigung im Immissionsschutzrecht, Baden-Baden 1979

Sodan, Helge / Ziekow, Jan (Hrsg.) Verwaltungsgerichtsordnung, Großkommentar, 4. Auflage, Baden-Baden 2014

Staats, Cornelia Die Entstehung des Bundes-Immissionsschutzgesetzes vom 15. März 1974, Frankfurt a.M. 2009, zugl.: Kiel, Univ., Diss., 2009

Stelkens, Paul / Bonk, Heinz Joachim (Begr.) */ Sachs, Michael / Schmitz, Heribert* (Hrsg.) Verwaltungsverfahrensgesetz, Kommentar, 9. Auflage, München 2018

Stiens, Christoph Der bergrechtliche Betriebsplan: Entstehung, Entwicklung und rechtliche Neubestimmung, Münster 1995, zugl.: Münster (Westfalen), Univ., Diss., 1995

Strecker, Andreas Die Rechtsposition der Gemeinden im bergrechtlichen Betriebsplanverfahren, Göttingen 1995, zugl.: Göttingen, Univ., Diss., 1994

Tiedemann, Paul Der vorläufige Verwaltungsakt in der Leistungsverwaltung, DÖV 1981, 786 ff.

Ule, Carl Hermann / Laubinger, Hans-Werner / Repkewitz, Ulrich Bundesimmissionsschutzgesetz, BImSchG, Kommentar, Teil I, Band 1, Aktualisierung Nr. 219, Stand: Februar 2018, Köln

Voelkel, Carl Grundzüge des preußischen Bergrechts, Berlin 1914

Vogelsang, Martin / Zartmann, Monika Ende des gestuften Verfahrens?, NVwZ 1993, 855 ff.

von Mäßenhausen, Hans-Ulrich Rahmenbetriebsplan und Umweltverträglichkeitsprüfung, Neuste Entwicklungen und Probleme, ZfB 135 (1994), 119 ff.

von Mutius, Albert / Schoch, Friedrich K. Die atomrechtliche „Konzeptgenehmigung", Rechtsdogmatische Sphinx oder sinnvolle Verwaltungspraxis?, DVBl. 1983, 149 ff.

Weller, Herbert Das Bundesberggesetz in der Bewährung – Zwei Jahre BBergG, ZfB 125 (1984)
Vom Direktionsprinzip zur Bergaufsicht von heute, ZfB 106 (1965), 218 ff.

Westhoff, Wilhelm / Schlüter, Wilhelm Geschichte des deutschen Bergrechts, ZfB 50 (1909), 27 ff.; 230 ff.; 357 ff.; 492 ff.

Wieland, Joachim Die Stufung von Anlagengenehmigungen im Atomrecht, DVBl. 1991, 616 ff.

Willecke, Raimund Die deutsche Berggesetzgebung, Von den Anfängen bis zur Gegenwart, Essen 1977

Willecke, Raimund / Turner, George Grundriß des Bergrechts, 2. Auflage, Berlin 1970

Wolff, Hans J. / Bachof, Otto / Stober, Rolf / Kluth, Winfried Verwaltungsrecht I, 13. Auflage, München 2017

Würtenberger, Thomas Verwaltungsprozessrecht, 3. Auflage, München 2011

Wysk, Peter (Hrsg.) Verwaltungsgerichtsordnung, 2. Auflage, München 2016

Zeiler, Horst Die rechtliche Stellung der Gemeinden beim bergrechtlichen Betriebsplanverfahren, ZfB 124 (1983), 404 ff.

Ziekow, Jan Verwaltungsverfahrensgesetz, 3. Auflage, Stuttgart 2013

Die in der vorliegenden Bearbeitung verwendeten Abkürzungen entsprechen denjenigen bei *Kirchner, Hildebert,* Abkürzungsverzeichnis der Rechtssprache, 9. Auflage, Berlin 2018.

Einleitung

Eine der zentralen Problemstellungen des Bergrechts ist seit je her innerhalb des vielschichtigen Betriebsplanverfahrens angelegt und bündelt insoweit diejenigen dieser Regelungsmaterie zugeschriebenen rechtlichen und sachlichen Besonderheiten. Sieht das Recht im Hinblick auf ein bestimmtes Bergbauvorhaben die Notwendigkeit der Zulassung mehrerer Betriebspläne teilweise unterschiedlicher Art vor, ist die Erforderlichkeit der Bestimmung deren Verhältnisses zueinander und der damit verbundenen Wirkung einer solchen Verfahrenskonstellation vorgezeichnet. Die Frage, inwieweit eine bereits getroffene Zulassung den Beurteilungs- und Entscheidungsprozess weiterer erforderlicher Zulassungen beeinflusst, stellt sich dabei nicht nur aus Sicht einzelner Beteiligter, sondern aus Sicht aller Beteiligten und Betroffenen.

Den Gegenstand der vorliegenden Untersuchung bildet die Bindungswirkung der Zulassung bergrechtlicher Rahmenbetriebspläne im Betriebsplanverfahren. Damit wird der Frage nachgegangen, inwieweit die Bergbehörde bei der Entscheidung über die Zulassung von Haupt- und Sonderbetriebsplänen an eine bereits ihrerseits erteilte Rahmenbetriebsplanzulassung gebunden ist. Deren Beantwortung liegt nicht nur im Planungs- und Investitionsschutzinteresse des Bergbauunternehmers, sondern gleichermaßen im Interesse der Bergbehörde an der korrekten Rechtsanwendung sowie dem Rechtsschutzinteresse Dritter. Insbesondere hinsichtlich der Zulassung fakultativer Rahmenbetriebspläne wird die Bindungsproblematik seit Jahrzehnten innerhalb der bergrechtlichen Literatur diskutiert und in der Rechtsprechung weiterentwickelt. Vorliegend soll, nach einer Einführung in die bergrechtliche Thematik und die abstrakte Bindungswirkung von Verwaltungsentscheidungen, die Frage der Bindung im Betriebsplanverfahren differenziert nach Art des Rahmenbetriebsplans einer umfassenden rechtlichen Beantwortung zugeführt werden. Dabei werden anhand einer rechtsdogmatisch vergleichenden Betrachtung von bindungserzeugenden Instrumenten anderen Fachrechts die rechtscharakterlichen Details der Zulassung eines fakultativen Rahmenbetriebsplans in einem für die Bindungswirkung entscheidendem Maße herausgearbeitet. Im Fokus soll vorliegend weniger die Prämisse der Berufung auf sachgesetzliche und fachrechtliche Besonderheiten stehen, die ihrerseits die notwendige Berücksichtigung finden, als vielmehr die verwaltungsrechtliche Dogmatik. Denn wesentliches Ziel dieser Untersuchung ist es, bei der Beurteilung bergrechtsspezifischer Problemstellungen im Betriebsplanverfahren auf die Grundlagen des allgemeinen Verwaltungsrechts für bindende Verwaltungsentscheidungen, dessen Handlungsformen sich das Bergrecht bedient, zu rekurrieren.

Kapitel 1:
Grundlegende Einführung in die Dogmatik des bergrechtlichen Betriebsplanverfahrens

Um den Untersuchungsgegenstand dieser Arbeit vollständig erfassen zu können, ist es erforderlich, sich die Gründe vor Augen zu führen, die der langwierigen Entwicklung des Instituts des bergrechtlichen Betriebsplans zu Grunde liegen. Ausgehend von den das charakteristische Bild des Bergbaus prägenden bergbautechnischen Sachgesetzlichkeiten, die damit nicht nur dem Bergbau selbst, sondern auch darüber hinaus dem Bergrecht, das diesen regelt, eine Sonderstellung[1] verleihen,[2] lässt sich die historische Entwicklung des Betriebsplans über die Jahrhunderte nachvollziehen. Vor diesem Hintergrund erklären sich dann folgend die einzelnen Betriebsplanarten und das Betriebsplanzulassungsverfahren des heutigen Bundesberggesetzes (**BBergG**)[3] in ihren Besonderheiten.

A) Besondere Sachgesetzlichkeiten des Bergbaus

Folgende spezielle Sachgesetzlichkeiten des Bergbaus lassen sich in besonderem Maße als für das Betriebsplanverfahren wesentlich hervorheben: die Bindung des Betriebs an die genaue Position der Lagerstätte der begehrten Bodenschätze, der zwingende Ortswechsel mit Fortschritt des Abbaus und die Tatsache, dass sich die durch den Bergbau zu erwartenden Schäden in ihrem Umfang nicht vollständig vorhersehen lassen können.[4] Hinzu kommt, dass der Bergbau sich nicht nur in Form von Emissionen negativ auf die Umwelt auswirken kann, sondern diese vielmehr durch Senkungen und den Abtrag von Oberfläche wesentlich in ihrem Erscheinungsbild verändert wird.[5] Daneben sind andererseits die typischerweise hohen Investitionen

---

1 Zur Sonderstellung des Betriebsplans siehe auch *Vitzthum/Piens,* in: Piens/Schulte/Graf Vitzthum, BBergG, § 1 Rn. 4, 7; *Schmidt-Aßmann/Schoch,* S. 128 und *Schulte,* Kernfragen des bergrechtlichen Genehmigungsverfahrens, S. 37. Vgl. auch *Heitmann,* ZfB 131 (1990), 179, 180.
2 *Kremer/Neuhaus gen. Wever,* BergR, Rn. 157; *Kühne,* DVBl. 2006, 662, 662; siehe auch *Schulte,* Eigentum und öffentliches Interesse, S. 275, nach dem der Bergbau spezieller Regelungen bedarf.
3 Bundesberggesetz vom 13. August 1980 (BGBl. I S. 1310), das zuletzt geändert worden ist durch Art. 237 Elfte ZuständigkeitsanpassungsVO vom 19. 6. 2020 (BGBl. I S. 1328).
4 BVerwG, NVwZ 1989, 1157, 1158.
5 *Schulte,* Kernfragen des bergrechtlichen Genehmigungsverfahrens, S. 44.

des Bergbautreibenden und die lange Vorlaufzeit bis zur Rentabilität des Bergbaubetriebs zu nennen.[6]

Ein charakteristisches (gegebenenfalls das kennzeichnendste) Merkmal des Bergbaus liegt in seiner Standortgebundenheit[7]: Bodenschätze sind nicht an jedem Ort in gleichem Maße vorhanden und verteilt, sodass in der Folge nicht von jedem Oberflächenstandort aus auf diese zugegriffen werden kann, der Standort des Bergwerksbetriebs gleichsam nicht beliebig variierbar ist.[8] Gleichzeitig wird von einer Dynamik des Bergbaus gesprochen, denn mit dem fortschreitenden Abbau verringert sich parallel die Menge an vorhandenen Bodenschätzen, so dass letztlich der Bergbaubetrieb der Lagerstätte in gewisser Weise folgen muss.[9] Dadurch wird nicht nur eine Veränderung des Betriebsstandorts, sondern gegebenenfalls auch eine Anpassung des Betriebs insgesamt erforderlich.[10] Diese Fortentwicklung ist wesentlich geprägt durch die *„Unvorhersehbarkeit geologischer Verhältnisse."*[11] So wird auch scherzhaft vom Grundsatz, *„Vor der Hacke ist es duster"*, im Bereich des Bergbaus gesprochen.[12] Dies zeigt sich insbesondere im untertägigen Bergbau. Denn hier ist eine zu Beginn des Bergbauvorhabens aufzustellende detaillierte Planung der exakten Durchführung aufgrund der nur in begrenztem Maße vorhandenen und nur stückweise erforschbaren Erkenntnisse über die in Frage kommenden Lagerstätten kaum möglich.[13]

Betrachtet man diesen Ausschnitt an wesentlichen bergbautechnischen Sachgesetzlichkeiten, so wird deutlich, dass diese nicht bloß getrennt nebeneinander stehen, sondern sich vielmehr gegenseitig bedingen, ergänzen und beeinflussen: Standortgebundenheit des Bergbaubetriebs und die Unvorhersehbarkeit wirken zusammen und prägen so die fortschreitende Dynamik des Bergbaus.

---

6 *Kühne*, DVBl. 2006, 662, 662.
7 Zu dem Begriff der Standortgebundenheit siehe *Schulte*, Kernfragen des bergrechtlichen Genehmigungsverfahrens, S. 44 und § 1 Nr. 1 BBergG.
8 Vgl. *Schulte*, Kernfragen des bergrechtlichen Genehmigungsverfahrens, S. 44 f.; *v. Hammerstein*, in: Boldt/Weller/Kühne/v. Mäßenhausen, BBergG, § 1 Rn. 6.
9 *Vitzthum/Piens*, in: Piens/Schulte/Graf Vitzthum, BBergG, § 1 Rn. 6; *Schulte*, Kernfragen des bergrechtlichen Genehmigungsverfahrens, S. 45. Vgl. auch *Kühne*, DVBl. 2006, 662, 662.
10 Vgl. *Vitzthum/Piens*, in: Piens/Schulte/Graf Vitzthum, BBergG, § 1 Rn. 6; *Schulte*, Kernfragen des bergrechtlichen Genehmigungsverfahrens, S. 53 f.; *v. Hammerstein*, in: Boldt/Weller/Kühne/v. Mäßenhausen, BBergG, § 1 Rn. 7.
11 *Schulte*, Kernfragen des bergrechtlichen Genehmigungsverfahrens, S. 54; so auch bei *Kühne*, Bergrechtlicher Rahmenbetriebsplan, Anlagengenehmigungsrecht und Umweltverträglichkeitsprüfung, S. 48 und *Vitzthum/Piens*, in: Piens/Schulte/Graf Vitzthum, BBergG, § 1 Rn. 6.
12 Zu dessen sinkender Bedeutung vor dem Hintergrund aktueller Technologien siehe *Ludwig*, DVBl. 2016, 685, 690.
13 Vgl. *Knöchel*, NWVBL 1992, 117, 117 f.

B) Die historische Entwicklung des Betriebsplanverfahrens im Bergrecht

Der bergrechtliche Betriebsplan stellt seit jeher eines der wesentlichen, in besonderem Maße durch den Charakter des Bergbaus geprägtes Instrument der bergrechtlichen Regelungsmaterie dar. Die geschichtliche Entwicklung dieses Rechtsinstruments reicht vom heutigen Tag bis zu den nicht kodifizierten Ursprüngen des, im Folgenden noch darzulegenden, Direktionsprinzips zurück, wobei sich ein exakter historischer Ausgangspunkt nicht feststellen lässt. Im Laufe dieser Zeit hat der Betriebsplan einen Wandel durchlebt, der sich nicht bloß am Bergbau selbst orientierte, sondern dessen Durchführung in entscheidendem Maße mitprägte. Folgend soll der geschichtliche Werdegang des bergrechtlichen Betriebsplans in seinen wesentlichen Grundzügen unter Hervorhebung besonderer Wandlungspunkte in einem dem Ziel dieser Arbeit angemessenen Verhältnis aus Umfang und Tiefe dargestellt werden.

I) Die Entwicklung des Betriebsplans unter Einfluss des Direktionsprinzips

Der bergrechtliche Betriebsplan findet seine Herkunft in dem sogenannten **Direktionsprinzip**, wonach die zuständige Bergbehörde einen Bergbaubetrieb nicht lediglich zu beaufsichtigen hatte, sondern ihr vielmehr ebenso die Leitung desgleichen, unter anderem in Form der Aufstellung von Betriebsplänen, oblag.[14] Dieses Direktionsprinzip selbst ging seinen Grundzügen nach aus dem Freiberger Recht des 14. Jahrhunderts[15] hervor, obwohl es zu dieser Zeit jedenfalls begrifflich nicht etabliert gewesen ist[16], und herrschte auch in der Zeit des Allgemeinen Preußischen Landrechts Ende des 18. Jahrhunderts weiterhin vor.[17] Der Grund dafür lag in der Überzeugung, *„die Bergbauwilligen gegen ihre eigene Unerfahrenheit zu schützen."*[18] Im Laufe des 19. Jahrhunderts nahmen die verschiedenen, in Preußen geltenden Rechtsmaterien unterschiedlichen Einfluss auf die Herausarbeitung des bergrechtlichen Betriebsplans.[19]

---

14 *v. Hammerstein*, in: Boldt/Weller/Kühne/v. Mäßenhausen, BBergG, Vorbem. §§ 50 bis 57c Rn. 1; vgl. auch *Weller*, ZfB 106 (1965), 218, 128, 227. Zum Inhalt des Direktionsprinzips siehe auch *Westhoff/Schlüter*, ZfB 50 (1909), S. 254.
15 Zum Ursprung des Freiberger Rechts siehe *Krautschneider*, ZfB 103 (1962), 26, 26; *Westhoff/Schlüter*, ZfB 50 (1909), S. 85; *Weller*, ZfB 106 (1965), 218, 218; *Willecke*, S. 52.
16 Vgl. *Westhoff/Schlüter*, ZfB 50 (1909), S. 89 und 238.
17 Zum Direktionsprinzip im Allgemeinen Preußischen Landrecht siehe *Westhoff/Schlüter*, ZfB 50 (1909), S. 253 f.; *Weller*, ZfB 106 (1965), 218, 218; *Willecke*, S. 75.
18 *Weller*, ZfB 106 (1965), 218, 219.
19 *Pfadt*, S. 39.

Einen grundlegenden Wandel erlebte der Betriebsplan erstmalig im Jahre 1860, indem § 1 Abs. 2 des Gesetzes, die Aufsicht der Bergbehörden über den Bergbau und das Verhältnis der Berg- und Hüttenarbeit betreffend,[20] dem Bergwerkseigentümer oder dessen Stellvertreter die Anfertigung der Betriebspläne aufgab.[21] Da zu dieser Zeit die erteilte Bergbauberechtigung mit einem sogenannten Betriebszwang verknüpft war, wonach der Bergwerkseigentümer in der Pflicht stand, *„das ihm verliehene Bergwerk zu betreiben"*[22], diente der vorgelegte Betriebsplan vorrangig dem Nachweis der Durchführung dieser Verpflichtung durch den Bergwerkseigentümer.[23] Diese so vorgelegten Betriebspläne waren dem Wortlaut der Norm entsprechend dann durch die Bergbehörde zu genehmigen, sodass hier von einem reinen Aufsichtsrecht der Bergbehörde für den Bergbaubetrieb auszugehen ist, welches nach § 1 Abs. 1 dieses Gesetzes auf die *„Wahrung der Nachhaltigkeit des Bergbaus, der Sicherheit der Baue, der Oberfläche im Interesse des privat- und öffentlichen Verkehrs, des Lebens und der Gesundheit der Arbeiter"* beschränkt war.[24] Auf diese Weise wurde ein erster kodifizierter Schritt unter Aufhebung des Direktionsprinzips[25] hin zu der zukünftigen Planung des Bergbaubetriebs durch den Bergwerksbesitzer gemacht, der den langen Weg des Betriebsplans bis zu seiner heutigen Erscheinungsform ebnete.[26]

II) Die Entwicklung des Betriebsplans im Allgemeinen Berggesetz für die Preußischen Staaten unter Einfluss des Inspektionsprinzips

Die Einführung des Allgemeinen Berggesetzes für die Preußischen Staaten (***ABG***)[27] am 24. Juni 1865 führte letztlich zur vollständigen Aufgabe des Direktionsprinzips, besonders in dem, durch dieses geprägten, bergrechtli-

---

20 Das Gesetz, die Aufsicht der Bergbehörden über den Bergbau und das Verhältnis der Berg- und Hüttenarbeit betreffend, vom 21. Mai 1860, Gesetzsammlung für die königlichen Preußischen Staaten, Berlin 1860, S. 201.
21 Vgl. v. *Hammerstein*, in: Boldt/Weller/Kühne/v. Mäßenhausen, BBergG, Vorbem. §§ 50 bis 57c Rn. 1; *Weller*, ZfB 106 (1965), 218, 227.
22 *Boldt*, Staat und Bergbau, S. 39.
23 *Weller*, ZfB 106 (1965), 218, 228; *Pfadt*, S. 25.
24 Vgl. v. *Hammerstein*, in: Boldt/Weller/Kühne/v. Mäßenhausen, BBergG, Vorbem. §§ 50 bis 57c Rn. 1.
25 Zur ausdrücklichen Aufhebung des Direktionsprinzips siehe *Schlüter*, ZfB 76 (1935), 293, 326; *Westhoff/Schlüter*, ZfB 50 (1909), S. 268 und 492; *Pfadt*, S. 24. Vgl. auch *Weller*, ZfB 106 (1965), 218, 220; *Willecke*, S. 99; *Willecke/Turner*, S. 17.
26 Siehe zum Versuch der Abkehr vom Direktionsprinzip in Reformentwürfen des preußischen Bergrechts um 1829 – 1835, *Westhoff/Schlüter*, ZfB 50 (1909), S. 262 ff.
27 Allgemeines Berggesetz für die Preußischen Staaten, vom 24. Juni 1865, Gesetzsammlung für die königlichen Preußischen Staaten, Berlin 1865, S. 705 ff.

chen Betriebsplanverfahren.[28] Stattdessen wurde von da an das sogenannte **Inspektionsprinzip** anerkannt, wonach den Bergbehörden zukünftig lediglich noch ein Prüfungsrecht hinsichtlich der vom Bergwerkseigentümer eingereichten Betriebspläne, beschränkt auf lediglich bergpolizeiliche Aspekte[29], zukam.[30] Dies zeigt sich an § 67 Abs. 2 und 3 ABG, wonach der Betriebsplan der Bergbehörde zur Prüfung vorzulegen war und sich deren Prüfung auf die in § 196 ABG festgestellten polizeilichen Gesichtspunkte zu beschränken hatte. Damit einhergehend wurde auch an dem zuvor herrschenden Betriebszwang nicht länger festgehalten.[31]

Der Pflichtinhalt eines Betriebsplans war nicht gesetzlich bestimmt, sodass es letztlich im Aufgabenbereich des Bergwerkseigentümers lag, diesen Inhalt zu gestalten.[32] Abstrakt sollte der wesentliche Inhalt jedoch im Kern „*eine Zusammenstellung der in einem bestimmten Zeitraum vorgesehenen Arbeiten einschließlich der hierfür notwendigen betrieblichen Einrichtungen und Maßnahmen, soweit diese für die im Rahmen der Bergaufsicht zu beachtenden Belange von Bedeutung sind*"[33], umfassen.

Für dieses Betriebsplanverfahren von 1865 sah § 68 Abs. 1 ABG eine Zulassungsfiktion[34] in Form der sogenannten stillschweigenden Billigung des eingereichten Betriebsplans vor,[35] denn „*Erhebt die Bergbehörde nicht binnen vierzehn Tagen nach Vorlegung des Betriebsplans Einspruch gegen denselben, so ist der Bergwerksbesitzer zur Ausführung befugt.*" Zwar bot § 68 Abs. 2 ABG der Bergbehörde ein Einspruchsrecht und die Möglichkeit einer Erörterung[36] mit dem Bergwerksbesitzer, doch wird an dieser Stelle deutlich, dass der bergrechtliche Betriebsplan nicht länger ein Instrument

---

28 *v. Hammerstein*, in: Boldt/Weller/Kühne/v. Mäßenhausen, BBergG, Vorbem. §§ 50 bis 57c Rn. 2; *Kremer/Neuhaus gen. Wever*, BergR, Rn. 36; siehe auch *Willecke/Turner*, S. 19.
29 Siehe zur Beschränkung auf lediglich bergpolizeiliche (und gerade nicht z. B. bau- und wegepolizeiliche) Aspekte *Isay/Isay*, Allgemeines Berggesetz für die preußischen Staaten unter besonderer Berücksichtigung des Gewerkschaftsrechts, I. Band, S. 505. Siehe auch *Weller*, ZfB 106 (1965), 218, 228; *Voelkel*, S. 178.
30 Vgl. *Kühne*, in: Boldt/Weller/Kühne/v. Mäßenhausen, BBergG, Vor § 1 Rn. 6; *v. Hammerstein*, in: Boldt/Weller/Kühne/v. Mäßenhausen, BBergG, Vorbem. §§ 50 bis 57c Rn. 2; *Schmidt-Aßmann/Schoch*, S. 132.
31 *Weller*, ZfB 106 (1965), 218, 228.
32 *Schmidt-Aßmann/Schoch*, S. 132; genauer zum Inhalt bei *Boldt*, Staat und Bergbau, S. 35 und *Pfadt*, S. 64 f.
33 *Pfadt*, S. 35.
34 *Schmidt-Aßmann/Schoch*, S. 133 f. sprechen von einer „automatischen Ausführungsbefugnis nach Fristablauf". Siehe demgegenüber *Isay/Isay*, Allgemeines Berggesetz für die preußischen Staaten unter besonderer Berücksichtigung des Gewerkschaftsrechts, I. Band, S. 508, 510, die von einer Genehmigung i.F.e. ausdrücklichen oder stillschweigenden Erklärung der Bergpolizei sprechen.
35 Zum Begriff der stillschweigenden Billigung siehe *v. Hammerstein*, in: Boldt/Weller/Kühne/v. Mäßenhausen, BBergG, Vorbem. §§ 50 bis 57c Rn. 5. Vgl. auch *Willecke/Turner*, S. 103.
36 Siehe zur Erörterung *Voelkel*, S. 179.

des Staates zur Leitung des Bergbaus war. Freilich führte § 67 Abs. 1 ABG eine Betriebsplanpflicht dahingehend ein, dass der Betrieb nur auf Grund eines Betriebsplans geführt werden durfte.[37] Trotz dieses zwingenden Erfordernisses war eine ausdrückliche Genehmigung des vorgelegten Betriebsplans durch die zuständige Bergbehörde grundsätzlich nicht vorgesehen.[38] Eine solche war nach der damaligen Auffassung neben der Zulassungsfiktion nicht nötig, denn durch diese konnte ein Recht ausgeübt werden, welches bereits dem zuvor verliehen Bergwerkseigentum innewohnte.[39] Der Gesetzgeber des ABG entschied sich dazu, weiterhin an diesem Instrument in der bergrechtlichen Regelungsmaterie festzuhalten.[40] Dieser Entscheidung lag maßgeblich der Gedanke zu Grunde, dass ein rationeller Betrieb nur aufgrund eines Betriebsplans geführt werden könne, dessen Aufstellung somit letztlich im eigenen Interesse des Bergwerksbesitzers liege.[41] Denn ein vorheriger Betriebsplan stelle im Wesentlichen das am wenigsten einschneidende Mittel zur Ausübung der bergpolizeilichen Kontrolle dar und schütze den Bergwerksbesitzer vor unvorhersehbaren Eingriffen in den später laufenden Bergwerksbetrieb, sodass es sich um eine *„Präventivmaßregel, bei welcher die Wahrung der bergpolizeilichen Rücksichten mit dem Privatinteresse des Bergwerksbesitzers Hand in Hand geht"*[42], handele.[43] Dies schloss allerdings nicht aus, dass die Bergbehörde bei nachträglicher Änderung des Sachverhalts gegen bestimmte Maßnahmen der Betriebsausführung trotz bereits „zugelassenem" Betriebsplan vorgehen konnte, denn dieser schuf kein absolutes Recht zur Ausführung des in ihm zugelassenen Inhalts.[44] Letztlich sah das ABG keine Geltungsdauer für einen einmal „zugelassenen" Betriebsplan vor.[45]

III) Die Entwicklung des Betriebsplans im 20. Jahrhundert

Diese wesentlichen Züge des Betriebsplans durch das ABG fanden über Jahre hinweg in den einzelnen Berggesetzen der Länder Einklang bis in die

---

[37] Zur Betriebsplanpflicht des § 67 ABG siehe *Pfadt*, S. 31 f., der diese aber für den Grundeigentümerbergbau ablehnt, m. w. N.
[38] *Voelkel*, S. 179; OVG Preußen, ZfB 72 (1931), 278, 290. Siehe *Boldt*, Staat und Bergbau, S. 35, nachdem eine ausdrückliche Genehmigung nur in Ausnahmefällen erforderlich war.
[39] Vgl. *Schmidt-Aßmann/Schoch*, S. 133.
[40] Siehe auch *v. Hammerstein*, in: Boldt/Weller/Kühne/v. Mäßenhausen, BBergG, Vorbem. §§ 50 bis 57c Rn. 2.
[41] Siehe Motive zu dem Entwurf eines Allgemeinen Berggesetzes für die preußischen Staaten, ZfB 6 (1865), 55, 136. Siehe auch *Voelkel*, S. 177.
[42] ZfB 6 (1865), 55, 136 f.
[43] ZfB 6 (1865), 55, 136. Vgl. auch *Voelkel*, S. 177.
[44] Siehe Rekursbescheid des Ministers für Handel und Gewerbe vom 6. Mai 1907, ZfB 48 (1907), 432 f; bestätigt durch OVG Preußen, ZfB 72 (1931), 278, 290 f. und OVG Rheinl.-Pfalz, ZfB 98 (1957), 448, 451; *Willecke/Turner*, S. 103; *Voelkel*, S. 177.
[45] *Pfadt*, S. 35. Vgl. auch *Schmidt-Aßmann/Schoch*, S. 132.

Zeit der Bundesrepublik Deutschland:[46] derart sah beispielsweise das Allgemeine Berggesetz für das Land Hessen vom 01. April 1953[47] in seinen §§ 67 ff. fast inhaltsgleiche Normen vor (unter anderem immer noch die Zulassungsfiktion des Betriebsplans).[48]

1. Die Etablierung weiterer Betriebsplanarten

Mit dem Gesetz zur Änderung berggesetzlicher Vorschriften im Land Nordrhein-Westfalen vom 25. April 1950[49] wurden im Sinne einer Vorreiterstellung erstmalig als neue Betriebsplanarten der Sonderbetriebsplan und der gemeinsame Betriebsplan in § 67 Abs. 2 ABG eingeführt,[50] gleichzeitig ein Betriebsplan für die Abschlussarbeiten in § 71 Abs. 3 ABG[51] vorgesehen.[52] Infolgedessen kristallisierten sich in der praktischen Ausübung der bergrechtlichen Vorschriften weitere wesentliche Arten des eigentlichen Betriebsplans heraus:[53] im Mittelpunkt standen der Hauptbetriebsplan, welcher maßgeblicher Ausgangspunkt für das Bergbauvorhaben war und für einen Zeitraum von regelmäßig zwei Jahren vorzulegen war, daneben der sogenannte Rahmenbetriebsplan, welcher den wesentlichen Umriss des Bergbauvorhabens darlegte, also den planerischen Rahmen.[54] Insoweit wird der Rahmenbetriebsplan bereits begrifflich in einer Kommentierung zum ABG aus dem Jahre 1963[55] und einem Runderlass in Nordrhein-Westfalen im Jahr 1966[56] erwähnt. Gleichzeitig wurden Einzelbetriebspläne zur Darstellung von immer wieder auftretenden Vorgängen im Bergbaubetrieb anerkannt und letztlich Nachtragsbetriebspläne zur nachträglichen Abänderung

---

46 Vgl. zur Verbreitung des ABG in den Ländern: *Engelhardt*, ZfB 106 (1965), 110, 113; *Kühne*, in: Boldt/Weller/Kühne/v. Mäßenhausen, BBergG, Vor § 1 Rn. 9; *Willecke/Turner*, S. 23, 26 ff.
47 Allgemeines Berggesetz für das Land Hessen in der Fassung der Bekanntmachung vom 1. April 1953, GVBl. für das Land Hessen, S. 61.
48 Siehe zur Beibehaltung der „automatischen Ausführungsbefugnis nach Fristablauf" *Schmidt-Aßmann/Schoch*, S. 134.
49 GS. NW. für das Land Nordrhein-Westfalen, Sonderband, Sammlung des bereinigten Landesrechts Nordrhein-Westfalen – GS. NW. – 1945 – 1956, S. 694.
50 Siehe Artikel I des Änderungsgesetzes NRW in Fn. 49.
51 Siehe Artikel IV des Änderungsgesetzes NRW in Fn. 49.
52 *v. Hammerstein*, in: Boldt/Weller/Kühne/v. Mäßenhausen, BBergG, Vorbem. §§ 50 bis 57c Rn. 4; *Weller*, ZfB 106 (1965), 218, 229.
53 Zur Entwicklung der Betriebsplanarten durch die Behördenpraxis siehe auch *Schmidt-Aßmann/Schoch*, S. 135.
54 *v. Hammerstein*, in: Boldt/Weller/Kühne/v. Mäßenhausen, BBergG, Vorbem. §§ 50 bis 57c Rn. 4; *Weller*, ZfB 106 (1965), 218, 229 f.
55 *Ebel/Weller*, ABG m. Erläut., § 67 Anm. 1g.
56 Runderlaß vom 09.02.1966 des Ministers für Wirtschaft, Mittelstand und Verkehr des Landes Nordrhein-Westfalen betr. Richtlinien für die Handhabung des Betriebsplanverfahrens (MBl. NRW Ausg. A S. 1003), abgedruckt in ZfB 107 (1966), 458.

oder Ergänzung bereits vorgelegter Betriebspläne gebräuchlich.[57] In der Folge sahen § 67 Abs. 1 Satz 2 des allgemeinen Berggesetzes für das Land Hessen in dem hessischen Änderungsgesetz von 1969[58] und § 62 Abs. 1 Satz 2 des badischen Berggesetzes in dem Änderungsgesetz von 1971[59] in Baden-Württemberg sogar kodifiziert vor, dass der Bergbehörde auf ihr Verlangen hin Rahmenbetriebspläne vorzulegen waren.[60] Diese Entwicklung zeigt eine wesentliche Änderung der Prüfungsweise durch die Bergbehörden, indem sich die Überprüfung fortlaufend mehr und mehr in unterschiedliche Phasen und Ebenen im Sinne einer Stufung in verschiedene Betriebsplanarten aufteilte.[61] Dem stand jedoch keine von Anfang an gezielte Entwicklung eines Gesamtsystems voran, sondern es handelte sich um einen langwierigen, aufeinander aufbauenden Entwicklungsprozess durch die Praxis.[62] In dieser Umgestaltung zeigt sich ein Wandel dahingehend, dass durch die Etablierung bestimmter Betriebsplanarten die Gestaltung deren Inhalts nicht mehr alleinig beim Bergbautreibenden lag.[63]

2. Die Wandlung der Betriebsplanzulassung zu einem Verwaltungsakt

Im Laufe des 20. Jahrhunderts verschwand in einigen Ländern die noch aus dem ABG verbliebene[64] Zulassungsfiktion des vorgelegten Betriebsplans und schuf Raum für einen ausdrücklichen hoheitlichen Zulassungsakt der auf Unternehmerseite aufgestellten Betriebspläne durch die zuständige Bergbehörde:[65] So wurde beispielsweise in Hessen durch das Änderungsgesetz vom 27. Mai 1969[66] der § 67 Abs. 1 des Allgemeinen Berggesetzes für das Land Hessen dahingehend geändert, dass der Betrieb nur auf Grund eines von der *„Bergbehörde zugelassenen Betriebsplanes"* geführt werden durfte. § 67 Abs. 2 Satz 1 in Form dieses Änderungsgesetzes statuierte ab diesem Zeitpunkt, wann und unter welchen Voraussetzungen ein Betriebs-

---

57 *Weller*, ZfB 106 (1965), 218, 229 f.; *v. Hammerstein*, in: Boldt/Weller/Kühne/v. Mäßenhausen, BBergG, Vorbem. §§ 50 bis 57c Rn. 4.
58 Gesetz zur Änderung des Allgemeinen Berggesetzes für das Land Hessen vom 27. Mai 1969, GVBl. für das Land Hessen 1969, S. 81.
59 Zweites Gesetz zur Änderung bergrechtlicher Vorschriften vom 18. Mai 1971, GSBl. für Baden-Württemberg 1971, S. 161.
60 Vgl. zur gesetzlichen Gestaltung des Rahmenbetriebsplans in Hessen auch *Kühne*, UPR 1986, 81, 82.
61 *Schmidt-Aßmann/Schoch*, S. 135.
62 Vgl. *Schmidt-Aßmann/Schoch*, S. 135.
63 *Stiens*, S. 44.
64 Vgl. zur Fortgeltung des ABG als Landesrecht *Schmidt-Aßmann/Schoch*, S. 134.
65 *v. Hammerstein*, in: Boldt/Weller/Kühne/v. Mäßenhausen, BBergG, Vorbem. §§ 50 bis 57c Rn. 5 m. N. einzelner Änderungsgesetze der Länder. Vgl. auch *Schmidt-Aßmann/Schoch*, S. 136; *Pfadt*, S. 86 m. w. N.
66 Gesetz zur Änderung des Allgemeinen Berggesetzes für das Land Hessen vom 27. Mai 1969, GVBl. für das Land Hessen 1969, S. 81 ff.

plan zuzulassen war. Letztlich sollte die Bergbehörde nach § 68 Abs. 3 in Form des hessischen Änderungsgesetzes „binnen Monatsfrist" über die Zulassung des Betriebsplanes entscheiden. Dem Wortlaut nach ähnliche und sogar teilweise identische Vorschriften finden sich auch in den § 62 Abs. 1 Satz 1, Abs. 2, § 63 Abs. 2 Satz 2 des badischen Berggesetzes in der Fassung des Änderungsgesetzes vom 18. Mai 1971[67] in Baden-Württemberg und dem § 67 Abs. 1 Satz 1, Abs. 2 des Allgemeinen Berggesetzes für das Land Niedersachsen[68].[69] Insofern verblasste das Mitte des 19. Jahrhunderts weitreichend etablierte Verständnis, eine gesonderte Genehmigung des Betriebsplanes durch die zuständige Bergbehörde sei bergrechtlich nicht vorgesehen.[70] Nunmehr wurde die Zulassung eines bergrechtlichen Betriebsplans als Verwaltungsakt qualifiziert.[71] Denn die Feststellung der Bergbehörde, dass der vorgelegte Betriebsplan den bergrechtlichen Anforderungen nicht widerspricht, stelle eine positive Entscheidung im Sinne einer Erlaubnis[72], also einen den Bergbauunternehmer begünstigenden Verwaltungsakt dar.[73] Insofern unterschied man den vorgelegten Betriebsplan als eine Art Antrag an die zuständige Bergbehörde und die darauf folgende Zulassung dessen als gesonderte Entscheidung dieser Behörde in Form eines mitwirkungsbedürftigen[74] Verwaltungsakts.[75]

IV) Der Betriebsplan nach dem Bundesberggesetz

Gegen Ende des 20. Jahrhunderts sah sich der Bergrechtsgesetzgeber nicht nur einer Vielzahl verschiedener und teilweise variierender Landesgesetze zum Bergrecht gegenüber, sondern daneben noch weiterer untergesetzlicher

---

67 Zweites Gesetz zur Änderung bergrechtlicher Vorschriften vom 18. Mai 1971, GSBl. für Baden-Württemberg 1971, S. 161 f.
68 Dieses galt gem. Art. I des Gesetzes zur Änderung und Bereinigung des Bergrechts im Lande Niedersachsen vom 10. März 1978, Nds. GVBl. 1978, S. 253 und Anhang S. 258 in der geänderten Fassung.
69 Beispielhaft auch aufgeführt bei v. Hammerstein, in: Boldt/Weller/Kühne/v. Mäßenhausen, BBergG, Vorbem. §§ 50 bis 57c Rn. 5.
70 Siehe zu diesem Verständnis oben Kap. 1, B), II). Zum Wandlungsprozess siehe Schmidt-Aßmann/Schoch, S. 136.
71 OVG Münster, ZfB 116 (1975), 245, 250; OVG Saarland, ZfB 116 (1975), 358, 360 ff.; siehe auch zusammenfassend bei Stiens, S. 45; Pfadt, S. 86, 90, 94; vgl. auch Weller, ZfB 106 (1965), 218, 228. Vgl. Schulte, Eigentum und öffentliches Interesse, S. 302, der bereits zuvor das Unterlassen eines Einspruchs seitens der Behörde als Genehmigungserteilung ansah und so die Betriebsplanzulassung mit der gewerberechtlichen Anlagengenehmigung verglichen hat.
72 Zum Begriff der Erlaubnis in diesem Zusammenhang siehe auch Weller, ZfB 106 (1965), 218, 228 und Pfadt, S. 86.
73 OVG Saarland, ZfB 116 (1975), 358, 360 ff.
74 Genauer zur Frage der Mitwirkungsbedürftigkeit bei Pfadt, S. 94.
75 Schmidt-Aßmann/Schoch, S. 136.

Nebenverordnungen.[76] Unterdessen führte die Veränderung der Bundesländergrenzen teilweise zu einer Anwendbarkeit von mehreren aus der Zeit Preußens stammenden Gesetze in einem einzigen Bundesland.[77] Vor dem Hintergrund dieser Situation hatte der Gesetzgeber mit Inkrafttreten des BBergG[78] am 01. Januar 1982[79] die zusammenfassende Ausgestaltung eines einheitlichen Bergrechts für die Bundesrepublik Deutschland vor Augen.[80] Dabei sollte das Betriebsplanverfahren auf der einen Seite als typisches Konstrukt des Bergrechts beibehalten werden, sich auf der anderen Seite aber weiter an aktuelleres Verfahrensrecht und gegenwärtige Anforderungen angleichen.[81]

Mit Schaffung des Bergrechtsänderungsgesetzes vom 12.02.1990[82] führte der Gesetzgeber den sogenannten obligatorischen Rahmenbetriebsplan ein, dessen Zulassung der Durchführung eines Planfeststellungsverfahrens inklusive Umweltverträglichkeitsprüfung (**UVP**) bedarf.[83] Diese Gestaltung diente der Umsetzung der Anforderungen der UVP-Richtlinie vom 27. Juni 1985 und sollte die Besonderheiten des Bergbaus und damit auch des Betriebsplanverfahrens einerseits und die angesteuerte Beteiligung der Öffentlichkeit im Verfahren inklusive einer Konzentrationswirkung der Zulassung andererseits in Einklang bringen.[84]

C) Ausgestaltung des Betriebsplanverfahrens nach den §§ 51 ff. BBergG

Das bergrechtliche Betriebsplanverfahren des heutigen BBergG[85] zeichnet sich sowohl in seiner Ausgestaltung als auch dem Ablauf als ein den besonderen tatsächlichen Vorgaben des Bergbaus durch spezielle rechtliche Instrumente Rechnung tragendes Konstrukt aus. Insofern ist zu unterscheiden zwischen den einerseits zugrundeliegenden bergbautechnischen Sachgesetzlichkeiten[86] und andererseits den daraus folgenden bergrechtlichen Besonderheiten.[87] Letztere zu Grunde legend ist es für den Untersuchungsgegenstand dieser Arbeit unerlässlich, die verschiedenen Betriebsplanarten

---

76 BT-Drs. 8/1315, S. 68.
77 BT-Drs. 8/1315, S. 68.
78 Bundesberggesetz vom 13.08.1980, BGBl. I S. 1310.
79 Gemäß § 178 BBergG trat das BBergG am 01. Januar 1982 in Kraft.
80 BT-Drs. 8/1315, S. 1.
81 BT-Drs. 8/1315, S. 71, 105.
82 Gesetz zur Änderung des Bundesberggesetzes vom 12. Februar 1990, BGBl. I 1990, S. 215 ff.
83 v. *Hammerstein*, in: Boldt/Weller/Kühne/v. Mäßenhausen, BBergG, Vorbem. §§ 50 bis 57c Rn. 7.
84 BT-Drs. 11/4015, S. 1.
85 Siehe zum Stand dessen Fn. 3.
86 Siehe oben Kap 1, A).
87 *Schulte*, Kernfragen des bergrechtlichen Genehmigungsverfahrens, S. 45 f.

und das zu deren Zulassung verlaufende Betriebsplanverfahren an dieser Stelle zunächst in angemessenem Umfang überblicksartig darzustellen, um so letztlich in die konkrete Frage der Bindungsproblematik eintauchen zu können und die hier dargestellten Erkenntnisse an entscheidender Stelle zu vertiefen.

I) Besonderheiten des Betriebsplanverfahrens

Aus der auf den besonderen Sachgesetzlichkeiten beruhenden einzigartigen[88] Dynamik des Bergbaus[89] folgt die Notwendigkeit, dass sich die Zulassung eines Bergbaubetriebs im Wege der Betriebsplanzulassung ebenfalls gleich dynamisch wandeln und entwickeln können muss.[90] Diese Anforderung kann eine einmalig zu erteilende Genehmigung nicht erfüllen, da eine solche überwiegend auf statische Betriebsverhältnisse ausgerichtet ist.[91] Denn ein Bergbauvorhaben lässt sich nicht starr in die sonst für Anlagen typischen Phasen von aufeinander folgender Errichtung und Betrieb gliedern, vielmehr stehen Errichtung des Bergwerks und der folgende Bergbaubetrieb in einem sich ständig weiterentwickelnden, ergänzenden und gegenseitig wiederholenden Verhältnis.[92] Dieser bergbautechnischen Besonderheit trägt das BBergG rechtlich in besonderem Maße dadurch Rechnung, dass es für das Betriebsplanerfordernis nicht strikt zwischen Errichtung und Führung des Bergbaubetriebs unterscheidet, sondern diese Tätigkeiten in einem gemeinsamen Vorgang in § 52 Abs. 1 Satz 1, Abs. 3 BBergG zusammenfasst.[93] Dies wird auch in der Gesetzesbegründung deutlich, wonach das Betriebsplanverfahren *„die präventive und laufende Betriebsüberwachung"*[94] ermöglichen soll. Das Betriebsplanverfahren des BBergG steht daher unter der Prämisse, die von dem Bergbau selbst ausgehenden Gefahren einerseits mit den Risiken und Unvorhersehbarkeiten der Planung des Bergbautreibenden andererseits zu berücksichtigen und in ein angemessenes Gleichgewicht zu setzen.[95] Dieses Ziel versucht es durch eine „Stufung" des Betriebsplanverfahrens in verschiedene aufeinander folgende und nebeneinander bestehende Betriebsplanarten unterschiedlichen rechtlichen

---

88 *Schulte*, Kernfragen des bergrechtlichen Genehmigungsverfahrens, S. 45.
89 Siehe zur Dynamik des Bergbaus oben Kap. 1, A).
90 *Piens*, in: Piens/Schulte/Graf Vitzthum, BBergG, § 51 Rn. 2; vgl. auch *Pollmann/Wilke*, S. 216. Vgl. auch *Kühne*, DVBl. 2006, 662, 663; *Kühne*, UPR 1992, 218, 220.
91 BT-Drs. 8/1315, S. 105; *Piens*, in: Piens/Schulte/Graf Vitzthum, BBergG, § 51 Rn. 2.
92 Vgl. *Schulte*, Kernfragen des bergrechtlichen Genehmigungsverfahrens, S. 45; *Knöchel*, NWVBl. 1992, 117, 118; *Kühne*, DVBl. 2006, 662, 662; *Gaentzsch*, in: Kühne/Gaentzsch, Wandel und Beharren im Bergrecht, S. 21.
93 Siehe zur Zusammenfassung dieser verschiedenen Phasen, *Gaentzsch*, in: Kühne/Gaentzsch, Wandel und Beharren im Bergrecht, S. 21 f.
94 BT-Drs. 8/1315, S. 105.
95 *Pollmann/Wilke*, S. 216.

Inhalts und zeitlicher Dauer zu gewährleisten, um so eine andauernde Kontrolle des Bergbaubetriebs zu ermöglichen.[96]

II) Betriebsplanarten im BBergG

Nach § 51 Abs. 1 Satz 1 BBergG dürfen Aufsuchungsbetriebe, Gewinnungsbetriebe und Betriebe zur Aufbereitung grundsätzlich (mit Ausnahme der in § 51 Abs. 2 und Abs. 3 BBergG geregelten Fälle) nur auf Grund von Betriebsplänen errichtet, geführt und eingestellt werden, die vom Unternehmer aufgestellt und von der Behörde zugelassen worden sind. Es besteht ein zwingendes behördliches Zulassungserfordernis aller bergbaulichen Tätigkeiten.[97] Dabei unterscheidet das BBergG im Detail zwischen fünf verschiedenen Arten von bergrechtlichen Betriebsplänen: Hauptbetriebspläne (§ 52 Abs. 1 BBergG), Rahmenbetriebspläne (§ 52 Abs. 2 Nr. 1 BBergG), Sonderbetriebspläne (§ 52 Abs. 2 Nr. 2 BBergG), gemeinsame Betriebspläne (§ 52 Abs. 3 BBergG) und Abschlussbetriebspläne (§ 53 BBergG). Ungeachtet der jeweiligen Unterschiede der einzelnen Betriebsplanarten müssen grundsätzlich alle Betriebspläne gleichermaßen gemäß § 52 Abs. 4 Satz 1 BBergG eine Darstellung des Umfanges, der technischen Durchführung und der Dauer des beabsichtigten Vorhabens sowie den Nachweis der Erfüllung der Zulassungsvoraussetzungen enthalten.[98] Für den Untersuchungsgegenstand dieser Arbeit von Interesse sind maßgeblich der Haupt-, Rahmen- und Sonderbetriebsplan, sodass sich die folgende Darstellung ihrem Umfang nach auf diese drei Arten und ihr Verhältnis zueinander beschränken soll.

1. Hauptbetriebsplan

Allen Arten voran stellt der Hauptbetriebsplan die wichtigste Betriebsplanart im Bergrecht dar.[99] Dies folgt aus § 52 Abs. 1 Satz 1 BBergG, wonach für die Errichtung und Führung eines Betriebs Hauptbetriebspläne für einen in der Regel zwei Jahre nicht überschreitenden Zeitraum aufzustellen sind. Grundlegend sind zwei miteinander verbundene Eigenschaften des Hauptbetriebsplans hervorzuheben: Sein zwingendes Erfordernis einerseits und die Gestattungswirkung[100] seiner behördlichen Zulassung hinsichtlich des

---

96 Vgl. BVerwGE 89, 246, 251 f.; *Schulte*, Kernfragen des bergrechtlichen Genehmigungsverfahrens, S. 46; *v. Hammerstein*, in: Boldt/Weller/Kühne/v. Mäßenhausen, BBergG, Vorbem. §§ 50 bis 57c Rn. 11; *Pollmann/Wilke*, S. 217. Zur zeitlichen Stufung im bergrechtlichen Betriebsplanverfahren siehe auch *Gaentzsch*, in: Kühne/Gaentzsch, Wandel und Beharren im Bergrecht, S. 33 f.
97 *Piens*, in: Piens/Schulte/Graf Vitzthum, BBergG, § 52 Rn. 4.
98 Vgl. auch *Piens*, in: Piens/Schulte/Graf Vitzthum, BBergG, § 52 Rn. 99.
99 BT-Drs. 8/1315, S. 106; so auch *Gaentzsch*, in: FS Sendler, S. 408; *Gaentzsch*, in: Kühne/Gaentzsch, Wandel und Beharren im Bergrecht, S. 22; *Piens*, in: Piens/Schulte/Graf Vitzthum, BBergG, § 52 Rn. 9.
100 Siehe zur Gestattungswirkung der Hauptbetriebsplanzulassung unten Kap. 1, C), III), 2., c), bb).

Bergbaubetriebs andererseits.[101] Der Bergbauunternehmer ist mit Zulassung des Hauptbetriebsplans befugt, die so zugelassenen Arbeiten zu beginnen, jedoch wird er nicht im Sinne eines Betriebszwangs[102] dazu verpflichtet.[103] Das zwingende Erfordernis eines Hauptbetriebsplans ist dahingehend unumgänglich, dass dieser weder durch Rahmenbetriebspläne noch durch Sonderbetriebspläne ersetzt werden kann,[104] sodass ein behördliches Verlangen eines Rahmen- oder Sonderbetriebsplans die Verpflichtung zur Vorlage eines Hauptbetriebsplans nicht aufhebt.[105] Der Hauptbetriebsplan darf demnach durch die Abschichtung einzelner Maßnahmen in Sonderbetriebspläne nicht so weit seines Inhalts beraubt werden, dass er lediglich noch als Grundriss des Gesamtvorhabens dient.[106] Die Befristung des Hauptbetriebsplans für einen in der Regel zwei Jahre nicht überschreitenden Zeitraum dient der Umsetzung der sich aus dem fortschreitenden Abbau und der Standortgebundenheit ergebenden Dynamik des Bergbaus.[107] Denn durch das sich wiederholende Erfordernis der Aufstellung von Hauptbetriebsplänen für nur jeweils kurze Zeiträume kann flexibel auf sich unvorhersehbar ändernde tatsächliche Geschehnisse reagiert werden, ohne sich im Vorhinein auf bestimmte Wege festgelegt zu haben.[108] Aus dem Wortlaut des § 52 Abs. 1 Satz 1 BBergG („[...] in der Regel[...]") ergibt sich, dass in außerhalb der Regel stehenden, also atypischen Fällen, die Bergbehörde auch einen diesen Zeitraum überschreitenden Hauptbetriebsplan zulassen kann.[109] Diese Möglichkeit darf jedoch nicht zu einer unbefristeten Zulassung des Hauptbetriebsplans führen, denn eine solche ist vor dem Hintergrund des zwingenden Befristungserfordernisses des § 52 Abs. 1 Satz 1 BBergG rechtswidrig.[110]

---

101 Vgl. *v. Hammerstein*, in: Boldt/Weller/Kühne/v. Mäßenhausen, BBergG, § 52 Rn. 4.
102 Siehe zum früher herrschenden Betriebszwang oben Kap. 1, B), I).
103 *v. Hammerstein*, in: Boldt/Weller/Kühne/v. Mäßenhausen, BBergG, § 52 Rn. 14. Vgl. auch *Piens*, in: Piens/Schulte/Graf Vitzthum, BBergG, § 52 Rn. 9.
104 BVerwGE 89, 246, 259 f.; *v. Hammerstein*, in: Boldt/Weller/Kühne/v. Mäßenhausen, BBergG, § 52 Rn. 4. Vgl. auch OVG Berlin, ZfB 131 (1990), 200, 223; *Piens*, in: Piens/Schulte/Graf Vitzthum, BBergG, § 52 Rn. 85.
105 BT-Drs. 8/1315, S. 107.
106 *Schulte*, Kernfragen des bergrechtlichen Genehmigungsverfahrens, S. 67.
107 Vgl. BT-Drs. 8/1315, S. 107; *Gaentzsch*, in: FS Sendler, S. 408; *Gaentzsch*, in: Kühne/Gaentzsch, Wandel und Beharren im Bergrecht, S. 22; *Kühne*, DVBl. 2006, 662, 663; *Pollmann/Wilke*, S. 229, wonach der kürzere Zeitraum zu einer verlässlicheren Planung und im Ergebnis zu einer konkreteren Darstellung führen soll; *Piens*, in: Piens/Schulte/Graf Vitzthum, BBergG, § 52 Rn. 14.
108 Vgl. *Pollmann/Wilke*, S. 229.
109 *Piens*, in: Piens/Schulte/Graf Vitzthum, BBergG, § 52 Rn. 9; *v. Hammerstein*, in: Boldt/Weller/Kühne/v. Mäßenhausen, BBergG, § 52 Rn. 9. Siehe auch BT-Drs. 8/1315, S. 107, wonach die Dauer von zwei Jahren nicht zwingend vorgeschrieben sein soll.
110 *Piens*, in: Piens/Schulte/Graf Vitzthum, BBergG, § 52 Rn. 14.

Inhaltlich stellt der Hauptbetriebsplan umfassend alle im Bergbaubetrieb geplanten Arbeiten samt Ausführungsweise und die dazu erforderlichen Einrichtungen und Anlagen sowie deren Errichtung im Bereich seines Geltungszeitraums dar.[111] Dabei kann feiner differenziert werden zwischen Hauptbetriebsplänen für die Errichtung einerseits und Hauptbetriebsplänen zur Führung eines Bergbaubetriebs andererseits, welche beide ihrem zeitlichen Bezugspunkt nach jeweils verschiedene Betriebssituationen darstellen sollen.[112] Diese Differenzierung ist wohlgemerkt nur bezogen auf den Inhalt des jeweiligen Hauptbetriebsplans, denn das BBergG unterscheidet grundsätzlich nicht zwischen diesen beiden Phasen des Bergbaubetriebs.[113] Insgesamt dient der Hauptbetriebsplan der Darstellung eines Gesamtbildes des Bergbaubetriebs für den in der Regel zweijährigen Zeitraum, nicht hingegen lediglich einzelner Maßnahmen und Arbeiten, wie sich aus dem Unterschied zum Sonderbetriebsplan ergibt.[114] Die im Folgenden aufzustellenden weiteren Hauptbetriebspläne setzen inhaltlich am Zustand des schon zugelassenen Betriebs an und sollen die für ihren jeweiligen Geltungszeitraum geplante Entwicklung des Betriebs insgesamt darstellen.[115]

2. Rahmenbetriebsplan

Nach der Gesetzesbegründung sollen Rahmenbetriebspläne grundsätzlich der Ergänzung der zwingenden Hauptbetriebspläne dienen.[116] Dies soll dahingehend erfolgen, dass der Rahmenbetriebsplan die in den einzelnen Hauptbetriebsplänen aufgeführten Maßnahmen „[...] *in einen größeren zeitlichen Zusammenhang [...]*" stellt, „*[...] um die längerfristige Entwicklung des Betriebes überprüfen zu können.*"[117] Der Rahmenbetriebsplan dient also der Verbindung der einzelnen Hauptbetriebspläne im Sinne einer langfristigen Gesamtschau eines vielschichtigen Bergbauvorhabens.[118] Denn nur so kann oftmals die Zweckmäßigkeit langwieriger Maßnahmen, die über die Geltungsdauer eines Hauptbetriebsplans hinausgehen, sinnvoll beurteilt werden.[119] Darüber hinaus soll der Bergbauunternehmer im Wege des Rahmenbetriebsplans zur Ausarbeitung einer grundlegenden Konzeption seines

---

111 *v. Hammerstein*, in: Boldt/Weller/Kühne/v. Mäßenhausen, BBergG, § 52 Rn. 8; Vgl. auch BT-Drs. 8/1315, S. 107 f.; *Piens*, in: Piens/Schulte/Graf Vitzthum, BBergG, § 52 Rn. 12 spricht von der „[...] *Gesamtheit des Bergwerksbetriebs* [...]" für den jeweiligen Zeitraum.
112 Vgl. *v. Hammerstein*, in: Boldt/Weller/Kühne/v. Mäßenhausen, BBergG, § 52 Rn. 109.
113 Siehe zur Zusammenfassung der Phasen der Errichtung und der Führung des Betriebs oben Kap. 1, C), I).
114 *Pollmann/Wilke*, S. 217; *Piens*, in: Piens/Schulte/Graf Vitzthum, BBergG, § 52 Rn. 12.
115 *v. Hammerstein*, in: Boldt/Weller/Kühne/v. Mäßenhausen, BBergG, § 52 Rn. 8.
116 BT-Drs. 8/1315, S. 107.
117 BT-Drs. 8/1315, S. 107.
118 Vgl. *Pollmann/Wilke*, S. 220. *Piens*, in: Piens/Schulte/Graf Vitzthum, BBergG, § 52 Rn. 17.
119 *Pollmann/Wilke*, S. 220.

Gesamtvorhabens bewegt werden.[120] Im Unterschied zum Hauptbetriebsplan sieht das BBergG für den Rahmenbetriebsplan keine bezifferte Regelgeltungsdauer vor, sondern nach § 52 Abs. 2 Nr. 1 BBergG einen bestimmten längeren, nach den jeweiligen Umständen bemessenen Zeitraum. Die genaue Dauer dieses Zeitraums ist in Anbetracht der Umstände in jedem Einzelfall festzulegen, sodass eine allgemeine Regelung für Rahmenbetriebspläne ausscheidet.[121]

Es ist zu unterscheiden zwischen dem sogenannten fakultativen Rahmenbetriebsplan und dem sogenannten obligatorischen Rahmenbetriebsplan, die trotz gewisser grundlegender Gemeinsamkeiten unterschiedlichen rechtlichen Regelungen unterliegen.

a) Fakultativer Rahmenbetriebsplan

Grundlegendstes Merkmal des fakultativen Rahmenbetriebsplans ist, wie der Begriff es nahelegt, seine fakultative Ausgestaltung dahingehend, dass er nur aufgestellt werden muss, sofern die jeweils zuständige Bergbehörde dies nach § 52 Abs. 2 BBergG verlangt.[122] Die Entscheidung, den Bergbauunternehmer zur Aufstellung eines fakultativen Rahmenbetriebsplans zu verpflichten, liegt im Ermessen der zuständigen Bergbehörde.[123] Dieses Verlangen der Bergbehörde ergeht in Form eines Verwaltungsakts und begründet die Verpflichtung des Bergbauunternehmers, dem Folge zu leisten, also den verlangten Rahmenbetriebsplan aufzustellen.[124] Hierdurch wird hingegen nicht das Recht des Bergbauunternehmers ausgeschlossen, auf eigene Initiative hin einen Rahmenbetriebsplan aufzustellen und diesen der zuständigen Bergbehörde zur Zulassung vorzulegen, die bei Vorliegen der entsprechenden Voraussetzungen dem Zulassungsanspruch[125] des Bergbauunternehmers nachkommen muss.[126] Der Grund für diese Form der Ausgestaltung ergibt sich aus dem Zweck des fakultativen Rahmenbetriebsplans. Dieser dient im Verhältnis zum zwingend erforderlichen Hauptbetriebsplan maßgeblich der Koordinierung einer Vielzahl von ansonsten unübersichtlichen bergbaulichen Maßnahmen für einen festgelegten langfristigen Zeitraum.[127] Seinem Namen entsprechend bildet der Rahmenbetriebsplan einen Rahmen um das Bergbauvorhaben, welcher im Detail durch folgende Haupt- und

---

120 *Piens*, in: Piens/Schulte/Graf Vitzthum, BBergG, § 52 Rn. 17, der insofern von einer sog. Rationalisierungsfunktion des Rahmenbetriebsplans ausgeht.
121 Vgl. BT-Drs. 8/1315, S. 107.
122 *Piens*, in: Piens/Schulte/Graf Vitzthum, BBergG, § 52 Rn. 21 f.; *v. Hammerstein*, in: Boldt/Weller/Kühne/v. Mäßenhausen, BBergG, § 52 Rn. 34.
123 *v. Hammerstein*, in: Boldt/Weller/Kühne/v. Mäßenhausen, BBergG, § 52 Rn. 30.
124 *v. Hammerstein*, in: Boldt/Weller/Kühne/v. Mäßenhausen, BBergG, § 52 Rn. 34.
125 Siehe zum Zulassungsanspruch des Bergbauunternehmers unten Kap. 1, C), III), 2., a).
126 So im Ergebnis BVerwGE 100, 1, 10 f.; OVG Lüneburg, ZfB 131 (1990), 19, 25.
127 BVerwGE 89, 246, 252, 257.

Sonderbetriebspläne inhaltlich zu vervollständigen ist.[128] Die Erforderlichkeit seiner Aufstellung hängt somit davon ab, ob im Einzelfall das geplante Bergbauvorhaben einen solchen koordinierenden Rahmen erfordert.[129] Ein zwingendes Erfordernis eines Rahmenbetriebsplans wird somit neben dem Hauptbetriebsplan dem Zweck des Rahmenbetriebsplans nicht gerecht. Die Aufgabe des fakultativen Rahmenbetriebsplans lässt sich demgemäß nicht isoliert, sondern nur im Verhältnis zu anderen, maßgeblich dem zwingend erforderlichen Hauptbetriebsplan, erläutern.

Eine präzise kalendermäßig bestimmte zeitliche Geltungsdauer des fakultativen Rahmenbetriebsplans ist gesetzlich in § 52 Abs. 2 Nr. 1 BBergG nicht vorgesehen,[130] jedoch zwingend erforderlich, sodass der Bergbauunternehmer auf eine exakte Angabe des Geltungszeitraums bei der Planaufstellung nicht verzichten kann und darf.[131]

Inhaltlich muss der fakultative Rahmenbetriebsplan nach § 52 Abs. 2 Nr. 1 BBergG allgemeine Angaben über das beabsichtigte Bergbauvorhaben einschließlich dessen technischer Durchführung und des voraussichtlichen zeitlichen Ablaufs darstellen. Dabei sind die einzelnen Angaben nicht im Detail auszuführen.[132] Das Mindestmaß[133] an inhaltlicher Konkretisierung ergibt sich aus § 52 Abs. 4 Satz 1 BBergG: Wenn hiernach der Rahmenbetriebsplan den Nachweis der Erfüllung seiner Zulassungsvoraussetzungen enthalten muss, erfordert dies eine derartige Konkretisierung seiner Inhaltsangaben, dass die zuständige Bergbaubehörde anhand derer eine Entscheidung über die Zulässigkeit des Rahmenbetriebsplans treffen kann.[134] Aus der Formulierung *„beabsichtigtes Vorhaben"* in § 52 Abs. 2 Nr. 1 BBergG folgt nicht zwingend, dass der fakultative Rahmenbetriebsplan in jeglichem Fall das gesamte Bergbauvorhaben – von Beginn bis zum vollständigen Abschluss – allgemein darstellen muss, vielmehr kann im Einzelfall die komplexe Struktur der Vielzahl an verschiedenen Maßnahmen die Aufstellung mehrerer fakultativer Rahmenbetriebspläne für jeweils getrennte Sach-

---

128 *Knöchel*, NWVBl. 1992, 117, 118 f.
129 Vgl. BVerwGE 89, 246, 252.
130 Nach *v. Hammerstein*, in: Boldt/Weller/Kühne/v. Mäßenhausen, BBergG, § 52 Rn. 36 ist in der Praxis von einem durchschnittlichen Geltungszeitraum zwischen 5 bis 30 Jahren auszugehen.
131 So im Ergebnis BVerwGE 89, 246, 258 f.; *v. Hammerstein*, in: Boldt/Weller/Kühne/v. Mäßenhausen, BBergG, § 52 Rn. 107.
132 BT-Drs. 8/1315, S. 107; *Pollmann/Wilke*, S. 220; *Piens*, in: Piens/Schulte/Graf Vitzthum, BBergG, § 52 Rn. 28.
133 Vgl. auch *Cosack*, NuR 2000, 311, 313 im Hinblick auf die Angaben nach § 52 Abs. 2 Nr. 1 BBergG.
134 *Schmidt-Aßmann/Schoch*, S. 182; bestätigend *Piens*, in: Piens/Schulte/Graf Vitzthum, BBergG, § 52 Rn. 28.

gebiete zulässigerweise erforderlich machen.[135] Hierfür spricht zum einen die fakultative Ausgestaltung des Rahmenbetriebsplans, zum anderen die sachlogisch zwingende zeitliche Befristung.[136]

b) Obligatorischer Rahmenbetriebsplan

Sofern ein Vorhaben nach § 57c BBergG i. V. m. § 1 der Verordnung über die Umweltverträglichkeitsprüfung bergbaulicher Vorhaben (**UVP-V Bergbau**)[137] einer UVP bedarf, ist gemäß § 52 Abs. 2a Satz 1 BBergG die Aufstellung eines Rahmenbetriebsplans zu verlangen und für dessen Zulassung ein Planfeststellungsverfahren nach Maßgabe der §§ 57a und 57b BBergG durchzuführen. Das entscheidende Kriterium zur Feststellung, ob ein obligatorischer Rahmenbetriebsplan für das Bergbauvorhaben erforderlich ist, liegt also in dessen UVP-Pflichtigkeit.[138] Seine obligatorische, also zwingende Ausgestaltung folgt bereits aus dem Wortlaut des § 52 Abs. 2a Satz 1 BBergG, wonach der Rahmenbetriebsplan aufzustellen *„ist"*. Im Unterschied zum fakultativen Rahmenbetriebsplan steht der zuständigen Bergbehörde im Rahmen des obligatorischen Rahmenbetriebsplans kein Ermessen hinsichtlich des Aufstellungsverlangens zu.[139] Es handelt sich bei dem Verlangen der Bergbehörde bezüglich des obligatorischen Rahmenbetriebsplans um einen gebundenen Verwaltungsakt gegenüber dem Bergbauunternehmer.[140] Darüber hinaus sieht § 52 Abs. 2b Satz 1 BBergG die Möglichkeit vor, für Vorhaben einschließlich notwendiger Folgemaßnahmen, die wegen ihrer räumlichen Ausdehnung oder zeitlichen Erstreckung in selbstständigen Abschnitten oder Stufen durchgeführt werden, obligatorische Rahmenbetriebspläne entsprechend diesen Abschnitten oder Stufen aufzustellen und zuzulassen, sofern dadurch die erforderliche Einbeziehung der erheblichen Auswirkungen des gesamten Vorhabens auf die Umwelt nicht ganz oder teilweise unmöglich wird. Damit soll der bergbaulichen Sachgesetzlichkeit der frühzeitigen Unvorhersehbarkeit des Lagerstättenverlaufs Rechnung getragen werden, da insofern zu Beginn des Gesamtvorhabens eine komplexe Darstellung des Vorhabenverlaufs nur in Abschnitten möglich

---

135 BVerwGE 89, 246, 252 f.; *Kremer/Neuhaus gen. Wever*, BergR, Rn. 171; *Piens*, in: Piens/Schulte/Graf Vitzthum, BBergG, § 52 Rn. 37.
136 BVerwGE 89, 246, 252.
137 Verordnung über die Umweltverträglichkeitsprüfung bergbaulicher Vorhaben (UVP-V Bergbau), vom 13. Juli 1990 (BGBl. I S. 1420), zuletzt geändert durch Art. 2 VO zur Änd. der Markscheider-BergVO sowie der VO über die Umweltverträglichkeitsprüfung bergbaul. Vorhaben vom 8. 11. 2019 (BGBl. I S. 1581).
138 BT-Drs. 11/4015, S. 9. Vgl. auch *Piens*, in: Piens/Schulte/Graf Vitzthum, BBergG, § 52 Rn. 125.
139 Vgl. *Piens*, in: Piens/Schulte/Graf Vitzthum, BBergG, § 52 Rn. 150, 150b; *Keienburg*, NVwZ 2013, 1123, 1123; *v. Hammerstein*, in: Boldt/Weller/Kühne/v. Mäßenhausen, BBergG, § 52 Rn. 60.
140 BT-Drs. 11/4015, S. 11; *Piens*, in: Piens/Schulte/Graf Vitzthum, BBergG, § 52 Rn. 150b.

sein wird und in der Folge bei Selbstständigkeit dieser Abschnitte eine darauf begrenzte Darstellung sachgerecht ist.[141]

Inhaltlich unterscheidet sich der obligatorische vom fakultativen Rahmenbetriebsplan im Allgemeinen dadurch, dass der obligatorische Rahmenbetriebsplan zum einen ein höheres Maß an Konkretisierung der Angaben aufweisen muss, und zum anderen, dass sich die Darstellung der Umweltauswirkungen des Gesamtbergbauvorhabens nicht lediglich auf den bergbaulichen Umfang beschränken darf.[142] Nach § 57a Abs. 2 Satz 2 BBergG muss der obligatorische Rahmenbetriebsplan alle für die Umweltverträglichkeitsprüfung bedeutsamen Angaben in der Form eines Berichts zu den voraussichtlichen Umweltauswirkungen des Vorhabens nach Maßgabe des § 16 des Gesetzes über die Umweltverträglichkeitsprüfung (**UVPG**)[143] und der UVP-V Bergbau enthalten. Diese Regelung ist insofern notwendig, als dass eine Planfeststellung orientiert an dem Charakter des Rahmenbetriebsplans sich dem Grundsatz nach nur auf die darin typischerweise nach § 52 Abs. 2 Nr. 1 BBergG dargestellten allgemeinen Angaben beschränken müsste und somit dem inhaltlichen Anspruch einer UVP nicht genüge.[144] Dennoch bleibt zu beachten, dass auch im Falle des obligatorischen Rahmenbetriebsplans das Bergbauvorhaben und gerade dessen Umweltauswirkungen noch nicht bis ins kleinste Detail dargestellt werden können, da es sich auch bei diesem um einen längerfristigen „Rahmen" der Vorhabenplanung handelt.[145]

3. Sonderbetriebsplan

Gemäß § 52 Abs. 2 BBergG ist der Sonderbetriebsplan im Unterschied zum Hauptbetriebsplan nicht zwingend gesetzlich vorgeschrieben, sondern nur auf Verlangen der zuständigen Bergbehörde aufzustellen.[146] Dass der Bergbauunternehmer also nur auf ein besonderes Verlangen der Bergbehörde dazu verpflichtet ist, einen Sonderbetriebsplan aufzustellen, hindert ihn

---

141 Vgl. BT-Drs. 11/4015, S. 10.
142 *Piens*, in: Piens/Schulte/Graf Vitzthum, BBergG, § 52 Rn. 34, 148; *Gaentzsch*, in: FS Sendler, S. 415; *Gaentzsch*, in: Kühne/Gaentzsch, Wandel und Beharren im Bergrecht, S. 37; siehe zum höheren Konkretisierungsgrad des obligatorischen Rahmenbetriebsplans auch *Ludwig*, Auswirkungen der FFH-RL auf Vorhaben zum Abbau von Bodenschätzen nach dem BBergG, S. 64, 66; siehe auch *Fouquet*, ZUR 1994, 190, 191; *Beckmann*, in: Hoppe/Beckmann, UVPG, § 18 Rn. 41. Siehe auch *Kühne*, DVBl. 2006, 662, 666.
143 Gesetz über die Umweltverträglichkeitsprüfung (UVPG), in der Fassung der Bekanntmachung vom 24. Februar 2010 (BGBl. I S. 94), zuletzt geändert durch Art. 117 Elfte ZuständigkeitsanpassungsVO vom 19. 6. 2020 (BGBl. I S. 1328).
144 Vgl. *Gaentzsch*, in: FS Sendler, S. 415; *Gaentzsch*, in: Kühne/Gaentzsch, Wandel und Beharren im Bergrecht, S. 37 f. Zur Geltung des § 52 Abs. 2 Nr. 1 BBergG auch für den obligatorischen Rahmenbetriebsplan siehe *Kühne*, DVBl. 2006, 662, 666.
145 *v. Mäßenhausen*, ZfB 135 (1994), 119, 131; *Knöchel*, NWVBl. 1992, 117, 118 ff.
146 *v. Hammerstein*, in: Boldt/Weller/Kühne/v. Mäßenhausen, BBergG, § 52 Rn. 49; *Gaentzsch*, in: Kühne/Gaentzsch, Wandel und Beharren im Bergrecht, S. 24.

dennoch nicht daran, einen solchen aus eigener Initiative aufzustellen und diesen der Behörde zur Zulassung vorzulegen.[147] Dieses behördliche Verlangen kann mit Blick auf den Sinn des Sonderbetriebsplans auch als Auflage zur Hauptbetriebsplanzulassung ergehen.[148] Denn Zweck des Sonderbetriebsplans ist es nach der Gesetzesbegründung, den zwingend erforderlichen Hauptbetriebsplan zu entlasten.[149] Insofern stellt er inhaltlich gemäß § 52 Abs. 2 Nr. 2 BBergG besondere, eigenständig bestehen könnende Betriebsteile oder bestimmte Vorhaben des Gesamtbetriebs dar, um so den Inhalt der Hauptbetriebspläne überschaubarer zu machen oder weil eine Darstellung außerhalb eines Hauptbetriebsplans etwa auf Grund einer unterschiedlichen Zeitdauer sinnvoll ist.[150] Dies erscheint folgerichtig, denn in der Praxis droht die detailscharfe Ausführung der Fülle an im Hauptbetriebsplan aufgeführten Informationen schnell dessen Rahmen zu überdehnen, sodass tiefe Details isolierbarer Maßnahmen einem Sonderbetriebsplan vorbehalten bleiben.[151] Diejenigen Maßnahmen, die Inhalt eines Sonderbetriebsplans sind, müssen daher auch nicht ausführlich im Hauptbetriebsplan aufgeführt werden, woraus folgt, dass die Prüfung der Zulässigkeitsvoraussetzungen dieser Maßnahmen nicht im Zulassungsverfahren des Hauptbetriebsplans erfolgt.[152] Im Unterschied zum Hauptbetriebsplan dient der Sonderbetriebsplan nicht der Darstellung des Bergbaubetriebs insgesamt, sondern einzelner Details und geht somit in die Tiefe und nicht die Breite.[153] Letztlich ist für den Sonderbetriebsplan keine bestimmte Geltungsdauer gesetzlich vorgeschrieben, was im Ergebnis den besonderen bergbaulichen Sachgesetzlichkeiten geschuldet ist.[154]

III) Das (einfache) Betriebsplanzulassungsverfahren

Für den Untersuchungsgegenstand dieser Arbeit ist es unerlässlich, sich den Ablauf des Betriebsplanzulassungsverfahrens in gebotener Kürze vor Augen zu führen, um so durch die verfahrensrechtliche Ausgestaltung das Verständnis der verschiedenen Betriebsplanarten im Verhältnis zueinander

---

[147] *v. Hammerstein*, in: Boldt/Weller/Kühne/v. Mäßenhausen, BBergG, § 52 Rn. 49. Vgl. zum behördlichen Verlangen im Falle eines fakultativen Rahmenbetriebsplans oben Kap. 1, C), II), 2., a).
[148] *Pollmann/Wilke*, S. 218; *Piens*, in: Piens/Schulte/Graf Vitzthum, BBergG, § 52 Rn. 52, der insofern bei dem Verlangen, einen Sonderbetriebsplan aufzustellen, weiter differenziert als Auflage oder Bedingung zum Hauptbetriebsplan.
[149] BT-Drs. 8/1315, S. 107.
[150] Vgl. BT-Drs. 8/1315, S. 107. Vgl. auch *Piens*, in: Piens/Schulte/Graf Vitzthum, BBergG, § 52 Rn. 45.
[151] *Pollmann/Wilke*, S. 218.
[152] *v. Hammerstein*, in: Boldt/Weller/Kühne/v. Mäßenhausen, BBergG, § 52 Rn. 48.
[153] So auch *Pollmann/Wilke*, S. 219.
[154] *Pollmann/Wilke*, S. 220.

und in ihren möglichen Auswirkungen aufeinander zu vervollständigen, wobei inhaltlich nicht auf die Einzelheiten der jeweiligen Zulassungsvoraussetzungen einzugehen ist. Von gewichtigster Bedeutung ist die Rechtsnatur und der genaue Inhalt der Betriebsplanzulassung als Ergebnis des Zulassungsverfahrens. Diese bildet damit den Kernanknüpfungspunkt des vorliegenden Untersuchungsgegenstandes.

Nachfolgend ist von dem regulären Betriebsplanverfahren des BBergG auszugehen und an gegebener Stelle auf die etwaigen relevanten Besonderheiten des bergrechtlichen Planfeststellungsverfahrens hinsichtlich des obligatorischen Rahmenbetriebsplans einzugehen.

1. Ablauf des (einfachen) Betriebsplanzulassungsverfahrens

Das Betriebsplanzulassungsverfahren beginnt gemäß §§ 51 Abs. 1 Satz 1, 54 Abs. 1 BBergG grundsätzlich mit dem Einreichen des Betriebsplans durch den Bergbauunternehmer an die zuständige Bergbehörde. Dieses Einreichen wird dementsprechend als Art eines Antrags an die Bergbehörde verstanden, mit der Einleitung des Zulassungsverfahrens zu beginnen.[155] In zeitlicher Hinsicht entscheidend ist, dass der Betriebsplan vor Beginn der geplanten Tätigkeiten bei der zuständigen Bergbehörde eingereicht wird, obgleich hierzu keine gesetzliche Frist vorgeschrieben ist.[156] Der Ablauf des sich so in Gang setzenden Betriebsplanverfahrens richtet sich primär nach den Regelungen des BBergG, allerdings soweit diese nichts anderes bestimmen, subsidiär über § 5 BBergG nach dem Verwaltungsverfahrensgesetz (**VwVfG**)[157] und den entsprechenden Landesverwaltungsverfahrensgesetzen.[158] Für das Zulassungsverfahren eines obligatorischen Rahmenbetriebsplans besteht dahingehend eine Besonderheit, als dass nach § 52 Abs. 2a Satz 1 BBergG für dessen Zulassung nach Maßgabe der §§ 57a und 57b BBergG ein Planfeststellungsverfahren durchzuführen ist und dieses gemäß § 57a Abs. 1 S. 1 BBergG an die Stelle des (einfachen) Betriebsplanverfahrens nach den

---

155 *Kühne*, UPR 1986, 81, 86; *Kühne*, Bergrechtlicher Rahmenbetriebsplan, Anlagengenehmigungsrecht und Umweltverträglichkeitsprüfung, S. 24; *v. Hammerstein*, in: Boldt/Weller/Kühne/v. Mäßenhausen, BBergG, Vorbem. §§ 50 bis 57c Rn. 13, § 54 Rn. 2; *Schoch*, in: Kühne/Schoch/Beckmann, Gegenwartsprobleme des Bergrechts, S. 56 zum Begriff des Antrags.
156 *v. Hammerstein*, in: Boldt/Weller/Kühne/v. Mäßenhausen, BBergG, § 54 Rn. 6.
157 Verwaltungsverfahrensgesetz, in der Fassung der Bekanntmachung vom 23. Januar 2003 (BGBl. I S. 102), zuletzt geändert durch Art. 5 Abs. 25 G zur Einführung einer Karte für Unionsbürger und Angehörige des Europäischen Wirtschaftsraums mit Funktion zum elektronischen Identitätsnachweis sowie zur Änd. des PersonalausweisG und weiterer Vorschriften vom 21. 6. 2019 (BGBl. I S. 846, geänd. durch G v. 20. 11. 2019, BGBl. I S. 1626).
158 *v. Hammerstein*, in: Boldt/Weller/Kühne/v. Mäßenhausen, BBergG, § 54 Rn. 1. So gleichsam aber für das obligatorische Rahmenbetriebsplanverfahren, *Kühne*, DVBl. 2006, 662, 664.

§§ 54 und 56 Abs. 1 BBergG tritt.[159] Im Rahmen dieser bergrechtlichen Planfeststellung ist die für das Bergbauvorhaben erforderliche UVP durchzuführen.[160]

Das reguläre bergrechtliche Betriebsplanverfahren sieht in § 54 Abs. 2 BBergG eine Beteiligung von anderen Behörden, sofern durch das Bergbauvorhaben deren Aufgabenbereich berührt wird, und Gemeinden, sofern diese in ihrem Aufgabenbereich als Planungsträger berührt werden, vor.[161] Die Entscheidung über die Zulassung eines bergrechtlichen Betriebsplans trifft dennoch die zuständige Bergbehörde alleine in eigener Verantwortung, sie muss im Rahmen dessen allerdings die Stellungnahmen der gegebenenfalls beteiligten Behörden und Gemeinden einbeziehen.[162] Darüber hinaus ist eine Beteiligung privater Dritter durch die zuständige Bergbehörde über § 5 BBergG i. V. m. § 13 VwVfG im Betriebsplanzulassungsverfahren möglich.[163]

a) Öffentlichkeitsbeteiligung

Eine davon abweichende bzw. dem Grunde nach darüber hinausgehende Besonderheit ergibt sich für das bergrechtliche Planfeststellungsverfahren hinsichtlich der Zulassung eines obligatorischen Rahmenbetriebsplans. Denn im Rahmen dieses Verfahrens ist eine vollständige formelle Öffentlichkeitsbeteiligung nach § 5 BBergG i. V. m. § 73 VwVfG vorgeschrieben.[164]

Das (einfache) Betriebsplanverfahren sieht eine solche formelle Beteiligung der Öffentlichkeit in den §§ 54 ff. BBergG nicht vor. Lediglich § 48 Abs. 2 Satz 3 ff. BBergG ermöglicht es der zuständigen Bergbehörde, unter entsprechender Anwendung des § 73 Abs. 3, 4, 5 Satz 1 und 2 Nrn. 1, 2, 4 b) VwVfG, die Öffentlichkeit bei der Entscheidung über die Zulassung eines Betriebsplans zu beteiligen, sofern alternativ entweder voraussichtlich mehr als 300 Personen durch das Vorhaben betroffen sind oder der Kreis

---

159 Vgl. auch BT-Drs, 11/4015, 8 f.; *v. Mäßenhausen*, ZfB 135 (1994), 119, 128; *Keienburg*, in: Boldt/Weller/Kühne/v. Mäßenhausen, BBergG, § 57a Rn. 1.
160 *Degenhart*, Rechtsfragen der Braunkohlenplanung für Brandenburg, S. 31; *v. Mäßenhausen*, ZfB 135 (1994), 119, 131.
161 Im bergrechtlichen Planfeststellungsverfahren richtet sich die Beteiligung weiterer Behörden nach § 5 BBergG i. V. m. § 73 Abs. 2 VwVfG (oder einer entspr. Landesregelung), *Keienburg*, in: Boldt/Weller/Kühne/v. Mäßenhausen, BBergG, § 57a Rn. 19.
162 *v. Hammerstein*, in: Boldt/Weller/Kühne/v. Mäßenhausen, BBergG, § 54 Rn. 29. Vgl. auch *Zeiler*, ZfB 124 (1983), 404, 411 f.; *Christner*, ZfB 133 (1992), 249, 253.
163 Dazu ausführlich *Kremer/Neuhaus gen. Wever*, BergR, Rn. 266; *v. Hammerstein*, in: Boldt/Weller/Kühne/v. Mäßenhausen, BBergG, § 54 Rn. 24; *Piens*, in: Piens/Schulte/Graf Vitzthum, BBergG, § 54 Rn. 104.
164 *Piens*, in: Piens/Schulte/Graf Vitzthum, BBergG, § 54 Rn. 106; *Beckmann*, in: Hoppe/Beckmann, UVPG, § 18 Rn. 49. Vgl. auch zur Beteiligung der Gemeinden im bergrechtlichen Planfeststellungsverfahren *Christner*, ZfB 133 (1992), 249, 254. Im Detail zum Ablauf der Öffentlichkeitsbeteiligung siehe *Keienburg*, in: Boldt/Weller/Kühne/v. Mäßenhausen, BBergG, § 57a Rn. 20 ff.

der Betroffenen nicht abschließend bekannt ist und soweit die öffentlichen Interessen zugleich den Schutz von Rechten Dritter umfassen.[165] Diese Entscheidung des Gesetzgebers hin zu der Etablierung einer Öffentlichkeitsbeteiligung durch Auslegung des Betriebsplanes im Gegensatz zu einer bloßen Einzelbeteiligung Betroffener findet ihren Ausgangspunkt in der sogenannten Moers-Kapellen Entscheidung des BVerwG.[166] Danach müssen die Bergbehörden in verfassungskonformer Anwendung des § 48 Abs. 2 BBergG den grundrechtlichen Schutz der Oberflächeneigentümer, deren Eigentum durch das Bergbauvorhaben „[...] *mit einer gewissen Wahrscheinlichkeit* [...]"[167] einer Beeinträchtigung „[...] *von einigem Gewicht* [...]"[168] ausgesetzt wird, im Betriebsplanverfahren in formeller und materieller Hinsicht sicherstellen, wohingegen Betroffene kleinerer und mittlerer Bergschäden auf das Bergschadensrecht verwiesen werden dürften.[169] Dieser dogmatische Ausgangspunkt hat Konsequenzen für das Beteiligungsverfahren. Das Beteiligungsrecht des § 48 Abs. 2 BBergG bezieht sich demnach auf Oberflächeneigentümer, welche mit gewisser Wahrscheinlichkeit von schweren Bergschäden betroffen werden.[170] Dogmatisch wird der Kreis der möglichen Einwendungsbefugten des § 73 Abs. 4 Satz 1 VwVfG („Jeder, dessen Belange durch das Vorhaben berührt werden") durch den Verweis in § 48 Abs. 2 Satz 4 BBergG auf eine bloß entsprechende Anwendung auf die derart schwerwiegend betroffenen Eigentümer beschränkt.[171] Damit weise dieses Verfahren den Charakter einer Beteiligung Betroffener auf, das allerdings im Bereich der Einwirkungen des Bergbauvorhabens letztlich faktisch einer Beteiligung der Öffentlichkeit entspreche.[172] Obwohl dieses Beteiligungsver-

---

165 Zur Öffentlichkeitsbeteiligung nach § 48 Abs. 2 Satz 3 ff. BBergG siehe *Kühne*, in: Boldt/Weller/Kühne/v. Mäßenhausen, BBergG, § 48 Rn. 95; *Keienburg*, Die Öffentlichkeitsbeteiligung im Bergrecht, S. 82 ff.

166 Bericht des Abgeordneten Gerstein in der Beschlussempfehlung des Ausschusses für Wirtschaft, BT-Drs. 11/5601, S. 15 f., im Rahmen dessen aber das Urteil des BVerwG fälschlicherweise bei korrektem Aktenzeichen auf den Oktober anstelle des März 1989 datiert wird. Siehe zu dieser Entwicklung auch *Keienburg*, Die Öffentlichkeitsbeteiligung im Bergrecht, S. 77. Auch das BVerwG selbst sieht § 48 Abs. 2 Satz 2 (heute Satz 3) BBergG als Folge seiner Rechtsprechung, BVerwGE 126, 205, 210 Rn. 20.

167 BVerwGE 81, 329, 345.

168 BVerwGE 81, 329, 345.

169 BVerwGE 81, 329, 344 ff.

170 *Keienburg*, Die Öffentlichkeitsbeteiligung im Bergrecht, S. 39; *Kühne*, in: Boldt/Weller/Kühne/v. Mäßenhausen, BBergG, § 48 Rn.

171 Vgl. *Kühne*, in: Boldt/Weller/Kühne/v. Mäßenhausen, BBergG, § 48 Rn. 102; *Keienburg*, Die Öffentlichkeitsbeteiligung im Bergrecht, S. 95 f.; *Vitzthum/Piens*, in: Piens/Schulte/Graf Vitzthum, BBergG, § 48 Rn. 70 schränken den Kreis der Einwendungsbefugten ebenfalls ein. Im Ergebnis offenlassend, aber mit Tendenz zu einer Beschränkung der Einwendungsbefugten aufgrund der bloß entsprechenden Anwendung des § 73 Abs. 4 Satz 1 VwVfG, OVG Saarland, ZfB 139 (1998), 171, 192.

172 *Beckmann*, NuR 2015, 152, 152.

C) Ausgestaltung des Betriebsplanverfahrens nach den §§ 51 ff. BBergG

fahren demnach auf einen beschränkten Adressatenkreis abzielt, soll es im weiteren Verlauf aufgrund der öffentlichen Auslegung des jeweiligen Betriebsplans nach § 48 Abs. 2 Satz 3, 4 BBergG i. V. m. § 73 Abs. 3 VwVfG sowie deren öffentlicher Bekanntmachung nach § 48 Abs. 2 Satz 4 BBergG i. V. m. § 73 Abs. 5 Satz 1 VwVfG und der damit letztlich verbundenen Aufdeckung bislang unbekannter[173] beteiligungsfähiger Betroffener doch als „Öffentlichkeitsbeteiligung" bezeichnet werden.[174] Mangels Verweises des § 48 Abs. 2 Satz 4 BBergG auf den § 73 Abs. 6 VwVfG findet diese bergrechtliche „Öffentlichkeitsbeteiligung" ohne eine Erörterung der gegen das im Betriebsplan beschriebene Vorhaben erhobenen Einwendungen nach § 48 Abs. 2 Satz 4 BBergG i. V. m. § 73 Abs. 4 VwVfG statt.[175] Jedoch sieht § 48 Abs. 2 Satz 5 BBergG vor, dass verspätet erhobene Einwendungen ausgeschlossen sind, mithin also eine materielle[176] Präklusion nicht rechtzeitig vorgebrachter Einwendungen mit der Folge eines Ausschlusses dieser sowohl im weiteren Verwaltungs- als auch gegebenenfalls anschließenden Gerichtsverfahren.[177] In der Praxis hat sich hier in der Folge eine Zentralisierung der „Öffentlichkeitsbeteiligung" im Zulassungsverfahren speziell dafür aufgestellter Sonderbetriebspläne hinsichtlich der „Anhörung der Oberflächeneigentümer" oder „Abbaueinwirkungen auf das Oberflächeneigentum" herauskristallisiert und bewährt.[178] Diese Ausgliederung der „Öffentlichkeitsbeteiligung" in ein entsprechendes Sonderbetriebsplanverfahren soll nach überwiegender Ansicht ebenfalls im Hinblick auf das bergrechtliche Planfeststellungsverfahren bezüglich des obligatorischen Rahmenbetriebsplans aufgrund der Regelung in § 57a Abs. 5 2. Halbs. BBergG möglich bleiben, insbesondere, wenn eine Durchführung dieser Beteiligung erst mit voranschreitenden Phasen des abschnittsweisen Vorgehens sinnvoll erscheint.[179]

---

173 Vgl. *Kühne*, in: Boldt/Weller/Kühne/v. Mäßenhausen, BBergG, § 48 Rn. 90, 92; *Beckmann*, NuR 2015, 152, 158.
174 Siehe übersichtlich zur Auslegung des Betriebsplans und deren öffentlicher Bekanntmachung: *Keienburg*, Die Öffentlichkeitsbeteiligung im Bergrecht, S. 82–89; *Kühne*, in: Boldt/Weller/Kühne/v. Mäßenhausen, BBergG, § 48 Rn. 97 ff.
175 *Keienburg*, Die Öffentlichkeitsbeteiligung im Bergrecht, S. 98; *Kühne*, in: Boldt/Weller/Kühne/v. Mäßenhausen, BBergG, § 48 Rn. 103.
176 Siehe zur Betrachtung materieller Präklusionsvorschriften im Lichte des Unionsrechts unten Kap. 2, B), I), 3., j), aa).
177 *Keienburg*, Die Öffentlichkeitsbeteiligung im Bergrecht, S. 98 f; *Kühne*, in: Boldt/Weller/Kühne/v. Mäßenhausen, BBergG, § 48 Rn. 104. So im Ergebnis BVerwGE 126, 205, 213.
178 Im Detail zu dieser Praxis in Sonderbetriebsplänen und deren rechtliche Möglichkeiten bei *Keienburg*, Die Öffentlichkeitsbeteiligung im Bergrecht, S. 71 ff.; *Knöchel*, ZfB 134 (1993), 130, 133 ff. Diese Praxis bestätigend siehe OVG Saarland, ZfB 134 (1993), 218, 219 f.
179 Vgl. statt vieler BVerwGE 127, 272, 277 Rn. 24 f.; *Keienburg*, Die Öffentlichkeitsbeteiligung im Bergrecht, S. 248 ff. Siehe dazu umfassend unten Kap. 2, C), II), 3.

b) Zulassungsvoraussetzungen

Die Voraussetzungen der Zulassung eines Betriebsplans sind in § 55 Abs. 1 BBergG festgelegt und gelten grundsätzlich für alle Betriebsplanarten gleichermaßen[180], abgesehen von gewissen punktuellen Ausnahmen einzelner Voraussetzungen für Rahmenbetriebspläne in § 55 Abs. 1 Satz 2 BBergG.[181] Darüber hinaus ist auch § 48 Abs. 2 BBergG zu beachten, nach welchem die zuständige Bergbehörde die Zulassung eines Betriebsplans beschränken oder untersagen kann, soweit ihr überwiegende öffentliche Interessen entgegenstehen. Entgegen dem Wortlaut *„kann"* ist § 48 Abs. 2 BBergG nach Ansicht des BVerwG in seinem Altenberg-Urteil nicht als Ermessensnorm ausgestaltet, sondern begründet vielmehr eine bloße Handlungsbefugnis der Bergbehörde.[182] Diese hat insoweit bei entgegenstehenden öffentlichen Interessen[183] die Betriebsplanzulassung zu versagen, denn eine Zulassung eines Betriebsplans trotz entgegenstehender öffentlicher Interessen mit der Folge einer anschließenden Untersagung des selbigen Betriebs *„[...] widerspräche einer sinnvollen Gesetzesanwendung [...]"*.[184] Insofern darf das Verhältnis von § 55 Abs. 1 BBergG zu § 48 Abs. 2 BBergG nicht dahingehend verstanden werden, dass die Bergbehörde erst den Betriebsplan nach § 55 Abs. 1 BBergG zulassen müsste, um diesen dann anschließend nach § 48 Abs. 2 BBergG zu untersagen oder zu beschränken.[185] § 48 Abs. 2 BBergG ergänzt die Zulassungsvoraussetzungen des § 55 Abs. 1 BBergG und ist daher bereits bei der Entscheidung über die Betriebsplanzulassung zu berücksichtigen.[186]

2. Die Betriebsplanzulassung als behördliche Entscheidung

Für den vorliegenden Untersuchungsgegenstand ist es unerlässlich, die genaue verwaltungsrechtliche Einstufung des Rechtscharakters der Betriebsplanzulassung entweder als eine gebundene Entscheidung im Sinne einer „Genehmigung" oder als planerische Entscheidung der Bergbehörde vorzunehmen und deren Gründe nachzuvollziehen. Denn das Ergebnis dieser

---

180 *Beckmann*, NuR 2015, 152, 156.
181 v. *Mäßenhausen*, in: Boldt/Weller/Kühne/v. Mäßenhausen, BBergG, § 55 Rn. 2; *Piens*, in: Piens/Schulte/Graf Vitzthum, BBergG, § 55 Rn. 9.
182 BVerwGE 74, 315, 323 (Altenberg-Urteil); bestätigt durch BVerwGE 123, 247, 254; 126, 205, 213; BVerwG, ZfB 130 (1989), 199, 206; ZfB 130 (1989), 210, 215.
183 Siehe zur Frage, ob die von § 48 Abs. 2 BBergG erfassten öffentlichen Interessen in einem engen oder weiten Verständnis auszulegen sind, zusammenfassend *Kühne*, in: Boldt/Weller/Kühne/v. Mäßenhausen, BBergG, § 48 Rn. 50 f. und *Vitzthum/Piens*, in: Piens/Schulte/Graf Vitzthum, BBergG, § 48 Rn. 37 ff.; insbesondere für ein weites Verständnis der öffentlichen Interessen siehe nunmehr BVerwGE 126, 205, 209 Rn. 18.
184 BVerwGE 74, 315, 323; bestätigt in BVerwGE 126, 205, 208 f. Rn. 17.
185 *Kühne*, in: Kühne/Ehricke (Hrsg.), Entwicklungslinien des Bergrechts, S. 55.
186 BVerwGE 74, 315, 323; bestätigt durch BVerwGE 127, 272, 276, Rn. 22; BVerwG, ZfB 130 (1989), 199, 206 und ZfB 130 (1989), 210, 215.

Einstufung stellt die Weiche dafür, mit welchen Instrumenten des allgemeinen und des besonderen Verwaltungsrechts der Betriebsplan und dessen Zulassung überhaupt verglichen werden kann.[187] Gerade im Hinblick auf die bergrechtliche Verfahrensstufung und das damit verbundene Verhältnis der einzelnen Betriebsplanarten zueinander sowie ihrer Wirkung aufeinander ist eine Charakterisierung der Betriebsplanzulassung notwendige Voraussetzung zur Bewältigung auftretender Problem- und Konfliktsituationen.[188]

a) Die Betriebsplanzulassung als gebundene Kontrollerlaubnis

Bei der Zulassung des Betriebsplans durch die Bergbehörde handelt es sich um eine gebundene Entscheidung, sodass der Bergbauunternehmer dementsprechend bei Vorliegen der Zulassungsvoraussetzungen einen Rechtsanspruch gegenüber der Behörde auf Zulassung des aufgestellten Betriebsplans hat.[189] Gesetzlich folgt dies aus § 55 Abs. 1 Satz 1 BBergG, nach welchem die Zulassung eines Betriebsplans zu erteilen ist, wenn die dort aufgeführten Voraussetzungen erfüllt sind. Liegen diese erforderlichen Voraussetzungen vor, lässt die zuständige Bergbehörde den vom Unternehmer vorgelegten Betriebsplan in Form eines Verwaltungsakts zu.[190]

Diese Qualifikation der Zulassung als mitwirkungsbedürftiger[191] Verwaltungsakt gilt für alle Arten von bergrechtlichen Betriebsplänen gleichermaßen.[192] Dabei ist begrifflich scharf zwischen dem Betriebsplan einerseits und

---

187 Zu diesem Erfordernis der Zuordnung zum Genehmigungs- oder Planungsrecht für den Vergleich mit anderen verwaltungsrechtlichen Instrumenten siehe auch *Niermann*, S. 43 ff.
188 Zu dem Rechtscharakter der Betriebsplanzulassung als Voraussetzung zur Bewältigung der bergrechtlichen Verfahrensstufung siehe auch *Hoppe/Beckmann*, S. 127.
189 BVerfGE 134, 242, 352 Rn. 321 im Ergebnis; BVerwGE 126, 205, 213 Rn. 27 im Ergebnis; BVerwG, ZfB 132 (1991), 140, 143; BVerwGE 100, 1, 10; OVG Koblenz, ZfB 134 (1993), 215, 217; *Degenhart*, Rechtsfragen der Braunkohlenplanung für Brandenburg, S. 32; *Schoch*, in: Kühne/Schoch/Beckmann, Gegenwartsprobleme des Bergrechts, S. 57. Vgl. auch zur Zulassung des obligatorischen Rahmenbetriebsplans durch Planfeststellung BVerwGE 127, 259, 264 Rn. 28; 127, 272, 275 f. Rn. 21. Teilw. a. A., *Kühne*, UPR 1986, 81, 85, nach dem aus Aspekten der Sachgerechtigkeit die Entscheidung über die Zulassung eines fakultativen Rahmenbetriebsplans, welcher von Seiten des Bergbauunternehmers unverlangt eingereicht wurde, in das Ermessen der zuständigen Behörde zu stellen sei – welches allerdings auf Null reduzierbar sein könne –, wohingegen es bei einem behördlicherseits verlangten Rahmenbetriebsplan bei einer gebundenen Entscheidung bleibe. Dem ist nicht zu folgen, da ansonsten die Einreichung eines Rahmenbetriebsplans zeitlich vor einem behördlichen Verlangen einerseits zu einer Verkürzung der Rechte des Unternehmers führe und andererseits die Frage eines solchen „Zulassungsermessens" vom zeitlichen Zufall abhinge.
190 *v. Hammerstein*, in: Boldt/Weller/Kühne/v. Mäßenhausen, BBergG, § 52 Rn. 12; *Kühne*, DVBl. 2006, 662, 663; *Kühne*, UPR 1992, 218, 219. Zur Qualifikation der Zulassung als Verwaltungsakt siehe auch OVG Münster, ZfB 116 (1975), 245, 250.
191 Zur Mitwirkungsbedürftigkeit siehe *Kühne*, UPR 1992, 218, 219; vgl. auch BVerwG, NVwZ 1990, 967, 969.
192 Vgl. im Ergebnis OVG Berlin, ZfB 131 (1990), 200, 209.

der Betriebsplanzulassung andererseits zu unterscheiden.[193] Beide „Akte" dürfen nicht miteinander vermischt werden, können jedoch auch nicht allein einzeln für sich betrachtet werden. Die Bergbehörde erlässt nicht den Betriebsplan als Verwaltungsakt, sondern lässt diesen, nachdem er durch den Bergbauunternehmer vorgelegt wurde, gesondert durch einen Verwaltungsakt zu.[194] Diese gesetzliche Betriebsplanpflicht stellt demgemäß nach der herrschenden Meinung ein sogenanntes präventives Verbot mit Erlaubnisvorbehalt dar, wobei jene Erlaubnis in Form der Betriebsplanzulassung ergeht.[195] Dementsprechend handelt es sich bei der Betriebsplanzulassung selbst um eine gebundene Kontrollerlaubnis.[196] Diese Qualifizierung hat ihren Ursprung in dem Verhältnis zwischen Bergbauberechtigung[197] und Betriebsplanzulassung, denn das Zulassungserfordernis eines Betriebsplans dient als Kontrolle der Umsetzung einer der Eigentumsgarantie[198] unterfallenden Bergbauberechtigung.[199] Die Zulassung eines Betriebsplans selbst konstituiert kein neues Recht des Bergbauunternehmers, sondern gestattet die schon in der Bergbauberechtigung verkörperten Rechte[200] und trifft

---

193 So auch *v. Hammerstein*, in: Boldt/Weller/Kühne/v. Mäßenhausen, BBergG, § 52 Rn. 12.
194 *v. Hammerstein*, in: Boldt/Weller/Kühne/v. Mäßenhausen, BBergG, § 52 Rn. 12.
195 OVG Koblenz, ZfB 134 (1993), 215, 217; *v. Hammerstein*, in: Boldt/Weller/Kühne/v. Mäßenhausen, BBergG, Vorbem. §§ 50 bis 57c Rn. 12; *Pfadt*, S. 89 f.; *Hoppe/Beckmann*, S. 33.
196 BVerwG, ZfB 130 (1989), 210, 215; *Kühne*, DVBl. 2006, 662, 671; *Weller*, ZfB 125 (1984), 161, 168; *Hoppe/Beckmann*, S. 130 f.; *Piens*, in: Piens/Schulte/Graf Vitzthum, BBergG, § 52 Rn. 134; *Schoch*, in: Kühne/Schoch/Beckmann, Gegenwartsprobleme des Bergrechts, S. 57; *Erbguth*, VerwArch 87 (1996), 258, 263; im Ergebnis auch *Hoppe*, UPR 1983, 105, 107, der insofern auch von einer spezifischen Ausformung einer Genehmigung spricht; *Beckmann*, DVBl. 1992, 741, 748 zum bergrechtlichen Planfeststellungsbeschluss als gebundene Kontrollerlaubnis.
197 Als Bergbauberechtigungen sind die Erlaubnis in § 7 BBergG, die Bewilligung in § 8 BBergG und das Bergwerkseigentum in § 9 BBergG zu verstehen.
198 Zur Eigentumsqualität i. S. d. Art. 14 GG der Bergbauberechtigungen siehe: BVerfGE 77, 130, 136; BVerfG, ZfB 149 (2008), 85; BGHZ 146, 98, 104; *Papier*, in: Maunz/Dürig, GG, Art. 14 Rn. 203; *Hoppe*, DVBl. 1982, 101, 105; *Hoppe*, DVBl. 1987, 757, 762 f.; *Vitzthum/Piens*, in: Piens/Schulte/Graf Vitzthum, BBergG, § 7 Rn. 4, § 8 Rn. 22; *Schmidt-Aßmann/Schoch*, S. 47, 80; *Franke*, in: Boldt/Weller/Kühne/v. Mäßenhausen, BBergG, § 8 Rn. 20; *Hoppe/Beckmann*, S. 24 f.
199 *v. Hammerstein*, in: Boldt/Weller/Kühne/v. Mäßenhausen, BBergG, Vorbem. §§ 50 bis 57c Rn. 12. *Kühne*, DVBl. 2006, 662, 663, 671 und *Kühne*, Bestandsschutz alten Bergwerkseigentums unter besonderer Berücksichtigung des Art. 14 GG, S. 43 f., spricht insoweit von einer eindimensionalen Nutzbarkeit der Bergbauberechtigung, da nach Versagung der Betriebsplanzulassung keine weitere Nutzungsmöglichkeit der Bergbauberechtigung übrigbleibe. Vgl. *Schmidt-Aßmann/Schoch*, S. 48, die insoweit kritisch das Verhältnis von Bergbauberechtigung und Betriebsplanzulassung vor dem Lichte des Art. 14 GG hinterfragen, im Ergebnis aber wohl bejahen und eine Überschneidung mit Art. 12 GG sehen. Siehe auch *Pfadt*, S. 89 f.
200 OVG Koblenz, ZfB 134 (1993), 215, 217.

dabei die Feststellung der Unbedenklichkeit des Bergbauvorhabens aus öffentlicher Sicht.[201]

b) Keine Planungsentscheidung der Bergbehörde

Auf den ersten Anblick mag der Begriff des Betriebsplans den Anschein erwecken, es handele sich bei diesem Instrument und dem Betriebsplanverfahren um eine bergbehördliche Planung und bei der Betriebsplanzulassung anknüpfend um eine Planungsentscheidung der Bergbehörde.[202]

In diesem Sinne wird die Zulassung eines bergrechtlichen Betriebsplans teilweise als Instrument einer behördlichen Planung verstanden.[203] Das Kernargument dieser Auffassung liegt wesentlich in dem der Bergbehörde bei der Zulassung eines Betriebsplans zukommenden Prüfungsumfang, da die Bergbehörde hierbei über den bergrechtlichen Bereich hinaus außerbergrechtliche Belange zu berücksichtigen habe, was vorrangig im Umweltbereich zu einer vorsorgenden Planung führe.[204]

Dieser Ansicht widerspricht allerdings bereits die rechtliche Ausgestaltung des Betriebsplanverfahrens dahingehend, dass die Aufstellung des Betriebsplans selbst, also von dem Entschluss, Bergbau zu beginnen, bis hin zu der detaillierten Planung dessen Umsetzung in den Aufgabenbereich des jeweiligen Bergbauunternehmers fällt.[205] Dieser stellt die Pläne auf und legt sie dann der zuständigen Bergbehörde zur Zulassung vor. Gesetzlich folgt diese Aufgabenverteilung aus § 51 Abs. 1 Satz 1 2. Halbs. BBergG, nach welchem Betriebspläne vom Unternehmer aufgestellt und von der zuständigen Behörde zugelassen werden.[206] Insofern handelt es sich um

---

201 *Hoppe*, UPR 1983, 105, 107.
202 Zu dieser begrifflichen Fragestellung siehe auch *Pfadt*, S. 43 und *Hoppe/Beckmann*, S. 128.
203 Siehe hierzu OVG Münster, ZfB 116 (1975), 245, 250 für die Betriebsplanzulassung nach dem ABG, welche einen der gemeindlichen Planungshoheit unterliegenden Bereich für den Bergbau freistelle und darum selbst Planungscharakter habe; *Härchen*, Städte- und Gemeinderat 1983, 395, 398 f., der von einem Wandel des Betriebsplans vom polizeirechtlichen hin zum planenden Instrument ausgeht; *Bork*, Städte- und Gemeinderat 1983, 401, 403 ff., der den Planungscharakter der Betriebsplanzulassung u. a. in der Normierung der Gemeinden als Planungsträger in § 54 Abs. 2 Satz 1 BBergG sieht; *Kühling*, S. 31, nach dem eine planerische Abwägung aus § 48 Abs. 2 BBergG folge; *Durner*, Konflikte räumlicher Planungen, S. 371 ff., der für die bergrechtliche Planfeststellung eine am Abwägungsgebot orientierte planerische Gestaltungsfreiheit der Bergbehörde befürwortet.
204 Vgl. *Bork*, Städte- und Gemeinderat 1983, 401, 403 ff., der die Berücksichtigung von Umweltschutz und gemeindlichem Städtebaurecht anführt; *Härchen*, Städte- und Gemeinderat 1983, 395, 398 f., der u. a. Oberflächen- und Umweltschutzaspekte, Aspekte aus Raumordnung und Bauleitplanung anführt.
205 Siehe zur mangelnden Einflussnahme der Bergbehörde auf die Planung des Unternehmers detailliert *Niermann*, S. 51 f; *Christner*, ZfB 133 (1992), 249, 249.
206 Siehe zur Planung durch den Unternehmer und der Betriebsplanaufstellung auch *Hoppe*, UPR 1983, 105, 107; *Zeiler*, ZfB 124 (1983), 404, 405; bestätigend bei *Christner*, ZfB 133 (1992), 249, 249.

eine rein unternehmerische Planung des Bergbauvorhabens.[207] Diese Systematik der Aufgabenverteilung spiegelt sich in der genauen Ausformung des Rechtscharakters der Betriebsplanzulassung im BBergG wider.

Der Bergbehörde kommen bei der Zulassung eines Betriebsplans nach überwiegenden Stimmen in Rechtsprechung und Literatur keine Möglichkeiten einer planerischen Gestaltung zu.[208] Denn durch die Ausgestaltung der Betriebsplanzulassung als gebundene Entscheidung in § 55 Abs. 1 Satz 1 BBergG kann die zuständige Bergbehörde die Zulassung eines aufgestellten Betriebsplans bei Vorliegen von Versagungsgründen ablehnen, trifft dabei aber keine durch das Abwägungsgebot geleitete planerische Entscheidung.[209] Bereits vor dem Hintergrund dieses unmissverständlichen Wortlauts als „ist"-Entscheidung der Bergbehörde erscheint die Annahme einer im Ergebnis durch planerische Gestaltung der Bergbehörde zu treffende Entscheidung der Systematik dieser rechtlichen Normierung zu widersprechen. Denn wenn das für die Zulassung des Betriebsplans geltende Recht des BBergG bei Vorliegen der entsprechenden Voraussetzungen der zuständigen Bergbehörde die zu treffende Entscheidung vorgibt (Zulassung des die Voraussetzungen erfüllenden Betriebsplans mit seinem Inhalt), kann grundsätzlich kein Raum für eine planerische Gestaltung durch die Bergbehörde selbst bestehen. Dass die Ausformung als gebundene Entscheidung einer planerischen Gestaltungsfreiheit widerspricht, ergibt sich bereits daraus,

---

207 So im Ergebnis *Hoppe/Beckmann*, S. 130. Vgl. dazu kritisch *Durner*, Konflikte räumlicher Planung, S. 354 m. w. N., der zwar von einer gesetzlich vorgesehenen Planung des Unternehmers ausgeht, in der praktischen Umsetzung aber eher eine einvernehmliche Absprache zwischen Unternehmer und zuständiger Bergbehörde für gegeben hält.

208 Vgl. BVerwGE 127, 259, 264 Rn. 28 und 127, 272, 275, Rn. 21 zur Zulassung eines obligatorischen Rahmenbetriebsplans; OVG Münster, ZfB 146 (2005), 294, 310; OVG Münster, DVBl. 2006, 463 f., nur Leitsätze des Urteils; *Hoppe*, UPR 1983, 105, 107; *Kühne*, DVBl. 2006, 662, 671; *Schoch*, in: Kühne/Schoch/Beckmann, Gegenwartsprobleme des Bergrechts, S. 57; *v. Mäßenhausen*, ZfB 135 (1994), 119, 128 f. und *Rausch*, S. 243 und *Keienburg*, in: Boldt/Weller/Kühne/v. Mäßenhausen, BBergG, § 57a Rn. 30 m. w. N. und *Huck*, in: Huck/Müller, VwVfG, § 72 Rn. 17 (unter Bezugnahme auf BVerwG, NVwZ 2007, 700) zur bergrechtlichen Planfeststellung. Siehe auch *Piens*, in: Piens/Schulte/Graf Vitzthum, BBergG, § 52 Rn. 137 f. m. w. N. zur Ablehnung von Planrechtfertigung und Alternativenprüfung im bergrechtlichen Planfeststellungsverfahren.

209 BVerwG, ZfB 132 (1991), 140, 143; *Gaentzsch*, in: FS Sendler, S. 412; *Kühne*, DVBl. 2006, 662, 664; *Schulte*, Kernfragen des bergrechtlichen Genehmigungsverfahrens, S. 43; *Knöchel*, NWVBl. 1992, 117, 121 der ein Planungsermessen der Bergbehörde bei Zulassung des obligatorischen Rahmenbetriebsplans ablehnt; im Ergebnis auch *Hoppe/Beckmann*, S. 131. Siehe auch BVerwGE 127, 259, 263 f. Rn. 28; 127, 272, 275 f. Rn. 21, das eine vom Abwägungsgebot getragene planerische Entscheidung auch für die Planfeststellung der Zulassung des obligatorischen Rahmenbetriebsplans ablehnt; so auch OVG Rheinland-Pfalz, ZfB 152 (2011), 119, 124. Im Ergebnis zur Ablehnung eines Planungsermessens für die bergrechtliche Planfeststellung aufgrund des § 55 Abs. 1 BBergG vgl. *Ramsauer/Wysk*, in: Kopp/Ramsauer, VwVfG, § 74 Rn. 23.

C) Ausgestaltung des Betriebsplanverfahrens nach den §§ 51 ff. BBergG

dass eine solche planerische Gestaltungsfreiheit unter Umständen der handelnden Behörde die Möglichkeit gewährte, trotz vorliegender Tatbestandsvoraussetzungen die vom Antragsteller begehrte Planfeststellung zu versagen,[210] diesem mithin grundsätzlich[211] keinen gebundenen Anspruch darauf begründet[212]. Diese Annahme ändert sich auch nicht durch die Anwendbarkeit des § 48 Abs. 2 BBergG im Rahmen der Zulassungsentscheidung über einen Betriebsplan.[213] Zwar muss die zuständige Bergbehörde hiernach die Zulassung eines Betriebsplans versagen oder beschränken, soweit überwiegende öffentliche Interessen entgegenstehen, denn § 48 Abs. 2 BBergG als Befugnisnorm begründet kein Ermessen, sondern ergänzt die Zulassungsvoraussetzungen des § 55 Abs. 1 BBergG.[214] Dennoch eröffnet § 48 Abs. 2 BBergG seinem Regelungsgehalt nach der Bergbehörde insofern keine Befugnis dahingehend, im Rahmen einer umfassenden Abwägung aller widerstreitenden Interessen eine Planungsentscheidung hinsichtlich der Betriebsplanzulassung zu treffen.[215] Trotz Anwendung des § 48 Abs. 2 BBergG bleibt die Betriebsplanzulassung (auch die im Wege der bergrechtlichen Planfeststellung per Planfeststellungsbeschluss getroffene) eine gebundene Entscheidung.[216] So kann man zutreffend davon ausgehen, dass eine Planung ohne gestalterischen Spielraum in sich widersprüchlich ist,

---

210 *Riese*, in: Landmann/Rohmer, UmweltR, WHG, § 68 Rn. 57 zu der Planfeststellung in § 68 Abs. 1 WHG.
211 Zur Ausnahme davon im Falle einer Reduktion des Planungsermessens auf Null: *Neumann/Külpmann*, in: Stelkens/Bonk/Sachs, VwVfG, § 74 Rn. 30; *Ramsauer/Wysk*, in: Kopp/Ramsauer, VwVfG, § 74, Rn. 24.
212 *Ramsauer/Wysk*, in: Kopp/Ramsauer, VwVfG, § 72 Rn. 41, § 74 Rn. 24; *Neumann/Külpmann*, in: Stelkens/Bonk/Sachs, VwVfG, § 74 Rn. 30; *Huck*, in: Huck/Müller, VwVfG, § 72 Rn. 16. Ein freies Planungsermessen der Behörde ablehnend, gleichzeitig aber einen gebundenen Anspruch bezweifelnd, *Schink*, in: Knack/Henneke, VwVfG, § 74 Rn. 17. Siehe dazu auch *Neumann/Külpmann*, in: Stelkens/Bonk/Sachs, VwVfG, § 72 Rn. 11, § 74 Rn. 26, wonach eine Planfeststellung auch als gebundene Entscheidung ausgestaltet werden könne, gleichsam allerdings nur ohne planerische Gestaltungsfreiheit.
213 Siehe zur Anwendbarkeit des § 48 Abs. 2 BBergG im Betriebsplanzulassungsverfahren oben Kap. 1, C), III), 1., b).
214 Siehe dazu oben Kap. 1, C), III), 1., b).
215 BVerwGE 126, 205, 213 Rn. 27, das eine planerische Gestaltungsfreiheit ablehnt; BVerwG, ZfB 132 (1991), 140, 143 f. Vgl. auch *v. Mäßenhausen*, ZfB 135 (1994), 119, 122, der einen planerischen Eingriff der Bergbehörde ablehnt und auf S. 128 eine behördliche Gestaltungsmöglichkeit über § 48 Abs. 2 BBergG hinsichtlich des obligatorischen Rahmenbetriebsplans verneint. *Schoch*, in: Kühne/Schoch/Beckmann, Gegenwartsprobleme des Bergrechts, S. 57, der von einer nachvollziehenden Abwägung spricht, eine echte Planung aber verneint. Eine Planungsentscheidung über § 48 Abs. 2 BBergG verneinend, *Schmidt-Aßmann/Schoch*, S. 159 f.
216 Im Ergebnis BVerwG, ZfB 132 (1991), 140, 143 f.; *Keienburg*, in: Boldt/Weller/Kühne/v. Mäßenhausen, BBergG, § 57a Rn. 30 und *v. Mäßenhausen*, ZfB 135 (1994), 119, 129 zur bergrechtlichen Planfeststellung.

denn Planung selbst setzt ein gewisses Maß an Freiheit hinsichtlich der zu treffenden Entscheidung voraus.[217] Eine solche Gestaltungsfreiheit aber fehlt der zuständigen Bergbehörde bei der Entscheidung über die Zulassung eines Betriebsplans. Durch die Zulassung des vom Bergbauunternehmer aufgestellten Betriebsplans wird dessen Inhalt nicht Bestandteil einer bergbehördlichen Planung.[218] Dieses Ergebnis findet sich für die Zulassung eines obligatorischen Rahmenbetriebsplans bestätigt in der Gesetzesbegründung zur Einführung des bergrechtlichen Planfeststellungsverfahrens, nach welcher der zuständigen Bergbehörde bei der Planfeststellung kein *„[...] über das geltende Recht hinausgehender zusätzlicher Entscheidungsspielraum [...]"*[219] zukommt.[220]

Im Ergebnis eröffnet die Qualifizierung der bergrechtlichen Betriebsplanzulassung als gebundener Verwaltungsakt im Sinne eines präventiven Verbots die Durchführung eines grundsätzlichen Vergleichs mit den diesen Charakter im Wesentlichen teilenden Instrumenten des allgemeinen und besonderen Verwaltungsrechts.

c) **Rechtswirkungen der Betriebsplanzulassung**

Da es sich bei der bergrechtlichen Betriebsplanzulassung um einen Verwaltungsakt handelt,[221] entfaltet diese bestimmte, für einen Verwaltungsakt charakteristische Rechtswirkungen. Diese Wirkungen im Einzelnen lassen sich jedoch nicht vollständig im Sinne eines für alle Betriebsplanzulassungen in gleichem Maße geltenden Umfangs generalisieren, sondern unterscheiden sich je nach Betriebsplanart und gegebenenfalls dessen Ausgestaltung durch den Bergbauunternehmer im Einzelfall. Aus diesem Grunde kann an dieser Stelle nur auf die generalisierungsfähigen Kerngehalte der jeweiligen Rechtswirkungen eingegangen werden, um diese an späterer Stelle, wenn ihre prägenden Ausformungen im Einzelnen für den Untersuchungsgegenstand dieser Arbeit von Relevanz sind, im erforderlichen Detaillierungsgrad vertiefend zu untersuchen.

---

217 BVerwGE 34, 301, 304; bestätigt durch BVerwGE 48, 56, 59; 55; 220, 226; zusammenfassend bei *Hoppe/Beckmann*, S. 131.
218 *v. Hammerstein*, in: Boldt/Weller/Kühne/v. Mäßenhausen, BBergG, Vorbem. §§ 50 bis 57c Rn. 13.
219 BT-Drs. 11/4015, S. 12.
220 Siehe zu dieser Schlussfolgerung auch *Kühne*, DVBl. 2006, 662, 665. Vgl. auch *Neumann/ Külpmann*, in: Stelkens/Bonk/Sachs, VwVfG, § 72 Rn. 9, nach welchen die Vorgabe als Planfeststellungsverfahren noch nicht automatisch die Einräumung einer planerischen Gestaltungsfreiheit zur Folge haben soll, vielmehr die fachgesetzliche Ausgestaltung der zu treffenden Entscheidung maßgeblich sei; im Ergebnis auch, *Lieber*, in: Mann/Sennekamp/Uechtritz, VwVfG, § 74 Rn. 45.
221 Siehe zur Qualifizierung der Betriebsplanzulassung als Verwaltungsakt oben Kap. 1, C), III, 2., a).

aa) Feststellende Regelungswirkung

Die Betriebsplanzulassung als Verwaltungsakt trifft die Feststellung, dass der vom Unternehmer vorgelegte Betriebsplan alle bergrechtlichen Zulassungsvoraussetzungen des § 55 BBergG erfüllt und seinem Inhalt keine öffentlichen Interessen im Sinne des § 48 Abs. 2 BBergG entgegenstehen.[222] Daraus folgt, dass der Umfang und die Reichweite der Feststellung einer Betriebsplanzulassung abhängig sind von dem jeweiligen Inhalt des durch den Bergbauunternehmer aufgestellten Betriebsplans.[223] Eine exakte, abstrakte Festlegung des jeweiligen feststellenden Regelungsgehalts lässt sich allerdings aufgrund der verschiedenen Betriebsplanarten und unterschiedlichen Sachgegebenheiten der verschiedenen Bergbauvorhaben nicht treffen.[224]

bb) Gestattungswirkung

Im Falle der Gestattungswirkung unterscheiden sich die Betriebsplanzulassungen wesentlich nach der Art des jeweils zugelassenen Betriebsplans. Gestattungswirkung kommt vorrangig der Hauptbetriebsplanzulassung zu, jedoch im Unterschied dazu nicht der Zulassung eines Rahmenbetriebsplans, unabhängig davon, ob dieser fakultativ oder obligatorisch ausgestaltet ist.[225] Denn dem Wortlaut des § 52 Abs. 1 Satz 1 BBergG entsprechend erfordert die Errichtung und Führung eines Betriebs Hauptbetriebspläne, wohingegen sich eine solche Regelung für Rahmenbetriebspläne nicht findet. Für die Zulassung des obligatorischen Rahmenbetriebsplans folgt das Fehlen einer Gestattungswirkung darüber hinaus auch aus dem Wortlaut des § 57a Abs. 5 1. Halbs. BBergG, nach welchem Haupt- und Sonderbetriebspläne zur Durchführung des obligatorischen Rahmenbetriebsplans erforderlich sind.[226] Die Folge einer Gestattungswirkung ist die Aufhebung des Verbots, die betriebsplanpflichtigen Arbeiten nicht vor Zulassungserteilung beginnen zu dürfen.[227] Das bedeutet, dass der Bergbauunternehmer erst nach

---

222 OVG Berlin, ZfB 131 (1990), 200, 209; OVG Magdeburg, NuR 2008, 578, 582; VG Stade, ZfB 133 (1992), 52, 62; *Schmidt-Aßmann/Schoch*, S. 166; *v. Hammerstein*, in: Boldt/Weller/Kühne/v. Mäßenhausen, BBergG, § 52 Rn. 15.
223 Vgl. *Schmidt-Aßmann/Schoch*, S. 168. Siehe zu dieser Abhängigkeit ausführlich im Falle der Zulassung eines fakultativen Rahmenbetriebsplans unten Kap. 2, B), I), 3., f), bb), (6).
224 *Schmidt-Aßmann/Schoch*, S. 167 f.
225 Vgl. OVG Lüneburg, ZfB 131 (1990), 19, 24; OVG Berlin, ZfB 131 (1990), 200, 209; BVerwG, NVwZ 2006, 1173, 1174; OVG Münster, ZfB 147 (2006), 166. *Schmidt-Aßmann/Schoch*, S. 167; *Niermann*, S. 199; *Piens*, in: Piens/Schulte/Graf Vitzthum, BBergG, § 52 Rn. 15. Die Gestattungswirkung einer Rahmenbetriebsplanzulassung verneinend BVerwGE 100, 1, 13; 100, 31, 34; 89, 246, 256; BVerwG, NVwZ 2006, 1173, 1174; OVG Münster, ZfB 146 (2005), 294, 302; ZfB 150 (2009), 261, 273; *Kühne*, DVBl. 2006, 662, 670; *Niermann*, S. 199; *Schmidt-Aßmann/Schoch*, S. 183; *Keienburg*, in: Boldt/Weller/Kühne/v. Mäßenhausen, BBergG, § 57a Rn. 34.
226 So wohl auch *Keienburg*, in: Boldt/Weller/Kühne/v. Mäßenhausen, BBergG, § 57a Rn. 34.
227 OVG Berlin, ZfB 131 (1990), 200, 209.

wirksamer Erteilung der Hauptbetriebsplanzulassung mit den geplanten Arbeiten beginnen darf, vorher nicht. Für den Fall einer Sonderbetriebsplanzulassung ist bislang umstritten und nicht abschließend geklärt, ob die mögliche Gestattungswirkung einer solchen das wirksame Bestehen einer Hauptbetriebsplanzulassung voraussetzt.[228] Insofern werden zwei gegensätzliche Meinungsstände vertreten: aufgrund des zwingenden Erfordernisses von Hauptbetriebsplänen nach § 52 Abs. 1 Satz 1 BBergG wird teilweise von einer Akzessorietät zwischen der Gestattungswirkung der Sonderbetriebsplanzulassung und der Zulassung eines Hauptbetriebsplans ausgegangen,[229] im Gegensatz dazu wird zum Teil die Gestattungswirkung einer Sonderbetriebsplanzulassung auch ohne wirksam bestehende Hauptbetriebsplanzulassung für möglich gehalten, denn die Sonderbetriebsplanzulassung setze keinen zugelassenen Hauptbetriebsplan voraus.[230] Der detaillierte Inhalt dieses Meinungsstreits und der einzelnen Argumente für und gegen eine Akzessorietät sind jedoch für den Schwerpunkt des Untersuchungsgegenstands dieser Arbeit, einzelne Aussagen vorbehalten, nicht ergebnisführend, insofern wird auf die einschlägige Literatur verwiesen.[231] Festzuhalten bleibt im Ergebnis, dass nach beiden Ansichten der Sonderbetriebsplanzulassung aber grundsätzlich eine Gestattungswirkung zukommt, deren genaue Voraussetzungen im Einzelnen umstritten sind.[232]

---

228 Zu diesem Streit im Überblick siehe *v. Hammerstein*, in: Boldt/Weller/Kühne/v. Mäßenhausen, BBergG, § 52 Rn. 52 ff.

229 *Schulte*, Kernfragen des bergrechtlichen Genehmigungsverfahrens, S. 68 f.; *Kremer/Neuhaus gen. Wever*, BergR, Rn. 197; ähnlich im Ergebnis *Piens*, in: Piens/Schulte/Graf Vitzthum, BBergG, § 52 Rn. 45a.

230 *Glückert*, in: FS Kühne, S. 554 f.; *v. Hammerstein*, in: Boldt/Weller/Kühne/v. Mäßenhausen, BBergG, § 52 Rn. 54.

231 Für eine Akzessorietät: *Schulte*, Kernfragen des bergrechtlichen Genehmigungsverfahrens, S. 68 f.; *Kremer/Neuhaus gen. Wever*, BergR, Rn. 197; wohl auch *Gaentzsch*, in: Kühne/Gaentzsch, Wandel und Beharren im Bergrecht, S. 24; *Kolonko*, S. 174 f.; *Ludwig*, ZUR 2012, 150, 151; *Keienburg*, NVwZ 2013, 1123, 1125. Gegen eine Akzessorietät: OVG Lüneburg, ZfB 143 (2002), 312, 320; *Glückert*, in: FS Kühne, S. 554 ff.; *v. Hammerstein*, in: Boldt/Weller/Kühne/v. Mäßenhausen, BBergG, § 52 Rn. 54; im Ergebnis wohl auch *Schmidt-Aßmann/Schoch*, S. 199.

232 Die Gestattungswirkung einer Sonderbetriebsplanzulassung grundsätzlich bejahend OVG Lüneburg, ZfB 143 (2002), 312, 320; *Kühne*, UPR 1986, 81, 81; *Schmidt-Aßmann/Schoch*, S. 167; *Niermann*, S. 199; *Piens*, in: Piens/Schulte/Graf Vitzthum, BBergG, § 52 Rn. 46, der je nach Inhalt des Sonderbetriebsplans im Einzelfall zwischen Gestattungswirkung und lediglich einer Feststellungswirkung unterscheidet, so z. B. in Rn. 66 eine Gestattungswirkung für die Zulassung eines Sonderbetriebsplans „Anhörung" ablehnt; *Glückert*, in: FS Kühne, S. 555.

cc) Konzentrationswirkung

Die überwiegende Ansicht der bergrechtlichen Literatur[233] und Rechtsprechung[234] lehnt eine Konzentrationswirkung der Betriebsplanzulassung ab, sodass diese nicht die nach anderen öffentlich-rechtlichen Regelungen erforderlichen Entscheidungen jeweiliger Behörden einschließt oder gar ersetzt. Diese sind also grundsätzlich weiterhin neben der Zulassung eines Betriebsplans einzuholen.[235] Die einfache Zulassung eines Betriebsplans trifft daher keine Entscheidung über die Vereinbarkeit des Bergbauvorhabens mit allen – für dieses – einschlägigen Regelungen öffentlichen Rechts, sondern maßgeblich aus bergrechtlicher Sicht.[236] Dies verdeutlicht insbesondere ein Rückblick auf die Entstehungsgeschichte des BBergG mit besonderem Augenmerk auf das Betriebsplanverfahren. Nach der Gesetzesbegründung[237] des BBergG sollte dem Betriebsplanverfahren aufgrund seines wiederholenden Zulassungserfordernisses ausdrücklich keine verfahrensmäßige Konzentrationswirkung zukommen. In diesem Sinne hielt gleichsam der Ausschuss für Wirtschaft in seiner Beschlussempfehlung[238] zum Regierungsentwurf des BBergG eine Konzentration aller für ein Bergbauvorhaben relevanten öffentlich-rechtlichen Vorschriften, wie es das Immissionsschutz- oder Planfeststellungsrecht vorsehe, im Betriebsplanverfahren für nicht sachgerecht, lehnte eine solche Konzentrationswirkung entsprechend ausdrücklich ab und befürwortete stattdessen eine Stärkung der Zusammenarbeit zwischen Bergbehörden und Gemeinden. Diese historische Betrachtung des Betriebsplanverfahrens zeigt deutlich, dass dem BBergG nicht nur keine Regelung einer Konzentrationswirkung zu entnehmen ist, sondern dass der Gesetzgeber sich ausdrücklich und bewusst gegen eine solche entschieden hatte.

Etwas anderes gilt gemäß § 57a Abs. 4 Satz 1 BBergG für die Entscheidung über die Planfeststellung hinsichtlich des obligatorischen Rahmenbetriebsplans, denn diese ist hinsichtlich der eingeschlossenen Entscheidungen nach Maßgabe der dafür geltenden Vorschriften zu treffen. Daraus ergibt sich für den bergrechtlichen Planfeststellungsbeschluss eine verfahrensrechtliche Konzentrationswirkung dahingehend, dass alle ansonsten für

---

[233] *v. Hammerstein*, in: Boldt/Weller/Kühne/v. Mäßenhausen, BBergG, § 52 Rn. 25; *Piens*, in: Piens/Schulte/Graf Vitzthum, BBergG, § 51 Rn. 17; *Beckmann*, in: Frenz, BBergG, § 52 Rn. 16, 45; *Gaentzsch*, in: FS Sendler, S. 409; *Gaentzsch*, NVwZ 1998, 889, 892; *Gaentzsch*, in: Kühne/Gaentzsch, Wandel und Beharren im Bergrecht, S. 30; *Schulte*, NJW 1981, 88, 94; *Zeiler*, ZfB 124 (1983), 404, 409; *Kremer*, NVwZ 1990, 736, 737; vgl. *Kühne*, Braunkohlenplanung und bergrechtliche Zulassungsverfahren, S. 34; *Kühne*, UPR 1986, 81, 87 f.; *Weller*, ZfB 125 (1984), 161, 162, 168; *Beckmann*, DVBl. 1982, 101, 104.
[234] BVerwGE 74, 315, 317; 126, 205, 209 Rn. 18; VGH Kassel, NVwZ-RR 2001, 300, 301.
[235] *v. Mäßenhausen*, ZfB 135 (1994), 119, 128.
[236] So auch *Gaentzsch*, in: FS Sendler, S. 410.
[237] BT-Drs. 8/1315, S. 109.
[238] BT-Drs. 8/3965, S. 130.

das Bergbauvorhaben zu diesem Zeitpunkt erforderlichen weiteren behördlichen Entscheidungen miteingeschlossen sind und die zuständige Bergbehörde nach dem jeweils geltenden Fachrecht in materiell-rechtlicher Hinsicht über die erforderlichen außerbergrechtlichen Entscheidungen zu befinden hat.[239] Dies wird als horizontale Konzentrationswirkung bezeichnet.[240] Davon zu unterscheiden ist die Frage einer vertikalen Konzentrationswirkung dahingehend, inwiefern die zum obligatorischen Rahmenbetriebsplan getroffene Planfeststellung eine Entscheidung über das Gesamtbergbauvorhaben von Beginn bis zu seinem Ende trifft.[241] Eine solche soll der bergrechtlichen Planfeststellung nur in eingeschränktem Maße zukommen, als dass die erforderlichen Haupt- und Sonderbetriebsplanzulassungen zur Durchführung des Bergbauvorhabens durch die Planfeststellung über den obligatorischen Rahmenbetriebsplan nicht konzentriert werden.[242] Die sich insoweit stellende Frage der Bindung der Bergbehörde an den Planfeststellungsbeschluss bleibt einem nachfolgenden Abschnitt vorbehalten.[243]

dd) Tatbestandswirkung

Die durch die zuständige Bergbehörde erteilte Betriebsplanzulassung entfaltet Tatbestandswirkung gegenüber den von anderen Behörden nach deren jeweiligen Fachrecht zu erlassenden Verwaltungsakten.[244] Danach haben andere Fachbehörden neben der Bergbehörde bei dem Erlass eigener Verwaltungsakte die Existenz der von der Bergbehörde an den Bergbauunternehmer erlassenen wirksamen Betriebsplanzulassung zu akzeptieren, insofern deren Rechtmäßigkeit nicht in Frage zu stellen und bei Treffen der

---

239 Siehe zur formellen Konzentrationswirkung des Planfeststellungsbeschlusses: BT-Drs. 11/4015, S. 1, 7 f., 12; BT-Drs. 11/5601, S. 15; *Gaentzsch*, in: FS Sendler, S. 414; *Gaentzsch*, in: Kühne/Gaentzsch, Wandel und Beharren im Bergrecht, S. 36 ff; *Kühne*, in: Kühne/Ehricke, Öffentlichkeitsbeteiligung und Eigentumsschutz im Bergrecht, S. 51; *Keienburg*, in: Boldt/Weller/Kühne/v. Mäßenhausen, BBergG, § 57a Rn. 40–45; *Piens*, in: Piens/Schulte/Graf Vitzthum, BBergG, § 52 Rn. 131. Kritisch zum Umfang dieser Konzentrationswirkung siehe *Rausch*, S. 240. Eine solche Konzentrationswirkung bejahend, jedoch ohne Differenzierung nach formeller oder materieller Wirkungsweise, v. *Mäßenhausen*, ZfB 135 (1994), 119, 128.
240 *Gaentzsch*, in: FS Sendler, S. 414; *Gaentzsch*, in: Kühne/Gaentzsch, Wandel und Beharren im Bergrecht, S. 37; *Kühne*, DVBl. 2006, 662, 665; *Piens*, in: Piens/Schulte/Graf Vitzthum, BBergG, § 52 Rn. 131, § 56 Rn. 74.
241 Vgl. *Kühne*, in: Kühne/Ehricke, Öffentlichkeitsbeteiligung und Eigentumsschutz im Bergrecht, S. 50; *Gaentzsch*, in: FS Sendler, S. 414 f.; *Gaentzsch*, in: Kühne/Gaentzsch, Wandel und Beharren im Bergrecht, S. 37; *Piens*, in: Piens/Schulte/Graf Vitzthum, BBergG, § 52 Rn. 132.
242 *Piens*, in: Piens/Schulte/Graf Vitzthum, BBergG, § 52 Rn. 132; vgl. *Keienburg*, in: Boldt/Weller/Kühne/v. Mäßenhausen, BBergG, § 57a Rn. 43; vgl. *Ludwig*, Auswirkungen der FFH-RL auf Vorhaben zum Abbau von Bodenschätzen nach dem BBergG, S. 61.
243 Siehe dazu unten Kap. 2, C).
244 *Piens*, in: Piens/Schulte/Graf Vitzthum, BBergG, § 56 Rn. 87; *Niermann*, S. 201.

C) Ausgestaltung des Betriebsplanverfahrens nach den §§ 51 ff. BBergG

eigenen Entscheidung zu berücksichtigen.[245] Darüberhinaus besteht diese Tatbestandswirkung nicht nur im Verhältnis zu anderen Fachbehörden, sondern auch im Verhältnis zu anderen Trägern öffentlich-rechtlicher Rechte und sogar Gerichten, sofern letztere nicht mit der Kontrolle des Verwaltungsaktes, vorliegend der Betriebsplanzulassung, befasst sind.[246] Inhaltlich ist diese sogenannte Hinnahmepflicht der anderen Fachbehörden auf den Inhalt der jeweiligen Betriebsplanzulassung bezogen[247] und kann daher je nach Art des zugelassenen Betriebsplans und dessen Inhalt im Einzelfall variieren. Letztlich ist zu berücksichtigen, dass sich Reichweite und Umfang der Tatbestandswirkung nach der Kongruenz von der in dem Verwaltungsakt verkörperten Regelung und der noch ausstehenden Entscheidung (Wirkungsempfänger) richten.[248]

---

[245] BVerwGE 74, 315, 320; v. Hammerstein, in: Boldt/Weller/Kühne/v. Mäßenhausen, BBergG, § 52 Rn. 16.
[246] Vgl. *Leisner-Egensperger*, in: Mann/Sennekamp/Uechtritz, VwVfG, § 43 Rn. 39; *Ramsauer*, in: Kopp/Ramsauer, VwVfG, § 43 Rn. 18 m. w. N.; vgl. *Henneke*, in: Knack/Henneke, VwVfG, Vor. § 35, Rn. 57 hinsichtlich der Gerichte; *Wolff/Bachof/Stober/Kluth*, Verwaltungsrecht I, § 48 Rn. 40; vgl. auch *Maurer/Waldhoff*, VerwR AT, § 10 Rn. 20.
[247] Vgl. grundlegend zur Tatbestandswirkung eines Verwaltungsakts *Leisner-Egensperger*, in: Mann/Sennekamp/Uechtritz, VwVfG, § 43 Rn. 39.
[248] *Bumke*, Verwaltungsakte, in: Hoffmann-Riem/Schmidt-Aßmann/Voßkuhle (Hrsg.), GVwR II, § 35, Rn. 214.

Kapitel 2:
Die Bindungswirkung von Rahmenbetriebsplanzulassungen

A) Die abstrakte Bindungswirkung von Verwaltungsakten

Zunächst gilt es die von Verwaltungsakten im Allgemeinen und Teilentscheidungen im Besonderen ausgehende Bindungswirkung abstrakt darzustellen, um so deren genaue rechtliche Wirkungsweise und Ausgestaltung in einem für die folgende Untersuchung hinreichendem Maße zu erfassen.

I) Begriffliche Determinierung der Bindungswirkung

Bereits zu Beginn muss man konstatieren, dass die vorliegend zu untersuchende Bindung der Verwaltungsbehörde an einen ihrerseits zuvor erlassenen Verwaltungsakt einer Vielzahl verschiedener als auch ähnlicher Termini unterliegt: Eingegrenzt auf eine nähere Auswahl finden sich unter anderem die Begriffe *Selbstbindung*[249], *konkret-individuelle Selbstbindung*[250], *Selbstbindungswirkung*[251], *Bindungswirkung*[252], *Primär-* oder

---

249 *Wolff/Bachof/Stober/Kluth*, Verwaltungsrecht I, § 50, Rn. 3 f nutzen diesen Begriff teilweise parallel zu dem der Bindungswirkung; teilweise auch *Scheuing*, VVDStRL 40 (1982), 155, 172 f.; *Salis*, S. 167. Grundsätzlich zum Begriff der Selbstbindung der Verwaltung siehe auch: *Maunz*, DÖV 1981, 497 ff.
250 *Ossenbühl*, DVBl. 1981, 857, 864 verwendet diesen Begriff teilweise im Zusammenhang mit Teilentscheidungen innerhalb gestufter Verwaltungsverfahren.
251 *Sachs*, in: Stelkens/Bonk/Sachs, VwVfG, § 43 Rn. 135 f.; *Randak*, JuS 1992, 33, 36; *Schroeder*, DÖV 2009, 217, 223 f. verwendet im Kontext gestufter Verfahren den Begriff der „[...] *(Selbst-) Bindungswirkung* [...]".
252 *Ossenbühl*, NJW 1980, 1353, 1353; *Pietzcker*, NJW 1981, 2087, 2091; *Schmidt-Aßmann*, Institute gestufter Verwaltungsverfahren: Vorbescheid und Teilgenehmigung, S. 580; *Jarass*, UPR 1983, 241, 242; *Schulte*, Raumplanung und Genehmigung bei der Bodenschätzegewinnung, S. 345; *Seibert*, S. 192 ff.; *Ruffert*, in: Ehlers, AllgVerwR, § 22, Rn. 18; *v. Mutius/Schoch*, DVBl. 1983, 149, 151 f.; *Breuer*, in: Sechstes Deutsches Atomrechts-Symposium (Hrsg.: Lukes), S. 244–261; *Mutschler*, in: Sechstes Deutsches Atomrechts-Symposium (Hrsg.: Lukes), S. 280; *Meiendresch*, S. 3; *Mann*, Das gestufte Verwaltungsverfahren im Baurecht, S. 117 ff.; *Ipsen*, Die Verwaltung 17 (1984), 169, 187–195; *Henneke*, in: Knack/Henneke, VwVfG, Vor. § 35, Rn. 48; *Gerstner-Heck*, in: Bader/Ronellenfitsch, VwVfG, § 9, Rn. 31.

Direktbindung / Sekundär- oder Folgebindung[253], *Verbindlichkeit*[254] und *Tatbestandswirkung*[255]. Trotz dieser zunächst verwirrend wirkenden und teilweise ebenfalls in anderem verwaltungsrechtlichen Kontext genutzten Begriffsvielfalt, liegt allen diesen Termini im Wesentlichen ein gemeinsames rechtliches Verständnis der „Bindung" der Behörde an ihre bereits getroffene Entscheidung zu Grunde, auf welches es nachfolgend dogmatisch genauer einzugehen gilt.

1. Allgemeine Grundlagen der Bindungswirkung eines Verwaltungsakts

Mit Eintritt der Wirksamkeit eines Verwaltungsakts durch seine Bekanntgabe nach § 43 Abs. 1 Satz 1 VwVfG ist die Behörde an die Regelung dieses Verwaltungsakts gebunden, solange er im Sinne des § 43 Abs. 2, 3 VwVfG wirksam besteht.[256] Da dieser Verwaltungsakt trotz einer nach seinem Erlass eintretenden Änderung der Sach- oder Rechtslage grundsätzlich weiterhin wirksam bestehen bleibt – es sei denn, dies führt zu seiner Erledigung –,[257]

---

253 *Büdenbender/Mutschler*, Rn. 39, 167, 223, die eingangs zwischen Primär- / Direktbindung und Sekundär- / Folgebindung differenzieren. Diese Differenzierung für nicht exakt möglich haltend siehe *Ossenbühl*, NJW 1980, 1353, 1353 f. Der Begriff der „(Sekundär-) Bindung" wird auch einmal bei *v. Mutius/Schoch*, DVBl. 1983, 149, 155 verwendet. *Schmidt-Aßmann*, Institute gestufter Verwaltungsverfahren: Vorbescheid und Teilgenehmigung, S. 580 nutzt den Begriff der Folgebindung als Oberbegriff u. a. der Bindungswirkung.

254 So teilweise *Seibert*, S. 64, der auf S. 193 aber die Bindungswirkung als Teil der Verbindlichkeit eines Verwaltungsakts deklariert und auf S. 194 von einer einheitlichen Bindungswirkung ausgeht. Anders bei *Forsthoff*, Verwaltungsrecht I, S. 251, wonach Verbindlichkeit bedeute, dass „[...] *der Verwaltungsakt, solange er in Kraft ist, von jedermann, Privatpersonen und Behörden, als geltend zu beachten ist."*

255 *Bumke*, Verwaltungsakte, in: Hoffmann-Riem/Schmidt-Aßmann/Voßkuhle (Hrsg.), GVwR II, § 35, Rn. 217, der zwar für die Bindung im Rahmen gestufter Verwaltungsverfahren den Begriff der Tatbestandswirkung nutzt, ansonsten jedoch umfassend den Begriff der Bindungswirkung favorisiert, Rn. 212, 213, 220, 224.

256 *Ramsauer*, in: Kopp/Ramsauer, VwVfG, § 43 Rn. 14; *Maurer/Waldhoff*, VerwR AT, § 10 Rn. 18 f.; *Ziekow*, VwVfG, § 43 Rn. 3; *Peuker*, in: Knack/Henneke, VwVfG, § 43 Rn. 17; siehe auch *Erichsen/Knoke*, NVwZ 1983, 185, 188; siehe ebenfalls *Merten*, NJW 1983, 1993, 1996, der zwar anerkennt, dass nach dem VwVfG die Bindungswirkung mit Bekanntgabe einsetzt, dies aber kritisch hinterfragt und wohl eine vollständige Bindung im Ergebnis erst ab der Unanfechtbarkeit befürwortet. Für den Beginn der Bindungswirkung schon vor Bekanntgabe ab dem Zeitpunkt, in dem der Verwaltungsakt den Bereich der jeweiligen Behörde verlässt: *Bumke*, Verwaltungsakte, in: Hoffmann-Riem/Schmidt-Aßmann/Voßkuhle (Hrsg.), GVwR II, § 35, Rn. 236. Siehe zur Abhängigkeit der Bindungswirkung von der Wirksamkeit eines Verwaltungsakts auch *Fluck*, VerwArch 79 (1988), 406, 415 und *Ossenbühl*, NJW 1980, 1353, 1353.

257 *Ramsauer*, in: Kopp/Ramsauer, VwVfG, § 43 Rn. 15b; vgl. BVerwGE 69, 1, 3, wonach unter Hinweis auf § 49 Abs. 2 Nr. 4 VwVfG eine Änderung der Rechtslage nach Erlass eines rechtmäßigen Verwaltungsakts dessen Bestand nicht tangiere; siehe auch *Peuker*, in: Knack/Henneke, VwVfG, § 43 Rn. 40.

A) Die abstrakte Bindungswirkung von Verwaltungsakten

entfällt die aus seiner Wirksamkeit folgende Bindungswirkung ebenfalls nicht automatisch durch diese Änderung der Sach- oder Rechtslage.[258]

Bei abstrakter Betrachtung wird diese Bindung der die Entscheidung erlassenden Behörde zunächst in zweierlei Wirkungsarten unterschieden[259]: Auf der einen Seite findet sich das sog. Aufhebungsverbot[260], welches der Behörde die Aufhebung oder Änderung eines bereits erlassenen Verwaltungsaktes entweder gänzlich verbietet oder nur unter ganz bestimmten Voraussetzungen gestattet. Auf der anderen Seite befindet sich das sog. Abweichungs-[261] bzw. Widerspruchsverbot[262], wonach folgende Entscheidungen der Behörde nicht inhaltlich von dem bereits erlassenen Verwaltungsakt abweichen bzw. nicht im Widerspruch zu diesem stehen dürfen. Letzteres bedeutet also die Bindung an den erlassenen Verwaltungsakt innerhalb eines weiteren, anderen Verwaltungsverfahrens, welches nicht diesen konkreten Verwaltungsakt, sei es zur Kontrolle oder zur behördlichen Aufhebung, zum Gegenstand hat.[263] Die Bindung der Behörde wirkt dementsprechend „verfahrensübergreifend".[264]

Eine isolierte rechtliche Betrachtung beider Wirkungsarten, Aufhebungsverbot einerseits und Abweichungsverbot andererseits, erscheint nur in bedingtem Maße sinnvoll möglich.[265] Denn diese beiden korrelieren insofern, als dass die wirksame Aufhebung einer bereits getroffenen Entscheidung die Frage der späteren Abweichungsmöglichkeit durch die Behörde

---

258 *Erichsen/Knoke*, NVwZ 1983, 185, 191; *Brüning*, S. 166; vgl. *Ortloff*, NVwZ 1983, 705, 706; a. A. *Seibert*, S. 222 ff., der hierbei aber wohl inhaltlich Bezug auf eine präjudizielle Wirkung nimmt, siehe zu der Thematik Präjudizialität unten Kap. 2, A), I), 3.; vgl. auch *Fluck*, VerwArch 79 (1988), 406, 415, nach dem sich die Abhängigkeit der Bindungswirkung von der Sach- und Rechtslage wohl nach Regelungsgehalt und Art des Verwaltungsakts richte.
259 Hierzu und zur folgenden Darstellung siehe *Jesch*, S. 27; *Nicklisch*, S. 37; *Seibert*, S. 63; *Ramsauer*, in: Kopp/Ramsauer, VwVfG, § 43, Rn. 14 ff.; *Baumeister*, in: Obermayer/Funke-Kaiser, VwVfG, § 43 Rn. 12; *Sachs*, in: Stelkens/Bonk/Sachs, VwVfG, § 43 Rn. 17; *Brüning*, S. 126.
260 *Wolff/Bachof/Stober/Kluth*, Verwaltungsrecht I, § 50, Rn. 6 bezeichnen dies im Falle der Bindung von Gerichten als sog. negative Bindungswirkung. *Nicklisch*, S. 37 bezeichnet dies als sog. Widerrufsverbot; *Büdenbender/Mutschler*, Rn. 55, bezeichnen dies als sog. Primär- / Direktbindung.
261 *Sachs*, in: Stelkens/Bonk/Sachs, VwVfG, § 43 Rn. 41; *Büdenbender/Mutschler*, S. 55, scheinen dies als Sekundär- / Folgebindung zu verstehen; *Bumke*, in: Hoffmann-Riem/Schmidt-Aßmann/Voßkuhle (Hrsg.), GVwR II, § 35, Rn. 54 versteht unter Abweichungsverbot die Bindungswirkung insgesamt.
262 Siehe zu diesem Begriff *Seibert*, S. 63.
263 Vgl. *Fluck*, VerwArch 79 (1988), 406, 412, der die Bindungswirkung allerdings auch als Verbindlichkeit des Verwaltungsakts bezeichnet.
264 *Ipsen*, Die Verwaltung 17 (1984), 169, 186 ff.; vgl. im Ergebnis auch *Seibert*, S. 64; siehe auch *Salis*, S. 208 f., der insoweit die Begriffe *entscheidungsüberwirkende Bindung* bzw. *entscheidungsübergreifende Verbindlichkeit* verwendet.
265 Wohl anders, da die grundsätzliche Unabhängigkeit beider Wirkungsweisen voneinander betonend *Sachs*, in: Stelkens/Bonk/Sachs, VwVfG, § 43 Rn. 18.

mangels weiterer Existenz des bindenden Akts obsolet werden lässt.[266] Existiert keine bindende Entscheidung (mehr), kann von dem Inhalt einer solchen gleichsam nicht (mehr) abgewichen werden. Daraus ergibt sich eine Grenze der Bindungswirkung. Durch die Aufhebung des Verwaltungsakts, sei es durch die Rücknahme nach § 48 VwVfG oder den Widerruf nach § 49 VwVfG, kann die Erlassbehörde sich also von dessen Bindungswirkung lösen.[267] Insofern wird die Existenz einer Bindungswirkung von Verwaltungsakten – insbesondere in gestuften[268] Verwaltungsverfahren, auf welche im Folgenden noch einzugehen ist – auch als die „[...] *Kehrseite* [...]" der verwaltungsrechtlich ausgestalteten Tatbestände der behördenseitigen Rücknahme bzw. des Widerrufs und der Befristung von getroffenen Entscheidungen bezeichnet.[269] Da die bestehende Dogmatik des behördlichen Widerrufs die Thematik nachträglich eintretender Änderungen von Umständen hinreichend umsetze und für eine darüber hinausgehende Berücksichtigung dieser kein Raum sei[270], rekurriert dies auf das bereits dargelegte allgemeine Verständnis, die Bindungswirkung eines Verwaltungsakts entfalle grundsätzlich nicht automatisch mit einer nach Erlass eintretenden Sach- oder Rechtslageänderung.

Weil diese Bindungswirkung in besonderem Maße in Bezug auf gestufte Verwaltungsverfahren Beachtung findet[271], sei an dieser Stelle auf ihren allgemeingültigen Charakter hingewiesen. Auf die besondere Bedeutung dieser allgemeinen Bindungswirkung innerhalb gestufter Verwaltungsverfahren ist an nachfolgender Stelle noch einzugehen. Die von einem wirksam erlassenen Verwaltungsakt ausgehende Bindung der Erlassbehörde und das damit insbesondere verbundene Abweichungsverbot entfaltet grundsätzlich jeder Verwaltungsakt.[272] Dennoch wird in diesem Kontext auf eine Entschei-

---

266 Im Ergebnis auch *Becker*, S. 52; *Seibert*, S. 195.
267 *Maurer/Waldhoff*, VerwR AT, § 10 Rn. 19; vgl. auch *Bumke*, Verwaltungsakte, in: Hoffmann-Riem/Schmidt-Aßmann/Voßkuhle (Hrsg.), GVwR II, § 35, Rn. 54, wonach ein Abweichen von einem Verwaltungsakt zunächst dessen Änderung oder Aufhebung erfordere.
268 Siehe zum Begriff der Stufung im Verwaltungsverfahren *Schmidt-Aßmann*, Institute gestufter Verwaltungsverfahren: Vorbescheid und Teilgenehmigung, S. 570 f.
269 *Schmidt-Aßmann*, Institute gestufter Verwaltungsverfahren: Vorbescheid und Teilgenehmigung, S. 581; an dessen Ausführungen anknüpfend, *Ossenbühl*, NJW 1980, 1353, 1354; so auch *v. Mutius/Schoch*, DVBl. 1983, 149, 155. Kritisch teilw. a. A. bei *Seibert*, S. 200–203, der einen Rückschluss von der Existenz der Aufhebungsvorschriften auf die Bindungswirkung eines Verwaltungsakts für einen „Zirkelschluss" hält, im Ergebnis aber das enge Verhältnis von Bindung und Aufhebung betont.
270 *Fiedler*, VerwArch 67 (1976), 125, 142 f.; daran anknüpfend ebenfalls *Schmidt-Aßmann*, Institute gestufter Verwaltungsverfahren: Vorbescheid und Teilgenehmigung, S. 581, nach dem ein weiterer Situationsvorbehalt unzulässig sei.
271 Vgl. *Ruffert*, in: Erichsen/Ehlers, AllgVerwR, § 22 Rn. 18; *Randak*, JuS 1992, 33, 36.
272 Vgl. *Ossenbühl*, NJW 1980, 1353, 1354; *Ruffert*, in: Erichsen/Ehlers, AllgVerwR, § 22 Rn. 17; *Sachs*, in: Stelkens/Bonk/Sachs, VwVfG, § 43 Rn. 43; *Seibert*, S. 193; vgl. auch *v. Mutius/Schoch*, DVBl. 1983, 149, 155.

dung des BVerwG hingewiesen[273], nach welcher sich der Umfang der einem Verwaltungsakt zukommenden Bestandskraft nicht verallgemeinernd bestimmen lasse[274]. Dies ändert aus mehreren Gründen aber nicht den allgemeinen und grundsätzlichen Charakter der Bindungswirkung eines Verwaltungsakts. Denn zum einen betrifft diese Entscheidung wortwörtlich die Bestandskraft eines Verwaltungsakts und nicht explizit dessen Bindungswirkung, welche, wie schon gezeigt, bereits mit der Wirksamkeit des Verwaltungsakts einsetzt. Zum anderen betrifft die Entscheidung den Umfang dieser Bestandskraft. Insoweit steht nicht die grundsätzliche Existenz einer Rechtswirkung eines Verwaltungsakts in Frage, sondern deren Umfang im Einzelfall. Diese Sichtweise des BVerwG steht der Ansicht, eine Bindungswirkung entfalte grundsätzlich jeder wirksame Verwaltungsakt, nicht entgegen.

Kommt jedem wirksamen Verwaltungsakt nun eine solche Bindungswirkung zu, stellt sich in einem nächsten Schritt die Frage des exakten Umfangs dieser Bindung. Denn sofern die Bindung das Verbot einer Abweichung durch die Behörde bewirkt, haben alle Beteiligten ein Interesse daran, zu wissen, in welchem Umfang dies der Fall ist. Der Ausgang dieser Umfangsbestimmung findet sich in der These einer „[...] *Kongruenz zwischen Sachprüfung, Regelungsgehalt und Bindungswirkung* [...]"[275] behördlicher Entscheidungen.[276] Demgemäß bilde der Umfang der behördlichen Prüfung – die Sachprüfung – den Regelungsgehalt einer Verwaltungsentscheidung, welcher dann eine mit diesem Umfang übereinstimmende Bindungswirkung erzeuge.[277] Die Bindungswirkung kann nur in dem Umfang erfolgen, in dem eine Entscheidung über den Verfahrensgegenstand bereits erfolgt ist.[278] Da diese Kongruenzthese aus drei Bestandteilen (Sachprüfung, Regelungsgehalt, Bindung) besteht, lassen sich die Zwischenverbindungen isoliert betrachten. Den umstrittenen[279] Kongruenzzusammenhang zwischen

---

273 So *Sachs*, in: Stelkens/Bonk/Sachs, VwVfG, § 43 Rn. 43 Fn. 76.
274 BVerwGE 48, 271, 279.
275 *Ossenbühl*, NJW 1980, 1353, 1354.
276 *Ossenbühl*, NJW 1980, 1353, 1354; *Breuer*, VerwArch 72 (1981), 261, 263 f.; siehe zu diesem Kongruenzzusammenhang auch *Brüning*, S. 13 f.; diesen Kongruenzzusammenhang anerkennend siehe auch *Sachs*, in: Stelkens/Bonk/Sachs, VwVfG, § 43 Rn. 62.
277 *Ossenbühl*, NJW 1980, 1353, 1354; *Breuer*, VerwArch 72 (1981), 261, 264; *Breuer*, in: Sechstes Deutsches Atomrechts-Symposium (Hrsg.: Lukes), S. 246; vgl. im Ergebnis auch *Jarass*, UPR 1983, 241, 243; vgl. *Mutschler*, in: Sechstes Deutsches Atomrechts-Symposium (Hrsg.: Lukes), S. 286 hinsichtlich der Übereinstimmung von Regelungsgehalt und Bindungswirkung. Im Ergebnis wohl auch *Sellner/Reidt/Ohms*, Immissionsschutzrecht und Industrieanlange, S. 197, Rn. 198.
278 *Ipsen*, Die Verwaltung 17 (1984), 169, 194 f.
279 Anders *Hansmann*, in: Sechstes Deutsches Atomrechts-Symposium (Hrsg.: Lukes), S. 265, nach welchem Umfang der Sachprüfung und Regelungsgehalt einer Entscheidung oftmals nicht kongruent seien; ebenfalls anders OVG Lüneburg, ZfB 131 (1990), 19, 25, welches eine

Sachprüfung und Regelungsgehalt an dieser Stelle ausgeblendet – weil er für das Verständnis an dieser Stelle nicht zwingend ergebnisführend ist – verdient den Fokus der andere Teil der These: nämlich die Kongruenz von Regelungsgehalt eines Verwaltungsakts und der von diesem ausgehenden Bindungswirkung. Vermittelnd lässt sich festhalten, dass einerseits eine Bindung nur in dem Umfang erfolgen kann, soweit ein Verwaltungsakt eine Regelung trifft, andererseits zumindest nur den Aspekten Regelungscharakter zukommen kann, welche die Behörde wohl überhaupt überprüft hat.

Letztlich ergibt sich daraus die Abhängigkeit des Umfangs der Bindungswirkung von dem Umfang des Regelungsgehalts der Entscheidung.[280] Es handelt sich somit um eine zum Regelungsgehalt *akzessorische*[281] *Bindungswirkung* eines wirksamen Verwaltungsakts. Darüber hinaus muss grundsätzlich das materielle Recht, das dem erlassenen Verwaltungsakt zu Grunde liegt, bei der Beurteilung des Umfangs des Regelungsgehalts und der Bindungswirkung berücksichtigt werden.[282] So kann sich eine Grenze des Bindungsumfangs ebenfalls aus der gesetzlichen Befugnis der jeweiligen Erlassbehörde zum Erlass nachträglicher Anordnungen ergeben, denn soweit eine solche Anordnung rechtmäßig getroffen werden darf und damit von dem Ausgangsverwaltungsakt abgewichen wird, kann dieser nicht uneingeschränkt binden.[283]

Insgesamt zeigt sich somit eine in sich stimmige Dogmatik der Bindungswirkung von Verwaltungsakten. Diese kommt zunächst grundsätzlich jedem wirksam erlassenen Verwaltungsakt zu und besteht unabhängig von einer nachträglichen Änderung der Sach- oder Rechtslage. Ihr exakter Umfang ist im Einzelfall in Abhängigkeit des jeweiligen Regelungsgehalts und dem einschlägigen materiellen Fachrecht zu bestimmen.

---

automatische Kongruenz von Sachprüfung und Sachentscheidung nicht für zwingend hält; siehe auch *Gaentzsch*, NJW 1986, 2787, 2790, nach dem die Tatbestandsvoraussetzungen eines Verwaltungsakts und dessen Regelungsgehalt nicht immer deckungsgleich seien.

280 *Ossenbühl*, NJW 1980, 1353, 1354; *Seibert*, S. 303; *Gaentzsch*, NJW 1986, 2787, 2790; *Breuer*, VerwArch 72 (1981), 261, 264; *U. Stelkens*, in: Stelkens/Bonk/Sachs, VwVfG, § 35, Rn. 142.

281 Der Begriff der *akzessorischen Bindungswirkung* wird ebenfalls von *Schroeder*, DÖV 2009, 217, 223 verwendet, allerdings im Hinblick auf eine Abhängigkeit der Bindungswirkung von der materiellen Bestandskraft eines Verwaltungsakts.

282 *Ramsauer*, in: Kopp/Ramsauer, VwVfG, § 43 Rn. 15, unter Verweis auf BVerwG, NVwZ 1990, 559; *Bumke*, Verwaltungsakte, in: Hoffmann-Riem/Schmidt-Aßmann/Voßkuhle (Hrsg.), GVwR II, § 35, Rn. 212; vgl. *Sachs*, in: Stelkens/Bonk/Sachs, VwVfG, § 43 Rn. 43, der von der „[…] *Eigenart des jeweiligen Rechtsgebiets* […]" spricht; vgl. auch *Fluck*, VerwArch 79 (1988), 406, 413 f.

283 Vgl. dazu *Bumke*, Verwaltungsakte, in: Hoffmann-Riem/Schmidt-Aßmann/Voßkuhle (Hrsg.), GVwR II, § 35, Rn. 220 am Beispiel des GastG.

2. Bindungswirkung von Teilentscheidungen in gestuften Verwaltungsverfahren

Wird von der Bindungswirkung innerhalb gestufter Verwaltungsverfahren gesprochen, ist die Bindung der Behörde an den Inhalt einer bereits ihrerseits getroffenen Teilentscheidung für das weiter folgende Genehmigungsverfahren gemeint[284]. Als Genehmigungsverfahren in diesem Kontext ist das gestufte Gesamtgenehmigungsverfahren hinsichtlich eines bestimmten Vorhabens zu verstehen, welches sich dennoch aus den einzelnen, den Teilentscheidungen jeweils zu Grunde liegenden Verwaltungsverfahren zusammensetzt.[285] Der Begriff Teilentscheidungen erfasst vorliegend die insbesondere im Bau-, Atom- und Immissionsschutzrecht verbreiteten Instrumente Vorbescheid und Teilgenehmigung, „[...] *in denen Verfahrensstufungen festere Konturen gewonnen haben* [...]"[286].

Die besondere Betrachtung der Bindungswirkung von Teilentscheidungen in gestuften Verwaltungsverfahren hat davon auszugehen, dass grundsätzlich alle wirksam erlassenen Verwaltungsakte entsprechend ihrem Regelungsgehalt eine Bindung der Erlassbehörde bewirken[287]. Die von Verwaltungsakten innerhalb gestufter Verwaltungsverfahren ausgehende Bindungswirkung und die Bindungswirkung übriger Verwaltungsakte divergieren also nicht.[288] Für den genauen Umfang dieser Bindung ist allerdings das rechtliche Verhältnis der aufeinander folgenden Teilentscheidungen zueinander zu beachten.[289] Aus diesem systematischen Verhältnis der Teilentscheidungen zueinander und im Hinblick auf die Vollgenehmigung ergibt sich der besonders erscheinende Charakter der Bindungswirkung. Auf diese Systematik soll an dieser Stelle in allgemeiner Weise und gebotener Kürze

---

284 *Büdenbender/Mutschler*, Rn. 39, 167; *Breuer*, in: Sechstes Deutsches Atomrechts-Symposium (Hrsg.: Lukes), S. 247; *Mann*, Das gestufte Verwaltungsverfahren im Baurecht, S. 124; vgl. *Sellner*, NVwZ 1986, 616, 616 im Hinblick auf den atomrechtlichen Vorbescheid.
285 Siehe zum Gesamtgenehmigungsverfahren detaillierter unten Kap. 2, A), I), 4.
286 Vgl. *Schmidt-Aßmann*, Institute gestufter Verwaltungsverfahren: Vorbescheid und Teilgenehmigung, S. 574.
287 Siehe dazu oben Kap. 2, A), I), 1.
288 *Bumke*, Verwaltungsakte, in: Hoffmann-Riem/Schmidt-Aßmann/Voßkuhle (Hrsg.), GVwR II, § 35, Rn. 116; vgl. *v. Mutius/Schoch*, DVBl. 1983, 149, 155, nach denen die Bindungswirkung eines Konzeptvorbescheids „[...] *wie bei jedem anderen, der Bestandskraft fähigen Verwaltungsakt unproblematisch* [...]" sei; vgl. *Ortloff*, NVwZ 1983, 705, 706, nach dem sich die Bindungswirkung eines Vorbescheids wie die jedes anderen Verwaltungsakts verhalte; ähnlich *Büdenbender/Mutschler*, Rn. 116.
289 Vgl. *Bumke*, Verwaltungsakte, in: Hoffmann-Riem/Schmidt-Aßmann/Voßkuhle (Hrsg.), GVwR II, § 35, Rn. 216 f., allerdings im Hinblick auf die Tatbestandswirkung von Teilentscheidungen.

Kapitel 2: Die Bindungswirkung von Rahmenbetriebsplanzulassungen

eingegangen werden, da eine detaillierte Darstellung der Dogmatik von Teilentscheidungen nachfolgenden Kapiteln vorbehalten bleibt.[290]
Wird eine wirksame Teilentscheidung in einem gestuften Verwaltungs- bzw. Genehmigungsverfahren erlassen, trifft diese eine eigenständige Regelung hinsichtlich eines bestimmten Ausschnitts aus dem Gesamtregelungsgehalt der Vollgenehmigung.[291] Die Regelungen der einzelnen Teilentscheidungen stellen somit Ausschnitte dar, die zusammen genommen am Ende den Gesamtinhalt der Vollgenehmigung ergeben.[292] Die vorliegend den Gegenstand der Untersuchung bildende Bindungswirkung der Behörde an ihre bereits getroffenen Teilentscheidungen im Rahmen eines Genehmigungsverfahrens stellt sich dabei insoweit primär als Abweichungs- bzw. Widerspruchsverbot dar,[293] als dass es vordergründig nicht um die Frage der Aufhebbarkeit der getroffenen Entscheidung, sondern um die Frage der späteren Abweichungsmöglichkeit in einer folgenden Entscheidung geht[294]. Hat die Behörde einen bestimmten Regelungsausschnitt positiv beschieden, darf sie diesen in nachfolgenden Teilentscheidungen nicht abweichend beurteilen. Die besondere Bedeutung der allgemeinen Bindungswirkung von Verwaltungsakten in dieser Konstellation zeigt sich entsprechend darin, dass die einzelnen Teilentscheidungen hier in besonderem Maße aufeinander aufbauen und in Bezug zueinander bzw. auf den Regelungsgehalt der Vollgenehmigung stehen.

Die Bindungswirkung der Behörde primär an sich selbst bzw. ihre getroffene Entscheidung wirkt sich darüber hinaus sekundär ebenfalls zumindest mittelbar im Verhältnis zu einerseits dem Antragsteller[295] der Teil- und Vollentscheidung, als auch andererseits zu von diesen Entscheidungen betroffenen Dritten aus.[296]

---

290 Siehe zur Systematik gestufter Genehmigungsverfahren insbesondere im Hinblick auf den Vorbescheid unten Kap. 2, B), I), 2.
291 Vgl. zum Vorbescheid BVerwGE 48, 242, 245; 68, 241, 243; 70, 365, 372 f.; OVG Münster, NVwZ 1997, 1006, 1006. Siehe auch OVG Lüneburg, NVwZ 1987, 342, 343.
292 Vgl. BVerwGE 72, 300, 309 zu Teilgenehmigungen. Siehe auch *Schmidt-Aßmann*, Institute gestufter Verwaltungsverfahren: Vorbescheid und Teilgenehmigung, S. 576, der im Kontext von Teilgenehmigungen von einer „[…] *summativen Vollgenehmigung* […]" spricht. Noch a. A. *Sellner*, NJW 1975, 801, 802, nach dem auch die Summe von Teilgenehmigungen im BImSchG eine Vollgenehmigung nicht ersetzen könne, sondern es letztlich einer solchen abschließend noch bedürfe.
293 Vgl. auch *Becker*, S. 52.
294 So auch *Schulte*, Raumplanung und Genehmigung bei der Bodenschätzegewinnung, S. 345.
295 *Jarass*, UPR 1983, 241, 242.
296 Vgl. *Seibert*, S. 171, 477, der bei gestuften Anlagengenehmigungsverfahren von einem mehrseitigen Verwaltungsrechtverhältnis ausgeht. Zu dieser Unterscheidung der Bindung der Behörde an sich selbst und der Auswirkungen an den Antragteller und Dritte siehe auch *Salis*, S. 167; siehe auch *Breuer*, in: Sechstes Deutsches Atomrechts-Symposium (Hrsg.: Lukes), S. 247.

3. Präjudizielle Wirkung der Bindung in gestuften Verwaltungsverfahren?

Sofern eine Teilentscheidung einen Ausschnitt des Regelungsgegenstands der Vollgenehmigung vorwegnimmt und diesen vorab abschließend entscheidet, liegt hierin keine präjudiziell wirkende Entscheidung.[297]

Eine präjudizielle Wirkung setzt voraus, dass die Regelung eines Verwaltungsakts zu den materiellen Entscheidungsvoraussetzungen der Rechtsfolge des Folgeverwaltungsakts gehört.[298] Präjudiz ist als Art Vorprägung zu verstehen, indem eine später zu treffende Behördenentscheidung durch eine frühere vorgeprägt bzw. deren Inhalt bereits festgelegt wird.[299] Die Folgeentscheidung nimmt die vorprägende Entscheidung in sich auf und trifft eine erneute und eigenständige Regelung. Die Systematik einer präjudiziellen Wirkung setzt also im Wesentlichen voraus, dass es zwei behördliche Entscheidungen gibt: zunächst die präjudiziell wirkende Entscheidung, darauffolgend die dieses Präjudiz berücksichtigende Folgeentscheidung. Hieran zeigt sich, dass ebenfalls eine präjudizielle Wirkung keine für sich genommene Besonderheit ist, sondern sich maßgeblich an dem Verhältnis zweier Verwaltungsakte zueinander und dem zu Grunde liegenden materiellen Recht orientiert.

Nimmt eine Teilentscheidung im gestuften Genehmigungsverfahren – sei es Vorbescheid oder Teilgenehmigung – einen Regelungsausschnitt vorweg, wird damit bereits die abschließende Entscheidung über diesen Ausschnitt getroffen und steht einer späteren behördlichen Disposition nicht mehr offen, vielmehr wird sie im Rahmen einer Folgeentscheidung lediglich ohne eigenen Regelungscharakter wiederholt.[300] Die Behörde ist also nicht bloß inhaltlich an die bereits getroffene Entscheidung gebunden.[301] Dies hat zur Folge, dass die der vorherigen Teilentscheidung immanente materielle Prüfung der Behörde, soweit der abschließende Regelungsgehalt der Teilentscheidung reicht, im Rahmen der folgenden Entscheidungen im Gesamtgenehmigungsverfahren keiner Wiederholung bedarf.[302] Aus diesem Grund wird die getroffene Teilentscheidung auch nicht durch den Erlass weiterer Teilentscheidungen bedeutungslos.[303] Hinsichtlich des bereits abschließend beschiedenen Regelungsausschnitts der Vollgenehmigung erfolgt demgemäß

---

297 So im Ergebnis *Sachs*, in: Stelkens/Bonk/Sachs, VwVfG, § 43 Rn. 78 zum Vorbescheid; im Ergebnis auch *Erichsen/Knoke*, NVwZ 1983, 185, 190.
298 *Seibert*, S. 59 f.; *Brüning*, S. 127.
299 *Erichsen/Knoke*, NVwZ 1983, 185, 190.
300 BVerwGE 68, 241, 243 f.; vgl. BVerwGE 70, 365, 373; *Erichsen/Knoke*, NVwZ 1983, 185, 190.
301 Im Umkehrschluss OVG Münster, NVwZ 1997, 1006, 1006.
302 *Büdenbender/Mutschler*, Rn. 278; vgl. *Seibert*, S. 63; im Ergebnis auch *Breuer*, VerwArch 72 (1981), 261, 264; *Breuer*, in: Sechstes Deutsches Atomrechts-Symposium (Hrsg.: Lukes), S. 247; vgl. auch OVG Lüneburg, NVwZ 1987, 342, 343.
303 BVerwGE 70, 365, 373; OVG Lüneburg, NVwZ 1987, 342, 343.

keine erneute Entscheidung der Behörde, auf welche die erste in irgendeiner Weise präjudiziell einwirken könnte. Insoweit kommt eine präjudizielle Wirkung hinsichtlich abschließend beschiedener Regelungsteile nicht in Betracht. Beispielhaft für den Vorbescheid lässt sich dies zutreffend beschreiben: Dessen „[...] *Entscheidung bezieht sich also nicht auf bloße `Vorfragen´ des GesamtVA* [...]", sondern er regelt „[...] *`weniger´ als die Gesamtgenehmigung, nämlich ebenfalls Teile des Entscheidungsgegenstandes der Gesamtgenehmigung* [...]".[304]

Wird allerdings im Kontext gestufter Verwaltungs- bzw. Genehmigungsverfahren angenommen, die Bindung der Behörde an die wirksame Teilentscheidung solle insoweit im Hinblick auf folgende Teilentscheidungen präjudiziell wirken[305], soll dieses Präjudiz einerseits hinsichtlich der vorläufigen positiven Gesamtbeurteilung[306] des Gesamtvorhabens in Erscheinung treten.[307] Wird allerdings andererseits angenommen, ebenfalls von den abschließenden Regelungsteilen der Teilentscheidung könne eine präjudizielle Wirkung hinsichtlich nachfolgender Teilentscheidungen ausgehen, die eine Regelung hinsichtlich eines anderen Gegenstands des Vorhabens treffen,[308] kann dem nicht gefolgt werden. Es erscheint zwar durchaus möglich, dass beispielsweise die positive Bescheidung der Errichtung einer Anlage zumindest eine Art Vorprägung hinsichtlich des späteren Betriebs der Anlage treffen kann[309], da eine Anlage nur so betrieben werden kann, wie sie eben errichtet wurde. Jedoch stellt dies kein echtes Präjudiz im oben dargestellten Sinne dar, weil die Behörde auch in diesem Fall keine erneute Entscheidung hinsichtlich der Errichtung treffen darf; diese Entscheidung ist bereits vorab abschließend getroffen worden. Vielmehr könnte man davon ausgehen, es handele sich um eine Art tatsächliche Vorprägung: So können sich aus der Genehmigung eines bestimmten Anlagengebäudes „[...] *technisch präjudizielle Wirkungen* [...]" hinsichtlich der in das Gebäude einzubauenden Teile ergeben.[310] Zu denken wäre allerdings an eine präjudizielle Wirkung zwischen einem bloß feststellenden Vorbescheid und einer den Vorhabenbeginn gestattenden Genehmigung.[311]

Da im Kontext von Bindungswirkung und präjudizieller Wirkung vermehrt auf einen Vorbehalt bzw. die Voraussetzung einer gleichbleibenden

---

304 *Sachs*, in: Stelkens/Bonk/Sachs, VwVfG, § 43 Rn. 79 f., Fettdrucke und Fußnotenangaben der Quelle wurden an dieser Stelle nicht übernommen.
305 *v. Mutius/Schoch*, DVBl. 1983, 149, 151 f.
306 Siehe zum vorläufigen positiven Gesamturteil unten Kap. 2, B), I), 2., b), bb).
307 *v. Mutius/Schoch*, DVBl. 1983, 149, 152; *Büdenbender/Mutschler*, Rn. 168, 191 f.
308 *Büdenbender/Mutschler*, Rn. 170, 175 ff.
309 *Büdenbender/Mutschler*, Rn. 176.
310 *Sellner*, NVwZ 1986, 616, 617.
311 Siehe dazu *Seibert*, S. 492 f.

Sach- und Rechtslage hingewiesen[312] wird, bedarf dies nachfolgend einer begrifflichen Abgrenzung im Hinblick auf die bereits dargelegten Grundsätze der Bindungswirkung von Verwaltungsakten. Dieser Vorbehalt der gleichbleibenden Sach- und Rechtslage betrifft insoweit allerdings nicht die allgemeine Bindungswirkung von wirksamen Verwaltungsakten, sondern wird in Bezug auf präjudiziell wirkende Verwaltungsakte und damit die Frage angeführt[313], inwieweit ein durch eine Teilentscheidung getroffenes Präjudiz weiterhin bestehen bleibt. Denn ist ein Verwaltungsakt erlassen worden, welcher in präjudizieller Weise eine Folgeentscheidung vorprägt, kann diese Folgeentscheidung trotzdem nur in Anbetracht der in diesem Zeitpunkt bestehenden Sach- und Rechtslage getroffen werden.[314] Aus diesem Grund stehe eine präjudizielle Wirkung einer Regelung unter dem Vorbehalt gleichbleibender Sach- und Rechtslage.[315] Eine wesentliche Sach- oder Rechtslageänderung führe dann zum Entfallen dieser präjudiziellen Wirkung, obwohl der Verwaltungsakt weiterhin wirksam bestehen bleibe.[316]

Insoweit zeigt sich, dass die vorliegend den Untersuchungsgegenstand bildende Bindungswirkung eines wirksamen Verwaltungsakts und eine etwaige präjudizierende Wirkung hinsichtlich einer Folgeentscheidung, insbesondere aus dem Grund der unterschiedlichen Sach- und Rechtslagevorbehalte, nicht verwechselt werden dürfen, sondern als verschiedene Wirkungsaspekte zu betrachten sind.[317] Die Präjudizialität lässt sich als Unterfall bzw. Ausprägung der Bindungswirkung auffassen.[318] Dieser Unterschied beider Wirkungen zeigt sich auch an folgendem Beispiel: Erlässt die Behörde einen wirksamen Verwaltungsakt, ist sie nach den dargestellten Grundsätzen an dessen Regelung gebunden, auch wenn sich die Sach- und Rechtslage nach dessen Erlass verändert und dieser Verwaltungsakt dergestalt so nicht mehr erlassen werden dürfte. Steht dieser Verwaltungsakt im Raum, so hat die Behörde ihn zu berücksichtigen und darf nicht einen anderen Verwaltungsakt erlassen, der zu dem ersten in Widerspruch stünde. Dieser Widerspruch darf unabhängig davon, ob der erste Verwaltungsakt inhaltlich vorgreiflich für den zweiten – also präjudiziell – ist, nicht entstehen.[319]

---

312 So *Erichsen/Knoke*, NVwZ 1983, 185, 191; *Brüning*, S. 166 f.; *Braun*, S. 72; *Seibert*, S. 223.
313 Denn folgende Quellen erwähnen den Vorbehalt einer gleichbleibenden Sach- und Rechtslage in Bezug auf präjudizielle Verwaltungsakte: *Seibert*, S. 223 ff.; *Brüning*, S. 166 f.; *Braun*, S. 72; *Erichsen/Knoke*, NVwZ 1983, 185, 191.
314 *Erichsen/Knoke*, NVwZ 1983, 185, 191; *Brüning*, S. 166 f.; *Seibert*, S. 223; *Braun*, S. 72.
315 *Erichsen/Knoke*, NVwZ 1983, 185, 191; *Brüning*, S. 166 f.; im Ergebnis *Braun*, S. 72.
316 *Brüning*, S. 167; ähnlich *Braun*, S. 72, nach welchem die Präjudizialität die geänderten Verhältnisse nicht mehr erfasse; *Seibert*, S. 228.
317 Ähnlich *Ossenbühl*, NJW 1980, 1353, 1354; *Erichsen/Knoke*, NVwZ 1983, 185, 185: Teilw. a. A. *Brüning* scheint auf S. 164 allerdings unter dem Begriff der Bindungswirkung die präjudizielle Wirkung eines Verwaltungsakts zu verstehen; derart auch *Seibert*, S. 63, 223.
318 *Fluck*, VerwArch 79 (1988), 406, 415; *Hoppe/Spoerr*, S. 90.
319 Siehe dazu insbesondere noch unten Kap. 2, B), IV), 2., a), bb).

Festzuhalten ist letztlich, soweit eine Teilentscheidung einen bestimmten Regelungsausschnitt der Vollgenehmigung vorweg abschließend bescheidet, entfaltet diese Regelung ab Wirksamkeit eine grundsätzlich allen Verwaltungsakten zukommende Bindungswirkung zulasten der Behörde dahingehend, dass diese die Teilentscheidung nur unter bestimmten Voraussetzungen aufheben und keine davon abweichende bzw. dazu widersprüchliche weitere Entscheidung treffen darf. Gleichsam kommt dieser Bindung an eine abschließende und vorweggenommene Regelung grundsätzlich keine präjudizielle Wirkung zu, da dieser Regelungsteil einer erneuten behördlichen Disposition entzogen ist. In Frage kommen Präjudizien lediglich im Hinblick auf weitere, andere Regelungsfragen, soweit diese dadurch bereits in einer bestimmten Art vorgeprägt werden.

4. Der Begriff des Gesamtverfahrens

In diesem Zusammenhang wird teilweise der Begriff des *Gesamtverfahrens*, innerhalb dessen bindende Teilentscheidungen ergehen sollen, kritisch[320] hinterfragt. Obwohl diese Überlegung nicht zwingend Einfluss auf die abstrakte Determinierung einer Bindungswirkung von Teilentscheidungen hat, steht sie dennoch damit in Zusammenhang, da die Annahme eines Gesamtverfahrens, welches zwar in verschiedene Stufen aufgeteilt wird, das Verhältnis der einzelnen Teilentscheidungen zueinander wiedergibt und betrifft.

Die geäußerte Kritik besteht darin, dass durch die Stufung eines Genehmigungsverfahrens in verschiedene Teilentscheidungen nicht länger nur ein Verfahren existiere, sondern für jede Erteilung einer jeden Teilentscheidung gesonderte Verwaltungsverfahren bestünden, welche hingegen im übergreifenden Sinne einen Gesamtzusammenhang bilden.[321] Dem ist im Kern zunächst dahingehend zuzustimmen, dass jeder behördlichen Entscheidung über den Erlass einer Teilentscheidung, sei es in Form eines Vorbescheids oder einer Teilgenehmigung, ein jeweiliges Verwaltungsverfahren zu Grunde liegt,[322] welche je nach den Umständen im Einzelfall auf durchaus unterschiedliche Weise abschließen können. Beispielhaft bedeutet der Erlass eines positiven Vorbescheids nicht die Gewähr des Erlasses später beantragter Teilgenehmigungen, obwohl sich beide Teilentscheidungen auf dasselbe Anlagenvorhaben beziehen.[323] Dennoch erscheint es durchaus sinnvoll in diesem Kontext von einem Gesamtgenehmigungsverfahren zu

---

320 Den Begriff des Gesamtverfahrens kritisierend, *Seibert*, S. 484.
321 *Seibert*, S. 484.
322 Offenlassend bei *Ipsen*, Die Verwaltung 17 (1984), 169, 188, der für Teilentscheidungen „zumindest" von unterschiedlichen Verfahrensstufen ausgeht.
323 Wohl gemerkt, darf die Teilgenehmigung nicht aus einem Grund abgelehnt werden, der durch einen insoweit bindenden, bereits erlassenen positiven Vorbescheid vorentschieden ist, was im Folgenden noch darzulegen sein wird, siehe unten Kap. 2, B), I), 2., d), bb).

sprechen.[324] Denn durch den übergreifenden inhaltlichen Zusammenhang sowohl der Teilentscheidungsverfahren als auch des Vollgenehmigungsverfahrens bilden diese gewissermaßen eine Sinneinheit.[325] Die einzelnen Teilentscheidungen werden daher durch ein übergreifendes Verwaltungsverfahren miteinander verbunden.[326] Mit anderen Worten lässt sich durchaus behaupten, der gedankliche Beginn der Zulassung eines Vorhabens knüpft zunächst an die gesetzlich vorgesehene bzw. erforderliche Vollgenehmigung an. Die dieser Vollgenehmigung letztlich vorgeschalteten verschiedenen Teilentscheidungen stellen lediglich optionale verwaltungsrechtliche Instrumente zur Stufung dieser Vollgenehmigungsentscheidung dar. Denn trotz Stufung dieses Vollgenehmigungsverfahrens in mehrere Teilentscheidungsverfahren bleibt der gemeinsame Bezugspunkt aller vorhanden, namentlich die schlussendlich bezweckte Gesamtzulassung des konkreten (gleichbleibenden) Vorhabens.[327] Diese Sichtweise findet ebenfalls Bestätigung in der Rechtsprechung des *BVerwG*, nach welcher die in einem Genehmigungsverfahren erforderliche Öffentlichkeitsbeteiligung ebenfalls im Rahmen eines Teilentscheidungsverfahrens durchzuführen ist, um Dritte durch diese Abschichtung nicht zu benachteiligen, und folglich ein solches Teilentscheidungsverfahren richtigerweise als „[...] *Verfahrensabschnitt* [...]" bezeichnet wird.[328] Letztlich stellt sich die Frage eines übergreifenden Gesamtverfahrens lediglich als Auseinandersetzung begrifflicher Natur dar, denn nach beiden Ansichten – den Begriff des Gesamtverfahrens ablehnend oder annehmend – geht jeder Teilentscheidung ein Verwaltungsverfahren voraus, die in einem Gesamtzusammenhang in Bezug auf das Vorhaben stehen.

II) Abgrenzung zur Selbstbindung der Verwaltung an die Verwaltungspraxis i. V. m. Art. 3 Abs. 1 GG

Da die vorliegend den Untersuchungsgegenstand bildende Bindungswirkung die handelnde Behörde selbst bindet, liegt die Verwendung des

---

324 So auch *Gerstner-Heck*, in: Bader/Ronellenfitsch, VwVfG, § 9, Rn. 27. Den Begriff des Gesamtverfahrens in diesem Zusammenhang ebenfalls nutzend: *Schmidt-Aßmann*, Institute gestufter Verwaltungsverfahren: Vorbescheid und Teilgenehmigung, S. 573, 578, 579; *Badura*, in: Erichsen/Ehlers, AllgVerwR, 12. Aufl., § 38, Rn. 28; vermittelnd *Martens*, Die Praxis des Verwaltungsverfahrens, S. 192 f.
325 Vgl. zur Einheit der einzelnen Verfahren *Hansmann*, in: Sechstes Deutsches Atomrechts-Symposium (Hrsg.: Lukes), S. 267.
326 *Badura*, in: Erichsen/Ehlers, AllgVerwR, 12. Aufl., § 38, Rn. 27; vgl. *Dietlein*, in: Landmann/Rohmer, UmweltR, BImSchG, § 8 Rn. 14, der trotz Stufung von einem „einheitlichen Verwaltungsverfahren" ausgeht.
327 Siehe zur Intention der Gesamtgenehmigung des Vorhabens auch unten Kap. 2, B), I), 2., d), bb), (2).
328 BVerwGE 24, 23 28.

Begriffs der *Selbstbindung* auf der Hand. Dennoch ist es notwendig, die von einer Teilentscheidung ausgehende Bindungswirkung zu Lasten der entscheidenden Behörde von dem Begriff, gar der Konstruktion der *Selbstbindung der Verwaltung*, welche eine Bindung der Verwaltung an eine bereits ausgeübte Verwaltungspraxis im Lichte des Art. 3 des Grundgesetzes (**GG**)[329] bezeichnet, abzugrenzen.[330] Denn die von einer Teilentscheidung ausgehende Bindungswirkung beruht im Gegensatz zu der *Selbstbindung der Verwaltung* nicht auf einer behördenseits ausgeübten und sich stetig wiederholenden Verwaltungspraxis, welche insoweit unter dem Gesichtspunkt des verfassungsrechtlichen Gleichbehandlungsgrundsatzes des Art. 3 GG eine ermessenssteuernde Funktion in Form einer Bindung an diese Praxis der Ermessensausübung bewirkt[331]. In diesem Falle bindet sich die Behörde sprichwörtlich selbst, indem sie ein bestimmtes Verwaltungshandeln vorgibt, beibehält und in der Folge nicht ohne weiteres davon abweichen kann, mithin das Fundament dieser Bindung in gewisser Weise eigenständig herbeiführt. Die Bindungswirkung einer Teilentscheidung beruht aber nicht auf einer durch die Erteilung dieser Entscheidung herbeigeführten ständigen Verwaltungspraxis, sondern folgt bereits aus dem Instrument der verwaltungsverfahrensrechtlichen Entscheidungsstufe selbst.[332] Darüber hinaus ist die Bindungswirkung einer Teilentscheidung bezogen und beschränkt auf den Sachverhalt des gegenständlichen konkreten Vorhabens. Die *Selbstbindung der Verwaltung* über Art. 3 GG betrifft aber weitergehend vergleichbare Sachverhalte.[333] Sie ist in ihrer Wirkungsweise also nicht beschränkt auf einen bestimmten vorliegenden einzelnen Sachverhalt.

B) Die Bindungswirkung der Zulassung fakultativer Rahmenbetriebspläne

In der Folge der Zulassung eines fakultativen Rahmenbetriebsplans[334] stellt sich maßgeblich sowohl aus Sicht des Bergbauunternehmers als auch der

---

329 Grundgesetz für die Bundesrepublik Deutschland, vom 23. Mai 1949 (BGBl. S. 1), zuletzt geändert durch Art. 1, Art. 2 Covid-19-G zur Änd. des GrundG vom 29. 9. 2020 (BGBl. I S. 2048).
330 So auch *Reichelt*, S. 149. Kritisch zur Beschränkung dieses Begriffs auf Fälle der Ermessenslenkung durch den Gleichheitssatz, *Burmeister*, DÖV 1981, 503, 506.
331 Zur Selbstbindung der Verwaltung i. V. m. Art. 3 GG siehe: BVerwGE 31, 212, 213 f.; 57, 174, 182; vgl. auch BVerwGE 75, 86, 93; *Wolff/Bachof/Stober/Kluth*, Verwaltungsrecht I, § 24 Rn. 26; *Schönenbroicher*, in: Mann/Sennekamp/Uechtritz, VwVfG, § 40, Rn. 134, 248 f.; *Sachs*, in: Stelkens/Bonk/Sachs, VwVfG, § 40, Rn. 105; *Ossenbühl*, DVBl. 1981, 857, 857 f., 860, 862; *Burmeister*, DÖV 1981, 503, 508 f.
332 Siehe zu diesem Unterschied auch *Ossenbühl*, DVBl. 1981, 857, 858.
333 Vgl. BVerwGE 31, 212, 213; 57, 174, 182 „bestimmte Fallgruppen"; vgl. auch *Ossenbühl*, DVBl. 1981, 857, 860; *Burmeister*, DÖV 1981, 503, 508.
334 Siehe zum fakultativen Rahmenbetriebsplan oben Kap. 1, C), II), 2., a).

B) Die Bindungswirkung der Zulassung fakultativer Rahmenbetriebspläne

jeweils zuständigen Bergbaubehörde für das weitere Betriebsplanverfahren die Frage nach einer etwaigen Bindungswirkung dieser getroffenen Zulassung hinsichtlich der Entscheidung über konkretisierende Haupt- und auch Sonderbetriebsplanzulassungen. Ist also die Bergbehörde bei der Zulassung eines vom Bergbauunternehmer aufgestellten Haupt- oder Sonderbetriebsplans an den Inhalt der Zulassung des fakultativen Rahmenbetriebsplans gebunden oder darf sie davon in weiteren Betriebsplanzulassungen inhaltlich abweichend entscheiden?

Die Normen der §§ 52 ff. des BBergG zum fakultativen Rahmenbetriebsplan und dem Betriebsplanverfahren treffen hierzu keine ausdrückliche Regelung. Darum bedarf die Frage nach der Bindungswirkung eines umfassenden dogmatischen Nachgangs. Zunächst ist zu konstatieren, dass die Thematik der Bindungswirkung zwischen aufeinander folgenden behördlichen Entscheidungen nicht nur eine bergrechtliche Problematik ist, sondern sie ebenfalls in anderen Fachbereichen des Verwaltungsrechts eine entsprechende Relevanz aufweist.[335] Aufgrund der Qualifizierung der Betriebsplanzulassung als gebundene Kontrollerlaubnis[336] liegt insoweit die grundsätzliche Möglichkeit einer Vergleichbarkeit mit solchen außerbergrechtlichen, eine Bindungswirkung aufweisenden, Instrumenten des Kontroll- oder Genehmigungsrechts nahe[337]. Daher bietet es sich an, die Frage nach einer etwaigen Bindungswirkung zuerst im Wege eines Vergleichs der Zulassung eines fakultativen Rahmenbetriebsplans mit bereits bekanntermaßen Bindungswirkung entfaltenden Instrumenten des Anlagengenehmigungs- und allgemeinen Verwaltungsrechts zu untersuchen, um letztlich, im Falle einer Unvergleichbarkeit, einer möglicherweise eigenen Form der Bindungswirkung nachzugehen. Dabei lassen sich die fragliche Existenz einer gewissen Bindungswirkung der Zulassung eines fakultativen Rahmenbetriebsplans einerseits und deren Umfang im Detail andererseits auf diesem vergleichenden Wege nicht isoliert betrachten. Denn die Annahme einer Vergleichbarkeit mit einem eine Bindungswirkung aufweisenden außerbergrechtlichen Instrument des Verwaltungsrechts führt gegebenenfalls zu verschieden intensiven Ausprägungen einer Bindungswirkung für nachfolgende Behördenentscheidungen, sodass nicht in zwei Schritten zuerst das *ob* einer Bindungswirkung und daran anknüpfend für den Fall einer Bejahung der exakte Umfang untersucht werden kann. Beide Schritte bilden bei der Vergleichsbetrachtung einen nicht isoliert beantwortbaren Fragenkomplex.

---

335 Siehe bereits oben zur Bindungswirkung von Teilentscheidungen Kap. 2, A), I), 2.
336 Siehe zu dieser Qualifikation oben Kap. 1, C), III), 2), a).
337 So im Ergebnis zur rechtlichen Einordnungsmöglichkeit von Betriebsplänen im Anlagengenehmigungsrecht, *Niermann*, S. 43, 56, 62.

I) Die Zulassung eines fakultativen Rahmenbetriebsplans als „Vorbescheid"?

Im Wesentlichen von *Kühne* geprägt wurde die Auffassung, der Zulassung eines fakultativen Rahmenbetriebsplans komme im Hinblick auf später zuzulassende Haupt- und Sonderbetriebspläne eine Bindungswirkung zu, wie sie das Instrument des Vorbescheids in § 9 Bundes-Immissionsschutzgesetz (**BImSchG**)[338] und § 7a Atomgesetz (**AtG**)[339] entfalte.[340] Denn die Zulassung eines fakultativen Rahmenbetriebsplans im Betriebsplanverfahren entspreche im Wesentlichen dem Instrument und der Funktion eines Konzept- bzw. Standortvorbescheids aus dem BImSchG und dem AtG im Anlagengenehmigungsrecht.[341] Diese These wird zunächst wie nachstehend begründet:[342] Zum einen folge aus der Funktion des fakultativen Rahmenbetriebsplans im System bergrechtlicher Betriebspläne, einen Rahmen für das Bergbauvorhaben abzustecken, der dann weiterer inhaltlicher Ausfüllung durch folgende Haupt- und Sonderbetriebspläne bedürfe, eine Struktur-

---

338 Bundes-Immissionsschutzgesetz, in der Fassung der Bekanntmachung vom 17. Mai 2013 (BGBl. I S. 1274), zuletzt geändert durch Art. 103 Elfte ZuständigkeitsanpassungsVO vom 19. 6. 2020 (BGBl. I S. 1328).

339 Atomgesetz, in der Fassung der Bekanntmachung vom 15. Juli 1985 (BGBl. I S. 1565), zuletzt geändert durch Art. 239 Elfte ZuständigkeitsanpassungsVO vom 19. 6. 2020 (BGBl. I S. 1328).

340 *Kühne*, UPR 1986, 81, 83 ff.; ders., ZfB 132 (1991), 283, 285 f. Im Ergebnis auch *Kühne*, UPR 1992, 218, 218 f. So im Ergebnis auch *Fluck*, Anmerkungen zum Urteil des VG Berlin vom 18.05.1988, ZfB 130 (1989), 127 (Urteil), 142 (Anmerkungen), 143 und 145; *Brauner*, NuR 1994, 20, 22 f. Beachte auch *Niermann*, S. 74–77, der die Argumente Kühnes aufgreifend zu dem Ergebnis eines bindenden Gesamtkonzepts der Rahmenbetriebsplanzulassung kommt. *Piens/Schulte/Graf Vitzthum*, BBergG, 1. Aufl. 1983, § 171 Anm. 3, nahmen für vor Inkrafttreten des BBergG zugelassene (Rahmen-) Betriebspläne eine dem Vorbescheid des BImSchG vergleichbare Bindungswirkung für nachfolgende Betriebspläne an.

341 *Kühne*, UPR 1986, 81, 84, 86, der auf S. 88 sogar von einer Vergleichbarkeit mit der sog. Grundsatzgenehmigung ausgeht; ders., ZfB 132 (1991), 283, 285 f.; *ders.* UPR 1992, 218, 218 f.; *ders.*, Braunkohlenplanung und bergrechtliche Zulassungsverfahren, S. 56, 61. So im Ergebnis sich anschließend *Fluck*, Anmerkungen zum Urteil des VG Berlin vom 18.05.1988, ZfB 130 (1989), 127 (Urteil), 142 (Anmerkungen), 145; vgl. auch VG Stade, ZfB 133 (1992), 52, 66, 68, welches aber im Gegensatz auf S. 65 zunächst eine Konzept- bzw. Standortentscheidung der Zulassung eines fakultativen Rahmenbetriebsplans allein von Gesetzes wegen her ablehnt. Vgl. eine Vorbescheidsähnlichkeit im Einzelfall annehmend VG Lüneburg, ZfB 135 (1994), 153, 173 f. Siehe auch *Hoppe/Beckmann*, S. 132–134, die zunächst kritisch eine vergleichbare Struktur zwischen Rahmenbetriebsplan und Konzeptvorbescheid anerkennen, letztlich aber von einer Vergleichbarkeit im Grundsatz – gewisse Unterschiede vorbehalten – ausgehen, S. 135–137, 150, 163 Nr. 35. Vgl. auch *Niermann*, S. 77, der im Ergebnis von einer gewissen Vergleichbarkeit beider Instrumente hinsichtlich einer definitiven Regelung bezüglich einer Verfahrensstufung ausgeht. v. *Mäßenhausen*, ZfB 135 (1994), 119, 126 befürwortet eine Vergleichbarkeit mit dem Konzeptvorbescheid; *Beddies*, S. 112 hält Rahmenbetriebsplan und Vorbescheid für vergleichbar; *Strecker*, S. 45.

342 *Kühne*, UPR 1986, 81, 86.

B) Die Bindungswirkung der Zulassung fakultativer Rahmenbetriebspläne

gleichheit mit dem Konzeptvorbescheid des Anlagengenehmigungsrechts (Konzeptgedanke). Andererseits ergebe sich aus der bergbautechnischen Lagerstättengebundenheit eine Grundaussage des fakultativen Rahmenbetriebsplans hinsichtlich des Standorts des geplanten Bergbaubetriebs (Standortgedanke). Beide Ansätze erforderten allerdings die Realisierungsmöglichkeit der in den Hauptbetriebsplänen noch aufzuführenden Inhalte innerhalb des durch die Zulassung des fakultativen Rahmenbetriebsplans abgesteckten rechtlichen Rahmens[343]. Dass der fakultative Rahmenbetriebsplan seinem Charakter entsprechend sich nicht bloß auf einzelne Zulassungsvoraussetzungen des Gesamtbergbaubetriebs beschränke, stehe der Vergleichbarkeit mit dem Instrument des Vorbescheids nicht entgegen, denn zum einen sei eine ähnliche Strukturierung der Genehmigungs- bzw. Zulassungsvoraussetzungen zwischen BImSchG, AtG und BBergG zu vermerken, zum anderen sei ebenfalls dem Instrument des Vorbescheids in Form seiner Ausprägung als Konzept- bzw. Standortvorbescheid eine umfassende Regelung mehrerer relevanter Genehmigungsvoraussetzungen nicht fremd.[344] Beiden Instrumenten gemeinsam sei darüber hinaus die Absenz einer den Vorhabenbeginn freigebenden Gestattungswirkung.[345] Durch die Einführung der UVP speziell in den (obligatorischen) Rahmenbetriebsplan[346] komme die, über eine bloße Ergänzungsfunktion des Hauptbetriebsplans hinausgehende, Wertung des Rahmenbetriebsplans insgesamt zum Vorschein, aus welcher die Vorbescheidsähnlichkeit des Rahmenbetriebsplans im bergrechtlichen Betriebsplanverfahren notwendigerweise folgen müsse.[347]

Primäres Resultat dieser Vergleichbarkeit sei die Anerkennung einer Bindungswirkung der Zulassung des fakultativen Rahmenbetriebsplans im Hinblick auf zukünftige, bezüglich dieses Bergbauvorhabens zu treffende Entscheidungen der zuständigen Bergbehörde, deren rechtlicher Umfang sich wie folgt darlege:[348] Der Gehalt dieser so in das Bergrecht etablierten Bindungswirkung sei abhängig vom exakten Regelungsumfang der Zulassung des fakultativen Rahmenbetriebsplans selbst. Ähnlich der Bindungswirkung des Vorbescheids müsse die Bindungswirkung der Rahmenbetriebsplanzu-

---

343 Zu dieser Rahmensetzung, die folgende Haupt- und Sonderbetriebspläne inhaltlich einzuhalten haben, siehe auch VG Stade, ZfB 133 (1992), 52, 68. Diese Gemeinsamkeit der Rahmensetzung anerkennend siehe auch *Hoppe/Beckmann*, S. 134.
344 *Kühne*, UPR 1986, 81, 83.
345 *Kühne*, UPR 1986, 81, 84.
346 Siehe zur Einführung der UVP mit gleichzeitiger Planfeststellung für den obligatorischen Rahmenbetriebsplan oben Kap. 1, C), II), 2., b).
347 *Kühne*, ZfB 132 (1991), 283, 286.
348 Siehe zum Umfang der Bindungswirkung *Kühne*, UPR 1986, 81, 86. Eine solche uneingeschränkte, vorbescheidsähnliche Bindungswirkung anerkennend siehe auch *Fluck*, Anmerkungen zum Urteil des VG Berlin vom 18.05.1988, ZfB 130 (1989), 127 (Urteil), 142 (Anmerkungen), 143 und 145; VG Stade, ZfB 133 (1992), 52, 66 f., 68.

lassung uneingeschränkt verbindlich bestehen können und zwar unabhängig von der Voraussetzung einer gleichbleibenden Sach- und Rechtslage[349], da anderenfalls der fakultative Rahmenbetriebsplan seinen Sinn innerhalb des bergrechtlichen Betriebsplanverfahrens nicht erfüllen könne, mitunter der zu erzielende Investitionsschutz des Bergbauunternehmers nicht gewährleistet würde.

Die Überprüfung der sachlichen Richtigkeit der vorher dargestellten Ansicht erfordert nicht nur eine wissenschaftliche Auseinandersetzung mit den vorgebrachten Argumenten, sondern darüber hinaus eine umfassende rechtliche Würdigung der Vergleichbarkeit von Vorbescheid und Zulassung des fakultativen Rahmenbetriebsplans. Nur so kann eine umfassende und abschließende rechtswissenschaftliche Analyse dieser Thematik erreicht werden, die allen in Frage kommenden Gesichtspunkten hinreichend Rechnung trägt. Für den weiteren Verlauf der vorliegenden Untersuchung ist jedoch eine zwingende Einschränkung aus Übersichtlichkeitsgründen geboten. Es soll im Rahmen dieses Kapitels nur auf die Aspekte und Gründe eingegangen werden, die sich explizit mit der Vergleichbarkeit der Zulassung eines fakultativen Rahmenbetriebsplans und dem genehmigungsrechtlichen Vorbescheid befassen. Die rechtliche Würdigung solcher über diese Vergleichbarkeit hinausgehender Gründe für- oder widersprechender Argumente einer möglichen bergrechtsspezifischen Bindungswirkung innerhalb des bergrechtlichen Betriebsplanverfahrens bleibt einem späteren Punkt vorbehalten.[350]

Ausgehend von einer rechtshistorischen Untersuchung sind die Systematiken im jeweiligen Fachrecht, die Rechtsnatur und Rechtswirkungen von Vorbescheid und Zulassung eines fakultativen Rahmenbetriebsplans einer detaillierten und vergleichenden Überprüfung zu unterziehen.

1. Entwicklungsgeschichtliche Aspekte des Vorbescheids

Aufgrund der sich in besonderem Maße über Jahrhunderte erstreckenden Entwicklung des Betriebsplanverfahrens insgesamt,[351] liegt es nahe, vor diesem Hintergrund die „jüngere" Entwicklungsgeschichte des Vorbescheids im Bau-, Immissionsschutz- und Atomrecht einer gezielten Betrachtung zu unterziehen. Diese historische Betrachtung erfolgt unter der Prämisse der folgenden Frage: Hatte der Gesetzgeber des Bau-, Immissionsschutz- oder Atomrechts bei gesetzlicher Etablierung des Vorbescheids das ältere Bergrecht und damit gleichsam das Betriebsplanverfahren, gegebenenfalls sogar den Rahmenbetriebsplan, welcher sich allerdings wohl erst in den 60er Jahren des 20. Jahrhunderts in der Praxis entwickelte[352], als eine Art Orientie-

---
349 Dies anerkennend siehe auch *Hoppe/Beckmann*, S. 136 f.
350 Siehe zu diesen Argumenten insgesamt unten Kap. 2, B), IV).
351 Siehe dazu oben Kap. 1, B).
352 Siehe dazu oben Kap. 1, B), III), 1.

rung oder zumindest Grundgedanken vor Augen, sodass hieraus zumindest für die gesetzgeberische Intention des Vorbescheids Anhaltspunkte für eine grundsätzliche Vergleichbarkeit beider Instrumente gefunden werden könnten?

a) Baurechtliche Entwicklung
Die Entwicklungsgeschichte des Vorbescheids als verwaltungsrechtliches Instrument reicht zurück bis in das 19. Jahrhundert. Bereits zu diesem Zeitpunkt erkannte das königliche OVG im baurechtlichen Bereich ein Begehren des Antragstellers dahingehend, dass die „[…] *bei jedem Baugesuche von der Polizeibehörde zu beantwortende Frage zum Austrage gebracht werden soll, ob der erwählte Bauplatz, beziehungsweise in welchem Umfange er mit einem Gebäude besetzt werden darf.*"[353] Schon in dem nachfolgenden Entwurf einer Einheitsbauordnung des Jahres 1919 findet sich in deren § 2 (Abs. 7) die Berechtigung des Bauherrn, bereits vor Stellung des Bauantrags die Entscheidung der Ortspolizeibehörde „[…] *über einzelne den Bau betreffende Fragen* […]"[354] herbeizuführen. Im weiteren Verlauf der Entwicklung und Präzisierung findet sich in einer Entscheidung des Preußischen OVG aus dem Jahre 1939 die Anerkennung der Rechtmäßigkeit der sog. Bebauungsgenehmigung, welche die grundsätzliche Zulässigkeit einer Bebauung eines Grundstücks feststellt.[355] Die später folgende Musterbauordnung vom Januar 1960[356] normierte in ihrem § 89 den baurechtlichen Vorbescheid.

In Bezug auf den Untersuchungsgegenstand dieser Arbeit muss konstatiert werden, dass weder die Begründungen der genannten entwicklungsgeschichtlich prägenden Leiturteile, noch die Kommentierung des Entwurfs einer Einheitsbauordnung[357] oder der Musterbauordnung[358] Hinweise auf einen möglichen Vorbildcharakter des bergrechtlichen Betriebsplanverfahrens insgesamt enthalten, vielmehr werden bergrechtliche Betriebspläne an keiner Stelle erwähnt. Die historische Entwicklung des Bauvorbescheids vollzog sich den überlieferten baurechtlichen Unterlagen zu Folge unabhängig vom bergrechtlichen Betriebsplanverfahren.

---

[353] OVGE 6, 295, 297. Zu dieser erstmaligen Erwähnung siehe *Glitz*, S. 46.
[354] Entwurf zu einer Einheitsbauordnung, abgedruckt in *Baltz/Fischer*, Preußisches Baupolizeirecht, S. 273, 286.
[355] OVGE 104, 206, 208. Zu dieser Entscheidung siehe auch *Glitz*, S. 52.
[356] Abgedruckt in *Scheerbarth*, Das allgemeine Bauordnungsrecht, 1. Auflage 1962, S. 301–366.
[357] Die Kommentierung zur Einheitsbauordnung findet sich in *Baltz/Fischer*, Preußisches Baupolizeirecht, S. 286–295, zum Vorbescheid dort speziell S. 287 Anm. 4.
[358] Zur Kommentierung des Vorbescheids der Musterbauordnung von 1960 siehe *Scheerbarth*, Das allgemeine Bauordnungsrecht, 1. Auflage 1962, S. 204–206; 2. Aufl. 1966, S. 304–307 (zu den Landesbauordnungen).

b) Immissionsschutzrechtliche Entwicklung

Im Bericht der Bundesregierung von 1957 betreffend die Verunreinigung der Luft durch Industriebetriebe und deren Ursachen wird auf die bereits bestehende Regelung des § 67 ABG, welche die Betriebsplanpflicht für Bergbaubetriebe statuierte,[359] als bergrechtliche Sonderregelung hingewiesen, die unter anderem der Durchführung der Luftreinhaltung dienen könne.[360] Daraus folgt zwar einerseits die Kenntnis der Bundesregierung von bergrechtlichen Sonderregelungen, gleichwohl aber noch keine Vorbildfunktion des Betriebsplanverfahrens für den immissionsschutzrechtlichen Vorbescheid. Dass das Genehmigungserfordernis des § 16 Abs. 1, Abs. 2 GewO a. F.[361] auch Anlagen des Bergwesens erfasste,[362] lässt angesichts der Begründung zum Entwurf des Änderungsgesetzes – „[...] *neue Anlagen des Bergwesens* [...]"[363] sollen erfasst werden – keine Orientierung am bergrechtlichen Betriebsplanverfahren erkennen. Anderenfalls wäre es nicht notwendig gewesen, das gewerberechtliche Genehmigungserfordernis zusätzlich zur bergrechtlichen Betriebsplanpflicht zu etablieren.

Der Gesetzesentwurf der Bundesregierung zum Bundes-Immissionsschutzgesetz[364] sah bereits in § 13 BImSchG a. F. eine Ausnahme von der immissionsschutzrechtlichen Konzentrationswirkung für die Zulassung bergrechtlicher Betriebspläne vor, da sich nach Ansicht der Bundesregierung die Zulassung bergrechtlicher Betriebspläne „[...] *generell nicht unwesentlich vom Genehmigungsverfahren* [...]"[365] immissionsschutzrechtlich relevanter Anlagen dahingehend unterscheide, dass das bergrechtliche Betriebsplanverfahren eine sich zeitlich wiederholende Zulassung der Betriebspläne erfordert.[366] Weder die Begründung[367] zur Vorbescheidsregelung des § 8 BImSchG a. F. im Regierungsentwurf, noch der Antrag[368] und

---

359 Siehe oben Kap. 1, B), II) und III).
360 BT-Drs. 2/3757, S. 10 f.
361 In der Fassung des Gesetzes zur Änderung der Gewerbeordnung und Ergänzung des Bürgerlichen Gesetzbuches vom 22. Dezember 1959, BGBl. I, S. 781, 782.
362 Siehe zu diesem Genehmigungserfordernis für Anlagen des Bergwesens auch *Landmann/Rohmer*, Gewerbeordnung, 12. Auflage, München 1969, § 16, Rn. 22.
363 Entwurf eines Gesetzes zur Änderung der Gewerbeordnung und Ergänzung des Bürgerlichen Gesetzbuches, BT-Drs. 3/301, S. 3.
364 Ursprünglich BT-Drs. 6/2868, der aber innerhalb der Legislaturperiode nicht verabschiedet werden konnte und demnach erneut unter BT-Drs. 7/179 erfolgte, so *Staats,* Die Entstehung des Bundes-Immissionsschutzgesetzes vom 15. März 1974, S. 77, 162.
365 BT-Drs. 7/179, S. 36.
366 BT-Drs. 7/179, S. 7 36.
367 BT-Drs. 7/179, S. 33 f.
368 Antrag des Innenausschusses (4. Ausschuß) zu dem von der Bundesregierung eingebrachten Entwurf eines Gesetzes zum Schutz vor schädlichen Umwelteinwirkungen durch Luftverunreinigungen, Geräusche, Erschütterungen und ähnliche Vorgänge (BImSchG) – Drucksache 7/179 –, BT-Drs. 7/1508, S. 1–48.

B) Die Bindungswirkung der Zulassung fakultativer Rahmenbetriebspläne

Bericht[369] des Innenausschusses (4. Ausschuss) enthalten Hinweise auf eine Orientierung am bergrechtlichen Betriebsplanverfahren.

Demnach ist zunächst zu konstatieren, dass sich die Bundesregierung bei Verfassung des Entwurfs des Bundes-Immissionsschutzgesetzes der Existenz und der Eigenheiten sowohl des Bergrechts im Allgemeinen als auch des bergrechtlichen Betriebsplanverfahrens im Besonderen bewusst war. Ein ausdrücklicher Für- oder auch Widerspruch zur These einer Vorbildfunktion des Betriebsplanverfahrens für den Vorbescheid findet sich dort dennoch nicht. Aufgrund der wesentlichen Strukturunterschiede zwischen bergrechtlichem Betriebsplanverfahren (wiederholendes Zulassungserfordernis) und immissionsschutzrechtlichem Genehmigungsverfahren (einmaliges Genehmigungserfordernis) entschied sich der Gesetzgeber allerdings ausdrücklich gegen eine die Betriebsplanzulassung umfassende Konzentrationswirkung.[370] Diese Begründung lässt zumindest den Schluss zu, dass das immissionsschutzrechtliche Genehmigungsverfahren – samt Verfahrensstufung – wohl nicht strukturell an das tradierte bergrechtliche Betriebsplanverfahren anknüpfen oder sich an diesem orientieren sollte. Diese Annahme findet in der Intention des Gesetzgebers bei Schaffung des BImSchG einen deutlicheren Gehalt: Denn der Entwurf des BImSchG der Bundesregierung sollte im Kern das bereits vorhandene „[...] bewährte umfassende [...]" Genehmigungsverfahren beibehalten.[371] Gemeint war damit, dass *„die Genehmigung [...] sowohl hinsichtlich des Verfahrens als auch hinsichtlich ihres Inhalts und ihrer rechtlichen Wirkungen im wesentlichen der Genehmigung nach §§ 16 ff. Gewerbeordnung [...]"*[372] entsprechen sollte.[373] Dies spiegelt sich in der Diskussion der diesen Gesetzesentwurf betreffenden Stellungnahmen der Sachverständigen wider, da diese sich intensiv mit der Frage einer Übernahme der §§ 16 ff. GewO a. F. in das BImSchG auseinandergesetzt haben und hierbei keinerlei Bezugnahmen auf bergrechtliche Betriebspläne stattfanden.[374] Ebenfalls der Bericht des 4. Innenausschusses

---

369 Bericht des Innenausschusses (4. Auschuß) zu dem von der Bundesregierung eingebrachten Entwurf eines Gesetzes zum Schutz vor schädlichen Umwelteinwirkungen durch Luftverunreinigungen, Geräuschen, Erschütterungen und ähnliche Vorgänge (BImSchG), Bericht der Abgeordneten Volmer und Konrad, BT-Drs. 7/1513, S. 1–9.
370 Vgl. BT-Drs. 7/179, S. 36.
371 So die Begründung für eine Neuregelung in BT-Drs. 7/179, S. 27 im Hinblick auf Großemittenten.
372 BT-Drs. 7/179, S. 30.
373 Siehe zur Übernahme der §§ 16 ff. GewO a. F. und den diesbezüglichen Erörterungen im Detail *Staats*, Die Entstehung des Bundes-Immissionsschutzgesetzes vom 15. März 1974, S. 192–194.
374 Umweltschutz (III), Lärmbekämpfung, Bundes-Immissionsschutzgesetz, Zur Sache 4/73, S. 242–250, „*Das allgemeine Genehmigungsverfahren aus der Gewerbeordnung [...] soll in das Immissionsschutzgesetz übernommen werden [...]*", S. 246, „*Wenn das Genehmigungsverfahren von der Gewerbeordnung in das Gesetz übernommen werden soll, [...]*", S. 249.

statuiert die Übernahme der §§ 16 ff. GewO a. F. in das BImSchG.[375] Darüber hinaus sollten ebenfalls die zur Genehmigungsregelung der Gewerbeordnung entwickelten Grundsätze in Literatur und Rechtsprechung weiterhin Geltung für die Genehmigung des BImSchG beanspruchen.[376] Einer dieser zur Gewerbeordnung entwickelten Grundsätze findet sich in der frühen Rechtsprechung des BVerwG. Dieses erklärte, bezogen auf das Genehmigungsverfahren der §§ 16 ff. GewO a. F., die Befugnis der zuständigen Behörde zum Erlass eines Vorbescheids zur Klärung entscheidungserheblicher Fragen für zulässig, an dessen positive Regelung die Behörde unter der Voraussetzung einer gleichbleibenden Sach- und Rechtslage bei Erteilung der späteren Genehmigung gebunden sei, obwohl diesem Instrument keine rechtliche Normierung innerhalb der Gewerbeordnung a. F. zu Grunde lag.[377] Hierzu weist das BVerwG ausdrücklich darauf hin, dass „*derartige Bescheide [...] im baurechtlichen Verfahren seit langem bekannt [...]*"[378] seien und nimmt Bezug auf die Leitentscheidung des Preußischen OVG[379] zur Entwicklung des Vorbescheids im Baurecht.[380] Insbesondere verweist die Begründung des Regierungsentwurfs des BImSchG bezüglich der Vorbescheidsregelung ebenfalls auf diese Rechtsprechung des BVerwG zum Vorbescheid im Rahmen des Genehmigungsverfahrens der Gewerbeordnung.[381] Hieraus ergibt sich die Annahme, dass der Gesetzgeber des BImSchG hinsichtlich des Genehmigungsverfahrens allgemein und der Verfahrensstufung durch Vorbescheid im Speziellen nicht das bergrechtliche Betriebsplanverfahren – explizit den Rahmenbetriebsplan – als Leitmodell auserkoren hatte, sondern sich im Wege der Übernahme des in der Gewerbeordnung bewährten Genehmigungsverfahrens in das BImSchG auch der über die Rechtsprechung in das Anlagengenehmigungsrecht der Gewerbeordnung etablierten Vorbescheidspraxis des Baurechts bediente. Daraus ergibt sich eine Verkettung entwicklungstechnischer Phasen des Vorbescheids, die im Bau- und Gewerberecht, nicht hingegen im Bergrecht ansetzt.

c) **Atomrechtliche Entwicklung**

Die Entwicklung des Vorbescheids im Atomrecht vollzog sich schneller und exakter als im Bau- oder Immissionsschutzrecht. Durch das zweite Gesetz zur Änderung und Ergänzung des Atomgesetzes vom 28. August 1969[382]

---

375 BT-Drs. 7/1513, S. 3, 4.
376 BT-Drs. 7/179, S. 30.
377 BVerwGE 24, 23, 27 f.
378 BVerwGE 24, 23, 28.
379 OVGE 104, 206 ff. Siehe zu dieser Entscheidung auch oben Kap. 2, B), I), 1., a).
380 BVerwGE 24, 23, 28.
381 BT-Drs. 7/179, S. 33.
382 BGBl. I, 1969, S. 1429–1431.

fand der Vorbescheid erstmalig seine gesetzliche Normierung in § 7a AtG.[383] Ausweislich der Regierungsbegründung des Entwurfs dieses Änderungsgesetzes sollte der so eingeführte Vorbescheid „[...] *den Grundsätzen, die das Bundesverwaltungsgericht*[384] *[...] zum Vorbescheid im gewerberechtlichen Genehmigungsverfahren ausgesprochen hat*"[385], entsprechen. Da, wie bereits oben festgestellt, der vom BVerwG im gewerberechtlichen Genehmigungsverfahren anerkannte Vorbescheid seinen Ursprung im Baurecht findet,[386] und dieser nun auch entsprechend in das Atomrecht übernommen werden sollte, hatte der Gesetzgeber des AtG wohl nicht das bergrechtliche Betriebsplanverfahren – explizit den Rahmenbetriebsplan – als Grundlage für die atomrechtliche Verfahrensstufung in Form des Vorbescheids vor Augen.

d) Zwischenergebnis zur Entwicklungsgeschichte des Vorbescheids

Eine Betrachtung der historischen Entwicklung des Vorbescheids als einem Instrument der Verfahrensstufung in den Gebieten des Bau-, Immissionsschutz- und Atomrechts führt zu dem Ergebnis einer langwierigen und in beachtlichen Maße fachbereichsübergreifenden Ausarbeitung dieses Instruments und seiner Feinheiten. Der Vorbescheid findet seinen Ursprung im Kern – bei weitem noch nicht in der Form seiner heutigen Ausprägung – in der baurechtlichen Genehmigung von Grundstücksbebauungen. Die in diesem Bereich grundlegende Zulässigkeitserklärung des Vorbescheids (damals noch ohne die genaue begriffliche Bezeichnung dieses Instruments) und die dazu geschaffenen und ständig weiterentwickelten Grundsätze des Preußischen OVG dienten dem BVerwG unter anderem als eine Art Blaupause bzw. Muster für die (gesetzlich nicht normierte) Etablierung dieses Instruments im gewerberechtlichen Genehmigungsverfahren. Ausgehend von diesem Genehmigungsverfahren und seiner Verfahrensstufung, in besonderem Maße in Form des Vorbescheids, übernahmen die Gesetzgeber sowohl zuerst des AtG als auch darauf folgend des BImSchG die vom BVerwG entwickelten Grundsätze des gewerberechtlichen Vorbescheids. Festzustellen ist in dieser Entwicklung, dass das Bergrecht mitsamt seinem Betriebsplanverfahren zwar zur Kenntnis genommen wurde, man sich aber für die Einführung des Vorbescheids nicht (ausdrücklich) an dem Betriebsplanverfahren orientierte. Vielmehr sprechen zum einen der ausdrückliche Hinweis auf eine Unvergleichbarkeit zwischen Anlagengenehmigungsverfahren und bergrechtlichem Betriebsplanverfahren und zum anderen die ausdrückliche Erwähnung der Orientierung bzw. sogar entsprechenden Übernahme des

---

383 Vgl. *Glitz*, S. 67.
384 BVerwGE 24, 23, 27 f. Diese Fußnote wurde nachträglich vom Verfasser eingefügt und ist nicht in BT-Drs. 5/4071, S. 6 enthalten.
385 BT-Drs. 5/4071, S. 6.
386 Siehe oben Kap. 2, B), I), 1., b).

gewerberechtlichen Vorbescheids gegen eine solche Entwicklung des Vorbescheids anhand des bergrechtlichen (Rahmen-)betriebsplans. Dieses Ergebnis spiegelt sich ebenfalls in einem Umkehrschluss aus der Entwicklung des BBergG wider:[387] Bei Inkrafttreten des BBergG im Jahre 1982 war die Verfahrensstufung in Form des Vorbescheids in den Fachbereichen Immissionsschutz-, Atom- und dem Baurecht bereits vorgesehen. Dennoch entschied sich der Bundesberggesetzgeber gegen die Etablierung dieses somit einerseits bekannten, darüber hinaus sogar bereits bewährten Instruments und stattdessen für die Beibehaltung des tradierten Instruments des Rahmenbetriebsplans aus der Zeit des ABG.[388]

Daher ist davon auszugehen, dass die Zulassung des fakultativen Rahmenbetriebsplans und der Vorbescheid im Genehmigungsrecht entwicklungshistorisch weder rechtscharakterlich kongruent, noch funktional gleichwirkend gestaltet werden sollten.[389] Mithin diente der bergrechtliche Rahmenbetriebsplan nicht als Blaupause für den Vorbescheid und umgekehrt der Vorbescheid nicht als Blaupause für den Rahmenbetriebsplan. Dieses Ergebnis steht einer rechtlichen Vergleichbarkeit beider Instrumente zunächst jedenfalls nicht abschließend entgegen, bedeutet aber zumindest eine grundsätzliche Unvergleichbarkeit aus Sicht des Gesetzgebers.

2. Dogmatik des Vorbescheids

Nachfolgend gilt es, die Dogmatik des Vorbescheids vordergründig im Immissionsschutz- und Atomrecht als Anlagengenehmigungsrecht herauszuarbeiten, um anhand dessen einen Fachbereich übergreifenden gemeinsamen Typus des Vorbescheids als Vergleichsmaßstab für die Zulassung des fakultativen Rahmenbetriebsplans zu gewinnen. Gleichwohl kann jedoch aus den oben erörterten entwicklungsgeschichtlichen Gründen der Bauvorbescheid nicht gänzlich unbeachtet bleiben. Maßgeblich ist dabei auf Zweck, Regelungsgegenstand und Rechtswirkung des Vorbescheids als abstraktes Instrument, gar Institut, im System gestufter Genehmigungsverfahren einzugehen, sodass sich Aspekte des dem Erlass eines Vorbescheids vorgehenden Verwaltungsverfahrens weitestgehend dem Gegenstand der nachfolgenden Darstellung insoweit entziehen, als sie keine Besonderheiten des Vorbescheids begründen.

a) Ziel und Zweck des Vorbescheids im Genehmigungsverfahren

Der Vorbescheid im Immissionsschutz- und Atomrecht dient, ausgehend von den Begründungen der jeweiligen Regierungsentwürfe, allem voran

---

387 Siehe zur historischen Entwicklung des BBergG oben Kap. 1, B), IV), zur historischen Entwicklung des Rahmenbetriebsplans speziell Kap. 1, B), III), 1.
388 Diese Nichtübernahme der anlagengenehmigungsrechtlichen Verfahrensstufung durch den Gesetzgeber des BBergG sogar als Verzicht deutend, *Schulte*, Raumplanung und Genehmigung bei der Bodenschätzegewinnung, S. 365.
389 So auch *Schulte*, Kernfragen des bergrechtlichen Genehmigungsverfahrens, S. 46.

B) Die Bindungswirkung der Zulassung fakultativer Rahmenbetriebspläne

der Verminderung von Investitionsrisiken auf Seiten des Antragstellers bzw. Vorhabenträgers komplexer Anlagenvorhaben durch die Beantwortung bestimmter Vorfragen (insbesondere der des Standorts der Anlage).[390] Dieser Zweckrichtung soll der Vorbescheid gerecht werden, indem er eine Bindung der Genehmigungsbehörde an die in ihm enthaltene positive Regelung bei der Entscheidung über die Genehmigung erzeugt[391], um schließlich Vorabfragen des Anlagenvorhabens einer verbindlichen Klärung zuzuführen.[392] Die Bindung der Behörde an ihre im Vorbescheid getroffene positive Entscheidung bestätigt zum einen die durch den Vorhabenträger bereits getroffenen Planungsinvestitionen und stellt gleichzeitig das Fundament weiterer, das Anlagenvorhaben vervollständigender Planungen und der dafür erforderlichen Investitionen dar. Der positive Vorbescheid dient dementsprechend zwei zeitlichen Komponenten: einer gewissen Bestätigung bereits aufgewandter Investitionen in der Vergangenheit und der Verminderung des Risikos einer Unrentabilität zukünftiger das Anlagenvorhaben betreffender Investitionen. Seite an Seite mit diesem Schutz geplanter und aufgewandter Investitionen geht die durch den Vorbescheid für den Antragsteller erzeugte Rechtssicherheit in Form von Vertrauensschutz[393] einher.

Der Zweck des Vorbescheids erschöpft sich aber nicht in den Interessen des Antragstellers. Parallel sei ebenfalls der Genehmigungsbehörde gedient, da die vorzeitige isolierte Klärung bestimmter Fragen den Umfang der über die in der späteren Genehmigungsentscheidung zu befindenden Aspekte entlastet und so den in diesem Zeitpunkt behördenseits erforderlichen Verwaltungsaufwand reduziere.[394] Da sich bei der Genehmigung einer Anlage eine Vielzahl an rechtlichen und tatsächlichen Fragen stellt, deren Beantwortung sich die Behörde zur Genehmigungserteilung annehmen muss, erscheint die stufenweise verbindliche Klärung bestimmter Fragen und Voraussetzungen zumindest in der Theorie geeignet, um eine gewisse Übersichtlichkeit und auch Planbarkeit des Verwaltungsaufwands zu ermöglichen. Darüber hinaus soll der Vorbescheid durch die Aufspaltung der Gesamtheit der ein Anlagenvorhaben betreffenden Fragen zu einer erhöhten Transparenz des Anlagenzulassungsverfahrens insgesamt führen und

---

390 Zum Immissionsschutzrecht: BT-Drs. 7/179, S. 33; so ebenfalls *Ermisch*, NordÖR 2013, 49, 49; OVG Münster, DVBl. 2010, 719, 723. Zum Atomrecht: Entwurf eines Zweiten Gesetzes zur Änderung und Ergänzung des Atomgesetzes, BT-Drs. 5/4071, S. 5 f.; siehe auch *Sellner*, NVwZ 1986, 616, 616.
391 BT-Drs. 7/179, S. 34, damals aber nur im Falle gleichbleibender Sach- und Rechtslage.
392 *Jarass*, BImSchG, § 9, Rn. 1; *Jarass*, UPR 1983, 241, 241; BT-Drs. 5/4071, S. 6.
393 *Kugelmann*, in: Kotulla, BImSchG, § 9, Rn. 4, 32; vgl. zur Rechtssicherheit durch Vorbescheid im Baurecht *Johlen*, in: Gädtke/Czepuck/Johlen/Plietz/Wenzel, BauO NRW, § 71 Rn. 2.
394 *Peschau*, in: Feldhaus, BImSchG, § 9, Rn. 2.

gleichsam die Beteiligungsmöglichkeiten Dritter stärken.[395] Die Frage, inwieweit diese Ziele in der Verwaltungspraxis durch Erteilung von positiven Vorbescheiden tatsächlich erreicht werden, ist für die Erarbeitung eines abstrakten Vergleichsmaßstabes hinsichtlich des Untersuchungsgegenstandes von geringer Bedeutung, sodass an dieser Stelle von einer kritischen Auseinandersetzung abgesehen wird.

b) **Gegenstand des Vorbescheids**
aa) **Abschließende Entscheidung hinsichtlich einzelner Genehmigungsvoraussetzungen**

Nach § 9 Abs. 1 BImSchG können Gegenstand des immissionsschutzrechtlichen Vorbescheids entweder einzelne Genehmigungsvoraussetzungen oder der Standort der geplanten Anlage sein. Als Gegenstand kommt durch den Verweis des § 9 Abs. 3 BImSchG jede Genehmigungsvoraussetzung des § 6 BImSchG in Frage, soweit über diese schon abschließend entschieden werden kann.[396] § 7a Abs. 1 AtG formuliert leicht abweichend, als der atomrechtliche Vorbescheid Bezug auf einzelne Fragen, von denen die Erteilung der Genehmigung abhängt, oder auf die Wahl des Standorts der Anlage nehmen kann. Der baurechtliche Vorbescheid kann (teilweise *ist*) nach landesrechtlichen Regelungen zu einzelnen Fragen, die im Baugenehmigungsverfahren zu entscheiden wären und einer selbstständigen Beurteilung zugänglich sind, (*zu*) ergehen.[397] Eine detaillierte Darstellung der im jeweiligen Fachbereich möglichen Inhalte des Vorbescheids soll an dieser Stelle vor dem Hintergrund des Untersuchungsgegenstandes der Bearbeitung nicht vorgenommen werden. Vorliegend ist eine abstrakte Sichtweise geboten. Denn maßgeblich für den genauen Gegenstand des Vorbescheids ist im Einzelfall der Inhalt des von Seiten des Vorhabenträgers gestellten Vorbescheidsantrags.[398] Nur über diesen so vorgegebenen Prüfungsinhalt kann die Genehmigungsbehörde im Vorbescheid abschließend entscheiden.[399]

---

395 *Weber*, DÖV 1980, 397, 397. Kritisch zum Interesse Dritter bzw. der Nachbarn *Peschau*, in: Feldhaus, BImSchG, § 9, Rn. 2 f.
396 *Peschau*, in: Feldhaus, BImSchG, § 9, Rn. 8; *Jarass*, BImSchG, § 9, Rn. 5; *Kugelmann*, in: Kotulla, BImSchG, § 9, Rn. 40. *Wasielewski*, in: Führ, GK-BImSchG, § 9, Rn. 22 spricht insofern von einem „Teilvorbescheid".
397 Vgl. beispielsweise § 73 Abs. 1 NBauO; § 77 BauO NRW; § 63 HBauO; § 76 HBO; Art. 71 BayBO; § 75 LBauO M-V.
398 OVG Münster, BauR 2003, 232, 235 zum Bauvorbescheid; vgl. auch OVG Lüneburg, Urteil v. 12. 11. 2008 – 12 LC 72/07 – juris, Rn. 44 zu § 9 BImSchG; *Ermisch*, NordÖR 2013, 49, 50 zum immissionsschutz- und baurechtlichen Vorbescheid; *Boisserée/Oels/Hansmann/Denkhaus*, BImSchG, § 9, Rn. 2; *Kugelmann*, in: Kotulla, BImSchG, § 9, Rn. 40.
399 Vgl. OVG Lüneburg, Urteil v. 12. 11. 2008 – 12 LC 72/07 – juris, Rn. 44, das darauf hinweist, dass auch andere Fragen außerhalb des Vorbescheidsantrags über das zu treffende vorläufige positive Gesamturteil zumindest in die behördliche Prüfung miteinbezogen werden.

bb) Vorläufige positive Gesamtbeurteilung des Anlagenvorhabens

Neben der Feststellung hinsichtlich einzelner Genehmigungsvoraussetzungen oder dem Standort enthält der immissionsschutz- bzw. atomrechtliche Vorbescheid ein sogenanntes vorläufiges positives Gesamturteil, durch welches die grundsätzliche Genehmigungsfähigkeit der Anlage dahingehend festgestellt wird, dass dieser keine zu Beginn absoluten Genehmigungshindernisse entgegenstehen.[400] Für den immissionsschutzrechtlichen Vorbescheid folgt dies aus § 9 Abs. 1 2. Halbs. BImSchG, wonach der Erlass eines Vorbescheids voraussetzt, dass die Auswirkungen der geplanten Anlage ausreichend beurteilt werden können. Aus dieser Normierung ergibt sich in Verbindung mit den §§ 22 Abs. 1, 23 Abs. 4 der 9. BImSchV[401] ebenfalls, dass diese Gesamtbeurteilung nicht alleiniger Regelungsinhalt des Vorbescheids sein kann,[402] denn ausweislich des Wortlauts existiert sie nur neben der Entscheidung über einzelne Genehmigungsvoraussetzungen oder den Standort der Anlage. Insofern wird von einer „[...] *Zweigliedrigkeit* [...]" des Vorbescheids ausgegangen: einerseits die abschließende Feststellung hinsichtlich ausschnittsweiser Genehmigungsvoraussetzungen – andererseits die vorläufige Beurteilung des Gesamtvorhabens.[403] Für den atomrechtlichen Vorbescheid ergibt sich das vorläufige positive Gesamturteil aus § 19

---

400 Zu § 9 BImSchG: OVG Lüneburg, NVwZ 1987, 342, 343; OVG Münster, DVBl. 2007, 129, 129; *Selmer*, S. 17–19; *Peschau*, in: Feldhaus, BImSchG, § 9, Rn. 12; siehe auch *Kugelmann*, in: Kotulla, BImSchG, § 9, Rn. 30, 71; *Ermisch*, NordÖR 2013, 49, 52; *Jarass*, BImSchG, § 9 Rn. 7, 11 f. Zum AtG: vgl. BVerwGE 72, 300, 306 ff. (sog. Whyl-Urteil), wonach das vorläufige positive Gesamturteil zum Regelungsgehalt einer Teilgenehmigung gehört; BVerwG, DÖV 1972, 757, 757 f. (sog. Würgassen-Entscheidung); vgl. BVerwG, DVBl. 1982, 960, 962; *Mutschler*, in: Sechstes Deutsches Atomrechts-Symposium (Hrsg.: Lukes), S. 285; siehe auch *Ronellenfitsch*, Das atomrechtliche Genehmigungsverfahren, S. 402, 406.
A. A., die Regelungseigenschaft des vorläufigen positiven Gesamturteils ablehnend: VGH Baden-Württemberg, Beschluss vom 26. Februar 1979 – X 3908/78 –, juris, Rn. 42; so ebenfalls VGH Baden-Württemberg, DVBl. 1982, 966, 966 f., Leits. Nr. 5; *Hansmann*, in: Sechstes Deutsches Atomrechts-Symposium (Hrsg.: Lukes), S. 264 f.; *Klante*, Erste Teilerrichtungsgenehmigung und Vorbescheid im Atomrecht, S. 93–95; *Schnappauf*, et 1980, 690, 691, ohne nähere Begründung; im Ergebnis auch *Rudolph*, S. 186.
401 Neunte Verordnung zur Durchführung des Bundes-Immissionsschutzgesetzes (Verordnung über das Genehmigungsverfahren – 9. BImSchV), in der Fassung der Bekanntmachung vom 29. Mai 1992 (BGBl. I S. 1001), zuletzt geändert durch Art. 1 Erste ÄndVO vom 8. 12. 2017 (BGBl. I S. 3882).
402 OVG Lüneburg, NVwZ 1987, 342, 434; im Ergebnis *Kugelmann*, in: Kotulla, BImSchG, § 9, Rn. 42; vgl. *Jarass*, BImSchG, § 9, Rn. 7, der eine Inhaltsbeschränkung des Vorbescheids i.S.e. Grundsatzvorbescheids auf das vorläufige positive Gesamturteil für zu weitgehend hält; vgl. auch *Jarass*, UPR 1983, 241, 247. Siehe zum Meinungsstand hinsichtlich des Grundsatzvorbescheids unten Kap. 2, B), 2., b), ee).
403 *Schmidt-Aßmann*, Institute gestufter Verwaltungsverfahren: Vorbescheid und Teilgenehmigung, S. 577 f., der den Begriff der Zweigliedrigkeit einführt.

Abs. 5, § 18 Abs. 2 entspr. AtVfV[404], wonach der Vorbescheidsantrag Angaben zur vorläufigen Prüfung der Genehmigungsvoraussetzungen im Hinblick auf Errichtung und Betrieb der Gesamtanlage enthalten muss.[405] Das vorläufige positive Gesamturteil ist insofern maßgeblich Voraussetzung zur Erteilung eines Vorbescheids, gleichzeitig aber auch Bestandteil dessen Inhalts, dies jedoch nicht in dem Maß als abschließend definitiv wirkende Feststellung.[406]

cc) „Konzeptvorbescheid"
Über die Beurteilung einzelner Genehmigungsvoraussetzungen hinaus ist der Erlass eines sogenannten Konzeptvorbescheids möglich, der eine abschließende Regelung feststellender Art über das Konzept einer Anlage trifft.[407] Dabei obliegt es der unternehmerischen Freiheit des Vorhabenträgers, durch eine entsprechende Antragstellung den präzisen Umfang des zu beurteilenden Konzepts vorzugeben.[408] Das BVerwG geht ebenfalls von einer subjektiven[409] Bestimmung des Begriffs des Anlagenkonzepts durch den Antragsteller aus, sogar wenn sich ein als Teil des Konzepts bezeichneter Aspekt bei objektiver Betrachtung nachträglich doch als Detailfrage entpuppt und damit über eine bloße Konzeptrelevanz hinausgeht.[410] Insoweit ein solcher Konzeptvorbescheid erteilt worden ist, sollen sich folgende Teilgenehmigungen im Hinblick auf ihren feststellenden Regelungsteil in den durch den Konzeptvorbescheid vorgegebenen, aber durch diesen noch nicht

---

404 Verordnung über das Verfahren bei der Genehmigung von Anlagen nach § 7 des Atomgesetzes (Atomrechtliche Verfahrensverordnung – AtVfV), in der Fassung der Bekanntmachung vom 03. Februar 1995 (BGBl. I S. 180), zuletzt geändert durch Art. 14 VO zur weiteren Modernisierung des Strahlenschutzrechts vom 29. 11. 2018 (BGBl. I S. 2034).
405 So auch *Wieland*, DVBl. 1991, 616, 617; VGH Mannheim, NJW 1979, 2528, 2530. A. A.: Ein vorläufiges positives Gesamturteil als Regelungsgegenstand und Voraussetzungen des atomrechtlichen Standortvorbescheids ablehnend, *Klante*, Erste Teilerrichtungsgenehmigung und Vorbescheid im Atomrecht, S. 93–95.
406 *Peschau*, in: Feldhaus, BImSchG, § 9, Rn. 12; *Jarass*, BImSchG, § 9, Rn. 12; *Ermisch*, NordÖR 2013, 49, 53; *Wieland*, DVBl. 1991, 616, 617, 622; OVG Lüneburg, NVwZ 1987, 342, 343 zu § 9 BImSchG, wonach das vorläufige positive Gesamturteil auch zum feststellenden Inhalt des Vorbescheids gehöre. Kritisch *Dietlein*, in: Landmann/Rohmer, UmweltR, BImSchG, § 9, Rn. 41.
A. A.: *Rudolph*, S. 186, nach welchem ein vorläufiges Gesamturteil nicht Voraussetzung des Vorbescheids sei, stattdessen lediglich eine Auswirkungsprognose.
407 Zu § 7a AtG: BVerwGE 70, 365, 372 f.; 72, 300, 303; *Klante*, Erste Teilerrichtungsgenehmigung und Vorbescheid im Atomrecht, S. 153 f. *Peschau*, in: Feldhaus, BImSchG, § 9, Rn. 9; den Konzeptvorbescheid i.R.d. § 9 BImSchG anerkennend OVG Lüneburg, NVwZ 1987, 342, 343; *Jarass*, BImSchG, § 9, Rn. 6.
408 *Klante*, UPR 1985, 316, 319 zu § 7a AtomG.
409 Zu diesem Begriff in diesem Zusammenhang siehe auch *Wasielewski*, in: Führ, GK-BImSchG, § 9, Rn. 28.
410 BVerwGE 80, 207, 213 zu § 7a AtomG.

ausgefüllten, Rahmen einfügen und letzteren inhaltlich konkretisieren.[411] Dabei ist jedoch zu beachten, dass der Konzeptvorbescheid selbst, soweit in ihm abschließend die Zulässigkeit des Konzepts einer Anlage festgestellt wurde, keinem Vorbehalt einer nachfolgenden detaillierten Prüfung der in ihm gebilligten konzeptbezogenen Anlagenteile mehr unterliegt.[412] Mit anderen Worten sind alle die im Konzeptvorbescheid als Teil des Anlagenkonzepts deklarierten und positiv beschiedenen Aspekte bei der späteren Konkretisierung des Konzepts keiner erneuten Prüfung zugänglich. Eine spätere Detaillierung vollzieht sich als Ausfüllung des durch das Konzept vorgegebenen Rahmens, konkretisiert dabei aber nicht diesen Rahmen selbst. Die Ausformung als Konzeptvorbescheid erfordert zum Erlass von Behördenseite, dass diese „[...] *sich Gewißheit darüber verschafft hat, daß sich die offengebliebenen Details im Rahmen des durch den Vorbescheid gebilligten Konzepts bewältigen lassen.*"[413]

dd) „Standortvorbescheid"

Nach dem Wortlaut der § 9 Abs. 1 1. Halbs. Alt. 2 BImSchG und § 7a Abs. 1 Satz 1 3. Halbs. AtG kann ein Vorbescheid auch hinsichtlich des Standorts der geplanten Anlage erlassen werden. Regelungsgegenstand des Standortvorbescheids stellen insofern alle standortrelevanten Genehmigungsvoraussetzungen dar, über deren Vorliegen so abschließend entschieden wird.[414]

Der umfangreiche Regelungsgegenstand von Standort- und Konzeptvorbescheid führt unter Umständen zu schwierigen inhaltlichen Überschneidungen bei deren Abgrenzung.[415] Da die Standortfrage einer Anlage in den meisten Fällen nicht vollständig isoliert von dem zu bewältigenden Anlagenkonzept beantwortet werden kann, wird der Erlass eines Standortvorbescheids grundsätzlich die gleichzeitige Betrachtung des Anlagenkonzepts erfordern.[416] Diese Annahme erscheint in sich logisch, da die Frage, ob ein bestimmter Standort zur Errichtung einer Anlage geeignet ist, unter anderem zumindest eine gewisse Grundplanung des Anlagenvorhabens voraus-

---

411 BVerwGE 70, 365, 373 zu § 7a AtomG; so auch *Klante,* UPR 1985, 316, 318.
412 BVerwGE 72, 300, 303 (sog. Whyl-Urteil) zu § 7a AtG.
413 BVerwGE 70, 365, 374 zu § 7a AtG.
414 Vgl. BVerwG, DVBl. 1982, 960, 961 zu § 7a AtG. *Peschau,* in: Feldhaus, BImSchG, § 9, Rn. 10; vgl. *Jarass,* BImSchG, § 9, Rn. 5. Den Standortvorbescheid grds. unter Hinweis auf das Genehmigungsverfahren nach § 16 ff. GewO anerkennend, BVerwGE 24, 23, Leits. Nr. 1 und S. 28; BVerwG, DÖV 1972, 757, 758 (sog. Würgassen-Entscheidung).
415 Ähnlich *Kugelmann,* in: Kotulla, BImSchG, § 9, Rn. 51; *Storost,* in: Ule/Laubinger/Repkewitz, BImSchG, § 9, Rn. B 12.
416 BVerwGE 72, 300, 304 f. (sog. Whyl-Urteil) zu § 7a AtomG. *Peschau,* in: Feldhaus, BImSchG, § 9, Rn. 10; *Kugelmann,* in: Kotulla, BImSchG, § 9, Rn. 51; abstrakt dazu auch *Schmidt-Aßmann,* Institute gestufter Verwaltungsverfahren: Vorbescheid und Teilgenehmigung, S. 575. *Ronellenfitsch,* Das atomrechtliche Genehmigungsverfahren, S. 405, zu der umgekehrten Problematik, dass ein atomrechtliches Anlagenkonzept (sicherheitstechnisch) nicht gänzlich ohne den Standort betrachtet werden könne.

setzt, mit anderen Worten ein grundsätzliches Konzept. Denn nur so kann die Zulässigkeit des Wahlstandorts hinreichend beurteilt werden. Allerdings folgt daraus nicht die zwingende Inkludierung einer Feststellung der Zulässigkeit des Anlagenkonzepts in jedem Standortvorbescheid, vielmehr wird hinsichtlich dieses bestimmten, dem Antrag zu Grunde liegenden Konzepts, das Vorliegen aller standortrelevanten Genehmigungsvoraussetzungen vorab verbindlich festgestellt, wohingegen die konzeptrelevanten Voraussetzungen ohne Standortbezug weiterhin einer behördlichen Beurteilung zugänglich bleiben.[417]

ee) „Grundsatz- / Gesamtvorbescheid"

Vereinzelte Stimmen zum immissionsschutzrechtlichen Vorbescheid diskutieren die Zulässigkeit eines sogenannten Grundsatzvorbescheids bzw. Gesamtvorbescheids, im Rahmen dessen die grundsätzliche Gesamtgenehmigungsfähigkeit der geplanten Gesamtanlage zum Gegenstand gemacht werden könne, anstatt lediglich das Vorliegen einzelner Genehmigungsvoraussetzungen zu bescheiden.[418] Der Grund für dessen Zulässigkeit soll in der Gesetzesbegründung liegen, wonach der Vorbescheid im Immissionsschutzrecht an die damals gängige Vorbescheidspraxis im Gewerberecht anknüpfen sollte[419] und damit zugleich auch den sogenannten gewerberechtlichen Gesamtvorbescheid umfasse.[420] Begrifflich genau differenziert beinhalte ein Grundsatzvorbescheid bloß ein isoliertes vorläufiges positives Gesamturteil ohne endgültige Feststellung hinsichtlich einzelner Genehmigungsvoraussetzungen, ein Gesamtvorbescheid hingegen die umfassende Feststellung des Vorliegens aller Genehmigungsvoraussetzungen der Gesamtanlage.[421]

---

417 BVerwGE 72, 300, 304 f. (sog. Whyl-Urteil) zu § 7a AtG. Vgl. *Peschau*, in: Feldhaus, BImSchG, § 9, Rn. 10; *Storost*, in: Ule/Laubinger/Repkewitz, BImSchG, § 9, Rn. B 12.
418 Siehe *Wasielewski*, in: Führ, GK-BImSchG, § 9, Rn. 30–32, der die rechtliche Zulässigkeit eher offenlässt, hingegen eine praktische Bedeutung verneint; *Büdenbender/Mutschler*, Rn. 32, halten eine sog. Grundsatzgenehmigung für zulässig, machen aber dann den Konzeptvorbescheid zum Gegenstand der Erörterung; im Ergebnis auch bejahend *Glitz*, S. 76. Nicht eindeutig: OVG Münster, NJW 1976, 2360, 2361, das bei Vorliegen von Vorbescheid und Teilgenehmigung von „Standortgenehmigung" und „Grundsatzgenehmigung" spricht, insofern eine hohe Wahrscheinlichkeit des Vorliegens der gesamten Genehmigungsvoraussetzungen verlangt. Offen bleibt allerdings, ob das OVG Münster den Vorbescheid als Standort- oder Grundsatzgenehmigung meint und ob sich eine so umfangreiche Prüfung aller Genehmigungsvoraussetzungen nur aus der gleichzeitigen Beantragung von Vorbescheid und Teilgenehmigung ergibt.
419 BT-Drs. 7/179, S. 33. Siehe zur Entwicklung des Vorbescheids im Immissionsschutzrecht oben Kap. 2, B), I), 1., b).
420 *Wasielewski*, in: Führ, GK-BImSchG, § 9, Rn. 30.
421 Zu dieser begrifflichen Differenzierung siehe *Storost*, in: Ule/Laubinger/Repkewitz, BImSchG, § 9, Rn. B 11. Nach *Glitz* soll der „Gesamtvorbescheid" lediglich ein isoliertes Gesamturteil zum Gegenstand haben, *Glitz*, S. 76.

Der Möglichkeit der Erteilung eines solchen Grundsatzvorbescheids widerspricht bereits der eindeutige Wortlaut des § 9 Abs. 1 BImSchG und der §§ 22 Abs. 1, 23 Abs. 4 der 9. BImSchV, wonach die vorläufige Gesamtbeurteilung einer Anlage nicht alleiniger Regelungsinhalt des Vorbescheids sein kann[422].[423] Als primärer Gegenstand des Vorbescheids kommen nach dem Wortlaut des § 9 Abs. 1 BImSchG entweder einzelne Genehmigungsvoraussetzungen oder der Standort der geplanten Anlage in Frage. Diese normative Inhaltsvorgabe spricht dafür, dass jedenfalls die Gesamtheit aller Genehmigungsvoraussetzungen einer geplanten Anlage nicht Gegenstand eines Vorbescheids sein kann, sodass ebenfalls die Konstruktion eines Gesamtvorbescheids dem Wortlaut der Vorschrift widerspricht.[424] Daneben lässt sich die historische Entwicklung des Vorbescheids im BImSchG nur bedingt als Grundlage für die rechtliche Existenz von Grundsatz- und Gesamtvorbescheid heranziehen. Zwar verweist die Gesetzesbegründung des BImSchG auf ein Grundsatzurteil des BVerwG,[425] in welchem sich durchaus die Textpassage findet, im Genehmigungsverfahren nach §§ 16 ff. GewO a. F. könne durch Vorbescheid geprüft werden, „[...] *ob dem Vorhaben Bedenken grundsätzlicher Art entgegenstehen.*"[426] Dies muss allerdings nicht zwingend auf die gewollte Etablierung eines Grundsatz- bzw. Gesamtvorbescheids im Immissionsschutzrecht seitens des Gesetzgebers hindeuten. Denn zum einen handelt es sich bei dem Gegenstand des Urteils ausweislich dessen Leitsatzes wohl eher um eine Art Standortvorbescheid.[427] Zum anderen, hypothetisch unterstellt, die Gesetzesbegründung des BImSchG wollte sogar an einen etwaigen sogenannten Gesamtvorbescheid im Gewerberecht a. F. anknüpfen, stünde sowohl dieser Intention als auch der grundsätzlichen Zulässigkeit eines solchen Vorbescheids im Immissionsschutzrecht der eindeutige Wortlaut des in Kraft getretenen § 9 Abs. 1 BImSchG entgegen[428]. Insofern erscheint es auch widersprüchlich, auf der einen Seite einen Vorbescheid bezogen auf alle (grundsätzlichen) Genehmi-

---

422 Siehe dazu bereits oben Kap. 2, B), I), 2., bb).
423 Siehe *Jarass*, BImSchG, § 9, Rn. 7, der eine Inhaltsbeschränkung des Vorbescheids i.S.e. Grundsatzvorbescheids auf das vorläufige positive Gesamturteil im Hinblick auf § 9 BImSchG für zu weitgehend hält; vgl. auch *Kugelmann*, in: Kotulla, BImSchG, § 9, Rn. 43 hinsichtlich des Wortlauts des § 9 BImSchG.
424 *Dietlein*, in: Landmann/Rohmer, UmweltR, BImSchG, § 9, Rn. 18 ff.; vgl. im Ergebnis wohl auch *Peschau*, in: Feldhaus, BImSchG, § 9, Rn. 8, nach welchem der Vorbescheid insoweit nicht den gesamten festellenden Regelungsgehalt der Genehmigung vorwegnehmen dürfe.
425 BT-Drs. 7/179, S. 33.
426 BVerwGE 24, 23, 28.
427 BVerwGE 24, 23, Leitsatz Nr. 1: „Im Genehmigungsverfahren nach §§ 16 ff. GewO kann auf Antrag zunächst durch Vorbescheid darüber entschieden werden, ob die Errichtung einer Anlage bestimmter Art an der vorgesehenen Stelle grundsätzlich zulässig oder unzulässig ist."
428 So auch *Dietlein*, in: Landmann/Rohmer, UmweltR, BImSchG, § 9, Rn. 18.

gungsvoraussetzungen gesetzlich etablieren zu wollen, dessen Normierung hingegen aber wörtlich auf einzelne Genehmigungsvoraussetzungen bzw. den Standort zu beschränken.

In Betrachtung des entgegenstehenden Gesetzeswortlauts ist die Zulässigkeit eines sogenannten Grundsatz- bzw. Gesamtvorbescheids daher abzulehnen.[429] Insoweit wird dieser im weiteren Verlauf der Untersuchung nicht als Vergleichsmaßstab der Zulassung eines fakultativen Rahmenbetriebsplans herangezogen.

c) Voraussetzungen der Erteilung des Vorbescheids
aa) Antragserfordernis

Gemäß dem Wortlaut der § 9 Abs. 1 1. Halbs. BImSchG und § 7a Abs. 1 Satz 1 1. Halbs. AtG können der immissionsschutz- und der atomrechtliche Vorbescheid nur auf Antrag des Vorhabenträgers ergehen.[430] Die jeweils zuständige Genehmigungsbehörde kann sich demgemäß nicht von Amts wegen für eine Verfahrensstufung entscheiden und ohne entsprechenden Antrag einen Vorbescheid hinsichtlich der für sie vorab klärungsbedürftigen Fragen erlassen.[431] Daraus folgt, dass die Entscheidung zu einer Stufung des Anlagengenehmigungsverfahrens einzig in der Befugnis des Vorhabenträgers liegt.

bb) Materielle Erteilungsvoraussetzungen

Für den immissionsschutzrechtlichen Vorbescheid ergibt sich aus dem Verweis des § 9 Abs. 3 BImSchG auf die Voraussetzungen zur Genehmigungserteilung in § 6 BImSchG, dass die behördliche Erteilung eines Vorbescheids grundsätzlich den gleichen materiell-rechtlichen Voraussetzungen unterliegt wie die spätere Vollgenehmigung der Anlage, wohlgemerkt jeweils nur in dem Umfang der im Vorbescheid zu treffenden Regelung.[432] Für den atomrechtlichen Vorbescheid gilt dies gemäß § 7a Abs. 1 Satz 1 AtG in entsprechender Weise.[433]

Daneben ist Voraussetzung für den Erlass eines immissionsschutzrechtlichen bzw. atomrechtlichen Vorbescheids, der abschließend über einzelne Genehmigungsvoraussetzungen oder den Standort einer Anlage entscheidet, ein innerhalb dessen zu treffendes vorläufiges Gesamturteil

---

429 So auch *Kugelmann*, in: Kotulla, BImSchG, § 9, Rn. 43; *Storost*, in: Ule/Laubinger/Repkewitz, BImSchG, § 9, Rn. B 11; vgl. *Selmer*, S. 19 bzgl. der Grundsatzgenehmigung; *Breuer*, in: Sechstes Deutsches Atomrechts-Symposium (Hrsg.: Lukes), S. 252.
430 So auch *Jarass*, BImSchG, § 9, Rn. 8 zum immissionsschutzrechtlichen Vorbescheid.
431 *Jarass*, BImSchG, § 9, Rn. 8; *Storost*, in: Ule/Laubinger/Repkewitz, BImSchG, § 9, Rn. C 2.
432 *Peschau*, in: Feldhaus, BImSchG, § 9, Rn. 14; *Storost*, in: Ule/Laubinger/Repkewitz, BImSchG, § 9, Rn. C 11.
433 Vgl. zur Anwendung der Voraussetzungen des § 7 Abs. 2 AtG auf die atomrechtliche Teilgenehmigung *Posser*, in: Hennenhöfer/Mann/Pelzer/Sellner, AtG, § 7a Rn. 2.

bezogen auf das Anlagenvorhaben.[434] Das vorläufige positive Gesamturteil als Voraussetzung zum Erlass eines Vorbescheids knüpft an dessen Zweck der Investitions- und Planungssicherheit für den Vorhabenträger an, denn dieser soll sich auf einen wirksamen positiven Vorbescheid in der Art verlassen können, dass sich das Gesamtvorhaben im weiteren Verfahren nicht doch als undurchführbar herausstellt.[435] Die Frage der diesbezüglichen Prüfungsintensität und der damit verbundenen Notwendigkeit der Einreichung entsprechender Unterlagen von Seiten des Antragstellers ist für die vorliegende Untersuchung nicht ergebnisführend, sodass an dieser Stelle auf die einschlägige Rechtsprechung[436] und Literatur[437] verwiesen wird.

cc) Ermessen / Soll-Entscheidung

Der immissionsschutzrechtliche Vorbescheid ergeht gemäß § 9 Abs. 1 1. Halbs. BImSchG als Soll-Entscheidung der zuständigen Genehmigungsbehörde, sodass dieser nur in besonderen Ausnahmefällen ein Ermessen zur Versagung der Vorbescheidserteilung zukommt.[438] Im Regelfall hat sie dementsprechend eine gewissermaßen gebundene Entscheidung zu treffen.[439] Aufgrund der Zielrichtung des Vorbescheids als primär zu Gunsten des Vorhabenträgers dienenden Verfahrensinstruments kommen als Ausnahmefälle nur solche Interessen Dritter oder der zuständigen Genehmigungsbehörde in Betracht, denen ein höherer Rang als dem Interesse des Vorhabenträgers an Beschleunigung, Planungssicherheit und Investitionsschutz zukommt.[440] Dieses der Behörde in Ausnahmefällen eingeräumte

---

434 Siehe dazu oben Kap. 2, B), I), 2., b), bb).
435 Vgl. *Peschau*, in: Feldhaus, BImSchG, § 9, Rn. 15; im Ergebnis auch *Wieland*, DVBl. 1991, 616, 617; vgl. *Ossenbühl*, NJW 1980, 1353, 1357 zur atomrechtlichen Teilgenehmigung.
436 BVerwG, DVBl. 1982, 960, 962, das für das vorläufige positive Gesamturteil eines atomrechtlichen Standortvorbescheids eine Prüfungsintensität über eine Evidenzkontrolle hinaus für erforderlich hält; vgl. so auch BVerwGE 72, 300, 307 f. (sog. Whyl-Urteil) zum vorläufigen positiven Gesamturteil i.R.e. atomrechtlichen Teilgenehmigung; ebenfalls OVG Münster, NJW 1976, 2360, 2361 zum immissionsschutzrechtlichen Vorbescheid.
437 Für eine umfangreiche Prüfungsintensität und gerade keine bloße Evidenzkontrolle: *Büdenbender/Mutschler*, Rn. 181, 185; *Peschau*, in: Feldhaus, BImSchG, § 9, Rn. 16; *Storost*, in: Ule/Laubinger/Repkewitz, BImSchG, § 9, Rn. C 18; *Wasielewski*, in: Führ, GK-BImSchG, § 9, Rn. 43, 79; *Glitz*, S. 99; *Ossenbühl*, NJW 1980, 1353, 1357. In der Mitte angesiedelt ist die Ansicht *Selmers*, der eine mittlere Prüfungsintensität fordert, sich somit zwischen bloß überschlägiger und vollständiger Prüfung bewegt, *Selmer*, S. 27.
A. A.: *Dietlein*, in: Landmann/Rohmer, UmweltR, BImSchG, § 9, Rn. 43 und *Ermisch*, NordÖR 2013, 49, 54, die in Abweichung von der h. M. eine bloß „überschlägige" Prüfung für praxisorientiert halten, da anderenfalls der Umfang der Prüfung dem einer die Errichtung gestattenden Teilgenehmigung gleichkomme; *Boisserée/Oels/Hansmann/Denkhaus*, BImSchG, § 9, Rn. 4 für eine Möglichkeitsprüfung der Genehmigung.
438 *Jarass*, BImSchG, § 9, Rn. 13; *Wasielewski*, in: Führ, GK-BImSchG, § 9, Rn. 41.
439 Vgl. *Dietlein*, in: Landmann/Rohmer, UmweltR, BImSchG, § 9, Rn. 52.
440 *Storost*, in: Ule/Laubinger/Repkewitz, BImSchG, § 9, Rn. D 1.

Ermessen besteht allerdings lediglich in Bezug auf die Entscheidung, das Genehmigungsverfahren durch die Erteilung eines Vorbescheids zu stufen, wohingegen die Entscheidung über das Vorliegen materieller Genehmigungsvoraussetzungen nach § 9 Abs. 3 i. V. m. § 6 Abs. 1 entspr. BImSchG als vorab feststellender Teil der Vollgenehmigung eine gebundene bleibt.[441] Liegen die materiellen Voraussetzungen vor, sind diese positiv zu bescheiden, sofern der Vorbescheid entweder im Regelfall ohnehin zu erteilen ist oder aber die Behörde im Ausnahmefall von ihrem Ermessen positiv Gebrauch macht.

Die Erteilung des atomrechtlichen Vorbescheids steht hingegen dem eindeutigen Wortlaut des § 7a Abs. 1 Satz 1 1. Halbs. AtG nach im Ermessen der zuständigen Genehmigungsbehörde, sodass der Antragsteller nach dieser gesetzlichen Ausgestaltung keinen Anspruch auf eine gebundene Erteilung eines atomrechtlichen Vorbescheids hat.[442]

d) Rechtswirkungen des Vorbescheids

Der Vorbescheid im gestuften Genehmigungsverfahren entfaltet als behördliche Entscheidung in Form eines mitwirkungsbedürftigen Verwaltungsakts[443] unterschiedliche Rechtswirkungen, welche vor dem Hintergrund der Frage der Vergleichbarkeit mit der Zulassung eines fakultativen Rahmenbetriebsplans einer in besonderem Maße detaillierten Betrachtung bedürfen.

aa) Feststellende Regelung ohne Gestattungswirkung

Dem behördlich erteilten Vorbescheid kommt keine die Anlagenerrichtung oder den Anlagenbetrieb freigebende Gestattungswirkung zu.[444] Vielmehr handelt es sich um eine verbindliche Entscheidung der Genehmigungsbehörde in Form eines feststellenden Verwaltungsakts.[445] Dies folgt bereits aus der Systematik des Vorbescheids im gestuften Genehmigungsverfahren,

---

441 *Dietlein*, in: Landmann/Rohmer, UmweltR, BImSchG, § 9, Rn. 53, 62.
442 Einen solchen Anspruch aus der Gesamtkonzeption des atomrechtlichen Vorbescheids aber bejahend *Klante*, Erste Teilerrichtungsgenehmigung und Vorbescheid im Atomrecht, S. 313–315.
443 Zur Rechtsnatur des Vorbescheids: *Ermisch*, NordÖR 2013, 49, 51; *Nöthlichs*, BImSchG, § 9, Erläuterung 1; *Ronellenfitsch*, Das atomrechtliche Genehmigungsverfahren, S. 404.
444 OVG Lüneburg, NVwZ 1987, 342, 343 zu § 9 BImSchG; *Peschau*, in: Feldhaus, BImSchG, § 9, Rn. 6; *Jarass*, BImSchG, § 9, Rn. 1 f; siehe auch *Nöthlichs*, BImSchG, § 9, Erläuterung 1. Nach *Ronellenfitsch*, Das atomrechtliche Genehmigungsverfahren, S. 406 stelle § 19 Abs. 4 Nr. 2 AtVfV dies für § 7a AtG klar.
445 Zu § 7a AtG: BVerwGE 70, 365, 374; vgl. auch VGH Bad.-Württ., DVBl. 1982, 966, 966, Leits. Nr. 2. *Kugelmann*, in: Kotulla, BImSchG, § 9, Rn. 30; *Peschau*, in: Feldhaus, BImSchG, § 9, Rn. 6; *Wasielewski*, in: Führ, GK-BImSchG, § 9, Rn. 9.

B) Die Bindungswirkung der Zulassung fakultativer Rahmenbetriebspläne

da durch diesen definitiv über einzelne Aspekte, herausgelöst aus dem feststellenden Regelungsteil der späteren Genehmigung, entschieden wird[446].

bb) Bindungswirkung des Vorbescheids und deren Umfang

Hauptmerkmal des Vorbescheids im System des gestuften Genehmigungsverfahrens ist seine Auswirkung auf weitere in diesem Verfahren zu treffende Entscheidungen. Der wirksame, positive Vorbescheid entfaltet eine Bindungswirkung zugunsten des Antragstellers dahingehend, dass die Behörde bei folgenden Entscheidungen im weiteren Genehmigungsverfahren an den Regelungsinhalt des von ihr erteilten Vorbescheids grundsätzlich gebunden ist, also dessen Gegenstand nicht mehr anders beurteilen darf.[447] Insofern nimmt er „[...] *in gewisser Hinsicht die spätere* [...] *Genehmigung vorweg*"[448], tritt dabei jedoch nicht an die Stelle dieser die Vorhabenausführung abschließend gestattenden Genehmigung.[449] Mit anderen Worten lässt sich diese Systematik folgendermaßen kurzfassen: Der Vorbescheid nimmt vorweg, ersetzt aber nicht. Vielmehr stellt er einen Ausschnitt aus dem feststellenden Regelungsteil der Vollgenehmigung dar.[450] Aus dieser „Vorwegnahme" eines Teils der späteren Genehmigung bzw. eines Ausschnitts dieser folgt die klare Abgrenzung des Vorbescheids und seiner Bindungswirkung zur verwaltungsrechtlichen Zusicherung einer Genehmigungserteilung.[451] Denn die Genehmigungsbehörde ist durch den Vorbescheid nicht in einer der Zusage im Sinne des § 38 VwVfG vergleichbaren Weise gebunden – die spätere Erteilung der Genehmigung wird insoweit nicht zugesagt –, sondern im positiven Vorbescheid selbst liegt bereits eine verbindliche vorzeitige Entscheidung.[452]

---

446 Zu § 7a AtG: BVerwGE 70, 365, 372. Zu § 9 BImSchG: BVerwGE 121, 182, 189 f.; OVG Lüneburg, NVwZ 1987, 342, 343; *Storost*, in: Ule/Laubinger/Repkewitz, BImSchG, § 9, Rn. B 5; *Seibert*, in: Landmann/Rohmer, UmweltR, BImSchG, § 13, Rn. 19. BVerwGE 48, 242, 245 zum Bauvorbescheid. *Ermisch*, NordÖR 2013, 49, 50.
447 Vgl. BT-Drs. 7/179, S. 34 zum immissionsschutzrechtlichen Vorbescheid. BVerwGE 24, 23, 27 zum Vorbescheid im Genehmigungsverfahren nach §§ 16 ff. GewO a. F., damals noch unter der Voraussetzung gleichbleibender Sach- und Rechtslage; BVerwG, DÖV 1972, 757, 758 (sog. Würgassen-Entscheidung) zu § 7a AtG, damals noch unter der Voraussetzung gleichbleibender Sach- und Rechtslage; *Peschau*, in: Feldhaus, BImSchG, § 9, Rn. 24; *Ermisch*, NordÖR 2013, 49, 50.
448 BVerwGE 24, 23, 27. Den Vorbescheid als vorweggenommenen Teil der Vollgenehmigung ansehend siehe ebenfalls: BVerwG, NVwZ 1989, 863, 863.
449 BVerwGE 24, 23, 27.
450 BVerwGE 48, 242, 245; 68, 241, 243; 70, 365, 372; OVG Lüneburg, NVwZ 1897, 342, 343; OVG Münster, NVwZ 1997, 1006, 1006.
451 Siehe den Gesetzentwurf zum VwVfG hinsichtlich der Normierung der Zusicherung, BT-Drs. 7/910, S. 59
452 BVerwGE 48, 242, 244 f. zum Bauvorbescheid; *Ermisch*, NordÖR 2013, 49, 50 f.; siehe auch *Dietlein*, in: Landmann/Rohmer, UmweltR, BImSchG, § 9, Rn. 11 f.; *Peschau*, in: Feldhaus,

Der exakte Umfang dieser Bindungswirkung für das folgende weitere Genehmigungsverfahren steht in Abhängigkeit zu dem jeweiligen Regelungsgegenstand des erteilten Vorbescheids.[453] Um diese Bindungswirkung abstrakt im Detail darstellen zu können, ist der grundsätzlich im Vorbescheid geregelte Gegenstand in seine genauen Bestandteile abgrenzbar aufzuteilen. Dementsprechend muss zwischen der getroffenen Feststellung hinsichtlich einzelner Genehmigungsvoraussetzungen (oder dem Standort) einerseits und dem im Vorbescheid enthaltenen vorläufigen positiven Gesamturteil andererseits unterschieden werden. Die zweigliedrige[454] Ausgestaltung des Vorbescheids beginnt bei dessen Regelungsgegenstand und setzt sich entsprechend bei der erzeugten Bindungswirkung fort.

(1) Bindungswirkung hinsichtlich der abschließenden Feststellungen
Hinsichtlich der abschließenden Feststellung des Vorliegens einzelner Genehmigungsvoraussetzungen bzw. der Standortfeststellung entfaltet der Vorbescheid eine uneingeschränkte Bindungswirkung zulasten der Genehmigungsbehörde, die nicht durch eine nachträgliche Änderung der Sach- oder Rechtslage entfällt.[455]

In Bezug auf den immissionsschutzrechtlichen Vorbescheid findet sich diese uneingeschränkte Bindung zwar nicht ausdrücklich gesetzlich normiert, sie soll sich allerdings aus dem Verweis des § 9 Abs. 3 BImSchG auf § 21 BImSchG entspr. ergeben, der in seinem Abs. 1 Nr. 3 und 4 die grundsätzliche Widerrufsmöglichkeit des (auch unanfechtbar gewordenen) Vorbescheids für den Fall einer Änderung der Sach- oder Rechtslage vorsieht, sofern die Behörde bei Änderungseintritt berechtigt wäre, den Vorbescheid nicht zu erteilen und ohne den Widerruf das öffentliche Interesse gefährdet würde, denn ein automatisches Entfallen der Bindungswirkung mit Änderungseintritt ließe diese entsprechende Widerrufsmöglichkeit des immissionsschutzrechtlichen Vorbescheids obsolet werden.[456] Mag diese

---

BImSchG, § 9, Rn. 6; *Kugelmann*, in: Kotulla, BImSchG, § 9, Rn. 31; *Wasielewski*, in: Führ, GK-BImSchG, § 9, Rn. 9.

453 *Peschau*, in: Feldhaus, BImSchG, § 9, Rn. 24; im Ergebnis auch *Kugelmann*, in: Kotulla, BImSchG, § 9, Rn. 79. Siehe zur Kongruenz von Regelungsgehalt und Bindungswirkung oben Kap. 2, A), I), 1.

454 Siehe zur Zweigliedrigkeit des Vorbescheids oben Kap. 2, B), I), 2., bb).

455 Zum immissionsschutzrechtlichen Vorbescheid: *Peschau*, in: Feldhaus, BImSchG, § 9, Rn. 27; *Jarass*, BImSchG, § 9, Rn. 20; *Selmer*, S. 35 f.; OVG Lüneburg, NVwZ 1985, 506, 507; NVwZ 1987, 342, 343; NVwZ-RR 2012, 836, 838. Zur Bindungswirkung eines Standortvorbescheids nach § 7a AtG siehe BVerwG, DVBl. 1982, 960, 961. Zum Konzeptvorbescheid nach § 7a AtG siehe BVerwGE 70, 365, 374. Siehe auch zum atomrechtlichen Vorbescheid *Fischerhof*, AtG Kommentar, § 7a, Rn. 2; *Klante*, Erste Teilerrichtungsgenehmigung und Vorbescheid im Atomrecht, S. 354; *Breuer*, in: Sechstes Deutsches Atomrechts-Symposium (Hrsg.: Lukes), S. 251 f.; siehe auch *Posser*, in: Hennenhöfer/Mann/Pelzer/Sellner, AtG, § 7a Rn. 3.

456 Siehe zu dieser Herleitung der uneingeschränkten Bindungswirkung: *Dietlein*, in Landmann/Rohmer, UmweltR, BImSchG, § 9, Rn. 77; im Ergebnis wohl auch *Peschau*, in: Feldhaus,

Herleitung zwar einerseits als Fachspezifikum anmuten, reiht sie sich andererseits passend in die allgemeinen Grundsätze der Bindungswirkung eines wirksamen Verwaltungsakts ein. Denn, wie bereits dargelegt[457], entfaltet grundsätzlich jeder wirksam erlassene Verwaltungsakt eine uneingeschränkte Bindungswirkung zulasten der Erlassbehörde. Man muss an dieser Stelle wiederholend[458] konstatieren, dass die Bindungswirkung eines wirksamen Vorbescheids – jedenfalls im Hinblick auf dessen abschließend getroffene Feststellungen – grundsätzlich nicht von der anderer wirksamer Verwaltungsakte divergiert. Da in diesem Kontext im Allgemeinen ebenfalls argumentativ auf die Anwendbarkeit der Rücknahme- und Widerrufsvorschriften §§ 48, 49 VwVfG als Kehrseite zurückgegriffen wird[459], überträgt die fachbereichsspezifische Herleitung der Bindungswirkung des Vorbescheids die allgemeinen Grundlagen auf die expliziten Widerrufsvorschriften des BImSchG (und AtG).

Eine Grenze der uneingeschränkten Bindungswirkung des Vorbescheids ergibt sich für die Fallkonstellation, dass sich nach Erteilung des positiven Vorbescheids die Planung des Vorhabenträgers hinsichtlich der beurteilten Anlage ändert, wodurch bereits gemäß der folgenden Argumentation keine Bindung der Genehmigungsbehörde mehr an die im Vorbescheid getroffene Feststellung bestehen soll:[460] Vorbescheid und Genehmigung setzen eine gewisse Identität hinsichtlich der in beiden enthaltenen Regelungsgegenstände voraus.[461] Ergibt sich aus der späteren Planungsänderung des Vorhabenträgers dann ein vom Gegenstand des Vorbescheids abweichender Gegenstand der Genehmigung, so bedürfe auch die im Vorbescheid bereits getroffene Entscheidung unter Umständen einer erneuten behördlichen Überprüfung.

Diese Annahme erscheint folgerichtig, wenn man den Vorbescheid und die in dessen Rahmen getroffene Feststellung als einen vorweggenommenen Teil der späteren Genehmigung[462] ansieht. Denn nur, wenn das Anlagenvor-

---

BImSchG, § 9, Rn. 27, zur Widerrufsmöglichkeit im Detail Rn. 34; so auch *Jarass*, BImSchG, § 9, Rn. 20; *Jarass*, UPR 1983, 241, 248; VGH München, Beschl. v. 23.08.2016 – 22 CS 16.1266, BeckRS 2016, 50811, Rn. 23. Vgl. auch ähnliche Erwägungen zur uneingeschränkten Bindungswirkung auf Grund der Rücknahme- und Widerrufsmöglichkeit des atomrechtlichen Vorbescheids nach § 7a Abs. 2 i. V. m. §§ 17, 18 entspr. AtG: *Sellner*, NVwZ 1986, 616, 616; *Schnappauf*, et 1980, 690, 691 f.; *Feldmann*, et 1984, 775, 777.

457 Siehe dazu oben Kap. 2, A), I), 1.
458 Siehe dazu oben Kap. 2, A), I), 2.
459 Siehe dazu oben Kap. 2, A), I), 1.
460 Zu dieser Argumentation in Bezug auf den Vorbescheid des § 9 BImSchG siehe *Peschau*, in: Feldhaus, BImSchG, § 9, Rn. 28.
461 So im Ergebnis auch *Wasielewski*, in: Führ, GK-BImSchG, § 9, Rn. 70. Siehe auch *Ermisch*, NordÖR 2013, 49, 51, der von einer Kongruenz zwischen Vorbescheids- und Vollgenehmigungsantrag ausgeht.
462 Siehe dazu oben Kap. 2, B), I), 2., d), bb).

haben, welches der Beurteilung beider Entscheidungen zu Grunde liegt, identisch bleibt, kann der Vorbescheid als Vorstufe zur Genehmigung ergehen. Hält man nun fest, dass eine Planungsänderung nach Erteilung eines positiven Vorbescheids zu einer Bedeutungslosigkeit der Bindungswirkung des Vorbescheids führt, sollte in dieser Konstellation dennoch nicht von einem automatischen Entfallen dieser Bindungswirkung hinsichtlich der im Vorbescheid getroffenen definitiven Feststellungen ausgegangen werden. Denn da diese ohnehin nur in dem Umfang der im Vorbescheid getroffenen Feststellung wirkt, kann sie bereits die nach Planungsänderung unterschiedliche Ausgestaltung der Anlage schon inhaltlich nicht erfassen.[463] Diese Annahme entspricht dem dogmatischen Grundsatz der Kongruenz von Regelungsgehalt und Bindungswirkung wirksamer Verwaltungsakte.[464] Die Bindungswirkung mag weiterbestehen, solange der positive Vorbescheid wirksam bleibt, bindet die Genehmigungsbehörde inhaltlich aber nicht mehr in Bezug auf das geänderte Anlagenvorhaben. Wird allerdings das Anlagenvorhaben wieder in Gestalt seiner ursprünglichen Planung aufgenommen, so führt die Bindungswirkung logischerweise, soweit der Vorbescheid in der Zwischenzeit nicht aufgehoben oder auf andere Weise unwirksam wurde, erneut zu einer Bindung der Genehmigungsbehörde. Dieses Ergebnis steht wohlgemerkt unter dem Vorbehalt des genauen Umfangs einer solchen Planungsänderung. Denn nicht jede Änderung der Planung muss zwingend zu einem Auseinanderfallen der Identität zwischen Vorbescheids- und Genehmigungsgegenstand führen und somit einen Entfall der vorbescheidlichen Bindung hinsichtlich der abschließenden Feststellung einzelner Genehmigungsvoraussetzungen zur Folge haben.

Der Umfang der Bindungswirkung eines Standort- bzw. Konzeptvorbescheids zeigt sich besonders daran, dass später erlassene Teilgenehmigungen im Falle seiner gerichtlichen Aufhebung ihre rechtliche Grundlage verlieren, da diese auf der im Vorbescheid enthaltenen abschließenden Feststellung der Geeignetheit des Standorts bzw. des Anlagenkonzepts aufbauen und zu diesen verbindlich getroffenen Feststellungen des Vorbescheids keine eigenständigen kongruenten Regelungen, sondern lediglich wiederholende Angaben enthalten.[465] Der Vorbescheid und die von ihm ausgehende Bindungswirkung werden dementsprechend nicht durch nachfol-

---

463 So auch *Glitz*, S. 127.
464 Siehe zu diesem Kongruenzgrundsatz oben Kap. 2., A), I), 1.
465 BVerwG, DVBl. 1982, 960, 961 zum atomrechtlichen Standortvorbescheid. BVerwGE 70, 365, 373 zum atomrechtlichen Konzeptvorbescheid. Teilweise a. A.: *Feldmann*, et 1984, 775, 779, der bei auf den Erlass eines Konzeptvorbescheids folgenden Teilgenehmigungen im Atomrecht eine jeweils fortschreitende Gegenstandslosigkeit des Konzeptvorbescheids und dessen Bindungswirkung dahingehend annimmt, als dass die jeweilige Teilgenehmigung den durch ihn vorgegebenen Rahmen des Anlagenkonzepts entsprechend ihrem Regelungsumfang bestätigt und detailliert konkretisiert, mithin diesen im Rahmen ihres Umfangs ersetzt.

gende weitere Teilentscheidungen gegenstandslos.[466] Ein Standort- bzw. Konzeptvorbescheid bildet dementsprechend eine Art verbindlichen Rahmen des Gesamtanlagenvorhabens, auf dem folgende weitere Teilentscheidungen aufbauen und sich in dessen Grenzen konkretisieren.[467]

(2) Bindungswirkung hinsichtlich des vorläufigen positiven Gesamturteils

Der immissionsschutz- bzw. atomrechtliche Vorbescheid entfaltet ebenfalls in Bezug auf das in ihm zu treffende vorläufige positive Gesamturteil eine Bindungswirkung zulasten der Genehmigungsbehörde dahingehend, dass diese die derart festgestellte grundsätzliche Genehmigungsfähigkeit des Gesamtvorhabens im Verlauf des weiter folgenden Genehmigungsverfahrens nicht mehr abweichend bewerten darf.[468] Diese Form der Bindung der Behörde steht allerdings unter dem Vorbehalt sowohl einer gleichbleibenden Sach- und Rechtslage als auch einer späteren, detaillierteren Prüfung.[469] Die eingeschränkte Bindungswirkung der im Zeitpunkt der Vorbescheidserteilung getroffenen vorläufigen positiven Beurteilung des Gesamtvorhabens trägt der Systematik der Verfahrensstufung in der Weise Rechnung, als dass Teilentscheidungen (Vorbescheid und Teilgenehmigung) im Rahmen eines gestuften Verwaltungsverfahrens jeweils immer in Bezug auf die Verwirklichung des Gesamtvorhabens ergehen, mitunter eben keine isolierte Existenz dieser für sich genommen intendiert ist, sondern sie am Ende zu einer vollumfänglichen Genehmigung des Gesamtvorhabens führen sollen.[470] Eine

---

466 BVerwGE 70, 365, 373; OVG Lüneburg, NVwZ 1987, 342, 343.
467 Siehe zur dieser Funktion des Standort- bzw. Konzeptvorbescheids als verbindlichem Rahmen oben Kap. 2, B), I), 2., b), cc) und dd).
468 *Peschau*, in: Feldhaus, BImSchG, § 9, Rn. 29; *Storost*, in: Ule/Laubinger/Repkewitz, BImSchG, § 9, Rn. D 6; siehe zur Bindung bzgl. des vorläufigen positiven Gesamturteils auch *Jarass*, BImSchG, § 9, Rn. 21; eine Bindungswirkung bejahend *Nöthlichs*, BImSchG, § 9, Erläuterung 4; vgl. *Ossenbühl*, NJW 1980, 1353, 1357 zur Annahme einer Bindung hinsichtlich des vorläufigen positiven Gesamturteils bei einer atomrechtlichen Teilgenehmigung; *Büdenbender/Mutschler*, Rn. 191. *Ermisch*, NordÖR 2013, 49, 53 zu § 9 BImSchG, der aber auf Seite 54 als Fortsetzung der Annahme einer bloß überschlägigen Prüfung des vorläufigen positiven Gesamturteils eher von einer Bindungswirkung Abstand nimmt; eine Bindung ebenfalls ablehnend *Dietlein*, in: Landmann/Rohmer, UmweltR, BImSchG, § 9, Rn. 72–74.
469 BVerwGE 72, 300, 309 (sog. Whyl-Urteil) zur atomrechtlichen Teilgenehmigung; OVG Lüneburg, NVwZ 1987, 342, 343 zu § 9 BImSchG; OVG Münster, DVBl. 2010, 719, 723 zu § 9 BImSchG; vgl. *Peschau*, in: Feldhaus, BImSchG, § 9, Rn. 29; *Storost*, in: Ule/Laubinger/Repkewitz, BImSchG, § 9, Rn. D 7 f.; *Ermisch*, NordÖR 2013, 49, 53 zu § 9 BImSchG; *Jarass*, BImSchG, § 9, Rn. 21; *Boisserée/Oels/Hansmann/Denkhaus*, BImSchG, § 9, Rn. 10; *Wieland*, DVBl. 1991, 616, 617 zu § 7a AtG; *Vogelsang/Zartmann*, NVwZ 1993, 855, 856 zu § 7a AtG; *Klante*, Erste Teilerrichtungsgenehmigung und Vorbescheid im Atomrecht, S. 354.
470 *Schmidt-Aßmann*, Institute gestufter Verwaltungsverfahren: Vorbescheid und Teilgenehmigung, S. 578, der in diesem Zusammenhang allerdings von der Verbindlichkeit der Teilentscheidungen spricht.

Vielzahl von einzelnen Teilentscheidungen könne sich allerdings nur dann zu einer Vollgenehmigung verdichten und diese ersetzen, wenn diese Teilentscheidungen jeweils das Gesamtvorhaben im Blick hätten, anderenfalls wäre dieses in seiner Vollständigkeit nie Gegenstand des Verfahrens gewesen.[471] Mit dem fortschreitenden Erlass weiterer Teilentscheidungen verfestigt sich im Umfang derer abschließender Regelungsteile dieses vorläufige positive Gesamturteil Stück für Stück hin zu einer schärferen, endgültigen, feststellenden Regelung.[472] Darüber hinaus ist es der Genehmigungsbehörde bei Erteilung des Vorbescheids durchaus möglich, diese Bindungswirkung hinsichtlich des vorläufigen positiven Gesamturteils durch Einfügung bestimmter Vorbehalte einzuschränken, ohne diese Bindung dabei vollständig auszuheben, was sich ebenfalls aus der Inhaltsbestimmung des § 23 Abs. 2 Nr. 4 der 9. BImSchV für den immissionsschutzrechtlichen Vorbescheid ergibt.[473]

Abschließend lässt sich konstatieren, dass der Vorbescheid im gestuften Genehmigungsverfahren eine zweigeteilte Bindungswirkung zulasten der Genehmigungsbehörde für das weiter folgende Genehmigungsverfahren enfaltet. Diese Bindung bezieht sich einerseits auf die Feststellungen hinsichtlich einzelner Genehmigungsvoraussetzungen als auch andererseits auf das zu treffende vorläufige positive Gesamturteil. Beide Bindungen vollziehen sich allerdings in unterschiedlichen Intensitätsgraden. Die zweigeteilte Ausgestaltung des Regelungsgegenstands des Vorbescheids setzt sich entsprechend in seiner Hauptfunktion der Bindung der Genehmigungsbehörde im gestuften Genehmigungsverfahren fort.

cc) Präklusionswirkung

Sowohl der atomrechtliche als auch der immissionsschutzrechtliche Vorbescheid entfalten nach § 7b AtG bzw. § 11 BImSchG eine Präklusionswirkung: Dritte können nach Unanfechtbarkeit des erteilten Vorbescheids im folgenden Genehmigungsverfahren Einwendungen nicht mehr auf Grund von Tatsachen erheben, welche im Vorbescheidsverfahren entweder schon (fristgerecht) vorgebracht worden sind oder hätten vorgebracht werden können. Diese Präklusion erfasst somit auch bereits rechtzeitig im Vorbescheidsverfahren vorgebrachte Einwendungen im Hinblick auf folgende Stufen des Genehmigungsverfahrens.[474] Auf diese Weise hat die zuständige Genehmigungsbehörde nicht auf jeder Ebene der Stufung des Genehmi-

---

[471] Vgl. BVerwGE 72, 300, 309.
[472] Siehe dazu bzgl. des vorläufigen positiven Gesamturteils bei Teilgenehmigungen BVerwGE 92, 185, 189 f. und der Leitsatz; siehe auch BVerwGE 72, 300, 309; *Schmidt-Aßmann*, Institute gestufter Verwaltungsverfahren: Vorbescheid und Teilgenehmigung, S. 576.
[473] *Peschau*, in: Feldhaus, BImSchG, § 9, Rn. 26, 29.
[474] *Wasielewski*, in: Führ, GK-BImSchG, § 9, Rn. 77.

gungsverfahrens die Einwendungen Dritter wiederholt zu prüfen.[475] § 7b AtG und § 11 BImSchG entfalten sowohl eine formelle Präklusionswirkung, das heißt den Ausschluss der Einwendungen in dem weiteren Verwaltungsverfahren, als auch eine materielle[476] Präklusionswirkung, also den Ausschluss der Einwendungen für ein etwaiges Rechtsbehelfsverfahren in Form von Widerspruchs- oder Gerichtsverfahren.[477] Die Betrachtung materieller Präklusionsvorschriften im Lichte des Unionsrechts bleibt an dieser Stelle einem späteren Abschnitt vorbehalten.[478]

dd) Konzentrationswirkung

Für das Genehmigungsverfahren des Immissionsschutzrechts ergibt sich eine Besonderheit. Nach § 13 BImSchG schließt die immissionsschutzrechtliche Genehmigung andere die Anlage betreffende behördliche Entscheidungen – bis auf wenige Ausnahmen – ein.[479] Das Gesetz sieht insoweit eine verfahrensrechtliche Konzentration vor, als dass die zuständige Immissionsschutzbehörde in einem einzigen Verfahren zur Erteilung der immissionsschutzrechtlichen Genehmigung durch einen Verwaltungsakt ebenfalls über die so konzentrierten erforderlichen anderen Behördenentscheidungen unter Maßgabe des jeweils einschlägigen materiellen[480] Fachrechts mitentscheidet.[481]

Obwohl § 9 Abs. 3 BImSchG zunächst nicht ausdrücklich auf den § 13 BImSchG verweist, kommt dem immissionsschutzrechtlichen Vorbescheid eine Konzentrationswirkung zu, denn über die sinngemäße Geltung des § 6 Abs. 1 Nr. 2 BImSchG unterfallen dem Regelungsgegenstand eines Vorbescheids ebenfalls andere Vorschriften des öffentlichen Rechts, sodass sich aus diesen Feststellungen des Vorbescheids insoweit praktisch eine Vorwegnahme der Folgen der Konzentrationswirkung des § 13 BImSchG der späte-

---

[475] *Wieland*, DVBl. 1991, 616, 619 zu § 7b AtG; *Fischerhof*, AtG Kommentar, § 7b Rn. 2; siehe auch *Dietlein*, in: Landmann/Rohmer, UmweltR, BImSchG, § 11 Rn. 3.
[476] *Weber*, DÖV 1980, 397, 403; *Fischerhof*, AtG Kommentar, § 7b Rn. 1, 4.
[477] Vgl. *Czajka*, in: Feldhaus, BImSchG, § 11 Rn. 16; *Dietlein*, in: Landmann/Rohmer, UmweltR, BImSchG, § 11 Rn. 30 f.; *Jarass*, BImSchG, § 11 Rn. 10; *Wasielewski*, in: GK-BImSchG, § 11 Rn. 20 f., 32 f.
[478] Siehe dazu unten Kap. 2, B), I), 3., j), aa).
[479] Im Atomrecht schließt die atomrechtliche Anlagengenehmigung nach § 8 Abs. 2 AtG lediglich eine ggf. erforderliche immissionsschutzrechtliche Genehmigung mit ein. Daher wird eine mögliche Konzentrationswirkung des atomrechtlichen Vorbescheids vorliegend nicht weiter thematisiert.
[480] Allgemein zur Fortgeltung materiellen Fachrechts bei Konzentrationen *Jarass*, Konkurrenz, Konzentration und Bindungswirkung von Genehmigungen, S. 54 ff.
[481] Vgl. *Rebentisch*, in: Feldhaus, BImSchG, § 13 Rn. 21, 26; *Jarass*, BImSchG, § 13 Rn. 21 ff.; *Seibert*, in: Landmann/Rohmer, UmweltR, BImSchG, § 13 Rn. 32, 47; *Storost*, in: Ule/Laubinger/Repkewitz, BImSchG, § 13 Rn. D 32. *Jarass*, Konkurrenz, Konzentration und Bindungswirkung von Genehmigungen, S. 50 f. bezeichnet u. a. § 13 BImSchG als sog. „dominante Konzentration".

ren Genehmigung ergibt.[482] Dies findet eine systematische Stütze in der 9. BImSchV. Nach § 23 Abs. 3 Nr. 3 der 9. BImSchV soll der Vorbescheid den Hinweis enthalten, dass er unbeschadet der behördlichen Entscheidungen ergeht, die nach § 13 BImSchG nicht von der Genehmigung eingeschlossen werden. Sofern im Vorbescheid ausdrücklich auf den Ausschluss bestimmter Behördenentscheidungen von der Konzentrationswirkung der Genehmigung hingewiesen werden soll, schließt dies auf eine grundsätzliche Anwendbarkeit der Konzentrationswirkung des § 13 BImSchG auf den immissionsschutzrechtlichen Vorbescheid.[483]

Der Vorbescheid nach § 9 BImSchG schließt daher grundsätzlich, abhängig von dem Umfang seines jeweiligen Regelungsgegenstands, weitere für das Anlagenvorhaben nach anderen Vorschriften des öffentlichen Rechts erforderliche Behördenentscheidungen mit ein.

e) Zeitliche Begrenzung der Wirksamkeit des Vorbescheids

Die § 9 Abs. 2 BImSchG und § 7a Abs. 1 Satz 2 AtG sehen für den wirksam erteilten positiven Vorbescheid einen gesetzlichen Eintritt der Unwirksamkeit vor, sofern der Vorhabenträger nicht innerhalb einer Frist von grundsätzlich zwei Jahren[484] ab Eintritt der Unanfechtbarkeit einen entsprechenden Antrag auf Erteilung der Vollgenehmigung stellt[485]. Diese zweijährige Frist kann allerdings auf Antrag des Vorhabenträgers hin bis auf insgesamt vier Jahre[486] verlängert werden. Der Zweck dieser Regelung dient sowohl dem Umweltschutz an sich, als auch Dritten, da der Vorhabenträger das Genehmigungsverfahren nicht unbeschränkt in die Länge ziehen kann.[487] Denn mit steigender Verfahrensdauer besteht die Gefahr einer Veränderung der Gesamtumstände des Anlagenvorhabens – speziell eine Weiterentwicklung technischer Möglichkeiten –, welche gegebenenfalls das weitere Vorliegen bestimmter Genehmigungsvoraussetzungen fraglich werden lassen

---

482 BVerwGE 121, 182, 190; ähnlich *Rebentisch*, in: Feldhaus, BImSchG, § 13 Rn. 42. Die Konzentrationswirkung des Vorbescheids bejahend: *Seibert*, in: Landmann/Rohmer, UmweltR, BImSchG, § 13 Rn. 19; *Storost*, in: Ule/Laubinger/Repkewitz, BImSchG, § 13 Rn. C 1. Für eine zumindest analoge Anwendung des § 13 BImSchG auf den Vorbescheid siehe *Jarass*, BImSchG, § 13 Rn. 2.

483 BVerwGE 121, 182, 190; BVerwG NVwZ 2003, 750, 751; *Rebentisch*, in: Feldhaus, BImSchG, § 13 Rn. 41; *Seibert*, in: Landmann/Rohmer, UmweltR, BImSchG, § 13 Rn. 19a.

484 *Wasielewski*, in: Führ, GK-BImSchG, § 9, Rn. 53 und *Nöthlichs*, BImSchG, § 9 Erläuterung 1 halten auch eine kürzere Frist von Seiten der Behörde durch Nebenbestimmung mit besonderer Begründung für möglich.

485 *Storost*, in: Ule/Laubinger/Repkewitz, BImSchG, § 9, Rn. D 15 geht insofern von einer „auflösenden Potestativbedingung" anstelle einer zeitlichen Befristung aus.

486 Gemäß § 9 Abs. 2 BImSchG ist eine Verlängerung auf bis zu vier Jahre vorgesehen. § 7a Abs. 1 Satz 2 AtG formuliert anders, indem er eine Verlängerung um bis zu zwei Jahre vorsieht, hiermit aber ebenfalls eine Gesamtdauer von vier Jahren ermöglicht.

487 Siehe *Kugelmann*, in: Kotulla, BImSchG, § 9, Rn. 99; vgl. auch *Fischerhof*, AtG Kommentar, § 7a Rn. 2.

könnte und eine entsprechende erneute behördliche Prüfung sinnvoll macht, die aber aufgrund der bestehenden Bindungswirkung des Vorbescheids verwehrt bliebe.[488] Einer solchen misslichen Situation soll die Fristenregelung auch nach Vorstellung des Gesetzgebers vorbeugen.[489]

3. Materiell-inhaltliche Vergleichbarkeit zwischen der Zulassung eines fakultativen Rahmenbetriebsplans und dem Vorbescheid?

Nachdem ein den verschiedenen fachrechtlichen Bereichen gemeinsamer Grundtypus eines Vorbescheids erarbeitet und dargestellt wurde, gilt es nun diesen mit der Zulassung eines fakultativen Rahmenbetriebsplans in materiell-inhaltlicher Hinsicht zu vergleichen. Es darf dabei allerdings nicht die Intention dieses Vergleichs beider Instrumente vergessen werden, namentlich die Frage nach einer sich am Ende eines positiv ausfallenden Vergleichs für die Zulassung eines fakultativen Rahmenbetriebsplans möglicherweise ergebenden Bindungswirkung zulasten der zuständigen Bergbehörde.

a) Fehlende ausdrückliche Normierung einer Bindungswirkung

Festzuhalten ist zunächst, dass die Regelungen des BBergG zum fakultativen Rahmenbetriebsplan und dessen Zulassung keinerlei ausdrücklichen Hinweis auf eine etwaige Bindungswirkung enthalten.[490] Gleichwohl muss in Erinnerung behalten werden, dass ebenfalls weder § 9 BImSchG noch § 7a AtG die vom jeweiligen Vorbescheid ausgehende Bindungswirkung ausdrücklich gesetzlich normieren.[491] Beiden rechtlichen Instrumenten ist zunächst die Absenz einer ausdrücklich gesetzlich angeordneten Bindungswirkung zulasten der Erlassbehörde gemein. In Anbetracht der Dogmatik der Bindung der Erlassbehörde an ihren Verwaltungsakt bzw. ihre Teilentscheidung, nach welcher grundsätzlich jedem wirksamen Verwaltungsakt eine solche Bindungswirkung zukommt[492], zeigt sich, dass das grundsätzliche Fehlen einer ausdrücklichen Anordnung im jeweiligen Fachrecht einer Bindungswirkung nicht entgegensteht.

Eine vollständige Analyse beider Rechtsinstrumente lässt allerdings erkennen, dass die Gesetzesbegründung des BImSchG[493] zumindest ausdrücklich eine eingeschränkte Bindung der Erlassbehörde an die Regelung des positiven Vorbescheids bezweckt und die Gesetzesbegründung zur Einführung des Vorbescheids im AtG[494] ebenfalls eine verbindliche Vorabent-

---

[488] *Storost*, in: Ule/Laubinger/Repkewitz, BImSchG, § 9, Rn. D 16; vgl. *Peschau*, in: Feldhaus, BImSchG, § 9, Rn. 31; vgl. *Fischerhof*, AtG Kommentar, § 7a, Rn. 2.
[489] BT-Drs. 7/179, S. 34.
[490] Siehe dazu bereits oben Kap. 2, B).
[491] Siehe dazu oben Kap. 2, B), I), 2., d), bb), (1).
[492] Siehe dazu oben Kap. 2, A), I), 1.
[493] BT-Drs. 7/179, S. 34.
[494] BT-Drs. 5/4071, S. 6.

scheidung anstrebte, wohingegen die Gesetzesbegründung des BBergG[495] einen solchen Hinweis zum fakultativen Rahmenbetriebsplan bzw. dessen Zulassung vermissen lässt.

aa) Behördliche Aufhebbarkeit des Vorbescheids

Mit der Frage einer gewissermaßen systemimmanenten Bindungswirkung steht die Thematik der verwaltungsrechtlichen Aufhebbarkeit der getroffenen Verwaltungs-(teil)entscheidung in Beziehung. Denn nach allgemeiner Ansicht ergibt sich die uneingeschränkte Bindungswirkung des atom- und immissionsschutzrechtlichen Vorbescheids hinsichtlich abschließender Feststellungen auch ohne ausdrückliche Nennung maßgeblich aus systematischen Gesichtspunkten der behördlichen Aufhebbarkeit dieser Teilentscheidung.[496] Einerseits sieht § 9 Abs. 3 i. V. m. § 21 Abs. 1 Nr. 3, 4 BImSchG die behördliche Widerrufsmöglichkeit des immissionsschutzrechtlichen Vorbescheids, auch nachdem er unanfechtbar geworden ist, für den Fall einer Änderung der Sach- oder Rechtslage unter bestimmten Voraussetzungen vor, andererseits normiert § 7a Abs. 2 i. V. m. §§ 17, 18 AtG die grundsätzliche Rücknahme- und Widerrufsmöglichkeit des atomrechtlichen Vorbescheids. Diese Herleitung der uneingeschränkten Bindungswirkung rekurriert ebenfalls auf die bereits dargelegten allgemeinen Grundlagen der Bindung der Erlassbehörde an einen wirksamen Verwaltungsakt, als dass die Anwendbarkeit der Vorschriften über Rücknahme und Widerruf als Kehrseite der Bindung der Behörde zu verstehen ist[497].

Unterliegt die Zulassung eines fakultativen Rahmenbetriebsplans einer gleichen oder zumindest ähnlichen behördlichen Aufhebbarkeit, spräche dies einerseits für eine Geltung der allgemeinen Grundlagen der Bindungswirkung und andererseits für eine Vergleichbarkeit mit dem Vorbescheid und die seinerseits erzeugte (uneingeschränkte) Bindungswirkung.

bb) Behördliche Aufhebbarkeit der Betriebsplanzulassung

Eine Analyse der Vorschriften §§ 51–57 BBergG zum Betriebsplanverfahren zeigt, dass in Bezug auf die Zulassung eines Betriebsplans keine ausdrückliche fachrechtliche Rücknahme- oder Widerrufsregelung vorgesehen ist. Die behördliche Aufhebung einer Zulassung kann sich daher nur aus dem Verweis des § 5 BBergG auf das allgemeine Verwaltungsverfahrensgesetz ergeben, welches Anwendung findet, soweit das BBergG nichts anderes bestimmt[498]. Die Rücknahme und der Widerruf einer Betriebsplanzulassung richten sich dementsprechend nach den Voraussetzungen der § 5 BBergG

---

[495] BT-Drs. 8/1315.
[496] Siehe zu dieser Herleitung der Bindungswirkung oben Kap. 2, B), I), 2., d), bb), (1).
[497] Siehe dazu oben Kap. 2, A), I), 1.
[498] Siehe zur subsidiären Geltung des VwVfG und entsprechenden Landesverwaltungsverfahrensgesetzen im Betriebsplanverfahren oben Kap. 1, C), III), 1.

B) Die Bindungswirkung der Zulassung fakultativer Rahmenbetriebspläne

i. V. m. §§ 48, 49 VwVfG.[499] § 49 Abs. 2 Satz 1 VwVfG sieht für einen rechtmäßigen begünstigenden Verwaltungsakt, auch nachdem er unanfechtbar geworden ist, die Möglichkeit des ganzen oder teilweisen Widerrufs mit Wirkung für die Zukunft unter bestimmten Voraussetzungen vor. In Betracht kommen hier insbesondere zwei Widerrufstatbestände. Nr. 3 betrifft den Fall eines nachträglichen Eintritts von Tatsachen, welche die Behörde berechtigten, den Verwaltungsakt nicht zu erlassen, sofern ohne den Widerruf das öffentliche Interesse gefährdet wäre. Nr. 4 betrifft die Konstellation einer Änderung von Rechtsvorschriften, aufgrund derer die Behörde berechtigt wäre, den Verwaltungsakt nicht zu erlassen, soweit von der Vergünstigung noch kein Gebrauch gemacht wurde oder auf Grund des Verwaltungsaktes noch keine Leistung empfangen wurde und sofern ohne den Widerruf das öffentliche Interesse gefährdet würde. Der zuständigen Bergbehörde steht insoweit die Möglichkeit offen, die Zulassung eines fakultativen Rahmenbetriebsplans im Falle einer nachträglichen Änderung der Sach- oder Rechtslage, aufgrund derer die einstig vorgelegenen Zulassungsvoraussetzungen nicht mehr erfüllt sind, mit Wirkung für die Zukunft nach § 5 BBergG i. V. m. § 49 Abs. 2 Satz 1 Nr. 3, 4 VwVfG zu widerrufen.[500] In Anbetracht der behördlichen Möglichkeiten zur Aufnahme nachträglicher Auflagen in § 56 Abs. 1 BBergG und der nachträglichen Anordnungsbefugnis in § 71 Abs. 1 BBergG bzw. der vorläufigen Betriebseinstellung in § 71 Abs. 2 BBergG sollte der im Ermessen stehende Widerruf einer Betriebs-

---

[499] *Schmidt-Aßmann/Schoch*, S. 171 f.; *Kremer/Neuhaus gen. Wever*, BergR, Rn. 275; *Piens*, in: Piens/Schulte/Graf Vitzthum, BBergG, § 56 Rn. 89 f.; *v. Hammerstein*, in: Boldt/Weller/Kühne/v. Mäßenhausen, BBergG, § 56 Rn. 25; *Niermann*, S. 204; *Müller/Schulz*, S. 230, Rn. 411; die Widerrufsmöglichkeit von Betriebsplanzulassungen bejahend *Kühne*, Entwicklungstendenzen des Bergrechts in Deutschland, in: Kühne/Gaentzsch, Wandel und Beharren im Bergrecht, S. 80.

[500] Vgl. zur Widerrufsmöglichkeit nach § 5 BBergG i. V. m. § 49 Abs. 2 Nr. 3, 5 VwVfG *Kühne*, DVBl. 2010, 874, 877; vgl. auch *Kühne*, Braunkohlenplanung und bergrechtliche Zulassungsverfahren, S. 65 ff.; OVG Koblenz, DVBl. 2011, 47, 48; *v. Hammerstein*, in: Boldt/Weller/Kühne/v. Mäßenhausen, BBergG, § 56 Rn. 27. Siehe auch *Piens*, in: Piens/Schulte/Graf Vitzthum, BBergG, § 56 Rn. 90, der grundsätzlich im Falle nachträglicher Änderungen der Sach- oder Rechtslage einen Widerruf nach § 49 VwVfG für möglich hält, kritisch dazu allerdings in Rn. 91.
Wohl a. A., im Ergebnis aber offenlassend VG Saarland, Beschluss v. 25. 11. 2005 – 5 F 36/05, juris, Rn. 7, wonach ggf. § 48 Abs. 2 Satz 1 BBergG als vorrangige Anordnungsbefugnis den Widerruf einer Sonderbetriebsplanzulassung nach § 49 Abs. 2 Satz 1 Nr. 3 VwVfG ausschließen könnte. Teilw. a. A. *Gaentzsch*, in: Kühne/Gaentzsch, Wandel und Beharren im Bergrecht, S. 27 f. bejaht zwar grds. die Anwendbarkeit der §§ 48, 49 VwVfG, hält allerdings einen Widerruf nach § 49 VwVfG in Anbetracht der §§ 56 Abs. 1, 3 und 57 BBergG für nicht erforderlich, da die bloße Aufhebung eines Betriebsplans der Konzeption der bergrechtlichen Betriebsplanpflicht widerspreche.

planzulassung allerdings nur als ultima ratio erfolgen.[501] Hieraus folgt zunächst, dass sich eine nachträgliche Änderung von Umständen nicht bereits automatisch auf die Wirksamkeit der Zulassung eines Betriebsplans auswirken kann, anderenfalls wäre diese Widerrufsmöglichkeit, auch als ultima ratio, gegenstandslos. Dies entspricht dem allgemeinen Grundsatz[502] der Wirksamkeit eines Verwaltungsakts nach § 43 Abs. 2, 3 VwVfG. Mangels Eingrenzung des Verweises in § 5 BBergG auf bestimmte Betriebsplanarten muss dies ebenfalls für die Zulassung eines fakultativen Rahmenbetriebsplans gelten. Denn auch im Hinblick auf die grundsätzlich subsidiäre Anwendung des VwVfG („soweit in diesem Gesetz nichts anderes bestimmt ist", § 5 BBergG) sind im Rahmen der Vorschriften des Betriebsplanverfahrens keinerlei Differenzierungen hinsichtlich der Aufhebbarkeit einer Zulassung eines fakultativen Rahmenbetriebsplans im Vergleich zu anderen Betriebsplanarten ersichtlich. Mit anderen Worten ist an dieser Stelle für den fakultativen Rahmenbetriebsplan *nichts anderes bestimmt.*

Geht man allerdings wieder einen Schritt zurück und vergleicht die Widerrufsgründe des immissionsschutzrechtlichen Vorbescheids nach § 9 Abs. 3 i. V. m. § 21 Abs. 1 Nr. 3, 4 BImSchG und die der Zulassung eines fakultativen Rahmenbetriebsplans nach § 5 BBergG i. V. m. § 49 Abs. 2 Satz 1 Nr. 3, 4 VwVfG, dann fällt auf, dass diese – bis auf marginale sprachliche Abweichungen – nahezu übereinstimmen. Der Widerruf im Falle einer nachträglichen Sachlageänderung setzt für beide Instrumente voraus, dass die Behörde auf Grund nachträglich eingetretener Tatsachen berechtigt wäre, den Vorbescheid oder die Zulassung nicht zu erteilen, und dass ohne den Widerruf das öffentliche Interesse gefährdet würde. Der Widerruf im Falle einer nachträglichen Rechtslageänderung setzt voraus, dass die Behörde auf Grund einer geänderten Rechtsvorschrift berechtigt wäre, den Vorbescheid oder die Zulassung nicht zu erteilen, soweit der Begünstigte von diesem oder dieser noch keinen Gebrauch gemacht hat, und dass ohne den Widerruf das öffentliche Interesse gefährdet würde. Darüber hinaus sehen sowohl § 9 Abs. 3 i. V. m. § 21 Abs. 4 Satz 1 BImSchG als auch § 5 BBergG i. V. m. § 49 Abs. 6 Satz 1 VwVfG im Falle eines solchen Widerrufs des Vorbescheids oder der Zulassung eines fakultativen Rahmenbetriebsplans grundsätzlich eine Entschädigungspflicht für den Vermögensnachteil des Betroffenen, der sich aus dessen schutzwürdigem Vertrauen auf den Bestand des Vorbescheids oder der Zulassung ergeben hat, vor.

Allerdings wirkt diese sprachliche Übereinstimmung der Widerrufstatbestände nicht weiter überraschend, sofern man die Entstehungsgeschichte der Widerrufsregelung in § 21 BImSchG exakter betrachtet. Denn wie sich

---

501 v. *Hammerstein,* in: Boldt/Weller/Kühne/v. Mäßenhausen, BBergG, § 56 Rn. 25; *Piens,* in: Piens/Schulte/Graf Vitzthum, BBergG, § 56 Rn. 93, kritisch insgesamt zum Verhältnis von §§ 48, 49 VwVfG zu § 56 BBergG Rn. 240 ff.

502 Siehe dazu oben Kap. 2, A), I), 1.

aus dem Bericht des Innenausschusses (4. Ausschuss) zu dem Regierungsentwurf des BImSchG ergibt, entstammt der Wortlaut der immissionsschutzrechtlichen Widerrufstatbestände, welche sich damals noch in § 19a der Entwurffassung befanden, einem Entwurf des VwVfG, da letzteres zeitlich erst nach dem BImSchG a. F. verabschiedet werden konnte.[503]

cc) **Zwischenergebnis**
Festzuhalten bleibt dennoch, dass der jeweiligen Behörde sowohl für den Vorbescheid im Immissionsschutzrecht als auch für die Zulassung eines fakultativen Rahmenbetriebsplans eine Widerrufsmöglichkeit für den Fall einer nachträglichen Änderung der Sach- oder Rechtslage an die Hand gegeben ist. Diese vergleichbare Ausgangsbasis lässt die Überlegung zu, dass in der Folge die Argumentation der systematischen Begründung[504] einer (uneingeschränkten) Bindungswirkung des positiven Vorbescheids aus dem Immissionsschutzrecht (und dem Atomrecht) auf die Zulassung des fakultativen Rahmenbetriebsplans zunächst übertragbar ist. Denn sofern ohne (uneingeschränkte) Bindungswirkung des Vorbescheids die Widerrufsgründe hinsichtlich einer Änderung der Sach- oder Rechtslage obsolet würden, stellt sich diese Überlegung ebenfalls für die Zulassung eines fakultativen Rahmenbetriebsplans. Ginge von dieser keine Bindungswirkung aus bzw. entfiele eine solche hypothetische automatisch mit einer Änderung der Sach- oder Rechtslage, verbliebe für die Widerrufsgründe der § 5 BBergG i. V. m. § 49 Abs. 2 Satz 1 Nr. 3, 4 VwVfG insoweit kein sinnvoller Anwendungsbereich. Diese Überlegung rekurriert systemstimmig auf die abstrakten Grundlagen der Bindungswirkung, als diese als Gegenstück der behördlichen Aufhebungsmöglichkeiten von Verwaltungsakten einzuordnen ist[505].

Diese Übertragbarkeit der systematischen Begründung einer Bindungswirkung aufgrund der Vergleichbarkeit der behördlichen Widerrufsmöglichkeit von Vorbescheid und Zulassung eines fakultativen Rahmenbetriebsplans bedeutet allerdings bei Weitem noch keine abschließende Vergleichbarkeit beider Instrumente. Erkenntnis dieser Feststellung ist vielmehr, dass das Fehlen einer ausdrücklichen Normierung der Annahme einer Bindungswirkung der Zulassung eines fakultativen Rahmenbetriebsplans nicht bereits per se im Wege steht und sich die Begründung der vorbescheidlichen Bindungswirkung über die vergleichbaren Widerrufsgründe dem Grunde nach übertragen lässt, soweit dieser Übertragbarkeit keine Gründe entgegenstehen. Diese gilt es im Folgenden zu untersuchen.

---

503 Vgl. BT-Drs. 7/1513, S. 6. Siehe dazu auch den Überblick bei *Hansmann/Röckinghausen*, in: Landmann/Rohmer, UmweltR, BImSchG, § 21 Rn. 10.
504 Siehe dazu oben Kap. 2, B), I), 2., d), bb), (1).
505 Siehe dazu oben Kap. 2, A), I), 1.

b) Ungleiche Zweckrichtungen beider Instrumente

Ein tiefgehender rechtlicher Vergleich der Zulassung eines fakultativen Rahmenbetriebsplans und des Vorbescheids muss zunächst bei den beiden zu Grunde liegenden Zweckrichtungen ansetzen. Denn der Zweck beider Rechtsinstrumente prägt deren Charakter und dient somit als Leitfaden der Auslegung bei deren Anwendung.[506] Dienen demnach die Zulassung eines fakultativen Rahmenbetriebsplans und der Vorbescheid denselben oder zumindest vergleichbaren Zwecken, könnte sich daraus ebenfalls eine Vergleichbarkeit in anderen Aspekten ergeben. Denn in diesem Fall liefen beide Instrumente hinsichtlich ihrer gesetzgeberischen Intention in eine einheitliche Richtung.

aa) Historisch geprägter Kontroll- und Überwachungszweck

Die Zweckrichtung, welcher der fakultative Rahmenbetriebsplan und somit dessen Zulassung zu dienen bestimmt ist, unterliegt einer über Jahrhunderte historisch geprägten Entwicklung und setzt bei der Zweckrichtung des bergrechtlichen Betriebsplanverfahrens insgesamt an. Mit der Abkehr vom Direktions- hin zum Inspektionsprinzip unter Geltung des ABG wandelte sich das bergrechtliche Betriebsplanverfahren von einer staatlicherseits durchgeführten Planung und Umsetzung des Bergbaus mehr und mehr zu einem staatlichen Kontrollinstrument im Sinne einer bloßen Überwachung des stattfindenden Bergbaus.[507] An diese historische Entwicklung anknüpfend charakterisierte der Gesetzgeber des BBergG das Betriebsplanverfahren im Allgemeinen als bergrechtliches, präventives Überwachungsinstrument.[508] Die Durchführung des bergrechtlichen Betriebsplanverfahrens erfolgt daher primär im Interesse der zuständigen Bergbehörde an einer umfangreichen und den gesetzlichen Anforderungen gerecht werdenden Überprüf- und Kontrollierbarkeit des geplanten und stattfindenden Bergbaus. Dient das bergrechtliche Betriebsplanverfahren seinem gesetzgeberisch konstatierten Zweck nach insgesamt dieser behördlichen Kontrolle und Überwachung eines Bergbauvorhabens, ist es naheliegend, dass sich der fakultative Rahmenbetriebsplan als Bestandteil dieses Kontrollverfahrens ebenfalls in diese Zweckrichtung einreiht. Diese Ableitung des Zweckes von dem Betriebsplanverfahren insgesamt fortführend, soll nach der Intention des Gesetzes die Aufstellung und Zulassung eines fakultativen Rahmenbetriebsplans ebenfalls primär im Interesse der zuständigen Bergbehörde liegen, um dieser eine umfangreiche Überprüfung des Bergbauvorhabens zu ermöglichen.[509]

---

506 Vgl. zur teleologischen Auslegung anhand des Normzwecks *Mann*, Einführung in die juristische Arbeitstechnik, S. 135.
507 Siehe dazu oben Kap. 1, B), II).
508 BT-Drs. 8/1315, S. 105.
509 Vgl. dazu oben Kap. 1, C), II), 2.

B) Die Bindungswirkung der Zulassung fakultativer Rahmenbetriebspläne

Ausgehend von der Gesetzesbegründung zum BBergG dient der Rahmenbetriebsplan dazu, die in den jeweiligen Hauptbetriebsplänen vorgesehenen Maßnahmen in einen umfassenderen Zusammenhang zu setzen mit dem Ziel, das Bergbauvorhaben einer hinreichend umfangreichen und langfristigen Überprüfung zugänglich machen zu können.[510] Der Bergbehörde soll von Beginn an ein weiter Überblick über das Bergbauvorhaben gegeben werden, der es ihr ermöglicht die im Rahmen des Vorhabens drohenden Konflikte möglichst frühzeitig erkennen und entsprechend vermeiden zu können.[511] Der fakultative Rahmenbetriebsplan dient seiner gesetzlichen Bezeichnung entsprechend einer Rahmensetzung, welche die einzelnen bergbaulichen Maßnahmen verbindet und damit einerseits deren Zweckmäßigkeit über einen langfristigen Zeitraum beurteilbar macht, andererseits die Langzeitziele des Bergbauvorhabens absteckt.[512] Die Notwendigkeit eines fakultativen Rahmenbetriebsplans setzt dementsprechend ein bestehendes Koordinierungsbedürfnis der geplanten komplexen Bergbaumaßnahmen voraus,[513] dem die Bergbehörde durch das Rahmenbetriebsplanverfahren als weiterem Kontrollinstrument neben dem Haupt- und Sonderbetriebsplanverfahren Rechnung tragen kann[514]. Diese Sichtweise wurde bereits vor Geltung des BBergG im Hinblick auf die Einführung des Rahmenbetriebsplans durch Landesgesetzgeber deutlich, als dass ein Rahmenbetriebsplan insbesondere dann erforderlich würde, wenn die Planung des Bergbauvorhabens einer Koordination mit anderen Dienststellen bedürfte[515]. Der Gesetzgeber des BBergG selbst weist insoweit dem fakultativen Rahmenbetriebsplan einen lediglich die Hauptbetriebspläne ergänzenden Charakter zu.[516] Mit anderen Worten besteht seine Funktion darin, inhaltlich komplexe und zeitlich langwierige Bergbauvorhaben, die durch im Vergleich kurzfristige Hauptbetriebspläne notwendigerweise rechtlich aufgespalten werden, übersichtlich im Sinne einer Gesamtschau darstellen zu können, um die Beurteil- und Planbarkeit des Bergbauvorhabens und dessen Einzelmaßnahmen zu verbessern.

bb) Investitions- und Planungsschutzinteresse des Bergbauunternehmers

Behauptete man aber, die Aufstellung und Zulassung eines fakultativen Rahmenbetriebsplans entspreche lediglich dem Interesse der zuständigen

---

510 Siehe BT-Drs. 8/1315, S. 107.
511 *Kühne*, in: Säcker, Handbuch zum deutsch-russischen Energierecht, Kap. 3 Teil 1 Rn. 94.
512 *Pollmann/Wilke*, S. 220.
513 Vgl. BVerwGE 89, 246, 252.
514 BVerwGE 100, 31, 34.
515 Gesetz Nr. 847 vom 5. Juli 1967 zur Änderung des Allgemeinen Berggesetzes (Saarland) mit Begründung, ZfB 109 (1968), 240, 246.
516 BT-Drs. 8/1315, S. 107.

Bergbaubehörde, griffe dies entschieden zu kurz. Denn sowohl Behörde als auch Unternehmer haben ein Interesse an Übersichtlichkeit, Planbarkeit und Verbindlichkeit, dementsprechend an der stückweisen rechtlichen und tatsächlichen Abarbeitung des Bergbauvorhabens.[517] Insoweit besteht ein doppeltes[518] Interesse an der Aufstellung und Zulassung eines fakultativen Rahmenbetriebsplans. Die rechtliche Gesamtbetrachtung eines langfristigen Bergbauvorhabens wird dem Interesse des Bergbauunternehmers dienlich sein, um diesem eine umfangreiche Planung zu ermöglichen, auf deren Bestand er sich somit zum Schutz seiner aufgewandten und zukünftig zu tätigenden Investitionen verlassen können will.[519] Entsprechend kann davon ausgegangen werden, dass ein bestimmter Umfang eines Bergbauvorhabens parallel auf Seiten der zuständigen Bergbehörde das Interesse an der Aufstellung eines fakultativen Rahmenbetriebsplans zur hinreichenden Beurteilbarkeit des Vorhabens und auf Seiten des Bergbauunternehmers das Interesse an dem Schutz seiner getätigten und geplanten Investitionen weckt.

Aus diesem Grunde wird in der Literatur[520] und Rechtsprechung[521] zum Teil vertreten, die Zulassung eines fakultativen Rahmenbetriebsplans diene ebenfalls dem Schutz der Planung und Investitionen des Bergbauunternehmers. Hierfür spreche insbesondere, dass der Bergbauunternehmer entgegen dem Wortlaut des § 52 Abs. 2 Nr. 1 BBergG einen fakultativen Rahmenbetriebsplan auch unverlangt aus eigenem Anlass zur Zulassung einreichen könne.[522] Ebenfalls die Abhängigkeit einer nachträglichen Aufnahme, Änderung oder Ergänzung von Auflagen hinsichtlich einer Betriebsplanzulassung von der wirtschaftlichen Vertretbarkeit in § 56 Abs. 1 Satz 2 Nr. 1 BBergG zeige, dass der Schutz des Unternehmers in den Vorschriften zum Betriebsplan Berücksichtigung finde.[523]

Ob dieses bestehende Investitions- und Planungsschutzinteresse des Bergbauunternehmers abstrakt vor einem verfassungsrechtlichen Hintergrund alleine eine Bindungswirkung der Zulassung des fakultativen Rahmenbetriebsplans zulasten der Bergbehörde zu rechtfertigen vermag, bedarf an

---

517 Vgl. *Kühne*, UPR 1992, 218, 219.
518 Vgl. *v. Mäßenhausen*, ZfB 135 (1994), 119, 121 f., der insoweit von einer doppelten Funktion des Rahmenbetriebsplans ausgeht.
519 Den Investitionsschutzgedanken des Rahmenbetriebsplans hervorhebend bereits *Weller*, ZfB 125 (1984), 161, 169; *Kühne*, UPR 1986, 81, 84, 86; vgl. *v. Mäßenhausen*, ZfB 135 (1994), 119, 122; VG Berlin, ZfB 130 (1989), 127, 132.
520 *Kühne*, UPR 1986, 81, 84; *Brauner*, NuR 1994, 20, 22; wohl im Ergebnis andeutend *v. Mäßenhausen*, ZfB 135 (1944), 119, 122. Nach *Weller*, biete sich der Rahmenbetriebsplan für diesen Zweck an, ZfB 125 (1984), 161, 169.
521 OVG Lüneburg, ZfB 131 (1990), 19, 25; wohl im Ergebnis auch VG Berlin, ZfB 130 (1989), 127, 132.
522 OVG Lüneburg, ZfB 131 (1990), 19, 25; VG Berlin, ZfB 130 (1989), 127, 132.
523 *Brauner*, NuR 1994, 20, 22; ähnlich VG Lüneburg, ZfB 135 (1994), 153, 174.

dieser Stelle hinsichtlich der Vergleichbarkeit mit dem Vorbescheid keiner Erörterung. Kernpunkt bleibt vorliegend die gesetzliche Zweckrichtung des Instruments.

cc) Investitions- und Planungsschutz als positiver Nebeneffekt

Anknüpfend bedarf es allerdings einer exakten Prüfung, ob diese Interessendienlichkeit zugunsten des Bergbauunternehmers ebenfalls als Sinn und Zweck der Zulassung eines fakultativen Rahmenbetriebsplans von Gesetzes wegen beabsichtigt ist oder lediglich einen parallel erzeugten, wünschenswerten Nebeneffekt für den Unternehmer darstellt.

Zunächst ist selbstverständlich auf Seiten des Bergbauunternehmers ein uneingeschränktes Investitionsschutzinteresse gerade im Hinblick auf extrem hohe Investitionssummen für ein womöglich sogar mehrere Jahrzehnte in Anspruch nehmendes Bergbauvorhaben unverkennbar. Solche Investitionshöhen lassen sich nur im Rahmen einer gewissen Sicherheit der Amortisierung[524] rechtfertigen und aufbringen. Es läge somit im Interesse des Bergbauunternehmers, wenn die Zulassung des fakultativen Rahmenbetriebsplans seinem Umfang entsprechend diesen auf Amortisierung gerichteten Planungs- und Investitionsschutz bewirkte. Aufgrund der Tatsache allein, dass ein solches Investitionssicherungsinteresse bei sinnvoller wirtschaftlicher Betrachtung im Falle jedweden Bergbauvorhabens, welches auf Grund seines Umfangs der Aufstellung und Zulassung eines fakultativen Rahmenbetriebsplans bedarf[525], vorliegen wird, kann jedoch noch nicht darauf geschlossen werden, dass der somit gleichsam erforderliche fakultative Rahmenbetriebsplan und dessen Zulassung eben auch dieses Interesse schützen sollen.

In eine entsprechende Richtung scheinen aber die einen solchen Investitionsschutzzweck befürwortenden Ansichten[526] zu tendieren, sofern argumentiert wird, das Fehlen jeglicher Bindungswirkung der Zulassung eines fakultativen Rahmenbetriebsplans liefe dem Investitions- und Planungsschutzinteressen des jeweiligen Bergbauunternehmers zuwider[527] bzw. dieser müsse ein finanzielles Interesse an einer verbindlichen Klärung der Zulässigkeit des Vorhabens dem Grundsatz nach haben[528]. Denn diese Argumentationsweise stellt das tatsächliche Bedürfnis des Unternehmers nach Investitions- und Planungsschutz mit dem Zweck der Zulassung des fakultativen Rahmenbetriebsplans gleich. Mit anderen Worten lässt sich dies wie

---

524 Vgl. zur Amortisierung und der dazu erforderlichen Abbaudauer eines Vorhabens im Steinkohlenbergbau *Knöchel*, NWVBL 1992, 117, 118.
525 Siehe zum Koordinierungsbedürfnis komplexer Bergbauvorhaben als Notwendigkeitsgrund des fakultativen Rahmenbetriebsplans oben Kap. 2, B), I), 3., b), aa).
526 Siehe zu diesen Ansichten oben Kap. 2, B), I), 3., b), bb).
527 VG Berlin, ZfB 130 (1989), 127, 132.
528 OVG Lüneburg, ZfB 131 (1990), 19, 25; ebenfalls VG Berlin, ZfB 130 (1989), 127, 132.

folgt darlegen: Weil der fakultative Rahmenbetriebsplan und seine Zulassung gedanklich dazu geeignet sein könnten, müssen sie zwangsläufig auch diesem Zweck dienen, anderenfalls liefe der gewünschte Investitions- und Planungsschutz wohl leer. Die bloße Geeignetheit dieses Instruments, diesem Bedürfnis dem Grunde nach bei entsprechender Auslegung Rechnung tragen zu können, bedeutet allerdings nicht zwingend, dass es dies von Gesetzes wegen auch soll.

Bereits der Wortlaut des § 52 Abs. 2 BBergG, wonach Rahmenbetriebspläne auf *Verlangen* der zuständigen Behörde aufzustellen sind, manifestiert die gesetzgeberisch vorgesehene primäre Funktion der Zulassung des fakultativen Rahmenbetriebsplans als behördliches Überwachungsinstrument.[529] Dass daneben der Bergbauunternehmer ebenfalls aus eigenem Antrieb einen fakultativen Rahmenbetriebsplan aufstellen und zur Zulassung einreichen kann, steht dieser Sichtweise nicht zwingend entgegen. Denn der Wortlaut des § 52 Abs. 2 BBergG verschließt sich einer Berücksichtigung von Investitions- und Planungsschutzaspekten nicht, spiegelt aber deutlich die Gesetzesintention wider, nach welcher der fakultative Rahmenbetriebsplan und dessen Zulassung vorrangig dem behördlichen Überwachungs- und Kontrollinteresse zu dienen bestimmt sind. § 52 Abs. 2 BBergG räumt der zuständigen Bergbehörde die Befugnis ein, das Aufstellen und Einreichen eines fakultativen Rahmenbetriebsplans verlangen zu können, ohne gleichzeitig das Recht des Bergbauunternehmers, einen solchen Betriebsplan von sich aus zur Zulassung einzureichen, zu begrenzen.[530] Diene die Zulassung eines fakultativen Rahmenbetriebsplans allerdings primär dem Investitions- und Planungsschutz des Unternehmers, wäre die ausdrückliche Befugnisregelung zugunsten der Behörde widersinnig. Es ist kein Grund ersichtlich, weshalb die Behörde die Aufstellung eines dem Interesse des Unternehmers dienenden Instruments explizit verlangen können sollte. Der Wortlaut des § 52 Abs. 2 BBergG scheint daher vorrangig eher von einem behördlichen Interesse an der Aufstellung eines fakultativen Rahmenbetriebsplans auszugehen, weshalb er diese ausdrücklich zu einem Aufstellungsverlangen befugt. An dieser Stelle lässt sich konstatieren, dass der fakultative Rahmenbetriebsplan und seine Zulassung aus Sicht des Gesetzes primär dem Überwachungs- und Kontrollzweck eines Bergbauvorhabens zu dienen bestimmt sind. Dass hierbei in bestimmten Konstellationen ebenfalls einem Investitions- und Planungsschutzinteresse des Bergbauunternehmers Rechnung getragen werden kann, scheint dabei nicht Gesetzeszweck, sondern vielmehr ein mit der Zulassung eines fakultativen Rahmenbetriebsplans unter Umständen einhergehender Nebeneffekt zu sein.

---

529 *Hoppe/Beckmann*, S. 134.
530 Vgl. BVerwGE 100, 1, 11.

B) Die Bindungswirkung der Zulassung fakultativer Rahmenbetriebspläne

Eine solche Sichtweise war ebenfalls unter Geltung des ABG etabliert. Bereits zu diesem Zeitpunkt lag es auf der Hand, dass die Aufstellung eines bergrechtlichen Betriebsplans dem Interesse des jeweiligen Bergbauunternehmers entsprach, da diesem die Durchführung des Vorhabens ohne vorherige Planung kaum möglich wäre, wohingegen der Zweck des Betriebsplanverfahrens allerdings auf die umfassende bergaufsichtliche Überwachung des Betriebs zielte.[531] Und nach der Intention des Bundesberggesetzgebers sollte dieses Betriebsplanverfahren (angepasst) übernommen werden.[532] Das heißt, bereits vor Geltung des BBergG wurde zwischen dem Zweck des Betriebsplanverfahrens und den gleichzeitig bestehenden Unternehmerinteressen, die gegebenenfalls mitverwirklicht würden, unterschieden.

Ebenfalls für diese Sichtweise spricht die Tatsache, dass die Gesetzesmaterialien zum BBergG einen Investitions- und Planungsschutz des Bergbauunternehmers nicht anführen. Dies ist insbesondere vor dem Hintergrund erwähnenswert, dass im Zeitpunkt der Schaffung des BBergG ein solcher Schutz zu Gunsten des Unternehmers durch Verfahrensstufung sowohl im AtG als auch im BImSchG bereits ermöglicht wurde und dort in den entsprechenden Gesetzesmaterialien[533] zum Vorbescheid ausdrücklich hervorgehoben worden ist.[534] Hätte der Bundesberggesetzgeber diesen Zweck ebenfalls für die Zulassung eines fakultativen Rahmenbetriebsplans vorgesehen, ist davon auszugehen, dass er diesen Zweck in seiner Gesetzesbegründung ebenfalls manifestiert hätte. Dieser Gedanke tritt noch stärker hervor, als dass die Gesetzesbegründung des BBergG insbesondere auch auf die grundsätzliche Seite des Bergbauunternehmers hinweist. Denn das bergrechtliche Betriebsplanverfahren wird als Rechtsinstrument zur präventiven Überwachung des Bergbaubetriebs sowohl durch die Bergbehörde als auch durch den Bergbauunternehmer selbst qualifiziert[535] und schafft insoweit ebenfalls die Möglichkeit einer „[...] *Eigenkontrolle des Unternehmens.*"[536] Der Gesetzgeber hat die Position des Bergbauunternehmers in Bezug auf das Betriebsplanverfahren also erkannt, diesen allerdings in den primären Kontroll- und Überwachungszweck integriert. Wenn schon die Rolle des Unternehmers in Bezug auf das Betriebsplanverfahren bedacht wurde und diesem ausdrücklich eine Eigenkontrolle ermöglicht werden sollte, wäre auf

---

[531] Vgl. *Pfadt*, S. 44 f.
[532] BT-Drs. 8/1315, S. 105.
[533] Siehe zum Zweck des Vorbescheids oben Kap. 2, B), I), 2., a) und insbesondere für den Vorbescheid im AtG BT-Drs. 5/4071, S. 6 und im BImSchG BT-Drs. 7/179, S. 33 f.
[534] Vgl. eine ähnliche Überlegung zur grundsätzlichen Stufung der Verfahren im Berg-, Immissionsschutz- und Atomrecht, *Schulte*, Raumplanung und Genehmigung bei der Bodenschätzegewinnung, S. 365.
[535] BT-Drs. 8/1315, S. 71.
[536] BT-Drs. 8/1315, S. 105.

einen bezweckten Investitions- und Planungsschutz ebenfalls hingewiesen worden. Allerdings ist zu berücksichtigen, dass eine Eigenkontrolle des Unternehmers durch Aufstellung und Zulassung eines fakultativen Rahmenbetriebsplans voraussetzt, dass der Unternehmer sich auf das durch die Zulassung ausgedrückte positive Kontrollergebnis in gewissem Umfang verlassen kann. Dieses Verlassen-Können ist allerdings nicht gleichzusetzen mit einem verbindlichen Investitions- und Planungsschutz zugunsten des Bergbauunternehmers.

Diese Sicht steht im Einklang mit der gesetzgeberischen Qualifizierung des bergrechtlichen Betriebsplans im Allgemeinen als Instrument, „[…] *um schon präventiv die Wahrung bestimmter im öffentlichen Interesse liegender Erfordernisse und Belange sicherzustellen.*"[537] Grundsätzlich soll der Betriebsplan und insoweit folgerichtig ebenfalls dessen Zulassung vorrangig öffentlichen Interessen dienen. Im Umkehrschluss bedeutet dies, dass die Konzeption des Betriebsplans nicht primär auf die Wahrung privater Interessen des Unternehmers zugeschnitten sein soll, als welche Investitions- und Planungsschutzaspekte zu qualifizieren sind.

Als Resultat lässt sich konstatieren, dass die Zulassung eines fakultativen Rahmenbetriebsplans unabhängig von bestehenden Investitions- und Planungsschutzinteressen des jeweiligen Bergbauunternehmers von Gesetzes wegen primär dem Zweck einer umfassenden Überwachung und Kontrolle des Bergbauvorhabens – sowohl auf Seiten der Behörde als auch auf Seiten des Bergbauunternehmers – dient. Dabei kann gleichfalls[538] Investitions- und Planungsschutzinteressen des Unternehmers als aus dessen Sicht positivem Nebeneffekt Rechnung getragen werden.

dd) Allgemeine Zweckvorgaben des § 1 BBergG

Ein anderes Ergebnis ergibt sich auch nicht aus den allgemeinen Zweckvorgaben des § 1 BBergG. Nach § 1 Nr. 1 BBergG soll durch das BBergG zur Sicherung der Rohstoffversorgung das Aufsuchen, Gewinnen und Aufbereiten von Bodenschätzen unter Berücksichtigung ihrer Standortgebundenheit und des Lagerstättenschutzes bei sparsamem und schonendem Umgang mit Grund und Boden geordnet und gefördert werden. Angesichts dieses Normwortlauts lässt sich zunächst erwägen, der Begriff des Förderns könne unter anderem für das Erreichen einer höheren Attraktivität des Bergbaus zu Gunsten des Unternehmers auf dem Wege der Etablierung eines Investitions- und Planungsschutzes im Betriebsplanverfahren sprechen, damit dieser insofern gewillter ist, aktiv Bergbau zu betreiben. Anknüpfungspunkt

---

[537] BT-Drs. 8/1315, S. 109.
[538] Vgl. *Schmidt-Aßmann/Schoch*, S. 179 f., nach denen dem fakultativen Rahmenbetriebsplan neben der Kontroll- und Koordinierungsfunktion ebenfalls zusätzliche Schutzfunktionen hinsichtlich Unternehmer und Dritten zukommen können.

dieses Förderzwecks[539] muss vorliegend das durch § 1 Nr. 1 BBergG verfolgte Interesse sein. Betrachtet man den Wortlaut der Nr. 1 insgesamt, zeigt sich der Begriff des Förderns nicht isoliert, sondern durch die Präposition „zur" in Relation zu einem zu erreichenden Ziel, nämlich der Sicherung der Rohstoffversorgung. Hinter dieser Zweckvorgabe verbirgt sich ein öffentliches[540] Interesse an der Verfügbarkeit von Rohstoffen zur Sicherstellung einer ausreichenden Energieversorgung im Hinblick auf eine funktionierende Gesamtwirtschaft.[541] Unabhängig von der Frage, ob der Versorgung von fossilen Rohstoffen als Energieträger noch die vom Gesetzgeber einst attestierte „[...] *besondere gesamtwirtschaftliche Bedeutung* [...]"[542] zukommt, deren Erörterung für den hier maßgeblichen Untersuchungsgegenstand nicht ergebnisführend ist und insoweit keiner weiteren Stellungnahme bedarf, lässt sich aus der Zweckvorgabe der Rohstoffsicherung durch Bergbauförderung kein absoluter Investitions- und Planungsschutz des Bergbauunternehmers als Zweck der Zulassung eines fakultativen Rahmenbetriebsplans herleiten. Denn sofern der Bergbau zu fördern ist, erfolgt diese Förderung vor dem Hintergrund eines öffentlichen Interesses an der Bereitstellung von Rohstoffen und der allgemeinen Energieversorgung. Die gesetzliche Förderung des Bergbaus erfolgt hingegen nicht im Interesse an einer privatwirtschaftlichen Nutzung verliehener Bergbauberechtigungen. Nicht unbeachtet gelassen werden darf in diesem Kontext folgende These des BVerwG:

„Wenn also ein Bergbauunternehmer zur Sicherung der Rohstoffversorgung Bodenschätze aufsucht und gewinnt, dann erfüllt er damit – wenn auch für sich mit dem Motiv des Erwirtschaftens eines Gewinns – unmittelbar den Zweck, den das Bundesberggesetz als dem öffentlichen Nutzen dienend bestimmt."[543]

Diese Argumentation erging zwar im Kontext des bergrechtlichen Grundabtretungsverfahrens und der dortigen Frage des Allgemeinwohlbezugs des Enteignungszwecks mit Hinblick auf § 1 Nr. 1 BBergG, sie lässt allerdings auch im hier gegenständlichen Untersuchungsrahmen den Blick auf eine logische Tatsache fallen. Will das BBergG die Durchführung von Bergbau

---

[539] Vgl. zur aktiven Förderung des Bergbaus v. *Hammerstein*, in: Boldt/Weller/Kühne/v. Mäßenhausen, BBergG, § 1 Rn. 3 f.
[540] Vgl. BVerfGE 30, 292, 311 f., wonach das Sicherstellen einer genügenden Energieversorgung eine staatliche Aufgabe sei; ebenfalls ein öffentliches Interesse annehmend BVerwGE 87, 241, 249; VGH Mannheim, Urteil v. 15. April 2010 – 6 S 1939/09 –, juris, Rn. 29; vgl. auch *Frenz*, Bergrecht und Nachhaltige Entwicklung, S. 16.
[541] Vgl. v. *Hammerstein*, in: Boldt/Weller/Kühne/v. Mäßenhausen, BBergG, § 1 Rn. 2.
[542] BT-Drs. 8/1315, S. 67.
[543] BVerwGE 87, 241, 249, im Kontext des Gemeinwohlbezugs einer Grundabtretung. Bestätigt durch BVerfGE 134, 242, 306 Rn. 207.

insgesamt abstrakt fördern, um so die Versorgung der Bundesrepublik mit Rohstoffen zu sichern, wird diese Sicherung konkret durch den Bergbauunternehmer erreicht. Denn die Umsetzung der Durchführung von Bergbaubetrieben erfolgt privatwirtschaftlich und nicht durch den Staat selbst. Der Unternehmer stellt sich als Mittel zur Erreichung dieses Gesetzeszwecks dar. Sofern dieser selbst den Sicherungszweck unmittelbar verwirklicht und die Durchführung von Bergbau zur Erreichung dieser Sicherung zu fördern ist, könnte dies unter anderem eine Förderung des Zweckerreichungsmittels in Gestalt des Bergbauunternehmers bedeuten. Präzise betrachtet ist allerdings die Durchführung des Bergbaus insgesamt unmittelbar zu fördern. Eine Förderung der unternehmereigenen Interessen ist nach dem Zweck des § 1 Nr. 1 BBergG nicht unmittelbar davon umfasst. Das bedeutet, dass die Förderung der Durchführung des Bergbaus allenfalls mittelbar eine Berücksichtigung der Unternehmerinteressen bewirken könne, um so unmittelbar der Sicherung der Rohstoffversorgung zu dienen. Daraus folgt, dass sich ein Investitions- und Planungsschutz des Bergbauunternehmers als Zweck der Zulassung eines fakultativen Rahmenbetriebsplans ebenfalls unter Beachtung des allgemeinen Förderungszweckes des § 1 Nr. 1 BBergG lediglich als Mittel zur Erreichung der Sicherung der Rohstoffversorgung qualifizieren lässt und daher auch in diesem Kontext einen gegebenenfalls mitverwirklichten Nebeneffekt darstellt, aber keinesfalls einen Primärzweck des BBergG im Lichte des § 1 Nr. 1 BBergG.

Ebenfalls lassen die allgemeinen Zweckvorgaben[544] der § 1 Nr. 2 BBergG hinsichtlich der Sicherheit der Betriebe und der Beschäftigten des Bergbaus und § 1 Nr. 3 BBergG betreffend den Schutz Dritter keinen Bezug auf die Erreichung eines unternehmerbegünstigenden Investitions- und Planungsschutzzwecks des Betriebsplanverfahrens im Allgemeinen und der Zulassung des fakultativen Rahmenbetriebsplans im Besonderen erkennen.

Es ist zu konstatieren, dass die allgemeinen Zweckvorgaben des § 1 BBergG keine andere Betrachtungsweise des Zwecks der Zulassung eines fakultativen Rahmenbetriebsplans erfordern, mithin diese primär einer hinreichenden Kontrolle und Überwachung des Bergbauvorhabens durch Behörde und Unternehmer zu dienen bestimmt bleibt.

ee) Investitionsschutzzweck des Vorbescheids

Demgegenüber dient, wie bereits dargelegt[545], der Vorbescheid im Anlagengenehmigungsrecht primär zur Verringerung von Investitionsrisiken auf Seiten des Vorhabenträgers bzw. des Antragstellers, indem er bestimmte Fragen des zu genehmigenden Anlagenvorhabens vorab einer verbindlichen Beant-

---

544 Vgl. zum Gehalt des § 1 Nr. 2, 3 BBergG *Vitzthum/Piens*, in: Piens/Schulte/Graf Vitzthum, BBergG, § 1 Rn. 20–24; *v. Hammerstein*, in: Boldt/Weller/Kühne/v. Mäßenhausen, BBergG, § 1 Rn. 10 f.
545 Siehe zum Zweck des Vorbescheids oben Kap. 2, B), I), 2., a).

wortung zuführt und somit die Anlagenplanung sichert. Daneben scheint diese stufenweise Vorabklärung offener Genehmigungsfragen ebenfalls der zuständigen Genehmigungsbehörde zugute zu kommen, da sich für diese durch den Vorbescheid eine Abschichtung und gleichzeitig unter Umständen überschaubarere Beurteilungsmöglichkeit der relevanten Genehmigungsfragen ergeben kann. Primärzweck des Vorbescheids ist also genau umgekehrt der unternehmerische Investitions- und Planungsschutz, wohingegen das Erstreben einer besseren Beurteilbar- und Abarbeitbarkeit auf Seiten der zuständigen Behörde nur einen Nebeneffekt des Vorbescheids darstellt.

ff) Zwischenergebnis

Der exakte Vergleich der beiden Instrumenten zugrundeliegenden Zweckrichtungen macht deutlich, dass sich die Zulassung eines fakultativen Rahmenbetriebsplans und der Vorbescheid insoweit nicht decken. Wo die Zulassung eines fakultativen Rahmenbetriebsplans primär einen Kontroll- und Überwachungszweck des Bergbauvorhabens verfolgt, dient der Vorbescheid einem Investitions- und Planungsschutz des Vorhabenträgers. Möglicher Nebeneffekt der Rahmenbetriebsplanzulassung kann insoweit ein Investitions- und Planungsschutz des Unternehmers sein. Der Vorbescheid kann als Nebeneffekt der Behörde eine bessere Beurteilbarkeit der abgeschichteten Genehmigungsvoraussetzungen des Anlagenvorhabens bewirken. Dies betrachtend lässt sich feststellen, dass sich die Zulassung eines fakultativen Rahmenbetriebsplans und der Vorbescheid im Hinblick auf ihren gesetzlichen Primärzweck und die mitbewirkten Nebeneffekte gewissermaßen gegensätzlich widerspiegeln, allerdings nicht miteinander vergleichbar sind. Dies hat insoweit Auswirkungen auf den weiteren Vergleich beider Rechtsinstrumente unter teleologischen Gesichtspunkten.

c) Teilweise unterschiedliche Verlagerung der Stufungsbefugnis

Gegen eine Vergleichbarkeit der Zulassung eines fakultativen Rahmenbetriebsplans mit einem Vorbescheid spricht ferner, dass die Einleitung einer Verfahrensstufung im Anlagengenehmigungsrecht durch Vorbescheid einzig im Willen des Unternehmers bzw. Antragstellers steht[546], wohingegen die Aufstellung eines fakultativen Rahmenbetriebsplans dem Wortlaut des § 52 Abs. 2 1. Halbs. BBergG entsprechend ebenfalls durch die zuständige Bergbehörde verlangt werden kann, somit zu einer zwingenden Verpflichtung des Unternehmers zur „Stufung" führt.[547] Dass darüber hinaus die gesetzlich nicht normierte Möglichkeit für den Bergbauunternehmer zur Einreichung

---

546 Siehe dazu oben Kap. 2, B), I), 2., c), aa).

547 Zu diesem Argument *Schulte,* Kernfragen des bergrechtlichen Genehmigungsverfahrens, S. 47, der dies im Ergebnis aber nicht als Ablehnung einer Stufung im Betriebsplanverfahren schlechthin sieht. Siehe zu diesem Unterschied beider Instrumente auch *Salis,* S. 59

eines fakultativen Rahmenbetriebsplans besteht,[548] ändert die gesetzliche Ermächtigung der zuständigen Bergbehörde zu einem Aufstellungsverlangen nicht. § 52 Abs. 2 1. Halbs. BBergG verlagert so grundsätzlich die im Anlagengenehmigungsrecht üblicherweise beim Vorhabenträger liegende Befugnis zur „Stufung" gleichermaßen auf die zuständige Bergbehörde. Hierfür muss der Gesetzgeber des BBergG gerade im Unterschied zur Ausgestaltung der Stufungsbefugnis im Anlagengenehmigungsrecht einen bestimmten Grund gehabt haben. Genau dieser ist vorliegend darin zu sehen, dass der fakultative Rahmenbetriebsplan seiner gesetzlichen Zweckrichtung[549] entsprechend maßgeblich nicht den Investitions- und Planungsschutzinteressen des Vorhabenträgers dienen soll, sondern primär einem Kontroll- und Überwachungszweck durch die zuständige Bergbehörde, welche anhand des fakultativen Rahmenbetriebsplans das geplante Vorhaben sinnvoll und in Ansehung dessen langfristig ausgehender Auswirkungen auf Umwelt und Dritte beurteilen kann. In Bezug auf diesen primären Kontrollzweck stellt sich die Befugnis der Bergbehörde zur Stufung als gesetzliche Konsequenz eines stimmigen Konzepts dar. Der Vorbescheid hingegen dient primär der Verminderung von Investitionsrisiken auf Seiten des Vorhabenträgers,[550] sodass die Einleitung der Stufung unter Nutzung dieses Instruments gleichsam im Interesse und somit der Befugnis des Vorhabenträgers steht.

Damit wird deutlich, dass sich der fakultative Rahmenbetriebsplan und der Vorbescheid hinsichtlich der Frage, welcher Partei die Initiierung einer Stufung des Verfahrens durch das jeweilige Instrument obliegt, zumindest in der gesetzlichen Grundkonzeption voneinander unterscheiden. Gleichzeitig hebt sich insoweit die am Primärzweck orientierte gesetzliche Ausgestaltung des Charakters des fakultativen Rahmenbetriebsplans und dessen Zulassung als überwiegendes Kontroll- und Überwachungsinstrument hervor.

d) Unterschiedlicher Zeitpunkt im „Gesamtverfahren"

Aufschluss über eine gewisse Vergleichbarkeit der Zulassung eines fakultativen Rahmenbetriebsplans mit dem Vorbescheid könnte weiter der Zeitpunkt beider Instrumente im jeweiligen „Gesamtverfahren" sein. Nur soweit die Zulassung eines fakultativen Rahmenbetriebsplans zwingend vor Aufstellung bzw. Zulassung weiterer Haupt- oder Sonderbetriebspläne erfolgen müsste, bestünde Raum für eine Ähnlichkeit mit dem Vorbescheid.

Denn wie sich aus dem Wortlaut des § 9 Abs. 2 BImSchG bzw. § 7a Abs. 1 Satz 2 AtG ergibt, erfolgen Antrag und Erlass des Vorbescheids in der

---

[548] Siehe zu dieser Möglichkeit des Bergbauunternehmers oben Kap. 1, C), II), 2., a).
[549] Siehe zum Zweck der Zulassung eines fakultativen Rahmenbetriebsplans oben Kap. 2, B), I), 3., b).
[550] Siehe zum Zweck des Vorbescheids oben Kap. 2, B), I), 2., a).

B) Die Bindungswirkung der Zulassung fakultativer Rahmenbetriebspläne

Regel[551] zeitlich vor (Antrag und) Erteilung der Vollgenehmigung, anderenfalls liefe die Frist zur Unwirksamkeit des Vorbescheids leer. Dies spiegelt sich ebenfalls in der Funktion des Vorbescheids im Gesamtgenehmigungsverfahren wider, vor Erteilung der Vollgenehmigung verbindlich über das Vorliegen bestimmter Genehmigungsvoraussetzungen zu entscheiden, um derart einen Schutz aufgewandter und zu tätigender Investitionen sicherzustellen[552].

Hierzu wird teilweise in der Literatur vertreten, aufgrund seines rahmensetzenden Charakters solle der fakultative Rahmenbetriebsplan als Konzept zeitlich vor der Aufstellung von Haupt- und Sonderbetriebsplänen erfolgen müssen, sodass die Behörde einen solchen im Falle seiner Erforderlichkeit nicht erst zu einem späteren Zeitpunkt verlangen können dürfe.[553]

Dem lässt sich entgegenhalten, dass das BBergG keinerlei Regelung dahingehend enthält, die Zulassung eines Hauptbetriebsplans setze zunächst die Zulassung eines Rahmenbetriebsplans voraus[554], insofern die Behörde dessen Aufstellung zuvor verlangte[555].

Zunächst ist festzustellen, dass der Zeitpunkt der Aufstellung und Zulassung eines fakultativen Rahmenbetriebsplans im Wortlaut der §§ 51–56 BBergG keinerlei Erwähnung findet. Im Unterschied deutet § 52 Abs. 1 Satz 1 BBergG an, dass der für die Errichtung und den Betrieb aufzustellende Hauptbetriebsplan jedenfalls vor Beginn des Bergbauvorhabens zu erfolgen hat. § 53 Abs. 1 Satz 1 BBergG enthält insoweit den Hinweis, dass der Abschlussbetriebsplan für die Einstellung des Betriebes gegen dessen Ende aufzustellen sein muss. Diese beiden Regelungen konstituieren zwar einerseits keine ausdrücklichen Aufstellungs- bzw. Zulassungszeitpunkte für Haupt- und Abschlussbetriebspläne, lassen hierauf allerdings durch die wörtliche Bezugnahme auf bestimmte Phasen des Bergbaubetriebs schließen. Eine solche wörtliche Bezugnahme auf bestimmte Betriebsphasen lässt § 52 Abs. 2 Nr. 1 BBergG für den fakultativen Rahmenbetriebsplan vermissen. Jedoch soll dem Wortlaut dieser Regelung entsprechend der Rahmenbetriebsplan unter anderem allgemeine Angaben über den voraussichtlichen zeitlichen Ablauf des beabsichtigten Vorhabens enthalten. Diese auf das Bergbauvorhaben bezogene zeitliche Durchführungsprognose erscheint nur sinnvoll, sofern sie zu Beginn des jeweils erfassten Vorhabens erfolgt. Ebenfalls zeigt die Tatsache, dass sich der Inhalt eines fakultativen Rahmenbetriebsplans insgesamt auf allgemeine Angaben beschränken soll und gerade

---
551 *Kugelmann*, in: Kotulla, BImSchG, § 9 Rn. 38, der allerdings darauf hinweist, dass § 9 BImSchG keinen zwingenden Zeitpunkt für den Vorbescheid vorgebe, sodass ein solcher ebenfalls im bereits laufenden Genehmigungsverfahren beantragt werden könne.
552 Siehe zu Zweck und Funktion des Vorbescheids oben Kap. 2, B), I), 2., a).
553 *Hoppe/Beckmann*, S. 144 f.
554 *Piens*, in: Piens/Schulte/Graf Vitzthum, BBergG, § 52 Rn. 11.
555 BVerwGE 100, 1, 19.

nicht detailliert erfolgt, mithin noch weiterer Konkretisierung durch folgende Betriebspläne bedarf,[556] dass dieser zu Beginn der Planung durch den Unternehmer und dementsprechend zu Beginn des Vorhabens zweckmäßig erscheint. Betrachtet man darüber hinaus die Zweckfunktion des Rahmenbetriebsplans im System des Betriebsplanverfahrens, die Vielzahl von Hauptbetriebsplänen in einen umfassenden Gesamtzusammenhang zu setzen und insoweit einen Rahmen um diese zu bilden[557], spricht dies zunächst dafür, dass ein fakultativer Rahmenbetriebsplan, um diese Aufgabe sinnvoll erfüllen zu können, vor den Hauptbetriebsplänen aufgestellt und zugelassen werden sollte.[558] Aufschlussreich ist insoweit die Gesetzesbegründung, als dass danach der fakultative Rahmenbetriebsplan diesen Gesamtzusammenhang in Bezug auf die Einzelvorhaben, die „[...] *in Zukunft durchgeführt werden sollen* [...]"[559], herstellen soll. Diese Bezugnahme auf zukünftige Vorhaben lässt darauf schließen, dass der fakultative Rahmenbetriebsplan nach der Vorstellung des Gesetzgebers zu Beginn des Gesamtvorhabens oder zumindest zu Beginn der Vielzahl an Einzelvorhaben, welche er erfassen soll, aufzustellen und zuzulassen sei.

Zusammenfassend lässt sich feststellen, einerseits konstituieren die Regelungen des BBergG keine ausdrückliche Verpflichtung dahingehend, dass ein fakultativer Rahmenbetriebsplan – im Falle seiner Notwendigkeit – zwingend vor Haupt- oder Sonderbetriebsplänen aufzustellen und zuzulassen wäre. Andererseits wird die Aufstellung und Zulassung eines fakultativen Rahmenbetriebsplans, sofern er im Hinblick auf die Komplexität des Vorhabens notwendig erscheint, vor Aufstellung und Zulassung der den Vorhabenbeginn gestattenden Hauptbetriebspläne am sinnvollsten der Funktion, diese Hauptbetriebspläne in einen Gesamtzusammenhang zu setzen, gerecht.[560] Kurzgefasst besteht keine gesetzliche Pflicht, aber ein funktional orientiertes Bedürfnis. Insoweit finde in der bergrechtlichen Praxis eine zeitgleiche Einreichung von Rahmenbetriebsplan und erstem Hauptbetriebsplan statt.[561] Gleichzeitig bedeutet dies aber auch, dass es mangels gesetzlich vorgegebenen Zeitpunkts sowohl auf Seiten der Behörde, als

---

556 Siehe zum Inhalt des fakultativen Rahmenbetriebsplans oben Kap. 1, C), II), 2., a) und im Detail unten Kap 2, B), I), 3., f), bb), (6).
557 Siehe dazu oben Kap. 1, C), II), 2.
558 *Niermann*, S. 69 f., vgl. S. 104 zum Zeitpunkt des obligatorischen Rahmenbetriebsplans; vgl. ebenfalls *Ebel/Weller*, ABG m. Erläut., § 67 Anm. 1, S. 132, wonach unter Geltung des ABG „[...] *zweckmäßig zunächst Rahmenbetriebspläne* [...]" aufgestellt wurden. Nach *Frenz*, NVwZ 2012, 1221, 1222 seien Rahmenbetriebspläne „[...] *naturgemäß* [...]" vor dem Hauptbetriebsplan aufzustellen.
559 BT-Drs. 8/1315, S. 107.
560 Wohl im Ergebnis auch *Niermann*, S. 69 f.
561 v. *Hammerstein*, in: Boldt/Weller/Kühne/v. Mäßenhausen, BBergG, § 52 Rn. 34 in Fn. 49, der insoweit die abweichende Ansicht bei *Piens*, in: Piens/Schulte/Graf Vitzthum, BBergG, § 52 Rn. 11 als lediglich missverständliche Formulierung qualifiziert.

auch des Unternehmers möglich ist, einen fakultativen Rahmenbetriebsplan nach Aufstellung und Zulassung von Hauptbetriebsplänen aufzustellen bzw. die Aufstellung zu verlangen und diesen zuzulassen.[562] Der Zeitpunkt des fakultativen Rahmenbetriebsplans ist dementsprechend im Grundsatz flexibel ausgestaltet. In einem solchen Fall kann die Rahmenbetriebsplanzulassung bereits aus zeitlichen Gründen die Bergbehörde nicht wie ein Vorbescheid im Hinblick auf die im vorherigen Hauptbetriebsplan beschriebene Vorhabenetappe vorab binden. Er kann diese Etappe zwar inhaltlich in seinen Gesamtrahmen aufnehmen, eine Bindung der Behörde käme dann aber nur hinsichtlich zukünftig innerhalb dieses Rahmens erforderlicher Hauptbetriebspläne in Frage.

Diese Erkenntnis wirkt sich auf die Vergleichbarkeit von Vorbescheid und der Zulassung eines fakultativen Rahmenbetriebsplans aus. Ersterer muss bereits aus gesetzlicher Sicht zwingend vor Erlass der Vollgenehmigung beantragt und erteilt werden, um auf diese Weise seiner Funktion der vorherigen verbindlichen Entscheidung über Genehmigungsvoraussetzungen gerecht zu werden. Die Aufstellung und Zulassung eines fakultativen Rahmenbetriebsplans ist im Gegensatz gerade nicht ausdrücklich zwingend vor Aufstellung und Zulassung von Haupt- und Sonderbetriebsplänen vorgeschrieben. Diese Ausgestaltung des Rahmenbetriebsplanverfahrens lässt darauf schließen, dass die Zulassung des fakultativen Rahmenbetriebsplans gegebenenfalls nicht in mit dem Vorbescheid vergleichbarer Weise vorab verbindlich über bestimmte Zulassungsvoraussetzungen des Bergbauvorhabens entscheiden soll. Denn wäre dies zwingend seine Funktion im Betriebsplanverfahren, liefe die flexible Ausgestaltung seines Aufstellungs- bzw. Aufstellungs-Verlangenszeitpunktes dieser Funktion zuwider. Dies spricht gegen eine Vergleichbarkeit der Zulassung eines fakultativen Rahmenbetriebsplans mit dem Vorbescheid.

e) **Unterschiedliche strukturelle Aspekte der Stufungssystematik im anlagenbezogenen Genehmigungs- / betriebsplanrechtlichen Zulassungsverfahren**

Im Rahmen der Verfahrensstufung im Anlagengenehmigungsrecht müssen alle Stufungen bzw. Teilentscheidungen zusammen, darunter auch positiv erteilte Vorbescheide, den Gesamtregelungsgehalt einer Vollgenehmigung ergeben.[563] Dieses Ergebnis stellt das mit jeder Teilentscheidung verbundene vorläufige positive Gesamturteil sicher, indem es jeden Vorbescheid und jede Teilgenehmigung in Zusammenhang mit der Gesamtgenehmigungsfähigkeit der Gesamtanlage setzt.[564] Der Vorbescheid regelt dementsprechend

---

562 Im Ergebnis auch *Niermann*, S. 70.
563 Siehe BVerwGE 80, 207, 223 zur atomrechtlichen Teilgenehmigung; *Wieland*, DVBl. 1991, 616, 622. Siehe auch bereits oben Kap. 2, A), I), 2.
564 *Wieland*, DVBl. 1991, 616, 622. Vgl. auch oben Kap. 2, B), I), 2., d), bb), (2).

einen Teil des Regelungsgehalts der späteren Vollgenehmigung vorab verbindlich, nimmt diesen Teil – anders ausgedrückt – vorweg.[565]

Die Frage nach der Vergleichbarkeit von Vorbescheid und Zulassung eines fakultativen Rahmenbetriebsplans bedarf daher der Untersuchung, ob sich diese Systematik gestufter Verwaltungsverfahren grundsätzlich im bergrechtlichen Betriebsplanverfahren wiederfindet. Denn sofern das bergrechtliche Betriebsplanverfahren insgesamt keine vergleichbare Stufungssystematik aufweist, erscheint eine Vergleichbarkeit der einzelnen Teilentscheidungen und somit eine Übernahme der Grundlagen des Vorbescheids in das Betriebsplanverfahren abwegig.

Ausgangspunkt der Erörterung der Frage der Stufungssystematik muss dabei, wie im Anlagengenehmigungsverfahren, die gesetzliche Grundkonstellation der Genehmigung bzw. Zulassung sein. Gesetzlich vorgesehen ist im Regelfall zunächst die Genehmigung eines Anlagenvorhabens durch eine einmalige behördliche Entscheidung.[566] Zutreffend lässt sich die Stufung dieses Genehmigungsverfahrens in folgende Worte fassen:

„*Das gestufte Genehmigungsverfahren ist also eine aufgrund administrativer Entscheidung beruhende Dekonzentration eines vom Gesetz an sich als ungeteilt vorgesehenen Verwaltungsverfahrens [...]*."[567]

Dies macht deutlich, dass das Verfahren in seiner Grundkonzeption zunächst ein ungestuftes ist und insoweit mit einer das Anlagenvorhaben abschließend genehmigenden einzelnen Behördenentscheidung endet.

aa)   Das Fehlen einer einmaligen „Vollgenehmigung" im Betriebsplanverfahren als Ausgangskomplikation

An diese Dogmatik der Verfahrensstufung anknüpfend ergibt sich im Hinblick auf das bergrechtliche Betriebsplanverfahren bereits eine Ausgangskomplikation. Denn aufgrund des im Bergrecht vorherrschenden, sich zeitlich wiederholenden[568] Zulassungserfordernisses einer Vielzahl von Hauptbetriebsplänen für ein Bergbauvorhaben, scheint eine dem Anlagengenehmigungsrecht ähnliche, einzelne und einmalig abschließende Behördenentscheidung des Zulassungsverfahrens von Gesetzes wegen nicht vorgesehen zu sein. In diesem Sinne formuliert auch die Begründung des Entwurfs zum BBergG, soweit es dort ausdrücklich lautet, das Betriebsplanverfahren sehe „[...] *keine im Grundsatz einmalige, sondern sich [...] kontinuierlich*

---

565 Siehe dazu oben Kap. 2, B), I), 2., d), bb).
566 Dieses abstrakte Beispiel einer Anlagengenehmigung bezieht sich auf den Grundtypus einer Anlagengenehmigung, beschränkt auf einen einzelnen Fachbereich. Im Fokus steht das einmalige Genehmigungserfordernis des jeweiligen Fachrechts im BImSchG und AtG. Die Problematik paralleler Genehmigungserfordernisse und entsprechender Konzentrationswirkungen wurde hier nicht vergessen, soll an dieser Stelle aber ausgeblendet werden, um die Thematik nicht zu verkomplizieren.
567 *Gaentzsch*, NJW 1986, 2787, 2789.
568 Siehe dazu auch oben Kap. 1, C), II), 1.

wiederholende Betriebszulassung [...]"[569] vor. Denn das „[...] *Institut einer einmaligen Betriebsgenehmigung oder -zulassung* [...], *wie sie das mehr auf eine statische Betriebsweise ausgerichtete Gewerberecht, Atomrecht oder Wasserrecht kennt* [...]"[570], genüge den Erfordernissen der Sachgesetzlichkeiten des Bergbaus nicht[571]. Die Zulassung eines Hauptbetriebsplans lässt sich – die Ausgliederung von Regelungsaspekten in Sonderbetriebspläne außer Acht gelassen – allenfalls als für den nach § 52 Abs. 1 Satz 1 BBergG auf in der Regel zwei Jahre begrenzten Zeitraum als abschließende einmalige Behördenentscheidung verstehen. Zwar betrifft der Hauptbetriebsplan, begrenzt auf seinen zeitlichen Abschnitt, das Bergbauvorhaben vollständig und nicht bloß ausschnittsweise[572]. Allerdings sieht das Bergrecht keine einmalige abschließende Entscheidung der Bergbehörde für das Gesamtbergbauvorhaben vor[573], sondern eine mehrfach abschnittsweise zu treffende. Es fehlt dem bergrechtlichen Betriebsplanverfahren daher an einer dem Anlagengenehmigungsverfahren vergleichbaren abschließenden einmaligen Vollgenehmigung. Mit anderen Worten zeigt sich der Unterschied beider Verwaltungsverfahren in seiner Grundkonstellation wie folgt: Hier ein einzelnes Anlagenvorhaben, eine einmalige behördliche Entscheidung – dort ein einzelnes Bergbauvorhaben, mehrfache[574] abschnittsweise behördliche Entscheidungen. Das bergrechtliche Betriebsplanverfahren und das Anlagengenehmigungsverfahren weisen insoweit nicht denselben dogmatischen Ausgangspunkt hinsichtlich einer möglichen Stufung des jeweiligen Verwaltungsverfahrens auf.

bb) Gliederung des Betriebsplanverfahrens nach zeitlichen Durchführungsetappen

Anknüpfend an das Fehlen einer abschließenden „Vollgenehmigung" im bergrechtlichen Betriebsplanverfahren bedarf die Konzeption der jeweiligen „Stufung"[575] im Betriebsplanverfahren und im Anlagengenehmigungsverfahren einer kritisch vergleichenden Betrachtung.

Zunächst drängt sich an dieser Stelle eine abstrakte Vorüberlegung auf, welche an die dargelegte Ausgangskomplikation anknüpft und vorerst die betriebsplanrechtlichen Feinheiten außer Acht lässt: Ohne entsprechende einmalige „Vollgenehmigung" im Betriebsplanverfahren, welche abschlie-

---

569 BT-Drs. 8/1315, S. 109.
570 BT-Drs. 8/1315, S. 105.
571 BT-Drs. 8/1315, S. 105.
572 Vgl. *Rausch*, S. 42; *Pollmann/Wilke*, S. 217.
573 Vgl. *Schmidt-Aßmann/Schoch*, S. 189, die darauf hinweisen, dass dem Bergrecht eine „Endentscheidung" fehle.
574 Vorausgesetzt das Vorhaben nimmt einen längeren Zeitraum als zwei Jahre in Anspruch, wovon aber in der Regel auszugehen sein wird.
575 Die Nutzung des Begriffs „Stufung" im Kontext des bergrechtlichen Betriebsplanverfahrens wird im weiteren Verlauf noch zu überdenken sein.

ßend und gestattend das Bergbauvorhaben insgesamt zuließe, kann kein Regelungsausschnitt einer solchen vorab verbindlich einer abschließenden rechtlichen Klärung zugeführt werden. Eine Vorwegnahme der behördlichen Entscheidung über das Vorliegen bestimmter Zulassungsvoraussetzungen des Gesamtbergbauvorhabens kann es in der Art des gestuften Anlagengenehmigungsverfahrens somit bereits rechtskonstruktiv nicht geben, da das Bergbauvorhaben in seiner Gesamtheit von Anfang bis Ende bereits nach der Grundentscheidung des BBergG nicht Gegenstand einer einmaligen abschließenden, den Vorhabenbeginn gestattenden Behördenentscheidung ist. Dies ist ebenfalls in sprachlicher Hinsicht von Relevanz, denn dann kann die Formulierung von der „Zulassung des Bergbauvorhabens" nicht gänzlich korrekt sein. Es handelt sich vielmehr nur um die jeweilige Zulassung von Etappen des Bergbauvorhabens.

Der grundlegende Unterschied[576] der „Stufungskonzeption" zwischen Betriebsplanverfahren und Anlagengenehmigungsverfahren zeigt sich am Anknüpfungspunkt der einzelnen Verfahrensentscheidungen. Das Betriebsplanverfahren ist strukturiert als zeitliche[577] Aufgliederung der geplanten Durchführungsschritte des Bergbauvorhabens in Etappen und nicht als Ausgliederung bestimmter gegenstandsbezogener Ausschnitte aus dem gesamten Vorhaben ohne zeitlichen Bezug wie im gestuften Anlagengenehmigungsverfahren.[578] Während also die Stufung des Anlagengenehmigungsverfahrens dadurch geprägt ist, dass sich die die Stufen bildenden Teilentscheidungen auf einen gegenständlichen Ausschnitt aus der Vollgenehmigung beziehen, nimmt das bergrechtliche Betriebsplanverfahren die geplanten Durchführungsschritte des Vorhabens innerhalb eines begrenzten Intervalls in den Blick. Dieser Unterschied wird ebenfalls daran deutlich, dass der Hauptbetriebsplan hinsichtlich einer zeitlichen Durchführungsetappe eine umfassende behördliche Prüfung aller bergrechtlichen Voraussetzungen dieses Abschnitts zum Gegenstand hat, wohingegen die Teilentscheidungen des gestuften Genehmigungsverfahrens einen bloßen Ausschnitt von Genehmigungsvoraussetzungen darstellen.[579] Hieran zeigt sich insbesondere auch der zeitliche Charakter der Aufgliederung des Betriebsplanverfahrens. Denn der Hauptbetriebsplan nimmt – Sonderbetriebspläne ausgeblendet – umfassend alle geplanten Arbeiten und Voraus-

---

576 Eine Vergleichbarkeit der Struktur von Betriebsplanverfahren und gestuften Anlagengenehmigungsverfahren ohne tiefere Begründung ebenfalls ablehnend, *Cosack*, NuR 2000, 311, 311.
577 BVerfGE 89, 246, 251 f.: „[...] *nach Zeitabschnitten* [...]"; siehe auch *v. Mäßenhausen*, ZfB 135 (1994), 119, 124 f.; *v. Hammerstein*, in: Boldt/Weller/Kühne/v. Mäßenhausen, BBergG, Vorbem. §§ 50 bis 57c Rn. 11; OVG Berlin, ZfB 131 (1990), 200, 215, welches daneben allerdings eine eher gegenständlichere Stufung ebenfalls annimmt.
578 *Gaentzsch*, in: Kühne/Gaentzsch, Wandel und Beharren im Bergrecht, S. 20.
579 *Rausch*, S. 41 f.

B) Die Bindungswirkung der Zulassung fakultativer Rahmenbetriebspläne

setzungen der in ihm beschriebenen Durchführungsetappe in den Blick.[580] Aus diesem Grund ist der Hauptbetriebsplan trotz seiner Gestattungswirkung[581] nicht mit der Systematik der Stufung durch Teilgenehmigungen vergleichbar[582], da letztere grundsätzlich nur einen Ausschnitt eines Anlagenvorhabens abschließend genehmigen[583]. Entsprechend findet im bergrechtlichen Betriebsplanverfahren zunächst grundsätzlich keine ausschnittsweise Abschichtung von bestimmten Gegenständen des Bergbauvorhabens statt.[584]

Ein weiterer Unterschied zeigt sich im Hinblick auf den Kontext, in welchem die einzelnen Betriebspläne grundsätzlich zugelassen werden. Anders als das gestufte Anlagengenehmigungsverfahren vollzieht sich die „Stufung" des bergrechtlichen Betriebsplanverfahrens nicht im Hinblick auf die letztlich vollständige Gesamtgenehmigung des Bergbauvorhabens von dessen Beginn bis zu dessen Ende, sondern immer nur in Bezug auf den jeweils maßgeblichen zeitlichen Abschnitt.[585] Jeder dieser durch einen Betriebsplan vorgegebenen Abschnitte unterliegt dabei einer getrennten behördlichen Prüfung und erfolgt nicht primär mit Blick auf die zukünftige Gesamtrealisierung des Bergbauvorhabens.[586] Der einzelne Betriebsplan wird also nicht mit der Intention zugelassen, am Ende zusammen mit zukünftigen das Gesamtbergbauvorhaben zu genehmigen, sondern um seiner selbst willen als etappenweise behördliche Zulassungsentscheidung. Dies rekurriert auf die Ausgangsüberlegung des Fehlens einer „Vollgenehmigung" im Betriebsplanverfahren. Denn dem Zulassen von Durchführungsetappen des Bergbauvorhabens ist immanent, dass dieses Bergbauvorhaben in seiner Gesamt-

---

580 Siehe zum Inhalt eines Hauptbetriebsplans oben Kap. 1, C), II), 1.
581 Siehe dazu oben Kap. 1, C), III), 2., c), bb).
582 *Rausch*, S. 41 f.; *Schulte*, Raumplanung und Genehmigung bei der Bodenschätzegewinnung, S. 367; *Beckmann*, in: Hoppe/Beckmann, UVPG, § 18 Rn. 33; siehe auch *Niermann*, S. 63, welcher insoweit nur von einer bedingten Vergleichbarkeit ausgeht; a. A., eine solche Vergleichbarkeit zumindest der Struktur annehmend, *Kühne*, UPR 1986, 81, 83 und *Kühne*, ZfB 132 (1991), 283, 287.
583 Vgl. *Jarass*, BImSchG, § 8 Rn. 5, 8; *Jarass*, UPR 1983, 241, 241; *Dietlein*, in: Landmann/Rohmer, UmweltR, BImSchG, § 8 Rn. 17, 21; *Storost*, in: Ule/Laubinger/Repkewitz, BImSchG, § 8 Rn. B 1, B 6; *Czajka*, in: Feldhaus, BImSchG, § 8 Rn. 4 f.; *Nöthlichs*, BImSchG, § 8 Erläuterung 1 f.
584 Vgl. auch OVG Berlin, ZfB 131 (1990), 200, 215.
585 BVerwGE 89, 246, 253; *Gaentzsch*, in: Kühne/Gaentzsch, Wandel und Beharren im Bergrecht, S. 20.
586 Dies darf allerdings nicht mit den Planungszusammenhängen der einzelnen Betriebspläne untereinander und deren Einbettung in eine übergreifende Planung verwechselt werden, siehe zu diesen Zusammenhängen *Schmidt-Aßmann/Schoch*, S. 173. Denn dies betrifft die Zusammenhänge der Betriebspläne als Planung des jeweiligen Unternehmers, wohingegen vorliegend die Zulassung die behördliche etappenweise Kontrolle dieser Unternehmerplanung betrifft.

heit grundsätzlich[587] nicht Gegenstand des Betriebsplanverfahrens ist bzw. aufgrund der bergbaulichen Sachgesetzlichkeiten auch nicht sein kann. Der besonderen Dynamik und Unvorhersehbarkeit des Bergbaus entspricht daher diese nach zeitlichen Durchführungsetappen gegliederte behördliche Kontrolle und Gestattung der Realisierung des Bergbauvorhabens.[588] Die Genehmigung eines Anlagenvorhabens ist hingegen, wie bereits dargelegt, abstrakt im Grundsatz als einzelne Behördenentscheidung vorgesehen. Das bedeutet, dass die Anlage als Ganzes Gegenstand dieser Entscheidung sein muss. Durch den Erlass von Teilentscheidungen wird dieses Ganze in Ausschnitte zerlegt, das Genehmigungsverfahren dementsprechend gestuft. In diesem gestuften Anlagengenehmigungsverfahren ergehen die einzelnen Teilentscheidungen aber gerade vor dem Hintergrund, am Ende zusammen das gesamte Anlagenvorhaben zu genehmigen, in dem die einzelnen Teilentscheidungen zusammen den Regelungsgehalt der Vollgenehmigung ergeben.[589] Dieser Gedanke lässt sich mangels Vollgenehmigung schon nicht auf das Betriebsplanverfahren übertragen.

Es ist zu konstatieren, dass der Charakter des Betriebsplanverfahrens grundsätzlich geprägt ist durch eine sich an zeitlichen Durchführungsetappen des Bergbauvorhabens orientierenden Aufgliederung in sich regelmäßig wiederholende Zulassungsentscheidungen, welche nicht im Hinblick darauf getroffen werden, das gesamte Bergbauvorhaben von Beginn bis Ende zusammen zu realisieren.

Ergänzend ist an dieser Stelle noch auf den Sprachgebrauch des „gestuften" Verfahrens bzw. der „Stufung" im Kontext des bergrechtlichen Betriebsplanverfahrens einzugehen. Ist etwas gestuft, impliziert dies nicht die bloße sachliche Aufteilung eines Ganzen in verschiedene Teile oder Abschnitte, sondern vielmehr eine aufeinander aufbauende Gliederung einzelner Stufen ähnlich einer Treppe. Die nachfolgenden einzelnen Stufen setzen gewissermaßen die Existenz der vorherigen voraus und ergeben zusammen die vollständige „Treppe" als Ganzes.[590] Dieses Verhältnis trifft grundsätzlich, wie sich gezeigt hat, nicht auf das Betriebsplanverfahren zu. Daher bietet es sich an, in sprachlicher Hinsicht von dem Betriebsplanverfahren als zeitliche Aufgliederung nach Durchführungsetappen des Bergbauvorhabens auszugehen. Anderenfalls neigt man bei einheitlicher Bezeichnung als „gestuftes" Verfahren zu schnell zu einer nicht zutreffenden Vergleichbarkeit.

---

587 Zur Möglichkeit der Erfassung des Gesamtbergbauvorhabens durch einen fakultativen Rahmenbetriebsplan siehe unten Kap. 2, B), I), 3., e), dd).
588 Vgl. *Gaentzsch*, in: Kühne/Gaentzsch, Wandel und Beharren im Bergrecht, S. 20 f.
589 Siehe dazu oben Kap. 2, A), I), 2. und Kap. 2, B), I), 2., d), bb), (2).
590 Vgl. *Ramsauer*, in: Kopp/Ramsauer, VwVfG, § 9 Rn. 50.

cc) **Zusätzlich optionale gegenstandsbezogene Aufgliederung durch Sonderbetriebspläne**

Die Qualifizierung des bergrechtlichen Betriebsplanverfahrens als zeitlich nach Durchführungsetappen aufgegliedertes Verfahren bildet den Grundsatz, bedarf bei umfassender Betrachtung des Betriebsplanverfahrens insgesamt allerdings einer weiteren Ergänzung. Denn die bisher beschriebene grundsätzliche Aufgliederung des Betriebsplanverfahrens nach zeitlichen Durchführungsetappen findet ihren Ursprung in dem sich wiederholenden Zulassungserfordernis von Hauptbetriebsplänen nach § 52 Abs. 1 Satz 1 BBergG. Daher ist zu untersuchen, in welcher Art und Weise und mit welchen Konsequenzen sich der Sonderbetriebsplan und – vorrangig für den Gegenstand dieser Bearbeitung – sich der fakultative Rahmenbetriebsplan in diese Konzeption des Verfahrens einbetten.

Neben der grundsätzlich nach Durchführungsetappen ausgerichteten zeitlichen Aufgliederung des Betriebsplanverfahrens scheint sich die Existenz einer mehr gegenstandsbezogeneren „Stufung" nicht vollständig von der Hand weisen zu lassen.[591] Dies zeigt sich zunächst an dem Sonderbetriebsplan, der ausweislich seiner gesetzlichen Bestimmung in § 52 Abs. 2 Nr. 2 BBergG für bestimmte Teile des Betriebes oder für bestimmte Vorhaben aufzustellen ist und dem Wortlaut entsprechend gerade keiner gesetzlich vorgegebenen zeitlich begrenzten Geltungsdauer unterliegt. Der Sonderbetriebsplan stellt insoweit explizit einen bestimmten Gegenstand des Vorhabens bzw. der Vorhabenetappe als Ausschnitt dar.[592] Beispielhaft lassen sich hier die Sonderbetriebspläne zu Einwirkungen auf die Tagesoberfläche erwähnen, die insbesondere ein Zeitfenster von mehreren Hauptbetriebsplänen abdecken und die Beteiligung wahrscheinlich schwerwiegend betroffener Oberflächeneigentümer gegenständlich aus den Hauptbetriebsplänen aussondern.[593] Fasst man den Sonderbetriebsplan und seine Zulassung als „Stufung" innerhalb des Betriebsplanverfahrens auf, dann stellt er einen grundsätzlich nicht bloß zeitlich orientierten Ausschnitt aus dem durch den Hauptbetriebsplan beschriebenen Gegenstand des Bergbauvorhabens dar. Da der Sonderbetriebsplan allerdings als Entlastung des Hauptbetriebsplans intendiert ist,[594] reiht er sich in die an Zeitabschnitten orientierte Aufgliederung des Betriebsplanverfahrens ein. Er nimmt also keinen Aus-

---

591 Vgl. im Ergebnis wohl auch *Pohl*, S. 102, der im Betriebsplanverfahren abstrakt in eine einerseits „[...] *vertikale Stufung* [...]" im Sinne einer „[...] *sachlichen Problemabschichtung* [...]" und andererseits eine „[...] *zeitliche Stufung* [...]" unterteilt; in diesem Sinne ähnlich auch OVG Berlin, ZfB 131 (1990), 200, 215.
592 Im Ergebnis ebenfalls *Rausch*, S. 42, der gewisse Parallelen zwischen Sonderbetriebsplan und Teilgenehmigung annimmt.
593 Siehe hierzu anschaulich Bild 5 bei *Pollmann/Wilke*, S. 223. Zu diesen Sonderbetriebsplänen siehe oben Kap. 1, C), III), 1., a).
594 Siehe dazu oben Kap. 1, C), II, 3.

schnitt aus dem Hauptbetriebsplan vorweg, sondern stellt diesen ausgesondert[595], aber parallel dar. Damit fungiert ebenfalls diese gegenständliche Abstufung durch den Sonderbetriebsplan nicht als „Stufung" im Sinne des Anlagengenehmigungsrechts in Bezug auf das Gesamtbergbauvorhaben, sondern allenfalls in Bezug auf eine (oder im jeweiligen Einzelfall mehrere) durch den Hauptbetriebsplan vorgegebene zeitlich orientierte Etappen des Vorhabens. Dass sich der Sonderbetriebsplan und dessen Zulassung in die zeitliche Aufgliederung des bergrechtlichen Betriebsplanverfahrens einreihen[596], zeigt sich an deren rechtlicher Verknüpfung mit dem Hauptbetriebsplan, denn ohne zugelassenen Hauptbetriebsplan darf das Bergbauvorhaben nicht weiter durchgeführt werden[597]. Die nicht befristete Sonderbetriebsplanzulassung bleibt allerdings weiterhin wirksam bestehen, sodass nicht jede Zulassung eines neuen Hauptbetriebsplans gleichsam die erneute Zulassung des Sonderbetriebsplans erfordere.[598] Sonderbetriebspläne werden insoweit auch als „[...] *abgespaltene Teile von Hauptbetriebsplänen* [...]"[599] bezeichnet. Diese Verknüpfung zeichnet sich ebenfalls in der rechtlichen Umsetzung ab, da die Verpflichtung zur Aufstellung eines entsprechenden Sonderbetriebsplans als Nebenbestimmung[600] in Form einer Bedingung im Sinne des § 36 Abs. 2 Nr. 2 VwVfG Eingang in die Hauptbetriebsplanzulassung finden kann[601]. Die grundsätzliche Aufgliederung im

---

595 Siehe auch *Keienburg*, NVwZ 2013, 1123, 1125, nach der die Zulassung eines Sonderbetriebsplans „[...] *die Abschichtung von Einzelaspekten aus dem Hauptbetriebsplanverfahren ermöglicht* [...]".

596 Nach *Hoppe/Beckmann*, S. 125 sei der Sonderbetriebsplan ebenfalls für die „Stufung" im bergrechtlichen Betriebsplanverfahren von geringer Bedeutung.

597 Vgl. *Gaentzsch*, in: Kühne/Gaentzsch, Wandel und Beharren im Bergrecht, S. 24; *Kremer/ Neuhaus gen. Wever*, BergR, Rn. 197; *Schulte*, Kernfragen des bergrechtlichen Genehmigungsverfahrens, S. 68; *Keienburg*, NVwZ 2013, 1123, 1125.

598 *Schmidt-Aßmann/Schoch*, S. 199; *Schulte*, Kernfragen des bergrechtlichen Genehmigungsverfahrens, S. 68; *Schulte*, Raumplanung und Genehmigung bei der Bodenschätzegewinnung, S. 369; *Keienburg*, NVwZ 2013, 1123, 1125; nicht ganz eindeutig a. A. *Stiens*, S. 64, der wohl den Inhalt der Sonderbetriebspläne in stärkerem Maß in die Hauptbetriebspläne einfügen will, um sie so einer turnusmäßigen Kontrolle zu unterwerfen und eine Umgehung des wiederholenden Zulassungserfordernisses der Hauptbetriebspläne zu verhindern.

599 *Kühne*, UPR 1986, 81, 81.

600 Siehe zur grds. Zulässigkeit der Beifügung von Nebenbestimmungen zu Betriebsplanzulassungen nach § 36 VwVfG: *v. Hammerstein*, in: Boldt/Weller/Kühne/v. Mäßenhausen, BBergG, § 56 Rn. 4 und *Piens*, in: Piens/Schulte/Graf Vitzthum, BBergG, § 56 Rn. 115, beide unter Verweis auf BT-Drs. 8/3965, S. 134, 138; *Pfadt*, S. 166; insbesondere im Hinblick auf die Möglichkeit, eine Rahmenbetriebsplanzulassung mit Nebenbestimmungen zu versehen vgl. BVerwGE 100, 31, 34 f.

601 *Frenz*, NVwZ 2012, 1221, 1223 f., differenzierend zwischen auflösender und aufschiebender Bedingung; *Keienburg*, NVwZ 2013, 1123, 1127, geht von einer bloß „[...] *partiell* [...]" aufschiebenden Bedingung der Hauptbetriebsplanzulassungen im Falle des Sonderbetriebsplans Abbaueinwirkungen auf das Oberflächeneigentum aus.

bergrechtlichen Betriebsplanverfahren bleibt damit eine nach zeitlichen Durchführungsetappen orientierte. Der Sonderbetriebsplan ermöglicht allerdings eine Abschichtung bestimmter Durchführungsgegenstände, die in die durch die Hauptbetriebspläne vorgegebene zeitlich-etappenweise Aufteilung eingegliederte ist und weist somit für sich eine gegenstandsbezogene Abschichtung eines Ausschnitts aus dem in den Hauptbetriebsplänen beschrieben Vorhaben auf. Wird also ein Sonderbetriebsplan vom Unternehmer aufgestellt und von der Bergbehörde zugelassen, ändert sich die grundsätzliche Konzeption der Aufgliederung des Betriebsplanverfahrens insgesamt nicht.

dd) Systematisches Verhältnis des fakultativen Rahmenbetriebsplans zu Haupt- und Sonderbetriebsplänen im gegliederten Betriebsplanverfahren

Die Unterschiedlichkeit des abstrakten Stufungskonzepts zu Grunde legend, ist zu untersuchen, ob der fakultative Rahmenbetriebsplan bzw. dessen Zulassung in dem grundsätzlich nach zeitlichen Durchführungsetappen aufgegliederten Betriebsplanverfahren in systematischer Hinsicht eine dem anlagengenehmigungsrechtlichen Vorbescheid vergleichbare Funktion einnehmen kann.

Dabei muss man sich noch einmal vergegenwärtigen, dass der Vorbescheid im gestuften Anlagengenehmigungsverfahren vorweg einen Teil bzw. Ausschnitt der späteren Vollgenehmigung verbindlich regelt. Dies erreicht er über die von ihm ausgehende uneingeschränkte Bindungswirkung hinsichtlich der Feststellung des Vorliegens bestimmter Genehmigungsvoraussetzungen.[602] Untersucht man die Vergleichbarkeit der Zulassung eines fakultativen Rahmenbetriebsplans mit einem solchen Vorbescheid, drängt sich eine grundlegende Frage auf: Welchen Regelungsausschnitt welcher Entscheidung der Bergbehörde soll die Zulassung eines fakultativen Rahmenbetriebsplans vorweg verbindlich regeln können? Denn wie sich bereits gezeigt hat[603], liegt dem bergrechtlichen Betriebsplanverfahren zum einen keine Vorstellung einer einmaligen abschließenden „Vollgenehmigung" zu Grunde. Zum anderen stellt die Konzeption der Aufgliederung des Betriebsplanverfahrens in der Folge grundsätzlich keine „Stufung" im Sinne einer vorwegnehmenden Abschichtung von Ausschnitten aus dem Gegenstand des Gesamtvorhabens dar.

Daher ist zunächst zu untersuchen, welche Rolle bzw. Funktion der fakultative Rahmenbetriebsplan und dessen Zulassung innerhalb der Systematik des Betriebsplanverfahrens einnehmen.

---

602 Siehe dazu oben Kap. 2, I), 2., d), bb).
603 Siehe zum Fehlen einer Vollgenehmigung im bergrechtlichen Betriebsplanverfahren oben Kap. 2, B), I), 3., e), aa).

Erste Rückschlüsse auf die systematische Position des fakultativen Rahmenbetriebsplans innerhalb des Betriebsplanverfahrens ergeben sich bereits aus der Gesetzesbegründung des BBergG, nach der „[...] *Rahmenbetriebspläne noch nicht die Grundlage für die Durchführung konkreter Vorhaben sind, sondern insoweit der Ausfüllung durch Hauptbetriebspläne, Sonderbetriebspläne oder gemeinschaftliche Betriebspläne bedürfen* [...]"[604]. Diese derart beschriebene Konzeption des bergrechtlichen Betriebsplanverfahrens hat zum Inhalt, dass die aufeinander folgenden Hauptbetriebsplanzulassungen[605] allmählich das in der Zulassung des fakultativen Rahmenbetriebsplans in Grundzügen beschriebene Bergbauvorhaben präzisieren und somit deren Regelungsgehalt konkretisieren und inhaltlich ausfüllen[606]. Der Hauptbetriebsplan und dessen Zulassung nehmen einen ihrer Geltungsdauer entsprechenden Abschnitt des im fakultativen Rahmenbetriebsplan umschriebenen Vorhabens und führen diesen Vorhabenabschnitt einer den Durchführungsbeginn gestattenden[607], für sich umfassenden[608] und konkreten Regelung zu. Dieses systematische Verständnis entspricht dem Primärzweck[609] des fakultativen Rahmenbetriebsplans, nach welchem dieser rahmenmäßig Haupt- und Sonderbetriebspläne in einen größeren Zusammenhang stellen soll, um eine umfangreichere Kontrolle und Koordinierung des Vorhabens zu ermöglichen. Ein solcher „Rahmen" lässt sich allerdings nur dann hinreichend ausfüllen und konkretisieren, sofern er nicht immer wieder erneut zur Debatte steht und somit selbst der ständigen Gefahr einer unbedingten Veränderung unterliegt. Dementsprechend ist zu konstatieren, dass die Zulassung des fakultativen Rahmenbetriebsplans eine in gewissem Maße bindende, rahmensetzende Geltung für folgende Haupt- und Sonderbetriebspläne beanspruchen können muss[610], um der dem fakultativen Rahmenbetriebsplan zugeschriebenen Funktion gerecht werden zu können.

Dies erinnert auf den ersten Blick an die Dogmatik eines Konzeptvorbescheids[611], insbesondere in dessen Ausformung, die er in der Rechtsprechung des BVerwG gefunden hat:

„Ist ein Konzeptvorbescheid erteilt worden, so konkretisieren die nachfolgenden Teilgenehmigungen hinsichtlich ihres feststellenden Teils nur noch den vom Konzeptvorbescheid offengelassenen Rahmen; dieser Rahmen legt

---

604 BT-Drs. 8/1315, S. 110.
605 Ggf. erforderliche Sonderbetriebspläne bzw. gemeinschaftliche Betriebspläne zur Vereinfachung ausgeblendet.
606 So auch *Cosack,* NuR 2000, 311, 312.
607 Siehe zur Gestattungswirkung der Hauptbetriebsplanzulassung oben Kap. 1, C), III), 2., c), bb).
608 Gegebenenfalls unter Bezugnahme von Sonderbetriebsplanzulassungen.
609 Siehe zur Zweckrichtung des fakultativen Rahmenbetriebsplans oben Kap. 2, B), I), 3., b), aa).
610 So im Ergebnis ebenfalls *Cosack,* NuR 2000, 311, 313; vgl. *Schmidt-Aßmann/Schoch,* S. 190.
611 Siehe zum Konzeptvorbescheid oben Kap. 2, B), I), 2., b), cc).

B) Die Bindungswirkung der Zulassung fakultativer Rahmenbetriebspläne

endgültig die Grenzen fest, innerhalb derer sich die gestattenden Regelungen der folgenden Teilgenehmigungen zu halten haben."[612]

Trotz dieser zunächst zutreffenden Ähnlichkeit, auf die sich insbesondere die Befürworter[613] der Vergleichbarkeit mit dem Vorbescheid berufen, kann der fakultative Rahmenbetriebsplan dennoch nicht eine diesem Konzeptvorbescheid vergleichbare Funktion im Betriebsplanverfahren übernehmen.[614]

Neben dem bereits dargelegten Fehlen einer bergrechtlichen „Vollgenehmigung", welches dem Verständnis einer ausschnittsweisen Vorwegnahme entgegensteht, hat dies verfahrenssystematische Gründe. Denn der fakultative Rahmenbetriebsplan stellt im Betriebsplanverfahren keine rein gegenstandsbezogene „Abstufung" von Ausschnitten wie im gestuften Anlagengenehmigungsverfahren dar, sondern ebenfalls im Grundsatz eine zeitlich orientierte Aufgliederung nach Durchführungsetappen des Bergbauvorhabens. Vorbescheid und fakultativem Rahmenbetriebsplan liegen also unterschiedliche strukturelle Verfahrenskonzepte zugrunde. Dies zeigt sich bereits am Wortlaut des § 52 Abs. 2 Nr. 1 BBergG als maßgeblicher Regelung des Rahmenbetriebsplans.

Zum einen unterliegt danach der fakultative Rahmenbetriebsplan einem begrenzten, wenn auch längeren Geltungszeitraum. Damit weist er bereits die dem (allgemeinen) Betriebsplanverfahren immanente zeitabschnittsweise Struktur auf. Der fakultative Rahmenbetriebsplan bzw. gegebenenfalls eine Mehrzahl[615] von fakultativen Rahmenbetriebsplänen stellen insoweit selbst eine übergreifende zeitliche Aufgliederung des Vorhabens nach Durchführungsetappen dar. Übergreifend deshalb, weil diese die allgemeine etappenweise Aufgliederung durch Hauptbetriebsplanzulassungen ummantelt und einer umfassenderen Koordinierung zuführt. Durch diese Ausgestaltung ordnet sich das fakultative Rahmenbetriebsplanverfahren stimmiger Weise in die konzeptionelle Ausgestaltung des Betriebsplanverfahrens ein, ohne ihr die notwendige Flexibilität zu nehmen.

In diesem Kontext darf auch der abstrakte Umfang des Gegenstandes des fakultativen Rahmenbetriebsplans nicht außer Acht gelassen werden, da sich hieraus ebenfalls Rückschlüsse auf dessen systematische Position im Betriebsplanverfahren ergeben können. Grundsätzlich kann der fakultative Rahmenbetriebsplan ein bestimmtes, gegebenenfalls überschaubares Bergbauvorhaben in seiner Gesamtheit zum Gegenstand haben.[616] Dies wird

---

612 BVerwGE 70, 365, 373.
613 Siehe dazu oben Kap. 2, B), I).
614 *Hoppe/Beckmann*, S. 134.
615 Bergbauvorhaben können eine Mehrzahl von fakultativen Rahmenbetriebsplänen erfordern, BVerwGE 89, 246, 252; *Hoppe/Beckmann*, S. 139.
616 Vgl. BVerwGE 126, 205, 209 Rn. 18, 210 Rn. 20.; *v. Hammerstein*, in: Boldt/Weller/Kühne/ v. Mäßenhausen, BBergG, § 52 Rn. 33.

aber voraussetzen, dass sich nach den Umständen des Einzelfalls der Umfang des Vorhabens in seiner Gesamtheit rahmenmäßig in der jeweiligen längerfristigen Geltungsdauer des fakultativen Rahmenbetriebsplans darstellen lässt. Allerdings ist dies nicht zwingend[617], denn der Wortlaut des § 52 Abs. 2 Nr. 1 BBergG lässt es mit dem „beabsichtigten Vorhaben" zu, vor dem Hintergrund der begrenzten zeitlichen Geltungsdauer und der fakultativen Ausgestaltung des Rahmenbetriebsplans, ebenfalls nur längerfristige Etappen eines Bergbauvorhabens darzustellen[618]. Daraus ergeben sich zwei verschiedene Eventualitäten hinsichtlich der systematischen Position im Betriebsplanverfahren. Nimmt der fakultative Rahmenbetriebsplan nicht das Gesamtvorhaben in den Blick, kann seine Zulassung in der Folge keine einem Vorbescheid vergleichbare, abschließend für das Gesamtvorhaben verbindliche Regelungen treffen. Hat er das Gesamtbergbauvorhaben zum Gegenstand, muss er auch für dessen gesamte Dauer einen gewissen verbindlichen[619] Rahmen für folgende Haupt- und Sonderbetriebspläne setzen können, dessen Bindungsintensität an dieser Stelle zunächst noch dahingestellt bleiben soll.

Anknüpfend an den Gegenstand des fakultativen Rahmenbetriebsplans ergeben sich weitere Rückschlüsse hinsichtlich seiner systematischen Position aus der Art seiner inhaltlichen Angaben. Der fakultative Rahmenbetriebsplan soll nach dem Wortlaut des § 52 Abs. 2 Nr. 1 BBergG allgemeine Angaben zu dem beabsichtigten Bergbauvorhaben enthalten. Eine auf bestimmte gegenständliche Ausschnitte bezogene Eingrenzung sieht der Wortlaut insbesondere im Unterschied zum Sonderbetriebsplan in § 52 Abs. 2 Nr. 2 BBergG zunächst nicht vor. Dies spricht gegen eine rein gegenstandsbezogene Aufgliederung durch die Zulassung eines fakultativen Rahmenbetriebsplans. Allerdings soll es darüber hinaus in der Praxis möglich sein, fakultative Rahmenbetriebspläne (nicht nacheinander, sondern mitunter auch parallel) nur für bestimmte Teile oder Arbeitsschritte eines Bergbauvorhabens aufzustellen,[620] obwohl der Wortlaut dies nicht nahelegt. Sofern ein solcher fakultativer Rahmenbetriebsplan nicht mehr die seiner

---

617 Im Ergebnis wohl a. A. andeutend, *Cosack*, NuR 2000, 311, 311 f.; *Frenz*, NVwZ 2012, 1221, 1222, nach dem der Rahmenbetriebsplan die Zulässigkeit des gesamten Bergbauvorhabens in den Blick nehme.
618 BVerwGE 89, 246, 252; *v. Hammerstein*, in: Boldt/Weller/Kühne/v. Mäßenhausen, BBergG, § 52 Rn. 35; *v. Mäßenhausen*, ZfB 135 (1994), 119, 124. A. A.: OVG Berlin, ZfB 131 (1990), 200, 214, nach dem als Gegenstand des fakultativen Rahmenbetriebsplans im Hinblick auf dessen Funktion nur das Gesamtvorhaben in Frage käme.
619 Vgl. ebenfalls *Schmidt-Aßmann/Schoch*, S. 190.
620 *Pollmann/Wilke*, S. 221; *Kremer/Neuhaus gen. Wever*, BergR, Rn. 171; *Piens*, in: Piens/Schulte/Graf Vitzthum, BBergG, § 52 Rn. 37 mit beispielhafter Aufzählung; siehe auch *Kirchner*, Glückauf 128 (1992), 483, 484; vgl. *Keienburg*, NVwZ 2013, 1123, 1124. Wohl a. A. hinsichtlich eines Rahmenbetriebsplans, der sich nur auf den Standort eines Vorhabens beschränkt, OVG Berlin, ZfB 131 (1990), 200, 218.

B) Die Bindungswirkung der Zulassung fakultativer Rahmenbetriebspläne

Geltungsdauer entsprechende Vorhabenetappe insgesamt in den Blick nimmt, ergibt sich ein gewisser, eher auf einen bestimmten Gegenstand[621] des Vorhabens beschränkter Bezug. Die theoretische Überlegung, ob in einem solchen Fall die Beziehung zwischen Zulassung des fakultativen Rahmenbetriebsplans und folgenden Hauptbetriebsplänen im Ansatz dem Verhältnis zwischen Vorbescheid und folgenden Teilgenehmigungen entspräche, geht allerdings bereits aufgrund der mangelnden Vergleichbarkeit[622] von Hauptbetriebsplan und Teilgenehmigung fehl. Gleichwohl führt, trotz gegenständlich geprägter Bezugnahme, die Zulassung eines solchen fakultativen Rahmenbetriebsplans zu keiner „Stufung" im Sinne eines Vorbescheids. Denn auch ein solcher fakultativer Rahmenbetriebsplan und gleichsam seine Zulassung unterliegen weiterhin gemäß § 52 Abs. 2 Nr. 1 BBergG einer beschränkten zeitlichen Geltungsdauer. Ein bestimmter gegenständlicher Teil des Bergbauvorhabens wird nur für die Dauer des Geltungszeitraums rahmenmäßig dargestellt. Trotz gegenständlicher Bezugnahme behält das BBergG seine grundlegende Konzeption des Betriebsplanverfahrens bei und lässt keine endgültige – im Sinne einer zeitlich unbeschränkten – Vorwegnahme durch die Zulassung eines fakultativen Rahmenbetriebsplans zu.

Da das fakultative Rahmenbetriebsplanverfahren dementsprechend ebenfalls eine grundsätzlich zeitliche Aufgliederung nach Durchführungsetappen darstellt, widerspricht dies der einem Vorbescheid vergleichbaren Systematik gegenstandsbezogener Abschichtung durch die abschließende und verbindliche Vorwegnahme[623] von Ausschnitten aus dem Vorhabenganzen.

Selbst soweit man sich auf den Standpunkt stellen mag, diese unterschiedliche Konzeption der Verfahrensgliederung hindere eine dem Vorbescheid ähnliche Funktion des fakultativen Rahmenbetriebsplans nicht, stünde eine entsprechend abschließende und für weitere Betriebsplanzulas-

---

621 Siehe auch *Keienburg*, NVwZ 2013, 1123, 1124 unter Verweis auf BVerwGE 89, 246, 251 f., nach der ein fakultativer „[...] *Rahmenbetriebsplan gegenständliche oder zeitliche Teilausschnitte eines Vorhabens umfassen* [...]" könne.
622 Siehe zur Frage der Vergleichbarkeit von Hauptbetriebsplanzulassung und anlagengenehmigungsrechtlicher Teilgenehmigung oben Kap. 2, B), I), 3., e), bb).
623 Nach VG Berlin, ZfB 130 (1989), 127, 133 sei die Zulassung eines Rahmenbetriebsplans keine Vorwegnahme eines Teils einer folgenden Zulassung eines Betriebsplans. Siehe *Beckmann*, in: Hoppe/Beckmann, UVPG, § 18 Rn. 34, nach dem durch den fakultativen Rahmenbetriebsplan keine Abschichtung erfolge. Vgl. auch im Umkehrschluss OVG Saarland, ZfB 138 (1997), 45, 46 f., nach dem eine Rahmenbetriebsplanzulassung und eine Sonderbetriebsplanzulassung nicht in einem solchen gestuften Verhältnis stünden, dass die Sonderbetriebsplanzulassung die Bestandskraft oder sofortige Vollziehbarkeit der Rahmenbetriebsplanzulassung voraussetze. Daraus zeigt sich, dass die Rahmenbetriebsplanzulassung keinen Gegenstand der Sonderbetriebsplanzulassung vorwegnimmt, der dann im Falle einer aufschiebenden Wirkung eines Rechtsbehelfs gegen die Rahmenbetriebsplanzulassung in der Sonderbetriebsplanzulassung fehle.

sungen bindende Vorwegnahme der Entscheidung über einen Ausschnitt des Vorhabens zu der Kerneigenschaft des Betriebsplanverfahrens in Widerspruch. Denn die Vorstellung einer abschließenden Vorwegnahme bestimmter Zulassungsvoraussetzungen für einen längeren, eine Vielzahl von Hauptbetriebsplänen abdeckenden Zeitraum, entspricht nicht dem aufgrund der Dynamik und Unvorhersehbarkeit des Bergbaus bestehenden, sich regelmäßig wiederholenden Zulassungserfordernis. Sofern der Gesetzgeber auf der einen Seite explizit davon absieht, eine einmalige „Vollgenehmigung" im Betriebsplanverfahren einzuführen, um dadurch den sich ständig ändernden tatsächlichen Verhältnissen und Ungewissheiten des Bergbaus Rechnung zu tragen,[624] kann nicht auf der anderen Seite dennoch eine verbindlich abschließende Abstufung bestimmter Zulassungsvoraussetzungen ähnlich einem Vorbescheid erfolgen. Ließe sich an einer solchen „Vorwegnahme" nicht mehr rütteln, wäre dies der im Bergrecht notwendigen Flexibilität abträglich.[625]

Eine Ausnahme hiervon scheint sich allerdings im Hinblick auf die Nachweispflicht des Vorliegens der erforderlichen Bergbauberechtigungen nach § 55 Abs. 1 Satz 1 Nr. 1 BBergG ergeben zu können. Denn soweit dieser Nachweis bereits für die Zulassung eines Rahmenbetriebsplans zu fordern ist[626], stellt sich dies inhaltlich als vorweggenommene Feststellung des Vorliegens dieser Bergbauberechtigungen in Bezug auf nachfolgende Haupt- und Sonderbetriebsplanzulassungen dar. Trifft die Rahmenbetriebsplanzulassung insoweit eine vorbehaltlose positive Feststellung, ließe sich innerhalb der Zulassungsverfahren folgender Haupt- und Sonderbetriebspläne die Voraussetzung des § 55 Abs. 1 Satz 1 Nr. 1 BBergG für bereits positiv beschieden halten[627]. Diese gewissermaßen vorweggenommene Feststellung der Erfüllung der Voraussetzung des § 55 Abs. 1 Satz 1 Nr. 1 BBergG scheint allerdings nicht aus der Funktion des fakultativen Rahmenbetriebsplans zu folgen, sondern aus dem Charakter der Voraussetzung selbst. Denn der Nachweis der erforderlichen Bergbauberechtigung stellt einen festen Wert dar, der sich nicht auf den Rahmen eines Vorhabens beschränken lässt. Inso-

---

624 Siehe dazu oben Kap. 2, B), I), 3., e), aa).
625 Aus diesem Grund eine dem Vorbescheid ähnliche Bindung ebenfalls ablehnend, *Cosack*, NuR 2000, 311, 313 und vgl. *Ludwig*, Auswirkungen der FFH-RL auf Vorhaben zum Abbau von Bodenschätzen nach dem BBergG, S. 58.
626 Der Nachweis nach § 55 Abs. 1 Satz 1 Nr. 1 BBergG sei noch nicht für das gesamte im Rahmenbetriebsplan beschriebene Vorhaben erforderlich, dieser könne insoweit auf folgende Hauptbetriebspläne durch eine entsprechende Nebenbestimmung in der Rahmenbetriebsplanzulassung verschoben werden, sofern die Erbringung des Nachweises nicht bereits auszuschließen sei, vgl. BVerwGE 132, 261, 269 Rn. 30; 100, 1, 13; *v. Mäßenhausen*, in: Boldt/Weller/Kühne/v. Mäßenhausen, BBergG, § 55 Rn. 10; *Piens*, in: Piens/Schulte/Graf Vitzthum, BBergG, § 55 Rn. 16.
627 Siehe BVerwGE 100, 1, 13; VG Lüneburg, Urt. v. 07.02.2005 – 2 A 263/03 –, juris, Rn. 38; *Piens*, in: Piens/Schulte/Graf Vitzthum, BBergG, § 55 Rn. 16.

B) Die Bindungswirkung der Zulassung fakultativer Rahmenbetriebspläne

fern soll der Nachweis nicht zwingend für jeden neuen Betriebsplan erbracht werden müssen, sondern ein einmaliger Nachweis mit entsprechenden Verweisen in den Betriebsplänen auf diesen wird für ausreichend gehalten.[628]

Das wiederholende Zulassungserfordernis ist einerseits mitunter Grund dafür, das Betriebsplanverfahren im Zusammenhang einer „Stufung" zu betrachten. Gleichsam stellt es andererseits die rechtliche Grenze der Intensität der inneren Konnexität dieser zeitlichen Aufgliederung dar. Hieran zeigt sich insbesondere, dass die einzelnen rechtlichen und tatsächlichen Besonderheiten des bergrechtlichen Betriebsplanverfahrens in einem inneren Zusammenhang stehen: Unvorhersehbarkeit und Dynamik des Bergbaus, keine einmalige Vollgenehmigung, wiederholendes Zulassungserfordernis von Betriebsplänen und zeitliche Aufgliederung nach Durchführungsetappen.

Diese Beurteilung bedeutet allerdings nicht, dass die Gliederungskonzeption des Betriebsplanverfahrens von vornherein grundsätzlich jeglicher rechtlich bindender Wirkung der Zulassung des fakultativen Rahmenbetriebsplans für folgende Haupt- und Sonderbetriebspläne entgegenstünde. Denn wie sich gezeigt hat, macht dessen rahmensetzende Funktion eine gewisse verbindliche Wirkung erforderlich. Das Setzen eines Rahmens muss allerdings nicht zwangsläufig eine dem Vorbescheid vergleichbare Vorwegnahme von Regelungsausschnitten[629] bedeuten. Es ist vielmehr davon auszugehen, dass der fakultative Rahmenbetriebsplan bzw. dessen Zulassung einen zusätzlichen Rahmen um die Haupt- und Sonderbetriebspläne herum aufstellt, innerhalb dessen sich diese abspielen werden und müssen. Anders ausgedrückt nimmt die Zulassung des fakultativen Rahmenbetriebsplans nicht vorweg, sondern gibt etwas vor. Ihre Regelung tritt zusätzlich neben die der Haupt- und Sonderbetriebsplanzulassungen.

Rekurrierend auf den Primärzweck[630] des fakultativen Rahmenbetriebsplans zeigt sich dieses Ergebnis als stimmig. Denn der Ermöglichung einer umfassenderen Kontrolle des Bergbauvorhabens, indem der fakultative Rahmenbetriebsplan die folgenden Haupt- und Sonderbetriebspläne in einen größeren Zusammenhang stellt, liefe eine uneingeschränkt verbindliche, vorweggenommene Regelung wie ein Vorbescheid zuwider. Denn mit Zunahme der Verbindlichkeit des „Rahmens" hin zu einer abschließenden Vorwegnahme nimmt gleichzeitig die Flexibilität der Kontrolle durch Haupt- und Sonderbetriebspläne ab. Letztere könnten aufgrund der vorweg-

---

[628] *Piens,* in: Piens/Schulte/Graf Vitzthum, BBergG, § 55 Rn. 14; vgl. *v. Mäßenhausen,* in: Boldt/Weller/Kühne/v. Mäßenhausen, BBergG, § 55 Rn. 12.
[629] Siehe zur Vorwegnahme von Regelungsausschnitten durch den Vorbescheid oben Kap. 2, B), I), 2., d), bb).
[630] Siehe zum Primärzweck der Zulassung des fakultativen Rahmenbetriebsplans oben Kap. 2, B), I), 3., b).

genommenen Regelung eintretende ungewisse Ereignisse nicht hinreichend berücksichtigen.

ee) Zwischenergebnis

Die Dogmatik der „Stufung" des bergrechtlichen Betriebsplanverfahrens unterscheidet sich grundlegend von der des gestuften Anlagengenehmigungsverfahrens. Ausgehend von dem Fehlen einer einmaligen Vollgenehmigung im Betriebsplanverfahren, erfolgt die Aufgliederung dieses Verfahrens nicht nach gegenständlichen Teilausschnitten der gesamten Zulassungsvoraussetzungen des Vorhabens, sondern nach zeitlich orientierten Durchführungsetappen. Dabei ist zwischen den verschiedenen Ebenen des Betriebsplanverfahrens zu unterscheiden: Den Kern stellt dabei die Aufgliederung des Betriebsplanverfahrens durch das sich wiederholende Zulassungserfordernis von Hauptbetriebsplänen dar. Daran anknüpfend findet sich eine weitere, zusätzliche Ebene[631] der Aufgliederung durch die Aufstellung und Zulassung von Sonder- und fakultativen Rahmenbetriebsplänen[632].

Dabei erfolgt die Beurteilung und Kontrolle der einzelnen Durchführungsetappen aufgrund des sich wiederholenden Zulassungserfordernisses nicht im Hinblick auf die letztlich abschließende Realisierung des Gesamtbergbauvorhabens, sondern nur bezogen auf die im zuzulassenden Betriebsplan jeweils beschriebene Etappe des Vorhabens.

Aufgrund dieser dogmatischen Konzeption der Aufgliederung des bergrechtlichen Betriebsplanverfahrens kann die Zulassung eines fakultativen Rahmenbetriebsplans bereits abstrakt keine dem Vorbescheid im gestuften Genehmigungsverfahren vollständig entsprechende Funktion einnehmen. Dieser Unterschied der Verfahrensgestaltung steht einer Vergleichbarkeit beider Instrumente entgegen.

Allerdings legt die sich ergebende systematische Position des fakultativen Rahmenbetriebsplans und dessen Zulassung innerhalb des Betriebsplanverfahrens insgesamt für sich genommen eine verbindliche Rechts- bzw. Bindungswirkung, noch näher zu bestimmenden Umfangs[633], gegenüber den folgenden Haupt- und Sonderbetriebsplanzulassungen nahe. Gibt die Zulassung eines fakultativen Rahmenbetriebsplans einen längerfristigen Rahmen vor, so müssen sich die nachfolgenden Haupt- und Sonderbetriebsplanzulassungen in diesen eingliedern.

---

631 *Cosack*, NuR 2000, 311, 313 geht hingegen von einer Dreistufigkeit des Betriebsplanverfahrens durch Haupt-, Sonder- und Rahmenbetriebspläne aus. *Pohl*, S. 101 nimmt bezogen auf das Betriebsplanverfahren bei Vorliegen eines Rahmenbetriebsplans grds. ebenfalls eine doppelte Stufung an.

632 Der obligatorische Rahmenbetriebsplan soll an dieser Stelle noch nicht Gegenstand sein, insoweit sei hinsichtlich dessen systematischer Position im Betriebsplanverfahren verwiesen auf unten Kap. 2, C), II, 2.

633 Dieser Umfang hängt von einer Vielzahl von Voraussetzungen ab, auf die im Folgenden einzugehen sein wird.

B) Die Bindungswirkung der Zulassung fakultativer Rahmenbetriebspläne

f) Regelungsgehalt: Zweigliedriger Aufbau von Teilentscheidungen?

Ein wesentlicher Unterschied zwischen der Zulassung eines fakultativen Rahmenbetriebsplans und dem Vorbescheid könnte sich im Hinblick auf den abstrakten strukturellen Aufbau des jeweiligen Regelungsgehalts ergeben.

Der Regelungsgehalt eines Vorbescheids gliedert sich grundsätzlich in zwei Bestandteile, die abschließende Feststellung hinsichtlich des Vorliegens bestimmter Genehmigungsvoraussetzungen, auch hinsichtlich des Standorts oder gegebenenfalls des Konzepts, einerseits und – sofern man der wohl überwiegenden Ansicht[634] folgt – die vorläufige positive Gesamtbeurteilung des Anlagenvorhabens andererseits, durch welche zum Ausdruck kommt, dass der Genehmigung des Anlagenvorhabens insgesamt zu diesem Zeitpunkt keine unüberwindlichen Hindernisse entgegenstehen.[635] Die von dieser vorläufigen positiven Gesamtbeurteilung ausgehende eingeschränkte Bindungswirkung korreliert mit der Systematik der Verfahrensstufung im Anlagengenehmigungsrecht, denn die einzelnen Teilentscheidungen, mitunter auch der Vorbescheid, ergehen immer im Hinblick auf die abschließende Vollgenehmigung der gesamten Anlage.[636]

Im Folgenden bedarf die Zulassung des fakultativen Rahmenbetriebsplans einer genauen Untersuchung dahingehend, ob deren Regelungsgehalt einerseits eine abschließende Feststellung enthält und andererseits darüber hinaus ebenfalls eine solche vorläufige Gesamtbeurteilung stattfindet bzw. eine solche zum Regelungsgegenstand der Zulassung gehört. An dieser Stelle bleibt die Untersuchung beschränkt auf die Frage des Vorliegens einer Zweigliedrigkeit der Zulassung eines fakultativen Rahmenbetriebsplans und darf nicht mit der noch zu behandelnden Frage verwechselt werden, ob die Zulassung in ihrer Gesamtheit selbst gegebenenfalls einem isolierten vorläufigen positiven Gesamturteil vergleichbar wäre.[637]

aa) Feststellender Regelungsgehalt

Ausgehend von einer abstrakten Betrachtungsweise hat die Zulassung eines fakultativen Rahmenbetriebsplans die Feststellung[638] zum Regelungsgehalt, dass die in diesem dargestellten allgemeinen Angaben hinsichtlich des

---

634 Siehe zu diesem Meinungsstreit oben Kap. 2, B), I), 2., b), bb).
635 Siehe zum zweigliedrigen Regelungsgehalt des Vorbescheids im Atom- und Immissionsschutzrecht oben Kap. 2, B), I), 2., b).
636 Siehe dazu oben Kap. 2, B), I), 2., d), bb), (2).
637 Zu der Vergleichbarkeit der Zulassung eines fakultativen Rahmenbetriebsplans mit einem isolierten vorläufigen positiven Gesamturteil siehe unten Kap. 2, B), II), 2.
638 Siehe allgemein zur feststellenden Regelung einer Betriebsplanzulassung oben Kap. 1, C), III), 2., c), aa).

geplanten Bergbauvorhabens den Zulassungsvoraussetzungen der §§ 55 Abs. 1 Satz 1, 2, 48 Abs. 2 Satz 1 BBergG entsprechen.[639]

Die Annahme eines solchen Regelungsgehalts ergibt sich bereits aus der Eigenschaft der Rahmenbetriebsplanzulassung als Verwaltungsakt[640] im Sinne des § 35 Satz 1 VwVfG.[641] Dieser Zulassung die rechtliche Regelung im Sinne einer Feststellung abzusprechen, wird ihrer Verwaltungsaktqualität daher nicht gerecht, sodass Charakterisierungen als bloße Auskunft[642] oder Kenntnisnahme des eingereichten fakultativen Rahmenbetriebsplans zu kurz greifen.[643] Diese Zulassung stellt also die Vereinbarkeit des beschriebenen Rahmens des Bergbauvorhabens mit den bergrechtlichen Zulassungsvoraussetzungen und das Nichtentgegenstehen überwiegender öffentlicher Interessen fest.

bb) Abschließende Regelungsintensität dieser Feststellung
Obwohl der Regelungsgehalt der Zulassung eines fakultativen Rahmenbetriebsplans anhand der normativen Vorgaben des BBergG zunächst eindeutig erscheint, bedarf der Intensitätsgrad dieser Regelung einer gezielten Betrachtung dahingehend, ob es sich um eine abschließende Regelung oder bloß eine solche vorläufiger Natur handelt. Diese Überlegung findet ihren Ursprung in den zum Teil angestellten Bedenken verwaltungsrechtlicher Rechtsprechung.

In diesem Sinne wurde vereinzelt nur ein vorläufiger Charakter der Feststellung der Zulassung eines fakultativen Rahmenbetriebsplans angenommen, da dieser nach § 52 Abs. 2 Nr. 1 BBergG nur allgemeine Angaben zum beabsichtigen Vorhaben, dessen technischer Durchführung und dem voraussichtlichen zeitlichen Ablauf zum Inhalt habe.[644] Insbesondere aus der Vorgabe des bloß „voraussichtlichen" zeitlichen Ablaufs des Vorhabens ergebe sich die fehlende Endgültigkeit der Feststellung darüber.[645]

In diesem Kontext vorgebrachte Stimmen in der bergrechtlichen Literatur treffen keine präzisen Aussagen zu der Abgrenzung der exakten Regelungsintensität einer Rahmenbetriebsplanzulassung. Es finden sich pau-

---

639 OVG Berlin, ZfB 131 (1990), 200, 209; OVG Münster, ZfB 139 (1998), 146, 152; OVG Münster, ZfB 146 (2005), 294, 302 hinsichtlich der Voraussetzungen in § 55 BBergG; vgl. VG Lüneburg, Urt. v. 07.02.2005 – 2 A 263/03 –, juris, Rn. 38. Vgl. BVerwGE 100, 1, 13; 100, 31, 34 zum bloß feststellenden Regelungsgehalt der Rahmenbetriebsplanzulassung.
640 Siehe zur Verwaltungsaktqualität aller Betriebsplanzulassungen oben Kap. 1, C), III), 2., a).
641 *Schmidt-Aßmann/Schoch*, S. 183.
642 Nach dem OVG Berlin, ZfB 131 (1990), 200, 209 f. zeigt sich dies darüber hinaus an dem Unterschied zwischen Betriebsplanpflicht nach § 51 BBergG und bloßer Betriebsanzeige nach § 50 BBergG.
643 *Schmidt-Aßmann/Schoch*, S. 183.
644 OVG Lüneburg, ZfB 131 (1990), 19, 25 f.; OVG Berlin, ZfB 131 (1990), 200, 209; VG Berlin, ZfB 130 (1989), 127, 132 f.
645 VG Berlin, ZfB 130 (1989), 127, 133.

schalisierte Formulierungen dahingehend, der Rahmenbetriebsplan könne aufgrund seiner mangelnden Detailschärfe zumindest keine Definitivregelungen hinsichtlich des Bergbauvorhabens treffen[646]. Derartige Stellungnahmen drücken zwar einerseits aus, die Zulassung eines fakultativen Rahmenbetriebsplans könne wohl noch keine für das Bergbauvorhaben uneingeschränkt verbindlichen Regelungen in einer der Detailschärfe von Haupt- und Sonderbetriebsplan vergleichbaren Weise treffen, lassen andererseits hingegen aber die exakte dogmatische Einordnung der Regelungsintensität dahingehend offen, ob dies eine Vorläufigkeit der entsprechenden Regelungen zur Folge habe.

Obgleich die These des bloß vorläufigen Charakters der Zulassung in der Literatur und Rechtsprechung scheinbar nicht weiterverfolgt wurde, bedarf sie aufgrund ihrer für den vorliegenden Untersuchungsgegenstand mitunter entscheidenden Auswirkungen eines umfassenden rechtswissenschaftlichen Nachgangs.

(1) Begriffliche Präzisierung des abschließenden Charakters einer Regelung

Zunächst bedarf die begriffliche und inhaltliche Qualifizierung von als *endgültig*[647], als *abschließend*[648] oder auch als *definitiv*[649] bezeichneten Regelungen deutlicher Konturen. Denn diese Adjektive können, insbesondere in gestuften Verwaltungsverfahren, mitunter zu einer sprachlichen Überstrapazierung der damit verbundenen Wirkung des Regelungsgehalts verleiten.

Vorläufigkeit und Endgültigkeit eines Verwaltungsakts bzw. einer Regelung bilden ein gegensätzliches Begriffspaar. Ist ein Verwaltungsakt oder eine Regelung bloß vorläufiger Natur, kann insoweit nicht von einer Endgültigkeit der Regelung gesprochen werden.[650] Gleiches gilt für den umgekehrten Fall. Diese Endgültigkeit ist hier allerdings nicht deckungsgleich mit dem herkömmlichen Sprachgebrauch zu verstehen. Eine begrifflich als end-

---

646 *Schmidt-Aßmann/Schoch*, S. 189.
647 Die begriffliche Beschreibung einer Regelung als „endgültig" findet sich bspw. bei: *Tiedemann*, DÖV 786, 787, 789; *Peine*, DÖV 1986, 849, 859; *v. Hammerstein*, in: Boldt/Weller/Kühne/v. Mäßenhausen, BBergG, § 52 Rn. 47; *U. Stelkens*, in: Stelkens/Bonk/Sachs, VwVfG, § 37 Rn. 27; *Schönenbroicher*, in: Mann/Sennekamp/Uechtritz, VwVfG, § 37 Rn. 45.
648 Die begriffliche Beschreibung einer Regelung als „abschließend" findet sich bspw. bei: *v. Hammerstein*, in: Boldt/Weller/Kühne/v. Mäßenhausen, BBergG, § 52 Rn. 47; *Ludwig*, Auswirkungen der FFH-RL auf Vorhaben zum Abbau von Bodenschätzen nach dem BBergG, S. 63.
649 Der Begriff der „Definitivregelung" bzw. „definitiven" Regelung findet Verwendung bspw. bei: OVG Lüneburg, ZfB 131 (1990), 19, 26; VG Lüneburg, ZfB 135 (1994), 153, 173; *Schulte*, Kernfragen des bergrechtlichen Genehmigungsverfahrens, S. 36; *Schoch*, in: Kühne/Schoch/Beckmann, Gegenwartsprobleme des Bergrechts, S. 59; *Kühne*, UPR 1986, 81, 86; *Schmidt-Aßmann/Schoch*, S. 189.
650 Vgl. zu vorläufigen Regelungen im Detail unten Kap. 2, B), I), 3., f), bb), (3).

gültig bezeichnete Regelung in einem Verwaltungsakt ist nicht absolut jeglicher Abänderung entzogen, sondern die darin enthaltenen Konkretisierungen von Pflichten und Rechten sind einer erneuten Überprüfung nur im Falle bestimmter Voraussetzungen zugänglich.[651] Als endgültig lässt sich diejenige Behördenhandlung auffassen, mit welcher sie das Verwaltungsverfahren im Sinne des § 9 VwVfG abschließt.[652] Ein Verwaltungsakt bzw. präziser formuliert eine darin enthaltene Regelung kann die Charakteristik der Endgültigkeit für sich beanspruchen, wenn die Erlassbehörde mit diesem oder dieser das auf den Erlass gerichtete Verwaltungsverfahren abschließen will. Die Beschreibungen einer Regelung als endgültig, abschließend oder definitiv sind im vorliegenden Kontext als inhaltlich gleichbedeutende Synonyme aufzufassen.

Ausgehend von der Annahme, eine abschließende Regelung sei nicht auf alle Zeit jeglicher Intervention der Behörde entzogen, gilt es den Blick auf das Bergrecht zu richten. Denn in eine ähnliche Richtung scheint auch die Argumentation bei *Pollmann/Wilke* zu weisen, wenn diese einerseits anmerken, die Zulassung eines fakultativen Rahmenbetriebsplans könne in bestimmter Art eine *abschließende* Regelungen hinsichtlich dessen Inhalts treffen[653], der durch die Zulassung gesetzte Rahmen sei aber gerade nicht „[…] *als starr und als unveränderlich für den überdeckten Zeitraum verbindlich anzusehen* […]",[654] weil ebenfalls der Rahmenbetriebsplan und dessen Zulassung der Verlängerungs-, Ergänzungs- und Abänderungsmöglichkeit nach § 52 Abs. 4 Satz 2 BBergG unterliegen[655]. Die Qualifizierung der feststellenden Regelung der Zulassung eines fakultativen Rahmenbetriebsplans als abschließende Regelung bedeutet also zunächst keinesfalls, dass diese für die Zukunft jeglicher behördlichen Intervention entzogen ist. Darüber hinaus bedeutet die Qualifizierung als abschließende Regelung ebenfalls nicht, dass die Behörde hinsichtlich des im fakultativen Rahmenbetriebsplan allgemein beschriebenen Bergbauvorhabens, soweit die Regelung reicht, in Zukunft keinerlei weitere Zulassungsentscheidungen mehr treffen darf. Dies zeigt sich bereits an dem Erfordernis zur Aufstellung und Zulassung weiterer Haupt- und gegebenenfalls Sonderbetriebspläne hinsichtlich dieses Vorhabens. Die Bezeichnung als abschließend oder endgül-

---

651 *Martens*, Die Praxis des Verwaltungsverfahrens, Rn. 245.
652 Vgl. *Brüning*, S. 235, der davon ausgeht, das Verwaltungsverfahren verlaufe vom Antrag bis zur endgültigen Entscheidung in Form eines Verwaltungsakts oder eines öffentlich-rechtlichen Vertrags.
653 *Pollmann/Wilke*, S. 226 f. als abschließende Regelung hinsichtlich der grundsätzlichen Zulassungsfähigkeit des Vorhabens und im Umkehrschluss auf S. 220. Dazu im Detail unten Kap. 2, B), I), 3., f), bb), (6).
654 *Pollmann/Wilke*, S. 225.
655 *Pollmann/Wilke*, S. 225.

tig dient im Kontext der vorliegenden Untersuchung der sprachlichen Abgrenzung zu der Vorläufigkeit einer Regelung.

Die Notwendigkeit dieser sprachlichen Erläuterung zeigt sich insbesondere an der Gefahr, die Adjektive *abschließend* oder *endgültig* über ihre abstrakte Bedeutung hinaus zu überspannen. Sofern der Zulassung eines fakultativen Rahmenbetriebsplans der abschließende Regelungscharakter abgesprochen wird, erfolgt dies meist im Kontext einer spezifisch vergleichenden Betrachtung mit den Instrumenten des Anlagengenehmigungsrechts, als der Regelungsgehalt des fakultativen Rahmenbetriebsplans zwischen vorläufigem positiven Gesamturteil und Vorbescheid auszuloten versucht wird und es auszugsweise lautet: Eine dem Vorbescheid ähnliche Wirkung sei nicht anzunehmen, die Rahmenbetriebsplanzulassung könne keine solche Definitivregelungen treffen[656]; die Rahmenbetriebsplanzulassung sei kein vorweggenommener Teil und dessen allgemeine Angaben könnten keine „[...] *Unbedenklichkeit im Hinblick auf die Anforderungen des § 55 BBergG endgültig* [...]" feststellen[657]; die allgemeinen Angaben seien nicht zu einer endgültigen Feststellung über Vorhabenausschnitte „[...] *im Sinne einer Vorabentscheidung* [...]" geeignet[658]; die Annahme, die Rahmenbetriebsplanzulassung käme den Wirkungen eines Vorbescheids gleich „[...] *und enthalte insoweit bereits eine definitive (vorbehaltslose) Regelung* [...]", sei dem BBergG nicht zu entnehmen[659]. Damit scheint gemeint zu sein, dass die Zulassung eines fakultativen Rahmenbetriebsplans aufgrund der allgemeinen Angaben keine derart abschließend feststellende Entscheidung über das Vorhaben treffen könne, wie es ein Vorbescheid tut. Eine solche Betrachtungsweise scheint nicht hinreichend zwischen dem abschließenden Regelungsgehalt eines Verwaltungsakts und der besonderen Konstellation insbesondere des Vorbescheids in gestuften Genehmigungsverfahren zu differenzieren. Die Qualifizierung als abschließende Regelung ist nicht gleichzusetzen mit der abschließenden Vorwegnahme bestimmter Regelungsausschnitte. Letztere ergibt sich nämlich nicht aus der Intensität der Regelung allein, sondern aus deren materiellen Verhältnis zu anderen Regelungen im Gesamtgenehmigungsverfahren. Weist eine Regelung eine abschließende oder endgültige Regelungsintensität auf, hat dies also nicht zwangsläufig zur Folge, dass dieser Sachgegenstand jeglicher, weiterer behördlicher Entscheidung vollständig entzogen wird. Eine rein isolierte und abstrakte Beurteilung der Regelungsintensität der Rahmenbetriebsplanzulassung erfolgt in diesen Stellungnahmen also nur ansatzweise.

---

656 *Schmidt-Aßmann/Schoch*, S. 189.
657 VG Berlin, ZfB 130 (1989), 127, 133.
658 OVG Lüneburg, ZfB 131 (1990), 19, 26, unter zustimmendem Verweis auf die Rechtsprechung des VG Berlin.
659 OVG Berlin, ZfB 131 (1990), 200, 209 unter Hinweis auf die Entscheidung des OVG Lüneburg, Beschl. v. 20. 10. 1988 – 7 OVG B 11.87, ZfB 131 (1990), 19 ff.

Abschließend bzw. endgültig im Kontext der vorliegenden Untersuchung bezeichnet als sprachlichen Gegensatz zu einer vorläufigen Regelung lediglich den Normaltypus[660] einer Regelung eines Verwaltungsakts, nämlich eine Regelung, welche nicht bloß vorläufiger Natur ist. Dies darf allerdings nicht derart verstanden werden, dass die Bergbehörde hinsichtlich des im fakultativen Rahmenbetriebsplan beschriebenen Vorhabens, soweit sich eine abschließende Regelungsintensität dessen Zulassung herausstellen sollte, keine weiteren Regelungen treffen darf. Lediglich der so beschriebene Rahmen des Vorhabens würde damit abschließend als mit den Zulassungsvoraussetzungen vereinbar festgestellt und dieses Rahmenbetriebsplanverfahren als solches abgeschlossen.

(2) Keine normative Differenzierung

Ausgangspunkt bildet die normative Ausgestaltung des Betriebsplanverfahrens. Für die Zulassung eines fakultativen Rahmenbetriebsplans sieht das BBergG die Geltung der gleichen Regelungen wie für alle anderen Betriebsplanarten vor: namentlich gelten nach § 55 BBergG – bis auf wenige Ausnahmen – die gleichen Zulassungsvoraussetzungen für alle Betriebsplanarten[661], alle Betriebspläne müssen nach § 54 Abs. 1 BBergG zur Zulassung eingereicht und gemäß § 56 Abs. 1 Satz 1 BBergG in schriftlicher Form zugelassen werden. Ausgehend von diesen Vorschriften ergibt sich zunächst kein Unterschied zwischen der Intensität der feststellenden Regelung (-steile) der einzelnen Betriebsplanzulassungen[662], insbesondere keine geringere in Form einer Vorläufigkeit der Zulassung eines fakultativen Rahmenbetriebsplans.[663] Dies spricht für den grundsätzlich abschließenden Charakter der feststellenden Regelung der Zulassung eines fakultativen Rahmenbetriebsplans.[664]

Eine Vorläufigkeit der Regelung findet demnach keinen Grund in der normativen Ausgestaltung der Zulassung von Betriebsplänen. Als mögliche Gründe für einen vorläufigen Charakter der Zulassung eines fakultativen Rahmenbetriebsplans kommen letztendlich nur dessen systematische Funktion im Betriebsplanverfahren oder dessen konkreter Inhalt im Sinne des § 52 Abs. 2 Nr. 1, Abs. 4 Satz 1 BBergG in Betracht.

---

660 Siehe dazu unten Kap. 2, B), I), 3., f), bb), (3).
661 Siehe dazu oben Kap. 1, C), III), 1., b).
662 Vgl. *Kühne*, UPR 1986, 81, 86; VG Berlin, ZfB 130 (1989), 127, 132, das zumindest von einer vergleichbaren rechtlichen Wirkung aller Betriebsplanzulassungen ausgeht, obwohl es zunächst eine Vorläufigkeit der Regelung der Zulassung des fakultativen Rahmenbetriebsplans annimmt; *Niermann*, S. 77.
663 So auch VG Stade, ZfB 133 (1992), 52, 67.
664 Im Ergebnis auch *Kühne*, UPR 1986, 81, 86.

B) Die Bindungswirkung der Zulassung fakultativer Rahmenbetriebspläne

(3) Abgleich mit den abstrakten Determinanten vorläufiger Regelungen

Die exakte Eruierung, ob die Zulassung eines fakultativen Rahmenbetriebsplans eine bloß vorläufige Regelung oder eine mit abschließendem Charakter trifft, gebietet einen Blick vom besonderen Fachrecht in das allgemeine Verwaltungsrecht und die Überprüfung der bereits erarbeiteten Erkenntnisse anhand herauszuarbeitender abstrakter Determinanten der Vorläufigkeit einer Regelung am Beispiel der Dogmatik des sogenannten vorläufigen Verwaltungsakts[665]. Die dabei erfolgende Darstellung der Grundlagen dieses Rechtsinstituts kann im Hinblick auf den vorliegenden Untersuchungsgegenstand keine Vollständigkeit für sich beanspruchen, sondern erfolgt präzisiert auf die hier relevanten Charakteristika.

Mit dem vorläufigen Verwaltungsakt trifft die Behörde eine lediglich vorläufige Regelung eines Einzelfalls, der eine endgültige Regelung in dem ausstehenden endgültigen Verwaltungsakt vorbehalten bleibt, weil sich eine Zweifelhaftigkeit des Vorliegens der sachlichen bzw. rechtlichen Voraussetzungen zunächst nicht vollständig aufklären lässt[666].[667] Die Entscheidung der Behörde zu einer bloß vorläufigen Regelung muss insoweit durch eine „[...] *bestehende Ungewissheit* [...]" begründet sein und darf nicht wahllos anstelle einer endgültigen Regelung getroffen werden.[668] Insoweit liegt der vorläufigen Regelung eine bloß summarische Prüfung der jeweiligen Voraussetzungen durch die Behörde zu Grunde,[669] die sich nicht durch eine geringere Prüfungsintensität, sondern durch die noch unvollständigen bzw. vorläufigen Prüfungsunterlagen auszeichnet[670]. Stehen tatsächliche Umstände in Zweifel, begründet dies die Vorläufigkeit der Regelung nur

---

665 Zur grds. Zulässigkeit eines solchen vorläufigen Verwaltungsaktes siehe differenzierend: *Tiedemann*, DÖV 1981, 786, 789 f.; *Peine*, DÖV 1986, 849, 857 f.; *Peine*, in: FS Thieme, S. 568 ff., 575 ff.; *Peine*, JA 2004, 417, 419 f.; *Wolff/Bachof/Stober/Kluth*, Verwaltungsrecht I, § 45 Rn. 67 f.; *Henneke*, in: Knack/Henneke, VwVfG, § 35 Rn. 186 f.; siehe auch die umfangreiche Darstellung bei *Schimmelpfennig*, S. 137 ff.; zur Verwaltungsaktqualität vorläufiger Regelungen, *Seibert*, S. 555; im Ergebnis offenlassend BVerwGE 67, 99, 103, dann aber die Zulässigkeit als eigener Verwaltungsakt, dessen Regelung bloß vorläufig ist, bejahend in BVerwGE 135, 238, 242 Rn. 19. Einen regulären Verwaltungsakt mit entsprechender Nebenbestimmung annehmend *Kemper*, S. 50, 109 f.; *Kemper*, DVBl. 1989, 981, 985; *Kopp*, S. 79, 86. A. A.: *Henke*, Anmerkung zum Urteil des BVerwG v. 14.04.1983 – 3 C. 8.82 –, DVBl. 1983, 1247, 1247; *Bieback*, Anmerkung zum Urteil des BSG v. 11.06.1987 – 7 RAr 105/85 –, DVBl. 1988, 453, 454; *Brüning*, S. 257 ff., 551 ff., der für die Etablierung eines eigenständigen Instituts als sog. „einstweiliger Verwaltungsentscheidung" plädiert.
666 Vgl. *Martens*, DÖV 1987, 992, 993, 996; *Peine*, JA 2004, 417, 419; siehe *Schimmelpfennig*, S. 90, der von einem noch nicht vollständig entwickelten bzw. ermittelten Sachverhalt ausgeht.
667 *Tiedemann*, DÖV 1981, 786, 787; vgl. auch *Peine*, DÖV 1986, 849, 849.
668 BVerwGE 135, 238, 243 Rn. 21.
669 *Martens*, Praxis, Rn. 246; *Kopp*, S. 63; *Peine*, in: FS Thieme, S. 567.
670 *Kopp*, S. 63; vgl. dazu beispielhaft für das vorläufige positive Gesamturteil BVerwG, DVBl. 1982, 960, 962 und BVerwGE 72, 300, 307 f. und oben Kap. 2, B), I), 2., c), bb).

147

dann, wenn der Eintritt dieser Umstände in der Zukunft liegt und sich diese gesetzlich nicht prognostizieren lassen.[671] Der Erlass der endgültigen Regelung führt dann zur Erledigung der vorläufigen Regelung bzw. des vorläufigen Verwaltungsakts[672], letzterer wird durch den endgültigen Verwaltungsakt ersetzt[673]. Daraus folgt, dass der Erlass eines vorläufigen Verwaltungsakts das Verwaltungsverfahren noch nicht abschließt[674]. Der Erlass einer solchen vorläufigen Regelung kommt ferner nur dann in Betracht, sofern die Wiederherstellbarkeit des status quo ante besteht, mithin die Folgen der vorläufigen Regelung im Falle ihrer endgültigen Versagung wieder rückgängig gemacht werden können.[675] Dies bedeutet keinesfalls, dass der gesamte Verwaltungsakt der Vorläufigkeit unterliegen muss, vielmehr können in ihm getroffene bestimmte Regelungen als endgültig und andere wiederum als bloß vorläufig zu begreifen sein.[676] Die Vorläufigkeit eines solchen Verwaltungsakts bzw. einer solchen Regelung erfordert die unmissverständliche Erkennbarkeit dieser Eigenschaft.[677] Die Dauer dieser Vorläufigkeit muss darüber hinaus zeitlich begrenzt sein.[678]

Zusammenfassend lässt sich der Kerncharakter einer vorläufigen Regelung abstrakt umreißen: Da sich die Behörde aufgrund bestehender Ungewissheiten außerstande sieht, eine rechtmäßige endgültige Entscheidung zu treffen, erlässt sie eine bloß vorläufige Regelung des Einzelfalls, die nur

---

671 BVerwGE 135, 238, 243 Rn. 21. In der Lit. wird weiter differenziert – teilw. kontrovers –zwischen sog. ex-ante und ex-post Konstellationen, siehe dazu im Detail *Peine*, in: FS Thieme, S. 566 f.; *Peine*, JA 2004, 417, 419; *Kemper*, DVBl. 1989, 981, 982; *Schimmelpfennig*, S. 86 ff.
672 *Tiedemann*, DÖV 1981, 786, 790 f.; *Götz*, JuS 1983, 924, 927 f.; *Maurer/Waldhoff*, VerwR AT, § 9 Rn. 66; *Wolff/Bachof/Stober/Kluth*, Verwaltungsrecht I, § 45 Rn. 69; *Beaucamp*, JA 2010, 247, 248; vgl. BVerwGE 135, 238, 241 Rn. 16 und 67, 99, 103, nach welchen eine Aufhebung der vorläufigen Entscheidung bei Erlass der endgültigen nicht erforderlich sei.
673 Vgl. BVerwGE 135, 238, 241 Rn. 16; *Maurer/Waldhoff*, VerwR AT, § 9 Rn. 66; *Peine*, DÖV 1986, 849, 856, 859.
674 *Peine*, DÖV 1986, 849, 859; *Tiedemann*, DÖV 1981, 786, 788, 790; a. A. *Kemper*, DVBl. 1989, 981, 984; *Kemper*, S. 175; *Kopp*, S. 92 ff., nach denen der vorl. Verwaltungsakt das auf seinen Erlass abzielende Verwaltungsverfahren abschließe, hingegen nicht das Verwaltungsverfahren, welches auf den Erlass des endgültigen Verwaltungsakts ausgerichtet sei.
675 Vgl. *Martens*, DÖV 1987, 992, 999; siehe *Peine*, DÖV 1986, 849, 856; *Kemper*, S. 138 f.; *Kemper*, DVBl. 1989, 981, 988; vgl. *Schimmelpfennig*, S. 90.
676 Vgl. BVerwGE 135, 238, 241 f. Rn. 17; *Tiedemann*, DÖV 1981, 786, 790; *Götz*, JuS 1983, 924, 927; *Martens*, DÖV 1987, 992, 998 f.
677 OVG Münster, NVwZ 1991, 588, 589; *Tiedemann*, DÖV 1981, 786, 791; *Martens*, DÖV 1987, 992, 998.
678 Vgl. BVerwGE 135, 238, 243 Rn. 22; *Götz*, JuS 1983, 924, 927, der darüber hinaus im Falle eines ablehnenden endgültigen Bescheids für die Bestimmung der Zeitdauer eine analoge Anwendung des § 48 Abs. 4 VwVfG erwägt, wohingegen nach BVerwGE 67, 99, 104 für § 48 Abs. 4 VwVfG weder direkt noch analog Raum sei; vgl. *Tiedemann*, DÖV 1981, 786, 791, der darüber hinaus für die Bestimmung der Zeitdauer die Wertung des § 75 VwGO heranziehen will; ebenfalls § 75 VwGO befürwortend *Peine*, DÖV 1986, 849, 858; *Schimmelpfennig*, S. 151 f.

solange existent ist, bis sie durch die vorbehaltene endgültige Regelung ersetzt wird und erst dadurch das Verwaltungsverfahren im Sinne des § 9 VwVfG seinen Abschluss findet. Aufgrund des Erfordernisses der unmissverständlichen Erkennbarkeit der Vorläufigkeit und der begrenzten Zulässigkeit nur in Fällen bestimmter Ungewissheiten, zeigt sich der Erlass einer vorläufigen Regelung als Sonderfall. Umgekehrt stellt der Erlass eines Verwaltungsakts, mit dem eine endgültige bzw. abschließende Regelung eines Einzelfalls getroffen wird, den Regelfall im Sinne des § 35 Satz 1 VwVfG dar.

Diese dargestellten Grundsätze vorläufiger Regelungen finden sich jedoch nicht vollständig in der Zulassung eines fakultativen Rahmenbetriebsplans wieder.

Der Ausgangspunkt der Gegenüberstellung setzt zunächst bei dem Grund für den Erlass einer bloß vorläufigen Regelung an, namentlich dem Bestehen einer Ungewissheit über die zum Erlass einer endgültigen bzw. abschließenden Regelung notwendigen Voraussetzungen auf Seiten der Erlassbehörde. Hier weisen die Grundlagen des vorläufigen Verwaltungsakts und das bergrechtliche Betriebsplanverfahren einen in gewissem Maße vergleichbaren tatsächlichen Anhaltspunkt auf. Ähnlich wie die bestehende und sich (noch) nicht aufklärbare Ungewissheit, welche die Behörde zum Erlass einer bloß vorläufigen Regelung bewegt, muss sich das bergrechtliche Betriebsplanverfahren den, insbesondere im untertägigen Bergbau vorherrschenden, tatsächlichen Ungewissheiten und beschränkten Prognostizierbarkeiten des Bergbaus[679] annehmen. Diese vergleichbare, tatsächliche Ausgangsbasis des Betriebsplanverfahrens vermag insoweit vorschnell zu dem Bedürfnis zu verleiten, diesen Sachgesetzen durch die Etablierung einer zunächst vorläufigen Regelung durch Zulassung eines fakultativen Rahmenbetriebsplans Herr zu werden. Dass das BBergG im Grundsatz diesen Weg nicht gegangen ist, wird im Folgenden zu zeigen sein.

Da nach den Grundsätzen vorläufiger Regelungen die bloß vorläufige Regelungsintensität unmissverständlich erkennbar sein muss, sich dem BBergG aber wie bereits gezeigt[680] keine ausdrückliche normative Anordnung einer Vorläufigkeit der Rahmenbetriebsplanzulassung entnehmen lässt, spricht dies dagegen, dass die Zulassung eines fakultativen Rahmenbetriebsplans bereits von Gesetzes wegen als bloß vorläufige Regelung angedacht wäre, sondern dem üblichen Regelfall eines Verwaltungsakts entspricht und damit einer abschließenden bzw. endgültigen Regelungsintensität zugänglich ist.

Ebenfalls stehen systematische Gesichtspunkte des Betriebsplanverfahrens der Qualifizierung als bloß vorläufiger Regelung entgegen. Wäre die

---

679 Siehe zu den Sachgesetzlichkeiten des Bergbaus oben Kap. 1, A).
680 Siehe dazu oben Kap. 2, B), I), 3., f), bb), (2).

feststellende Regelung einer Zulassung eines fakultativen Rahmenbetriebsplans vorläufiger Natur, müsste sie entsprechend der herausgearbeiteten abstrakten Determinanten durch eine endgültige Entscheidung bzw. eine endgültige Regelung ersetzt werden, was letztlich zu ihrer rechtlichen Erledigung im Sinne der § 5 BBergG i. V. m. § 43 Abs. 2 VwVfG führen würde. Diese Konstellation ist im Betriebsplanverfahren aber nicht der Fall. Denn die Vorschriften des BBergG sehen zum einen nicht vor, dass auf die Zulassung eines fakultativen Rahmenbetriebsplans eine entsprechende erneute und dann endgültige Entscheidung hinsichtlich desselben Rahmenbetriebsplans zu folgen habe. Dies widerspricht einem grundsätzlich vorläufigen Charakter der Zulassung. Eine solche ersetzende endgültige Regelung ist zum anderen auch nicht nachfolgenden Haupt- und Sonderbetriebsplanzulassungen zu entnehmen. Die Zulassung eines fakultativen Rahmenbetriebsplans wird nicht durch die Zulassung folgender Haupt- und Sonderbetriebspläne Stück für Stück ersetzt und damit gegenstandslos[681], wie es teilweise in der Rechtsprechung[682] und Literatur[683] angenommen wurde. Eine solche Annahme widerspräche der Gliederungskonzeption des Betriebsplanverfahrens und der systematischen Position der Zulassung eines fakultativen Rahmenbetriebsplans innerhalb dieser, welche ihrer Funktion nach keinen Regelungsausschnitt des Bergbauvorhabens abschließend vorwegnimmt, sondern eine ergänzende, eigenständige Regelung trifft, die zusätzlich neben Haupt- und Sonderbetriebsplanzulassungen tritt.[684] Wenn die folgenden Haupt- und Sonderbetriebsplanzulassungen den aufgestellten Rahmen ausfüllen und einer Konkretisierung zuführen, ersetzen sie diesen Rahmen nicht Stück für Stück, sondern setzen seine in gewissem Maße verbindliche und vor allem weiterhin bestehende Wirksamkeit voraus. Würde der Rahmen sukzessive ersetzt und sich somit in diesem jeweiligen Umfang auf rechtliche Weise erledigen[685], ginge der Gesamtzusammenhang des Bergbauvorhabens in kongruenter Weise Stück für Stück verloren[686], dessen bestehende Darstellung aber gerade Funktion des Rahmenbetriebsplans ist. Der fakultative Rahmenbetriebsplan würde kontinuierlich immer weiter der

---

681 Siehe *Piens,* in: Piens/Schulte/Graf Vitzthum, BBergG, § 52 Rn. 44 in Bezug auf folgende Sonderbetriebsplanzulassungen.
682 Siehe OVG Münster, ZfB 123 (1982), 246, 250, nicht rechtskräftig; das OVG Berlin, ZfB 131 (1990), 200, 221 deutet wohl an, dass eine solche Ersetzung höchstens durch definitiv genehmigende Hauptbetriebsplanzulassungen erfolgen könne.
683 So noch Piens/Schulte/Graf Vitzthum, BBergG, 1. Aufl., Stuttgart 1983, § 52 Rn. 8, Rahmenbetriebsplan als „Vorstufe" des Hauptbetriebsplans, unter Verweis auf das Urteil des OVG Münster, ZfB 123 (1982), 246, 250, welches allerdings nicht rechtskräftig wurde.
684 Siehe zur systematischen Position des fakultativen Rahmenbetriebsplans im Betriebsplanverfahren oben Kap. 2, B), I), 3., e), dd).
685 Wohlgemerkt ist damit nicht eine durch den fortschreitenden Abbau eintretende tatsächliche Erledigung gemeint.
686 *Piens,* in: Piens/Schulte/Graf Vitzthum, BBergG, § 52 Rn. 44.

B) Die Bindungswirkung der Zulassung fakultativer Rahmenbetriebspläne

Erfüllung seiner Funktion beraubt. Der verbleibende, noch nicht erledigte Rest der vorläufigen Regelung der Rahmenbetriebsplanzulassung bildete dann nur noch einen Rahmen für zukünftig zuzulassende Betriebsplanzulassungen, der folglich den jeweils aktuellen und zugelassenen Hauptbetriebsplan, welcher den Abbau gestattet, nicht mehr erfassen könnte. Soll der fakultative Rahmenbetriebsplan einen die Haupt- und Sonderbetriebspläne koordinierenden Rahmen setzen, muss dieser im Hinblick auf die Erfüllung dieser Funktion aber mit einer gewissen Verbindlichkeit auftreten.[687] Ein bloß vorläufiger Rahmen, der im Ergebnis unbegrenzt offen für eine wahllose behördliche Abänderung bzw. Ersetzung durch den Erlass einer endgültigen Regelung in Haupt- und Sonderbetriebsplanzulassungen wäre, würde dieser systematischen Position der Zulassung eines fakultativen Rahmenbetriebsplans im Betriebsplanverfahren nicht gerecht. Gleichsam darf der Rahmenbetriebsplan zwangsläufig die exakte etappenweise Zulassung des Bergbauvorhabens nach der Systematik des Betriebsplanverfahrens auch nicht vorentscheiden.

Auch folgt der fakultative Rahmenbetriebsplan grundsätzlich einer anderen Intention als der Erlass einer bloß vorläufigen Regelung. Letztere ergeht vor dem Hintergrund einer (noch) bestehenden Ungewissheit und soll insoweit diese ungewisse Situation bis zur Möglichkeit der endgültigen Entscheidung *überbrücken*[688]. Die Zulassung eines fakultativen Rahmenbetriebsplans setzt einen parallel zu den jeweils zugelassenen und zuzulassenden Haupt- und Sonderbetriebsplänen bestehenden Rahmen, welcher diese in einen größeren, koordinierenden Zusammenhang stellt, dabei allerdings nicht ungewisse Zustände zwischen den einzelnen Betriebsplänen überbrückt. Vielmehr fördert diese koordinierende Funktion, dass eine Überbrückung nicht erforderlich wird, weil die einzelnen Haupt- und Sonderbetriebsplanzulassungen durch den koordinierenden Rahmen im Hinblick auf den Fortgang des Bergbauvorhabens nahtloser aneinander angereiht werden können[689] und eventuell ungeregelte, weil von Haupt- und Sonderbetriebsplanzulassungen nicht abgedeckte, Zustände schon nicht eintreten. Die Zulassung eines fakultativen Rahmenbetriebsplans verfolgt daher keine bloß vorübergehende Funktion.

Letztlich folgt aus der Gegenüberstellung mit den abstrakten Grundlagen vorläufiger Regelungen somit, dass der Intensitätsgrad der feststellenden Regelung der Zulassung eines fakultativen Rahmenbetriebsplans nicht bloß vorläufiger Natur sein kann, sondern einem abschließenden bzw. endgültigen Charakter grundsätzlich aus normativer und systematischer Sicht zugänglich ist.

---

687 Siehe dazu schon oben Kap. 2, B), I), 3., e), dd).
688 *Martens*, DÖV 1987, 992, 993, 996.
689 Siehe dazu auch *Pollmann/Wilke*, S. 220, nach denen der Rahmenbetriebsplan eine Darstellung und Prüfung „bruchloser" Übergänge zwischen den Hauptbetriebsplänen ermögliche.

(4) Widerrufsvorbehalt und behördliche Aufhebungsmöglichkeit

In die bisherigen Erkenntnisse reiht sich ein weiterer gesetzessystematischer Umkehrschluss ein, der an die dargelegten abstrakten Determinanten vorläufiger Regelungen anknüpft.

Der Vorbehalt eines Widerrufs impliziert den endgültigen, dementsprechend abschließenden Charakter eines Verwaltungsakts, weil einerseits der Widerruf nach § 49 VwVfG dessen Rechtmäßigkeit voraussetzt, andererseits die Vorläufigkeit eines Verwaltungsakts aber insbesondere in der Ungewissheit begründet ist, ob eine endgültige Entscheidung überhaupt in rechtmäßiger Weise getroffen werden kann und daher eine solche noch nicht erfolgt.[690] Sofern die Behörde also einen Verwaltungsakt mit dem Vorbehalt eines Widerrufs erlässt, will sie sich die Möglichkeit, sich von dem Verwaltungsakt wieder lösen zu können, explizit vorbehalten. Umgekehrt folgt daraus, dass sie den Verwaltungsakt im Falle eines Nichtgebrauchs dieses Widerrufsvorbehalts wohl unverändert bestehen lassen will, was wiederum eine endgültige Regelungsintensität nahelegt. Diese Sichtweise wirkt im Hinblick auf die Dogmatik vorläufiger Regelungen stimmig, denn weise eine Regelung unter dem Vorbehalt eines Widerrufs nach § 36 Abs. 2 Nr. 3 VwVfG keinen abschließenden bzw. endgültigen, sondern nur einen vorläufigen Charakter auf, ließe sich die Gefahr des eventuell zeitlich unbegrenzten Bestehens dieser vorläufigen Regelung sehen, solange die Behörde von ihrem Widerrufsrecht keinen Gebrauch macht. Eine vorläufige Regelung darf aber nach den dargelegten Grundlagen nicht zeitlich unbegrenzt erlassen werden.[691]

Diese systematische Argumentation lässt sich auf die Zulassung eines fakultativen Rahmenbetriebsplans übertragen. Denn die Beifügung eines Widerrufsvorbehalts als Nebenbestimmung[692] im Sinne der §§ 36 Abs. 2 Nr. 3, 49 Abs. 2 Satz 1 Nr. 1 VwVfG, ungeachtet dessen praktischer Relevanz[693], ist im Hinblick auf bergrechtliche Betriebsplanzulassungen grund-

---

690 *Tiedemann*, DÖV 1981, 786, 788. Vgl. auch *Jäckle*, NJW 1984, 2131, 2132, nach welchem der Behörde in der Konstellation eines Widerrufsvorbehalts zumindest eine abschließende Sachverhaltsbewertung möglich sei. Wohl anders *Kemper*, S. 44, nach dem zumindest normativ der Anwendungsbereich des Widerrufsvorbehalts nicht auf endgültige Verwaltungsakte beschränkt sei.
691 Siehe dazu oben Kap. 2, B), I), 3., f), bb), (3).
692 Siehe zur Zulässigkeit von Nebenbestimmungen der Betriebsplanzulassungen nach § 36 VwVfG oben Kap. 2, B), I), 3., e), cc).
693 Nach *v. Hammerstein*, in: Boldt/Weller/Kühne/v. Mäßenhausen, BBergG, § 56 Rn. 8 sei bei einer Betriebsplanzulassung kein expliziter Vorbehalt eines Widerrufs erforderlich, da die Gründe des § 49 Abs. 2 Satz 1 Nr. 2–5 VwVfG genügend seien, um der Einhaltung der Zulassungsvoraussetzung Rechnung zu tragen.

B) Die Bindungswirkung der Zulassung fakultativer Rahmenbetriebspläne

sätzlich zulässig.[694] Da mangels normativer Differenzierungen hinsichtlich des fakultativen Rahmenbetriebsplans im Sinne des § 5 BBergG „[...] *nichts anderes bestimmt ist* [...]", muss dies ebenfalls für dessen Zulassung gelten. Eine solche abweichende Bestimmung ergibt sich darüber hinaus ebenfalls nicht konkludent aus der Systematik des Betriebsplanverfahrens, da dieses wie bereits gezeigt[695], gerade gegen den vorläufigen Charakter einer Rahmenbetriebsplanzulassung spricht und eine endgültige Regelungsintensität dieser Zulassung fordert.

Daneben ließe sich überlegen, ob die Anwendbarkeit[696] der §§ 48, 49 VwVfG auf die Zulassung eines fakultativen Rahmenbetriebsplans – wenn auch nur als ultima ratio – die endgültige Regelungsintensität dieser Zulassung nahelegt. Denn nach Ansicht des BVerwG muss eine vorläufige Regelung nicht im Sinne der §§ 48, 49 VwVfG durch die Erlassbehörde gesondert aufgehoben werden, sondern wird durch den Erlass der nachfolgenden endgültigen Regelung ersetzt[697].[698]

Allerdings folgt daraus nicht die grundsätzliche Unanwendbarkeit der §§ 48, 49 VwVfG auf vorläufige Regelungen,[699] unabhängig von der Sinnhaftigkeit und praktischen Relevanz der gesonderten Aufhebung einer solchen. Dementsprechend wird in der Literatur[700] vertreten, die Vorschriften der §§ 48, 49 VwVfG seien grundsätzlich ebenfalls auf vorläufige Verwaltungsakte bzw. Regelungen anwendbar, beispielsweise wenn die vorläufige Regelung durch eine andere abweichende Regelung ebenfalls vorläufiger Art ersetzt werden soll. Andererseits wird vereinzelt postuliert, die Rücknahme selbst erfordere einen rechtswidrigen Verwaltungsakt, dessen Regelung der Bestandskraft fähig sei, mithin also eine endgültige Regelung treffe,[701] sodass

---

694 *v. Hammerstein*, in: Boldt/Weller/Kühne/v. Mäßenhausen, BBergG, § 56 Rn. 8; *Piens*, in: Piens/Schulte/Graf Vitzthum, BBergG, § 56 Rn. 92, allerdings kritisch im Hinblick auf § 56 Abs. 1 Satz 2 BBergG.
695 Siehe dazu oben Kap. 2, B), I), 3., f), bb), (3).
696 Siehe zur Anwendbarkeit der §§ 48, 49 VwVfG auf die Zulassung eines fakultativen Rahmenbetriebsplans oben Kap. 2, B), I), 3., a), bb).
697 Siehe zur Ersetzung der vorläufigen durch die endgültige Regelung oben Kap. 2, B), I), 3., f), bb), (3).
698 Vgl. BVerwGE 67, 99, 103, nach welchem eine vorläufige Bewilligung einer Beihilfe bei Erlass einer entsprechenden endgültigen Regelung nicht gesondert durch die Behörde aufgehoben werden müsse.
699 *Ramsauer*, in: Kopp/Ramsauer, VwVfG, § 48 Rn. 17 hinsichtlich der Rücknahme unter Verweis auf *Kopp*, DVBl. 1989, 238.
700 So *Sachs*, in: Stelkens/Bonk/Sachs, VwVfG § 43 Rn. 40 unter Verweis auf BVerwGE 135, 238, 241 f. Rn. 17; *Ramsauer*, in: Kopp/Ramsauer, VwVfG, § 48 Rn. 17, allerdings offenlassend im Hinblick auf einen Widerruf in § 49 Rn. 11b.
701 *Peine*, DÖV 1986, 849, 850, 859.

die §§ 48, 49 VwVfG auf vorläufige Verwaltungsakte keine Anwendung fänden[702].

Ungeachtet dieser Divergenz, deren dogmatische Entscheidung an dieser Stelle keinen Raum beanspruchen kann, lässt sich aus der Anwendbarkeit der §§ 48, 49 VwVfG auf die Zulassung fakultativer Rahmenbetriebspläne keine eindeutige Erkenntnis hinsichtlich der Regelungsintensität dieser Zulassung herleiten. Da vorläufige Regelungen dem Grunde nach aber keiner behördlichen Aufhebung bedürfen, sondern darauf ausgelegt sind, durch die endgültige Regelung ersetzt zu werden, zeigt sich durch diese Aufhebungsmöglichkeit der Rahmenbetriebsplanzulassung zumindest eine Tendenz hinsichtlich ihres endgültigen Regelungscharakters.

Da die Zulassung eines fakultativen Rahmenbetriebsplans grundsätzlich mit dem Vorbehalt eines Widerrufs als Nebenbestimmung versehen werden darf, spricht dies für den abschließenden bzw. endgültigen Charakter der feststellenden Regelung der Zulassung. Wäre sie zu dieser Regelungsintensität bereits grundsätzlich nicht fähig, entstünde ein gesetzessystematischer Widerspruch zu dem durch § 5 BBergG eröffneten Anwendungsbereich des § 36 Abs. 2 Nr. 3 i. V. m. § 49 Abs. 2 Satz 1 Nr. 1 VwVfG auf die Zulassung eines fakultativen Rahmenbetriebsplans. Eine Tendenz zu einer abschließenden Regelungsintensität legt ebenfalls die grundsätzliche Anwendbarkeit der §§ 48, 49 VwVfG nahe.

(5) Zwischenergebnis

Der Vergleich der Zulassung eines fakultativen Rahmenbetriebsplans mit den grundsätzlichen Determinanten vorläufiger Regelungen hat gezeigt, dass diese Zulassung ausgehend von der gesetzlichen Ausgestaltung mit dem grundsätzlichen Anspruch auftritt, einer abschließenden bzw. endgültigen Regelungsintensität zugänglich zu sein. Die Zulassung eines fakultativen Rahmenbetriebsplans kann dementsprechend abschließende[703] Feststellungen hinsichtlich der Vereinbarkeit des Rahmenbetriebsplans mit den Zulassungsvoraussetzungen treffen und das Rahmenbetriebsplanverfahren abschließen. Sie stellt keine bloß vorläufige Regelung dar.[704] Dies bedeutet allerdings noch nicht, dass die Bergbehörde im Hinblick auf erforderliche Haupt- und Sonderbetriebsplanzulassungen in unabänderlicher Weise an die Regelungen der Rahmenbetriebsplanzulassung gebunden ist, wie noch zu zeigen sein wird[705].

---

702 *Peine,* DÖV 1986, 849, 859; *Peine,* in: FS Thieme, S. 584.
703 Siehe auch *Schoch,* in: Kühne/Schoch/Beckmann, Gegenwartsprobleme des Bergrechts, S. 60, nach dessen Ansicht sich nicht ausschließen lasse, dass die Rahmenbetriebsplanzulassung grundsätzlich auch abschließende Regelungen enthalte könne, je nach Antrag des Unternehmers und der dazu ergehenden Entscheidung der Behörde.
704 Im Ergebnis auch *Niermann,* S. 77.
705 Siehe dazu unten Kap. 2, B), IV), 2., e), f), h).

(6) Inhaltsbedingter Konkretisierungsgrad der Zulassungsregelung

Da die Zulassung eines fakultativen Rahmenbetriebsplans anhand der normativen Ausgestaltung der Vorschriften zum Betriebsplanverfahren und dessen Systematik zunächst die Regelungsintensität einer abschließenden bzw. endgültigen Feststellung für sich beanspruchen kann, kommt in Bezug auf eine möglicherweise geringere Intensität nur der konkrete Inhalt des jeweiligen fakultativen Rahmenbetriebsplans in Betracht.

Die Charakteristik eines feststellenden Verwaltungsakts ist es, „[...] *das Ergebnis eines behördlichen Subsumtionsvorgangs verbindlich festzuschreiben* [...]".[706] Die Regelung enthält dann die bindende Feststellung oder Verneinung von Rechten des jeweils durch den Verwaltungsakt Betroffenen.[707] Besteht dieser Subsumtionsvorgang in dem Kontext des vorliegenden Untersuchungsgegenstandes darin, dass die Bergbehörde den Inhalt des fakultativen Rahmenbetriebsplans auf seine Übereinstimmung mit den vorgeschriebenen Zulassungsvoraussetzungen hin prüft, wird in der entsprechenden Zulassung das Ergebnis dieser Prüfung bzw. Subsumtion festgesetzt, also die Übereinstimmung oder Nichtübereinstimmung des Rahmenbetriebsplans mit den Zulassungsvoraussetzungen. Daraus ergibt sich: Der exakte Umfang des feststellenden Regelungsgehalts richtet sich bei der Zulassung des fakultativen Rahmenbetriebsplans danach, was der Unternehmer durch seinen Antrag bzw. seine Angaben im Rahmenbetriebsplan exakt der Behörde zur Prüfung und Bescheidung stellt[708] und inwieweit diese darüber eine entsprechende Entscheidung treffen kann[709]. Es gilt damit zunächst Ähnliches wie bei der Erteilung eines Vorbescheids, dessen Regelungsumfang abhängig von dem Inhalt des zur Bescheidung gestellten Antrags ist[710].

Der grundsätzliche Inhalt eines fakultativen Rahmenbetriebsplans bedarf daher einer abstrakten Erörterung hinsichtlich seines grundsätzlichen Umfangs und Konkretisierungsgrades.

Nach der gesetzlichen Vorgabe des § 52 Abs. 2 Nr. 1 BBergG muss der fakultative Rahmenbetriebsplan allgemeine Angaben über das beabsichtigte Vorhaben, dessen technische Durchführung und voraussichtlichen zeitlichen Ablauf enthalten. Aus diesem groben normativen Umriss folgt

---

706 BVerwGE 135, 209, 212 unter Verweis auf BVerwG, NVwZ 2004, 349, 350. Das wörtliche Zitat findet sich derart ebenfalls in der früheren, letztgenannten Entscheidung des BVerwG, allerdings ohne das Wort „verbindlich". Siehe auch *Appel/Melchinger*, VerwArch 84 (1993), 349, 368.
707 Siehe dazu BVerwGE 135, 209, 212; 77, 268, 271; 55, 280, 285; 36, 192, 194.
708 OVG Münster, ZfB 139 (1998), 146, 152; ähnlich VG Stade, ZfB 133 (1992), 52, 66; siehe auch *Schoch*, in: Kühne/Schoch/Beckmann, Gegenwartsprobleme des Bergrechts, S. 56 f. Siehe dazu auch allgemein zur Betriebsplanzulassung oben Kap. 1, C), III), 2., c), aa).
709 Vgl. *v. Mäßenhausen*, ZfB 135 (1994), 119, 126; *Schoch*, in: Kühne/Schoch/Beckmann, Gegenwartsprobleme des Bergrechts, S. 60.
710 Siehe zur Abhängigkeit des Regelungsgehalts des Vorbescheids vom Inhalt des jeweiligen Antrags auf Erteilung dessen oben Kap. 2, B), I), 2., b), aa).

zunächst eine dem Wortlaut entsprechende grundlegende Prämisse zu der inhaltlichen Beschaffenheit: Die im fakultativen Rahmenbetriebsplan bloß allgemein gehaltenen Angaben sind grundsätzlich von geringer Konkretheit.[711] Sie bedürfen zumindest nicht dem Maß der an den Inhalt eines Hauptbetriebsplans zu stellenden Konkretisierung.[712] Ein fakultativer Rahmenbetriebsplan enthält keine detaillierten „[...] *Einzelheiten in vollendeter Planungsschärfe* [...]"[713].[714] Gleichsam erscheint es durchaus möglich, dass der Inhalt eines fakultativen Rahmenbetriebsplans im Einzelfall ein deutlich höheres Maß an Detailschärfe aufweist.[715] Dieses Maß ist letztlich entscheidend bedingt durch den Antrag des vorlegenden Unternehmers[716] und den Gebrauch des Verfahrensermessens der jeweiligen Bergbehörde.[717] Allerdings sollte dieses Maß an Detailschärfe vor dem Wortlaut des § 52 Abs. 2 Nr. 1 BBergG, vorsichtig ausgedrückt, nicht überspannt werden.[718] Auch soweit gegebenenfalls eine präzisere Darstellung bereits in dieser Phase des Vorhabens tatsächlich möglich wäre, sieht das BBergG für eine detaillierte Darstellung in der Regel nicht den fakultativen Rahmenbetriebsplan vor.[719]

§ 52 Abs. 4 Satz 1 BBergG erklärt den Nachweis der Erfüllung der Zulassungsvoraussetzungen des § 55 Abs. 1 Satz 1 Nr. 1 und 3 bis 13 BBergG zum erforderlichen Inhalt eines jeden Betriebsplans. Dieses Nachweiserfordernis lässt sich als die untere Grenze der grundsätzlich an den Betriebsplan zu stellenden inhaltlichen Mindestanforderung verstehen: Der Inhalt des fakultativen Rahmenbetriebsplans muss notwendigerweise wenigstens derart

---

711 Vgl. zum geringeren Konkretisierungsgrad der inhaltlichen Angaben des fakultativen Rahmenbetriebsplans: *Niermann*, S. 65; vgl. auch zur Konkretheit *Ludwig*, VerwArch 108 (2017), 559, 576.
712 *Piens*, in: Piens/Schulte/Graf Vitzthum, BBergG, § 52 Rn. 28; *Ludwig*, Auswirkungen der FFH-RL auf Vorhaben zum Abbau von Bodenschätzen nach dem BBergG, S. 47.
713 *Piens*, in: Piens/Schulte/Graf Vitzthum, BBergG, § 52 Rn. 28.
714 Siehe auch BT-Drs. 11/4015, S. 7.
715 *Jarass*, in: Tettinger (Hrsg.), Umweltverträglichkeitsprüfung bei Projekten des Bergbaus und der Energiewirtschaft, S. 61; *Kolonko*, S. 176; siehe auch *Kremer/Neuhaus gen. Wever*, BergR, Rn. 170; *Pohl*, S. 124; vgl. *Cosack*, NuR 2000, 311, 313; *Schulte*, Kernfragen des bergrechtlichen Genehmigungsverfahrens, S. 66.
716 Siehe zur Abhängigkeit der Konkretisierung im Betriebsplan von der Unternehmerseite, *Schmidt-Aßmann/Schoch*, S. 168 und *Cosack*, NuR 2000, 311, 313.
717 *Kolonko*, S. 176; *Ludwig*, Auswirkungen der FFH-RL auf Vorhaben zum Abbau von Bodenschätzen nach dem BBergG, S. 47; siehe auch *Schulte*, Kernfragen des bergrechtlichen Genehmigungsverfahrens, S. 65
718 So auch kritisch *Kremer/Neuhaus gen. Wever*, BergR, Rn. 170; wohl anders *Cosack*, NuR 2000, 311, 313, nach dem § 52 Abs. 2 Nr. 1 BBergG nur eine Mindestvorgabe treffe und die Detaillierung deutlich darüber hinausgehen dürfe.
719 Ebenfalls nach *Müller/Schulz*, S. 209, Rn. 358 sei eine detaillierte Darstellung des Vorhabens Aufgabe der auf den Rahmenbetriebsplan folgenden Betriebspläne.

konkret gestaltet sein, dass die Bergbehörde prüfen kann, ob das in ihm dargestellte Konzept mit den Zulassungsvoraussetzungen vereinbar ist.[720]

Das BBergG gibt somit einerseits eine Untergrenze[721] hinsichtlich der an den Inhalt eines fakultativen Rahmenbetriebsplans zu stellenden Konkretisierung vor, umreißt andererseits allerdings den Konkretisierungsgrad oberhalb dieser Grenze nur grob und trifft keine eindeutigen Vorgaben hinsichtlich der Angaben im Einzelfall – eine solche normative Vorgabe erscheint vor dem Hintergrund der gravierenden Unterschiede verschiedener Bergbaubetriebe auch unmöglich[722]. Die konkrete Ausgestaltung des Inhalts überlässt es insoweit primär dem aufstellenden Bergbauunternehmer. Eine genauere Betrachtung des Inhalts erfordert daher einen Blick auf praktische Beispiele und Muster fakultativer Rahmenbetriebspläne:

– Nach den Vorgaben des Sächsischen Oberbergamtes[723] soll der Inhalt eines fakultativen Rahmenbetriebsplans für einen Tagebau folgende Angaben aufweisen, die hier vereinfacht und nicht abschließend veranschaulicht werden: Eine Übersicht über das Vorhaben, insbesondere zu den raumordnerischen und bauplanungsrechtlichen Belangen, der Berechtsame, die Situation des Standortes (Geographie, Geologie, Hydrogeologie, Mensch, Tier, Sachgüter/Kultur, etc.); allgemeine Angaben zum Vorhaben, insbesondere zu den Bestandteilen des Vorhabens, dem Bedarf an Flächen eigens hinsichtlich des Abbaus, die geplante Förderung und voraussichtliche Laufzeit; Angaben zu dem technischen Konzept, insbesondere allgemeine Darstellungen und die Tagebauentwicklung; Angaben zu möglichen Umwelteinwirkungen und in Frage kommenden Gegenmaßnahmen.

– Nach einem Auszug aus den Empfehlungen der hessischen Bergbehörde[724] für das Betriebsplanverfahren soll ein fakultativer Rahmenbetriebsplan im Wesentlichen folgende Angaben enthalten: Angaben zu den betroffenen Flächen, insbesondere raumordnerische und bauplanungsrechtliche Vorgaben, geologische und hydrogeologische bzw. hydrologische Angaben; allgemeine Angaben zu dem Bergbauvorhaben,

---

[720] *Hoppe/Beckmann*, S. 135; *Schmidt-Aßmann/Schoch*, S. 182; vgl. VG Stade, ZfB 133 (1992), 52, 67.

[721] *Cosack*, NuR 2000, 311, 313 bezeichnet die inhaltliche Vorgabe des § 52 Abs. 2 Nr. 1 BBergG als „Mindeststandard".

[722] *v. Hammerstein*, in: Boldt/Weller/Kühne/v. Mäßenhausen, BBergG, § 52 Rn. 102.

[723] Richtlinie zur Aufstellung und Gliederung von Betriebsplänen für Tagebaue und dazugehörige Tagesanlagen vom 1. August 2011 (Betriebsplanrichtlinie für Tagebaue), Anlage 2, S. 10–17, abrufbar unter http://www.oba.sachsen.de/download/BetriebsplanrichtlinieTagebaue 2011Aug.pdf, zuletzt abgerufen am 08.06.2018.

[724] Anlagen zu den Empfehlungen der hessischen Bergbehörde für das Betriebsplanverfahren, Stand: 01.03.2007, allerdings derzeit in Überarbeitung, Anlage 1, S. 3–7, abrufbar unter: https://rp-darmstadt.hessen.de/sites/rp-darmstadt.hessen.de/files/content-downloads/Anla gen zu den Empfehlungen der hessischen Bergbehörde für das Betriebsplanverfahren.pdf, zuletzt abgerufen am 08.06.2018.

insbesondere Bestandteile, Flächen, die geplante Förderung und den voraussichtlichen zeitlichen Ablauf; Angaben zum technischen Konzept; eine Darstellung der möglichen Umwelteinwirkungen und Ausgleichsplanung.

- Gemäß einem Auszug aus den Richtlinien[725] der Bezirksregierung Arnsberg in Nordrhein-Westfalen soll ein fakultativer Rahmenbetriebsplan im Nichtkohlenbergbau unter anderem die folgenden Angaben enthalten: Eine Übersicht über das geplante Vorhaben, insbesondere Angaben hinsichtlich der Gewinnungsberechtigungen, der Lagerstätten, der geologischen und hydrologischen Situation, raumordnerischen und landesplanerischen Belangen, sonstigen unter Schutz stehenden Gebieten und Flächen, eine Beschreibung des Vorhabens samt dessen Größe, Mengenangaben hinsichtlich der gewinnbaren Bodenschätze, der voraussichtliche zeitliche Ablauf und die in Anspruch zu nehmenden Flächen; Angaben zur Betriebsplanung und der technischen Durchführung, insbesondere Abbauplanung und -verfahren; Angaben hinsichtlich der Tagesanlagen und Infrastruktur; Angaben hinsichtlich der Wasserwirtschaft, Immissionsschutz und Abfällen, Wiedernutzbarmachung der Oberfläche, darunter insbesondere eine Darstellung der Natur und Landschaft, eine Eingriffsabschätzung und eine Darstellung entsprechender Vorsorgemaßnahmen; Angaben zu allen sonstigen Auswirkungen des Vorhabens.

- Beispielsweise soll nach *Piens* ein zur Abteufung eines Schachtes aufzustellender fakultativer Rahmenbetriebsplan Angaben „[...] *über die Grundgedanken der Planung, über die Lage des Planungsraumes und die Berechtsamsverhältnisse, über die bisherigen Aufschlussergebnisse und Lagerstättenverhältnisse, eine Darstellung der bergtechnischen Planung und der Funktion der Schächte, Angaben über Betriebseinrichtungen, bauliche Anlagen, Versorgungs- und Entsorgungspläne, Verkehrsplanung, zu Umwelt- und Landschaftsschutzgesichtspunkten und zur Einordnung des Vorhabens in die regionale und überregionale Planung enthalten* [...]".[726]

Zusammenfassend beschreibt der grundsätzliche Inhalt eines fakultativen Rahmenbetriebsplans ein umfassendes, aber inhaltlich noch nicht exakt konkretisiertes Bild des geplanten Bergbauvorhabens oder langfristigen Vorhabenabschnitts aus allen relevanten bergrechtlichen Blickpunkten in glo-

---

[725] Richtlinien des Landesoberbergamts Nordrhein-Westfalen für die Handhabung des Betriebsplanverfahrens (Betriebsplan-Richtlinien – BP-RL) vom 31. 8. 1999, Hausverfügung der Bezirksregierung Arnsberg, Abteilung Bergbau und Energie in Nordrhein-Westfalen für die Handhabung des Betriebsplanverfahrens (Betriebsplan-Richtlinien – BP-RL) mit Stand vom 31.05.2010, Anlage 7, abrufbar unter: http://esb.bezreg-arnsberg.nrw.de/a_7/a_7_041/a_7_041_015.html, zuletzt abgerufen am 08.06.2018.

[726] *Piens*, in: Piens/Schulte/Graf Vitzthum, BBergG, § 52 Rn. 31.

B) Die Bindungswirkung der Zulassung fakultativer Rahmenbetriebspläne

baler Hinsicht, welche sich grob gliedern lassen in eine Beschreibung der rechtlichen und tatsächlichen Verhältnisse am geplanten Ort, allgemeine bergbauliche Angaben und Abbauziele zum geplanten Vorhaben und dessen technische Umsetzung sowie letztlich die möglichen Einwirkungen des geplanten Vorhabens auf die Umwelt und die dazu geplanten Gegenmaßnahmen.[727] Der zu bildende Rahmen für das Vorhaben erfolgt inhaltlich durch eine umfassende Gesamtbetrachtung aller für das Vorhaben relevanten und der Zuständigkeit der Bergbehörde unterfallenden Gesichtspunkte, denn sonst könnte dieser nicht alle in Haupt- und Sonderbetriebsplänen enthaltene Angaben in einen umfassenden Zusammenhang stellen. Dies gilt ebenfalls für fakultative Rahmenbetriebspläne, die nur eine bestimmte Arbeit langfristig darstellen, wie sich an dem genannten Beispiel eines Rahmenbetriebsplans zur Abteufung eines Schachtes verdeutlicht. Hierin zeigt sich insbesondere ein Unterschied zum Vorbescheid, da sich der Rahmenbetriebsplan nicht auf die Darstellung und folgende Prüfung bestimmter einzelner Zulassungsvoraussetzungen beschränken kann.[728] In Anbetracht der Vielzahl an einzelnen Informationen, die ein fakultativer Rahmenbetriebsplan enthält, liegt es auf der Hand, dass nicht alle Angaben ein einheitliches Maß an Konkretisierung aufweisen werden bzw. können.[729] Gewisse Angaben lassen eine konkretere Darstellung zu, andere Angaben im Zeitpunkt der Planaufstellung noch nicht. Dies mag zum einen tatsächliche und zum anderen rechtliche Ursachen haben und wird je nach Art des Bergbauzweiges und des konkreten Vorhabens im Einzelfall variieren. Planung und Umsetzung des Abbaus eines Bodenschatzes sind nicht aufeinanderfolgende, sondern parallel ablaufende und sich überschneidende Phasen des Bergbaus, denn gerade im Bergbau unter Tage sind erst die durch den partiellen Abbau einer Lagerstätte erweiterten Erkenntnisse über diese, Basis für die weitere Entwicklung des Bergbauvorhabens.[730] Dies hat Folgen für die Planungskonkretisierung zu Beginn eines Bergbauvorhabens und der damit einhergehenden Aufstellung eines fakultativen Rahmenbetriebsplans, als dass dieser das Vorhaben nur soweit darstellen kann, wie die bereits vorhandenen Erkenntnisse über das Abbauvorhaben und die Lagerstätte reichen.[731] Beispielsweise sollen im untertägigen Steinkohlebergbau Angaben hinsichtlich der Flöze im Rahmenbetriebsplan nur derart möglich sein, dass die in diesem Zeitraum grundsätzlich in Frage kommenden Flözflächen

---

[727] Vgl. ebenfalls die Inhaltsbeschreibung bei *Pollmann/Wilke*, S. 220 hinsichtlich einer Gliederung eines Rahmenbetriebsplans der Bergbau AG Lippe (dort in Anhang 3, S. 272); vgl. auch *Schmidt-Aßmann/Schoch*, S. 181.
[728] So auch *Kühne*, UPR 1983, 81, 83.
[729] Vgl. *Schmidt-Aßmann/Schoch*, S. 190 f., allerdings im Hinblick auf das Verhältnis von Detailschärfe der Rahmenbetriebsplanangaben zu einer Bindungswirkung.
[730] So in Bezug auf den untertägigen Bergbau *Knöchel*, NWVBl. 1992, 117, 118.
[731] Vgl. *Knöchel*, NWVBl. 1992, 117, 118.

beschrieben werden, die exakte Festlegung der dann aber konkret abzubauenden Flöze erst mit fortschreitender geologischer Kenntnis bei der Durchführung des Vorhabens erfolgen kann.[732] Insoweit soll es sich sogar anbieten, mehr Flöze im Rahmenbetriebsplan anzugeben, als später bei der Durchführung tatsächlich abgebaut werden, da bei der Erstellung des Rahmenbetriebsplans noch nicht absehbar sei, welche Flöze im Endeffekt für den konkreten Abbau doch nicht in Frage kommen werden.[733]

Für den feststellenden Regelungsgehalt der Zulassung eines fakultativen Rahmenbetriebsplans ergeben sich aus dem zuvor abstrakt umrissenen Betriebsplaninhalt entsprechende Folgen. Denn derartige globale Beschreibungen eines Bergbauvorhabens können keine Festlegungen im Detail treffen.[734] Da der Umfang der Regelung der Zulassung in Abhängigkeit zu dem jeweiligen Planinhalt steht, führt ein gering konkretisierter fakultativer Rahmenbetriebsplan zu einer kongruent gering konkretisierten Feststellung. Beschreibt der Rahmenbetriebsplan das Vorhaben nur im Allgemeinen und lässt eine Konkretisierung für folgende Haupt- und Sonderbetriebspläne offen, kann gleichsam nur eine derartige, allgemeine Feststellung hinsichtlich der Übereinstimmung mit den Zulassungsvoraussetzungen getroffen werden.[735]

Eine geringere Konkretisierung ist aber nicht zwangsläufig gleichbedeutend mit der Vorläufigkeit einer solchen Regelung.[736] Denn umgekehrt lässt sich an dieser Stelle ebenfalls fragen, wieso die inhaltlich geringere Konkretisierung einer Regelung ihrem Charakter als abschließende Regelung eines Verwaltungsakts entgegenstehen sollte. Zum einen legen die Vorschriften über das Betriebsplanverfahren des BBergG eine solche Folge für die Rahmenbetriebsplanzulassung nicht nahe.[737] Den §§ 35, 43 VwVfG ist eine dahingehende Vorgabe, die Regelung eines Verwaltungsakts müsse immer detailscharf sein, ebenfalls nicht zu entnehmen, soweit zumindest die Grenze des inhaltlichen Bestimmtheitserfordernisses des § 37 Abs. 1 VwVfG nicht unterlaufen wird. Darüber hinaus steht die Systematik des Betriebsplanverfahrens und insbesondere des fakultativen Rahmenbetriebsplans einer bloß vorläufigen Regelung in der Zulassung entgegen.[738] Zur

---

732 *Knöchel*, NWVBl. 1992, 117, 118.
733 *Knöchel*, NWVBl. 1992, 117, 118.
734 *Pollmann/Wilke*, S. 220 f.
735 Vgl. *Pollmann/Wilke*, S. 226.
736 Ebenfalls *Fluck*, Anmerkungen zum Urteil des VG Berlin vom 18.05.1988, ZfB 130 (1989), 127 (Urteil), 142 (Anmerkungen), 143 und vgl. *Kühne*, UPR 1986, 81, 86 Fn. 36 erkennen, dass die Allgemeinheit der Angaben nicht zwangsläufig die Vorläufigkeit der Feststellung bedeutet. Daran anknüpfend auch *Niermann*, S. 73.
737 Siehe dazu oben Kap. 2, B), I), 3., f), bb), (2).
738 Siehe dazu oben Kap. 2, B), I), 3., f), bb), (3).

B) Die Bindungswirkung der Zulassung fakultativer Rahmenbetriebspläne

begrifflichen Klarstellung soll noch einmal wiederholt[739] werden: Die Eigenschaft einer Regelung als *abschließend* bzw. *endgültig* stellt den Regelfall eines Verwaltungsakts im Sinne des § 35 Satz 1 VwVfG dar, sodass grundsätzlich jeder Verwaltungsakt eine abschließende Regelung trifft. Diese Intensität der feststellenden Regelung muss darüber hinaus in Bezug auf die Funktion des fakultativen Rahmenbetriebsplans, hinsichtlich der sie ergeht, beurteilt werden. Erfüllt die Zulassung mit ihrer geringen inhaltlichen Konkretisierung die ihr gesetzlich zugeschriebene Funktion, besteht kein Raum für eine Vorläufigkeit. Insoweit tritt der fakultative Rahmenbetriebsplan nach Maßgabe des § 52 Abs. 2 Nr. 1 BBergG bereits nur mit dem Anspruch auf, eine allgemeine und im Detail offenere Beschreibung des jeweiligen Bergbauvorhabens zu treffen, welche durch nachfolgende Haupt- und Sonderbetriebspläne erst einer konkretisierten Darstellung zugeführt wird[740]. Vor dem Hintergrund dieses bereits der Funktion immanenten Erfordernisses einer geringeren inhaltlichen Konkretisierung, kann gleichsam durch die Zulassung nur eine dazu kongruente feststellende Regelung von ebenfalls geringer Konkretheit gefordert sein. Weil das Gesetz somit nur diese geringen inhaltlichen Anforderungen an die Feststellung der Zulassung eines fakultativen Rahmenbetriebsplans stellt, erfüllt sie gerade wegen dieser geringeren inhaltlichen Konkretisierung die ihr gesetzlich zugewiesene Aufgabe und wird dahingehend abschließend getroffen. Diese Annahme rekurriert auf die zuvor erarbeitete Erkenntnis[741], dass hinsichtlich der Zulassung des fakultativen Rahmenbetriebsplans keine weitere, diese ersetzende und dann detailliertere Zulassungsentscheidung ergeht.

Mit anderen Worten zusammengefasst ergibt sich folgende Ableitung: Da das BBergG für den Inhalt eines fakultativen Rahmenbetriebsplans grundsätzlich nur eine gering konkretisierte und allgemein gehaltene Darstellung des Vorhabens vorsieht, gleichzeitig hinsichtlich dessen Zulassung keine besonderen Normierungen trifft, stellt es an die darauf erfolgende inhaltskongruente Zulassung keine darüber hinausgehenden inhaltlichen Konkretisierungsanforderungen. Sieht das Gesetz in der Folge ohnehin nur eine allgemein gehaltene Feststellung der Vereinbarkeit des Vorhabens mit den Voraussetzungen durch die Zulassung vor, stellt diese die das Rahmenbetriebsplanverfahren abschließende Entscheidung dar.

Daraus ergibt sich ein breiter Regelungsgehalt der Zulassung eines fakultativen Rahmenbetriebsplans.

Diese trifft die abschließende Feststellung der grundsätzlichen Zulässigkeit des geplanten Gesamtbergbauvorhabens bzw. des geplanten längerfristigen Vorhabenabschnitts.[742] Die zunächst grundsätzliche Zulässigkeit bedarf

---

739 Siehe dazu oben Kap. 2, B), I), 3., f), bb), (3).
740 Siehe dazu oben Kap. 2, B), I), 3., e), dd).
741 Siehe dazu oben Kap. 2, B), I), 3., f), bb), (3).
742 *Pollmann/Wilke*, S. 226 f.

im weiteren Verlauf einer zusätzlichen und dann konkreteren Prüfung durch Haupt- und Sonderbetriebspläne im Einzelfall.[743] Dieser Regelungsumfang wird der Position des fakultativen Rahmenbetriebsplans im System des Betriebsplanverfahrens als ausfüllungsbedürftiger Rahmen gerecht. Mit diesem Ergebnis übereinstimmend formuliert das BVerwG in der Garzweiler-II Entscheidung zutreffend, die Zulassung eines fakultativen Rahmenbetriebsplans enthalte die Feststellung, „[...] *dass das Gesamtvorhaben zulassungsfähig ist und nicht aus überwiegenden öffentlichen Interessen untersagt oder eingeschränkt werden darf* [...]"[744]. Prägnant lässt sich der Inhalt der feststellenden Regelung als „[...] *grundsätzliche Zulassungsfähigkeit des Gesamtvorhabens* [...]"[745] zusammenfassen. In sprachlicher Hinsicht macht die *grundsätzliche Zulassungsfähigkeit* insbesondere deklaratorisch deutlich, dass das Vorhaben noch nicht gestattend zugelassen ist, es mithin nach dem BBergG weiterer Betriebsplanzulassungen in Form von Haupt- und Sonderbetriebsplänen bedarf. Diese Formulierung betrifft allerdings die Konstellation, dass der fakultative Rahmenbetriebsplan das gesamte geplante Bergbauvorhaben erfasst. Wie sich allerdings gezeigt hat,[746] können fakultative Rahmenbetriebspläne darüber hinaus auch für bestimmte längerfristige Abschnitte eines geplanten Vorhabens oder sogar für bestimmte Arbeitsschritte des Vorhabens aufgestellt werden. Insoweit stellt die auf den fakultativen Rahmenbetriebsplan eines solchen Inhalts erfolgende Zulassung die grundsätzliche Zulassungsfähigkeit des geplanten längerfristigen Abschnitts bzw. des geplanten Arbeitsschrittes fest. Diese grundsätzliche Zulassungsfähigkeit erfasst damit die Gesamtaussage des fakultativen Rahmenbetriebsplans. Unwesentliche Abweichungen des Konkretisierungsgrades der einzelnen Angaben untereinander lassen diese grundsätzliche Zulassungsfähigkeit unberührt. Werden in dem fakultativen Rahmenbetriebsplan allerdings im Einzelfall deutlich konkretere Angaben gemacht, gegebenenfalls sogar detaillierte Aussagen getroffen, und kann die Bergbehörde diese Angaben entsprechend prüfen, weist in der Folge die feststellende Regelung hinsichtlich dieser Angaben ebenfalls eine kongruente Konkretisierung auf. Diese Annahme setzt in dogmatischer Hinsicht die zuvor erarbeitete Vorgabe, der Regelungsumfang der Zulassung stehe in Abhängigkeit zum exakten Inhalt des fakultativen Rahmenbetriebsplans[747], fort.

Letztlich ergibt sich damit für den Regelungsumfang der Zulassung folgende Aussage: Der Konkretisierungsgrad der abschließend feststellenden Regelung der Zulassung richtet sich nach dem Konkretisierungsgrad der

---

743 *Pollmann/Wilke*, S. 226 f.
744 BVerwGE 126, 205, 212 Rn. 25. Bestätigt durch BVerwGE 132, 261, 268 Rn. 28.
745 BVerwGE 126, 205, 212 Rn. 25.
746 Siehe oben Kap. 2, B), I), 3., e), dd).
747 In diesem Abschnitt oben.

jeweiligen Angaben im fakultativen Rahmenbetriebsplan und kann daher hinsichtlich verschiedener Angaben unterschiedlich konkret ausfallen.[748] Insgesamt trifft die Zulassung eines fakultativen Rahmenbetriebsplans die Feststellung der grundsätzlichen Zulassungsfähigkeit des Gesamtbergbauvorhabens oder längerfristigen Vorhabenabschnitts.

Diese festgestellte grundsätzliche Zulassungsfähigkeit des Gesamtbergbauvorhabens bzw. eines längerfristigen Vorhabenabschnitts statuiert damit einen Rahmen für das weitere Geschehen, indem einerseits über die bestätigte grundsätzliche Realisierbarkeit des Vorhabens die Aufstellung folgender Haupt- und Sonderbetriebspläne überhaupt erst wirtschaftlich in Frage kommt, andererseits die jeweiligen Inhalte dieser anhand der grundsätzlichen Zulassungsfähigkeit ausgerichtet werden können. Diese Ausgangslage hat zur Folge, dass die Bergbehörde im Einzelfall innerhalb der Zulassung diejenigen allgemeinen Aussagen des fakultativen Rahmenbetriebsplans und die entsprechenden Zulassungsvoraussetzungen, über die sie zu diesem Zeitpunkt der Vorhabenplanung noch nicht grundsätzlich entscheiden kann, durch entsprechende Vorbehalte bzw. Nebenbestimmungen offenhalten muss.

(7) Zwischenergebnis
Die Zulassung des fakultativen Rahmenbetriebsplans trifft als abschließende Regelung die Feststellung dahingehend, dass der Inhalt des vorgelegten fakultativen Rahmenbetriebsplans den Zulassungsvoraussetzungen der §§ 55 Abs. 1, 48 Abs. 2 BBergG entspricht, das Bergbauvorhaben also grundsätzlich zulassungsfähig ist. Die exakte Konkretisierung dieser Feststellung steht in Abhängigkeit zur Detailschärfe der einzelnen Angaben im fakultativen Rahmenbetriebsplan im Einzelfall. Diese Feststellung ist daher keine bloß vorläufige Regelung.

cc) Kein zusätzliches vorläufiges positives Gesamturteil
Für die Beantwortung der Frage, ob die Zulassung eines fakultativen Rahmenbetriebsplans, ähnlich wie der Vorbescheid, sofern man der wohl überwiegend[749] vertretenen Auffassung folgt, einen zweigliedrigen Regelungsgehalt aufweist, also neben der Feststellung der grundsätzlichen Zulassungsfähigkeit eine vorläufige Gesamtbeurteilung des Gesamtvorhabens trifft, müssen zwei verschiedene Grundkonstellationen unterschieden werden.

---

748 Vgl. im Ergebnis wohl auch *Schmidt-Aßmann/Schoch*, S. 168, nach denen sich der Umfang des Regelungsgehalts nur „[...] *von Aussage zu Aussage bestimmen* [...]" lasse und siehe im Hinblick auf unterschiedliche Bindungsintensitäten der verschiedenen Angaben im Rahmenbetriebsplan dort S. 190 f.; *Rausch*, S. 44, allerdings im Hinblick auf die Unterschiede der Regelungsgehalte verschiedener Rahmenbetriebsplanzulassungen zueinander.
749 Siehe dazu oben Kap. 2, B), I), 2., b), bb).

Deckt der fakultative Rahmenbetriebsplan inhaltlich das gesamte Bergbauvorhaben ab, stellt – im positiven Falle – seine Zulassung die grundsätzliche Zulassungsfähigkeit des gesamten Bergbauvorhabens fest. Unabhängig von rechtlichen Erwägungen besteht in dieser Konstellation bereits kein darüber hinausgehendes Bedürfnis nach einer vorläufigen positiven Gesamtbeurteilung des Gesamtvorhabens. Dieses ist bereits als grundsätzlich zulassungsfähig durch die feststellende Regelung beschieden. Die dahingehende Überlegung, die Zulassung eines fakultativen Rahmenbetriebsplans selbst als eine Art selbstständiges vorläufiges positives Gesamturteil im bergrechtlichen Betriebsplanverfahren anzusehen, bleibt der Erörterung in einem gesonderten Abschnitt vorbehalten.[750]

In der zweiten Grundkonstellation stellt der fakultative Rahmenbetriebsplan einen längerfristigen Abschnitt des Bergbauvorhabens oder einen bestimmten Arbeitsabschnitt längerfristig dar. Die Zulassung eines derartigen Rahmenbetriebsplans träfe dann die Feststellung, dass der längerfristige Vorhabenabschnitt bzw. Arbeitsabschnitt grundsätzlich zulassungsfähig ist. Die Feststellung betrifft in diesem Fall inhaltlich nicht das gesamte Bergbauvorhaben. In dieser Konstellation bestünde zunächst theoretisch Raum für eine darüber hinausgehende vorläufige Gesamtbeurteilung des gesamten Bergbauvorhabens. Allerdings lässt das BBergG bezüglich einer solchen jegliche normativen Anhaltspunkte vermissen. Eine den § 9 Abs. 1 2. Halbs. BImSchG oder § 19 Abs. 5, § 18 Abs. 2 AtVfV entsprechende Regelung, aus der sich das Erfordernis einer vorläufigen positiven Gesamtbeurteilung für den anlagengenehmigungsrechtlichen Vorbescheid eindeutig ergibt,[751] findet sich in den Vorschriften des BBergG zum Betriebsplanverfahren nicht.[752] Aus § 55 Abs. 1 und § 48 Abs. 2 Satz 1 BBergG folgt lediglich der zwingende Regelungsgehalt der Feststellung der Vereinbarkeit des beschriebenen Vorhabens mit den Zulassungsvoraussetzungen. Der Regelungsgehalt der Zulassung eines fakultativen Rahmenbetriebsplans teilt sich nicht zweigliedrig in einen einerseits feststellenden Regelungsteil und andererseits ein vorläufiges positives Gesamturteil hinsichtlich der Gesamtzulassungsfähigkeit des gesamten Bergbauvorhabens auf.[753]

Eine solche Zweigliedrigkeit der Zulassung des fakultativen Rahmenbetriebsplans ergibt sich auch nicht aus systematischen Gründen des Betriebs-

---

750 Siehe dazu unten Kap. 2, B), II, 2.
751 Vgl. zum vorläufigen positiven Gesamturteil beim Vorbescheid oben Kap. 2, B), I), 2., b), bb).
752 So im Ergebnis auch *Gaentzsch*, in: Kühne/Gaentzsch, Wandel und Beharren im Bergrecht, S. 26; vgl. *Schulte,* Kernfragen des bergrechtlichen Genehmigungsverfahrens, S. 50. Vgl. BVerwGE 89, 246, 253, das allerdings für das vorläufige positive Gesamturteil auf die § 8 BImSchG und § 18 Abs. 1 AtVfV verweist.
753 Vgl. auch OVG Lüneburg, ZfB 131 (1990), 19, 26. Ein vorläufiges positives Gesamturteil in der Rahmenbetriebsplanzulassung ablehnend siehe auch VG Gelsenkirchen, ZfB 131 (1990), 325, 328.

B) Die Bindungswirkung der Zulassung fakultativer Rahmenbetriebspläne

planverfahrens. Denn anders als die Teilentscheidungen im gestuften Anlagengenehmigungsverfahren ergehen die einzelnen Betriebsplanzulassungen als zeitliche Aufgliederung nach Durchführungsetappen gerade nicht im Hinblick auf die zukünftige Gesamtrealisierung des Gesamtbergbauvorhabens.[754] Die Zulassung eines Betriebsplans – ebenfalls eines fakultativen Rahmenbetriebsplans – erfordert daher nicht die gleichzeitige vorläufige Gesamtbeurteilung des Gesamtbergbauvorhabens von dessen Anfang bis Ende.[755] Denn die getrennte rechtliche Betrachtungsweise ist der behördlichen Zulassung nach zeitlichen Etappen immanent. Das vorläufige positive Gesamturteil als Regelungsteil soll insbesondere sicherstellen, dass auch im Falle der Aufspaltung der Vollgenehmigung in eine Vielzahl von Teilentscheidungen, welche für sich zwar summiert den Regelungsgehalt der Vollgenehmigung ergeben, jeweils das Vorhaben aber nur selektiv erfassen, das Vorhaben gerade in seiner Gesamtheit ebenfalls Gegenstand des Verfahrens ist.[756] Das bergrechtliche Betriebsplanverfahren sieht im Unterschied nicht vor, dass das Bergbauvorhaben in seiner Gesamtheit zwingend Gegenstand des Verfahrens sein müsste. Dies ist zwar durch einen entsprechenden Rahmenbetriebsplan möglich, aber nicht zwingend. Daneben besteht ebenfalls in dieser Konstellation kein funktionales Bedürfnis nach einer vorläufigen Gesamtbeurteilung, da die Funktion der Koordination und Abstimmung der einzelnen Betriebspläne zueinander bereits die feststellende Regelung der grundsätzlichen Zulassungsfähigkeit für die Geltungsdauer des Rahmenbetriebsplans übernimmt. Neben fehlenden normativen Vorgaben besteht auch aus systematischer Sicht im Betriebsplanverfahren kein funktionales Bedürfnis nach einer vorläufigen positiven Gesamtbeurteilung, vielmehr setzt es eine solche gerade nicht voraus. Stellt der fakultative Rahmenbetriebsplan inhaltlich nicht das Gesamtbergbauvorhaben dar, trifft seine Zulassung ebenfalls in dieser Konstellation keine darüber hinausgehende vorläufige positive Gesamtbeurteilung des Bergbauvorhabens.

Nach zutreffender Ansicht des BVerwG[757] steht es der Zulassung eines Rahmenbetriebsplans allerdings im Wege, wenn die Bergbehörde bereits in diesem Zeitpunkt anhand des rahmenmäßig beschriebenen Vorhabens positive Kenntnis davon hat oder sich diese Kenntnis ihr zumindest aufzwingen muss, dass das Vorhaben nicht realisiert werden darf und die dafür erforderlichen Haupt- und Sonderbetriebspläne nicht zugelassen werden können. Hinter dieser Annahme verbürgt sich aber nicht die Vorgabe einer vorläufi-

---

[754] Siehe dazu oben Kap. 2, B), I), 3, e), bb).
[755] Vgl. OVG Berlin, ZfB 131 (1990), 200, 216, welches eine solche vorläufige Gesamtbeurteilung zumindest für Hauptbetriebsplanzulassungen ausschließt, im Ergebnis aber den fakultativen Rahmenbetriebsplan als isoliertes vorläufiges positives Gesamturteil ansieht. Siehe zu letzterem ausführlich unten Kap. 2, B), II), 2.
[756] BVerwGE 72, 300, 309. Siehe dazu auch oben Kap. 2, B), I), 2., d), bb), (2).
[757] Vgl. BVerwGE 89, 246, 254.

gen positiven Gesamtbeurteilung. Vielmehr wird in einem solchen Fall das Sachbescheidungsinteresse des Bergbauunternehmers an der Zulassung des fakultativen Rahmenbetriebsplans betroffen sein.[758] *Kenntnis haben oder Kenntnis, die sich aufzwingen müsste,* ist nicht gleichbedeutend mit dem Auftrag, sich Kenntnis durch eine vorläufige Gesamtbeurteilung zu verschaffen und dies insoweit zu bescheiden. Nach Stimmen in der Literatur habe sich die Bergbehörde zwar zu vergewissern, ob sich die offen gehaltenen Detailaspekte in dem zuzulassenden Rahmen überhaupt verwirklichen lassen, bevor sie den Rahmenbetriebsplan zulässt, allerdings müsse sie bei der Zulassung eines fakultativen Rahmenbetriebsplans nicht vorprüfen, ob zukünftig erforderliche Haupt- und Sonderbetriebspläne zugelassen werden dürfen.[759] Mangels einer solchen Vorprüfung kann deren Ergebnis nicht Bestandteil der feststellenden Regelung der Rahmenbetriebsplanzulassung sein.

Die Zulassung eines fakultativen Rahmenbetriebsplans enthält neben der Feststellung der grundsätzlichen Zulassungsfähigkeit des Gesamtbergbauvorhabens bzw. eines längerfristigen Vorhabenabschnitts keine zusätzliche vorläufige Gesamtbeurteilung. Der Regelungsgehalt der Zulassung ist im Unterschied zu dem eines Vorbescheids nicht zweigliedrig aufgebaut.

dd) Zwischenergebnis
Die Zulassung des fakultativen Rahmenbetriebsplans unterscheidet sich vom anlagengenehmigungsrechtlichen Vorbescheid hinsichtlich des Regelungsgehalts. Dieser ist bei der Zulassung eines fakultativen Rahmenbetriebsplans nicht zweigliedrig aufgebaut. Sie enthält die Feststellung der grundsätzlichen Zulassungsfähigkeit des Gesamtbergbauvorhabens oder längerfristigen Vorhabenabschnitts, aber kein zusätzliches, dem gestuften Genehmigungsverfahren vergleichbares vorläufiges positives Gesamturteil. Das Fehlen eines solchen vorläufigen positiven Gesamturteils zeigt in Konnexität zu der unterschiedlichen systematischen Verfahrensstruktur, dass die Zulassung des fakultativen Rahmenbetriebsplans nicht zur abschließenden Vorwegnahme bestimmter Teile des Gesamtbergbauvorhabens im Hinblick auf dessen Gesamtrealisierung fungiert. Insoweit unterscheidet sich auch die feststellende Regelung der Zulassung eines fakultativen Rahmenbetriebsplans von der eines Vorbescheids, da die Zulassungsregelung eine wesentlich geringere inhaltliche Konkretisierung aufweist.

---

758 Vgl. *Piens,* in: Piens/Schulte/Graf Vitzthum, BBergG, § 52 Rn. 26.
759 *Kühne,* UPR 1986, 81, 86; *Hoppe/Beckmann,* S. 135 f.

g) Strukturähnlichkeit der Zulassungs- / Genehmigungsvoraussetzungen?

Als Argument für eine Vergleichbarkeit zwischen der Zulassung eines fakultativen Rahmenbetriebsplans und dem Vorbescheid wird in der Literatur[760] vorgebracht, zwischen beiden Instrumenten bestehe eine ähnliche Strukturierung der Genehmigungs- bzw. Zulassungsvoraussetzungen der §§ 5, 6 BImSchG, § 7 AtG und § 55 Abs. 1 BBergG. Die Aussagekraft dieser möglicherweise bestehenden Ähnlichkeit erscheint bereits im Vorfeld gering, bedarf aber dennoch im Hinblick auf eine Vollständigkeit beanspruchende Untersuchung des Nachgangs. Im Folgenden gilt es zum einen die Struktur dieser Genehmigungsvoraussetzungen eines Vorbescheids und die Struktur dieser Zulassungsvoraussetzungen eines fakultativen Rahmenbetriebsplans einer vergleichenden Analyse zu unterziehen. Zum anderen müssen die an die fachrechtsspezifische behördliche Prüfung zu stellenden Anforderungen betrachtet werden. Einer materiell-inhaltlichen Erörterung der jeweiligen einzelnen Genehmigungs- und Zulassungsvoraussetzungen im Detail bedarf es im Hinblick auf den Untersuchungsgegenstand nicht.

aa) Struktur der Genehmigungsvoraussetzungen eines anlagengenehmigungsrechtlichen Vorbescheids, §§ 5, 6 BImSchG und § 7 AtG

Die Erteilung eines Vorbescheids, als vorweggenommener Ausschnitt, unterliegt sowohl im BImSchG als auch dem AtG den gleichen materiell-rechtlichen Genehmigungsvoraussetzungen wie die Vollgenehmigung.[761] Wird ein entsprechender Vorbescheid lediglich hinsichtlich einer bestimmten Genehmigungsvoraussetzung beantragt, hat die zuständige Behörde nur diese Voraussetzung zu prüfen. Handelt es sich um einen Standort- oder Konzeptvorbescheid, so beschränkt sich die behördliche Prüfung auf die jeweils standort- bzw. konzeptrelevanten Genehmigungsvoraussetzungen.[762] Daneben setzt die positive Erteilung des Vorbescheids sowohl im Atom- als auch im Immissionsschutzrecht die vorläufige positive Gesamtbeurteilung des gesamten Anlagenvorhabens voraus.[763]

Nach § 9 Abs. 3 i. V. m. § 6 Abs. 1 BImSchG muss sichergestellt sein, dass sich die aus § 5 BImSchG ergebenden Betreiberpflichten und die sich auf Grund des § 7 BImSchG erlassenen Rechtsverordnungen ergebenden Pflichten erfüllt werden und andere öffentlich-rechtliche Vorschriften und Belange des Arbeitsschutzes der Errichtung und dem Betrieb der Anlage nicht entgegenstehen. Die Betreiberpflichten nach § 5 Abs. 1 BImSchG

---

760 *Kühne*, UPR 1986, 81, 83. Siehe dazu auch oben Kap. 2, B), I).
761 Siehe dazu oben Kap. 2, B), I), 2., c), bb).
762 Vgl. *Dietlein*, in: Landmann/Rohmer, UmweltR, BImSchG, § 9 Rn. 22 allgemein zum Vorbescheid, Rn. 25 hinsichtlich des Standortvorbescheids.
763 Siehe dazu oben Kap., 2, B), I), 2., b), bb) und c), cc).

zusammengefasst, sind die Anlagen so zu errichten und zu betreiben, dass zur Gewährleistung eines hohen Schutzniveaus für die Umwelt insgesamt schädliche Umwelteinwirkungen, Gefahren und Beeinträchtigungen der Allgemeinheit und Nachbarschaft unterbleiben (Nr. 1), eine entsprechende Vorsorge dagegen getroffen wird (Nr. 2), Abfälle entsprechend vermieden oder beseitigt werden (Nr. 3) und letztlich die Energieverwendung sparsam und effizient erfolgt (Nr. 4). § 5 Abs. 3 BImSchG setzt darüber hinaus voraus, dass auch nach Betriebseinstellung keine schädlichen Umwelteinwirkungen und Beeinträchtigungen der Allgemeinheit und Nachbarschaft (Nr. 1) hervorgerufen werden dürfen, Abfälle ordnungsgemäß entsorgt werden (Nr. 2) und das Anlagengrundstück ordnungsgemäß wiederhergestellt wird (Nr. 3).

Nach § 7 Abs. 2 AtG darf[764] eine atomrechtliche Genehmigung – oder entsprechend für den vorliegenden Gegenstand ein Vorbescheid – nur erteilt werden, wenn keine Tatsachen gegen die Zuverlässigkeit des Antragstellers und der verantwortlichen Personen sowie deren Fachkunde sprechen (Nr. 1), die tätigen Personen die für einen sicheren Betrieb, die Gefahren und Schutzmaßnahmen notwendigen Kenntnisse besitzen (Nr. 2), Vorsorge gegen Schäden durch die Anlage getroffen sind (Nr. 3), Vorsorge zur Erfüllung gesetzlicher Schadensersatzverpflichtungen getroffen ist (Nr. 4), der erforderliche Schutz gegen Einwirkungen Dritter gewährleistet ist (Nr. 5) und keine überwiegenden öffentlichen Interessen dem geplanten Standort der Anlage, insbesondere im Hinblick auf Umweltauswirkungen, entgegenstehen (Nr. 6).[765]

Zusammenfassend zeigt sich neben den fachspezifischen Anforderungen die Struktur der Genehmigungsvoraussetzungen als Verhinderung von ausgehenden Beeinträchtigungen für Umwelt und Dritte, als Vorsorge bereits gegen das Entstehen solcher und die Vornahme entsprechender Maßnahmen zur Wiederherstellung, sollte dennoch eine Beeinträchtigung eintreten.

bb) Struktur der bergrechtlichen Zulassungsvoraussetzungen eines fakultativen Rahmenbetriebsplans, § 55 Abs. 1 BBergG

Grundsätzlich gelten für alle Betriebsplanarten, bis auf wenige Ausnahmen, die gleichen Zulassungsvoraussetzungen.[766] Das bedeutet, dass die Zulassung eines fakultativen Rahmenbetriebsplans den gleichen Voraussetzungen

---

764 Wohlgemerkt dürfen nach § 7 Abs. 1 Satz 2 AtG keine Genehmigungen zur Errichtung und zum Betrieb von Kernkraftwerken mehr erteilt werden.
765 Siehe zu den Voraussetzungen des § 7 Abs. 2 AtG detailliert: *Posser*, in: Hennenhöfer/Mann/Pelzer/Sellner, AtG, § 7 Rn. 42–87; *Kloepfer*, UmweltR, § 16 Rn. 113–149; *Leidinger*, in: Frenz, AtG, § 7 Rn. 133–223.
766 Siehe dazu oben Kap. 1, C), III), 1, b).

nach § 55 Abs. 1 Satz 1 unterliegt wie die Zulassungen von Haupt- und Sonderbetriebsplänen, mit Ausnahme von Satz 1 Nr. 2 nach Satz 2.[767]

Obwohl § 55 Abs. 1 Satz 1 BBergG grundsätzlich abstrakt für alle Betriebsplanarten gleichermaßen gilt, müssen nicht zwingend alle dortigen Voraussetzungen bei jedem Betriebsplan zu prüfen sein, sondern nur diejenigen, die in Abhängigkeit von dem Gegenstand des jeweiligen Betriebsplans im Einzelfall überhaupt in Frage kommen.[768] Beispielhaft muss ein Betriebsplan, welcher nur die Errichtungsphase eines Erkundungsbergwerks betrifft, noch keine Angaben hinsichtlich der später notwendigen Wiedernutzbarmachung der Oberfläche enthalten.[769]

Nach § 55 Abs. 1 ist ein fakultativer Rahmenbetriebsplan zuzulassen, wenn die erforderlichen Bergbauberechtigungen nachgewiesen sind (Nr. 1), die erforderliche Vorsorge gegen Gefahren für Leben, Gesundheit und zum Schutz von Sachgütern, Beschäftigter und Dritter im Betrieb getroffen ist und sonstige Arbeitsschutzvorschriften eingehalten werden (Nr. 3), keine Beeinträchtigungen von Bodenschätzen, deren Schutz im öffentlichen Intereses liegt, eintreten werden (Nr. 4), Vorsorge für den Schutz der Oberfläche im Hinblick auf die persönliche Sicherheit und den öffentlichen Verkehr getroffen ist (Nr. 5), Abfälle ordnungsgemäß verwendet und beseitigt werden (Nr. 6), die erforderliche Vorsorge zur Wiedernutzbarmachung der Oberfläche getroffen ist (Nr. 7), die erforderliche Vorsorge zur Sicherheit eines bereits zugelassenen Bergbaubetriebs getroffen ist (Nr. 8) und gemeinschädliche Einwirkungen nicht zu erwarten sind (Nr. 9). Über die Voraussetzungen des § 55 Abs. 1 BBergG hinaus erfordert § 48 Abs. 2 Satz 1 BBergG ergänzend die Berücksichtigung und Prüfung solcher Anforderungen, die sich aus anderen öffentlich-rechtlichen Vorschriften außerhalb des Bergrechts ergeben und deren Wahrnehmung keiner spezielleren Behörde in einem eigenen Verwaltungsverfahren übertragen ist.[770]

cc) Prüfungsintensität

Beachtung verdient in diesem Zusammenhang ebenfalls die Frage der behördlichen Prüfungsintensität der Voraussetzungen. Sofern der Vorbescheid abschließend und verbindlich einen Ausschnitt der späteren Vollgenehmigung regelt, setzt dies voraus, dass die an diese Regelung zu stellenden Anforderungen und damit gleichfalls Umfang und Intensität der behördlichen Prüfung identisch sein müssen, unabhängig davon, ob die Ent-

---

767 Vgl. dazu BVerwGE 100, 31, 34; OVG Lüneburg, ZfB 131 (1990), 19, 25; VG Berlin, ZfB 130 (1989), 127, 132; *Niermann*, S. 77.
768 BVerwGE 100, 1, 16.
769 BVerwGE 100, 1, 15 f.
770 BVerwGE 126, 205, 209 Rn. 18; 74, 315, 323 f.; vgl. auch *Vitzthum/Piens,* in: Piens/Schulte/Graf Vitzthum, BBergG, § 48 Rn. 30.

scheidung über diesen Regelungsteil eben im Vorbescheid oder der Vollgenehmigung getroffen wird.[771]

Aus den Vorschriften des BBergG ergeben sich keine normativen Anhaltspunkte für eine Differenzierung der behördlichen Prüfungsintensität bei der Zulassung verschiedener Betriebsplanarten, insbesondere keine für eine geringere Intensität bei der Zulassung eines fakultativen Rahmenbetriebsplans.[772] Die Prüfung der Bergbehörde im Rahmen der Zulassung eines fakultativen Rahmenbetriebsplans erfolgt nicht als Evidenzkontrolle mit geringerer Prüfungsintensität.[773] Sie hat bei der Zulassung den Inhalt eines fakultativen Rahmenbetriebsplans mit der gleichen Intensität auf seine Vereinbarkeit mit den Zulassungsvoraussetzungen hin zu prüfen wie im Falle eines Hauptbetriebsplans.[774] Allerdings führt der geringere Konkretisierungsgrad des Inhalts eines fakultativen Rahmenbetriebsplans auch nur zu einem weniger konkreten Ergebnis dieser Zulassungsprüfung als beispielsweise bei einem Hauptbetriebsplan. Diese Annahme entspricht der im Betriebsplanverfahren notwendigen Flexibilität und der Vorgabe, dass dem Unternehmer die Erstellung und genaue Konkretisierung des fakultativen Rahmenbetriebsplans obliegt. Denn sofern dieser im Einzelfall konkretere Angaben trifft, muss es der Behörde möglich sein, diese mit einer entsprechenden Prüfungsintensität auf ihre Vereinbarkeit mit den Zulassungsvoraussetzungen hin zu prüfen.

dd) Zwischenergebnis

Die Voraussetzungen eines Vorbescheids nach BImSchG bzw. AtG und die Zulassungsvoraussetzungen eines fakultativen Rahmenbetriebsplans weisen keine besonders hervorzuhebende Ähnlichkeit hinsichtlich ihres materiellen Gehalts auf. Eine im Ansatz ähnliche Struktur ließe sich nur dahingehend finden, dass ausgehende Beeinträchtigungen zu verhindern und entsprechende Vorsorgemaßnahmen[775] zu treffen sind und die Wiederherstellung des ursprünglichen Zustands im Bergrecht in Form der Wiedernutzbarmachung der Oberfläche zu gewährleisten ist. Diese oberflächlich ähnliche Grundstruktur der jeweiligen Voraussetzungen ergibt sich aus dem bestehenden Potential der Anlagen- und Bergbauvorhaben, grundsätzlich Beeinträchtigungen der Umgebung hervorrufen zu können, und lässt insoweit keinerlei Rückschlüsse auf eine funktionale Vergleichbarkeit der Instrumente Vorbescheid und fakultativer Rahmenbetriebsplan zu.

---

771 *Reichelt*, S. 99.
772 Siehe auch *Stiens*, S. 71.
773 OVG Berlin, ZfB 131 (1990), 200, 219; vgl. *Fluck*, Anmerkungen zum Urteil des VG Berlin vom 18.05.1988, ZfB 130 (1989), 127 (Urteil), 142 (Anmerkungen), 144 f., nach dem das BBergG für die Rahmenbetriebsplanzulassung nicht bloß eine vorläufigen Prüfung vorsehe.
774 *Hoppe/Beckmann*, S. 136.
775 Diese hebt auch *Kühne*, UPR 1986, 81, 83 hervor.

B) Die Bindungswirkung der Zulassung fakultativer Rahmenbetriebspläne

Lediglich ähnlich – und dies allerdings lässt Raum für eine gewisse Vergleichbarkeit – ist beiden Instrumenten, dass sie jeweils den gleichen Voraussetzungen unterliegen wie die daneben erforderlichen fachbereichsspezifischen Behördenentscheidungen. Der Vorbescheid unterliegt den gleichen Genehmigungsvoraussetzungen wie die Vollgenehmigung. Für den fakultativen Rahmenbetriebsplan gelten grundsätzlich die gleichen Zulassungsvoraussetzungen wie für Haupt- und Sonderbetriebspläne, mit Ausnahme von § 55 Abs. 1 Satz 1 Nr. 2, Satz 2 BBergG, was zunächst eine bestimmte Bindungswirkung der Rahmenbetriebsplanzulassung nahelegt.[776] Die Prüfungsintensität der Bergbehörde bei der Zulassung ist nicht geringer, als im Falle der Zulassung eines Haupt- oder Sonderbetriebsplans. Dennoch führt dieser nahezu identische Prüfungsrahmen nicht zu einer vergleichbaren Funktion wie sie der Vorbescheid im Anlagengenehmigungsverfahren erfüllt. Die Stufungssystematik des Betriebsplanverfahrens entspricht nicht der des gestuften Anlagengenehmigungsverfahrens, weshalb insbesondere die Zulassung eines fakultativen Rahmenbetriebsplans keinen vorweggenommenen Ausschnitt nachfolgender Haupt- und Sonderbetriebsplanzulassungen darstellt.[777] Obwohl für diese drei Betriebsplanarten grundsätzlich die gleichen Zulassungsvoraussetzungen gelten, nimmt die Zulassung eines fakultativen Rahmenbetriebsplans nicht die Feststellung des Vorliegens bestimmter Zulassungsvoraussetzungen für den weiteren Verlauf des Betriebsplanverfahrens bzw. des Bergbauvorhabens vorweg.

h) Unterschiedliche zeitliche Begrenzung

Die Zulassung eines fakultativen Rahmenbetriebsplans und der anlagengenehmigungsrechtliche Vorbescheid unterscheiden sich wesentlich im Hinblick auf die Frage ihrer jeweiligen zeitlichen Geltungsdauer.[778]

Nach § 52 Abs. 2 Nr. 1 BBergG werden fakultative Rahmenbetriebspläne für einen bestimmten längeren, nach den jeweiligen Umständen bemessenen Zeitraum aufgestellt. In der Praxis umfasst dies in der Regel einen Zeitraum von 5 bis 30 Jahren.[779] Die zeitliche Gültigkeit einer Rahmenbetriebsplanzulassung endet exakt mit Ablauf des im Rahmenbetriebsplan selbst angegebenen Zeitraums.[780] Der Rahmenbetriebsplan bzw. dessen Zulassung verliert dann ex nunc seine Rechtswirkung.[781] Diese Befristung ist unver-

---

776 Vgl. OVG Lüneburg, ZfB 131 (1990), 19, 25; diesen Ansatz ebenfalls erfassend, *Niermann*, S. 77.
777 Siehe dazu oben Kap. 2, B), I), 3., e), dd).
778 Vgl. auch *Schulte*, Kernfragen des bergrechtlichen Genehmigungsverfahrens, S. 52; *Schulte*, Raumplanung und Genehmigung bei der Bodenschätzegewinnung, S. 365.
779 Siehe dazu v. *Hammerstein*, in: Boldt/Weller/Kühne/v. Mäßenhausen, BBergG, § 52 Rn. 36.
780 Vgl. OVG Berlin, ZfB 131 (1990), 200, 218; allgemein zu Betriebsplänen *Schmidt-Aßmann/Schoch*, S. 169.
781 *Schulte*, Kernfragen des bergrechtlichen Genehmigungsverfahrens, S. 56; *Schulte*, Raumplanung und Genehmigung bei der Bodenschätzegewinnung, S. 365 f. Siehe allgemein

zichtbar, da es der Bergbauunternehmer ansonsten in der Hand hätte, das für das bergrechtliche Betriebsplanverfahren essentielle wiederholende Kontrollerfordernis zu unterlaufen.[782] Die zeitlich begrenzte Geltungsdauer der Betriebspläne soll dementsprechend im Wesentlichen der zentralen bergbaulichen Sachgesetzlichkeit Rechnung tragen, dass die beim fortschreitenden Abbau herrschenden geologischen Verhältnisse nicht vorhersehbar sind.[783]

Diese Argumentation einer auf der Sachgesetzlichkeit beruhenden Begründung der Befristung ist auf Kritik gestoßen. Die Befristung soll sich nach anderer Ansicht nicht nach der Unvorhersehbarkeit geologischer Verhältnisse richten, sondern könne nur nach den vorhersehbaren, also bekannten Umständen bemessen werden, um so eine präventive Kontrolle des Vorhabens zu ermöglichen.[784] Der Grund für die Befristung der Rahmenbetriebsplanzulassungen soll im Besonderen in der zeitlichen Begrenzung der Bergbauberechtigungen[785] liegen, auf deren gesamte Ausnutzung der Rahmenbetriebsplan dem Grunde nach ausgerichtet sei und der insoweit diese Befristung auf Betriebsplanebene wiedergebe.[786]

Zunächst ist auf den Aspekt der Sachgesetzlichkeit einzugehen, namentlich die Vorhersehbarkeit und Unvorhersehbarkeit geologischer Verhältnisse. Auf den ersten Blick erscheint es einleuchtend, einen Grund, hier beispielsweise für die Befristung, in bekannten als in unbekannten Umständen zu suchen. Allerdings greift diese Argumentation etwas zu kurz, als dass sie den Zusammenhang zwischen bekannten bzw. vorhersehbaren und unbekannten bzw. unvorhersehbaren Umständen außer Betracht lässt. Natürlich lässt sich argumentieren, der Grund einer Befristung der Betriebsplanzulassung liege darin, dass die für das Vorhaben relevanten Umstände nur für einen begrenzten Zeitraum vorhersehbar sind. Gleichsam setzt die Vorhersehbarkeit bestimmter Umstände für einen nur begrenzten Zeitraum voraus, dass Umstände nach diesem Zeitraum nicht mehr vorhersehbar sein dürfen. Ansonsten wäre der Umfang der vorhersehbaren Umstände nicht begrenzt.

Gaentzsch, in: Kühne/Gaentzsch, Wandel und Beharren im Bergrecht, S. 20, der nach Ablauf des Zeitraums von einer Gegenstandslosigkeit der zugelassenen Betriebspläne ausgeht; siehe auch OVG Lüneburg, DVBl 2008, 1391, 1393.

782 OVG Berlin, ZfB 131 (1990), 200, 219, unter Verweis auf *Pfadt,* S. 140.
783 *Schulte,* Kernfragen des bergrechtlichen Genehmigungsverfahrens, S. 53 f.; vgl. auch BVerwGE 89, 246, 252, welches auf die „Unsicherheit" bergbaulicher Prognosen für die „Zulassungsentscheidungen nach Zeitabschnitten" verweist.
784 *Kühne,* Bergrechtlicher Rahmenbetriebsplan, Anlagengenehmigungsrecht und Umweltverträglichkeitsprüfung, S. 52 f. zu der Befristung von Hauptbetriebsplänen.
785 Vgl. dazu § 16 Abs. 4, 5, § 18 Abs. 2, 3, 4 BBergG.
786 *Kühne,* Bergrechtlicher Rahmenbetriebsplan, Anlagengenehmigungsrecht und Umweltverträglichkeitsprüfung, S. 53.

B) Die Bindungswirkung der Zulassung fakultativer Rahmenbetriebspläne

Beispielhaft[787] lässt sich dies folgendermaßen zeigen: Wenn von 100 Prozent der für ein Bergbauvorhaben (oder einen Abschnitt dessen) entscheidungsrelevanten Umstände 30 Prozent vorhersehbar sind, bleiben 70 Prozent unvorhersehbar. Grund für die Befristung kann entsprechend argumentativ sein, dass nur 30 Prozent der Umstände vorhersehbar sind, die Zulassung eines Betriebsplans folglich in zeitlicher Hinsicht auf diese Vorhersehbarkeit beschränkt sein sollte. Grund für die nur 30 prozentige Vorhersehbarkeit ist allerdings, dass 70 Prozent der Umstände nicht vorhersehbar sind. Der Ursprung der begrenzten Vorhersehbarkeit selbst liegt folglich in der Tatsache der in bestimmten Umfang vorherrschenden Unvorhersehbarkeit und stellt damit gleichsam den Grund für die Befristung von Betriebsplanzulassungen dar. Letztlich erscheint der Unterschied beider Sichtweisen lediglich begrifflicher Natur zu sein, als dass die begrenzte Vorhersehbarkeit und die Unvorhersehbarkeit wechselseitige Begriffe einer einheitlichen Sachgesetzlichkeit darstellen.

Die Überlegung, die Befristung von Rahmenbetriebsplänen setze die zeitliche Begrenzung der Ausschöpfung verliehener Bergbauberechtigungen fort, erscheint nachvollziehbar. Allerdings steht diese Argumentation nicht in Konflikt mit der weiteren Begründung durch die Unvorhersehbarkeit geologischer Umstände. Vielmehr können beide Argumentationsweisen ineinander greifen und nebeneinander bestehen, da sie sich nicht widersprechen. Eine abschließende Entscheidung dieser Frage ist für die vorliegende Untersuchung nicht ergebnisführend und bedarf daher hier keiner tieferen Erörterung. Festzuhalten bleibt aber Folgendes:

Die Zulassung eines fakultativen Rahmenbetriebsplans sieht für sich selbst bereits nach der gesetzlichen Grundkonstellation in § 52 Abs. 2 Nr. 1 BBergG ein zeitlich festgelegtes Ende ihrer rechtlichen Geltung vor.

Im Unterschied konstituieren weder[788] § 9 BImSchG noch § 7a AtG für den Vorbescheid eine zeitlich befristete Geltungsdauer. Zwar sehen § 9 Abs. 2 BImSchG und § 7a Abs. 1 Satz 2 AtG den Eintritt der Unwirksamkeit des positiv erteilten Vorbescheids vor, wenn der Antragsteller nicht innerhalb von zwei[789] Jahren nach Eintritt der Unanfechtbarkeit des Vorbescheids die Genehmigung beantragt.[790] Hieraus ergibt sich aber grundsätzlich keine gesetzliche Befristung der zeitlichen Geltungsdauer des Vorbescheids, wie

---

[787] Wohlgemerkt handelt es sich hierbei um ein rein theoretisches Beispiel, welches keineswegs an echten tatsächlichen Berechnungsgrößen des Bergbaus orientiert ist.
[788] Dennoch wird dies vereinzelt ohne sprachlich genaue Differenzierung als Befristung der Wirksamkeit des Vorbescheids bezeichnet: *Fischerhof*, AtG Kommentar, § 7a Rn. 2.
[789] Diese Frist kann auf Antrag auf bis zu 4 Jahre verlängert werden, § 9 Abs. 2 2. Halbs. BImSchG, § 7a Abs. 1 Satz 2 2. Halbs. AtG.
[790] Siehe dazu oben Kap. 2, B), I), 2., e).

sie im Betriebsplanverfahren vorherrscht.[791] Man könnte diese Frist von in der Regel zwei Jahren eher als Fortsetzungsfrist für das weitere Anlagengenehmigungsverfahren bezeichnen. Der Eintritt der Unwirksamkeit des Vorbescheids knüpft konditional nicht bloß an eine Frist, sondern an das Unterlassen der Genehmigungsantragstellung innerhalb einer Frist.[792] Denn sofern der Antragsteller den erforderlichen Antrag auf Erteilung einer Genehmigung rechtzeitig stellt, bleibt der Vorbescheid weiterhin wirksam gültig, soweit kein Fall des § 43 Abs. 2 VwVfG eintritt.[793] Die grundsätzlich unbefristete Wirksamkeit des positiven Vorbescheids ergibt sich bereits aus dem eindeutigen Wortlaut des § 9 Abs. 2 BImSchG und des § 7a Abs. 1 Satz 2 AtG: *„Der Vorbescheid wird unwirksam, wenn [...]"*. Eine darüber hinausgehende Befristung des Vorbescheids in Form einer Nebenbestimmung[794] im Sinne des § 36 Abs. 2 Nr. 1 VwVfG wird aufgrund der Sonderregelung in § 9 Abs. 2 BImSchG überwiegend abgelehnt.[795]

Diese grundsätzlich unbegrenzte Gültigkeit entspricht seiner Funktion, einen Ausschnitt der Vollgenehmigung vorwegzunehmen und diesen verbindlich zu regeln[796]. Unterläge er generell einer gesetzlich vorgegebenen beschränkten zeitlichen Geltungsdauer, könnte er diese Funktion kaum erfüllen. Denn die vollständige Genehmigung einer Anlage im Sinne des § 4 BImSchG ist nur dann gegeben, „[...] *wenn und solange* [...]" ein etwaig erteilter Vorbescheid und die Genehmigungsentscheidung wirksam zusammen die gesamte Anlage erfassen.[797] Anderenfalls entstünde mit dem Ein-

---

791 So im Ergebnis ebenfalls *Schulte,* Kernfragen des bergrechtlichen Genehmigungsverfahrens, S. 53, Fn. 106.
792 Insofern wird die Regelung in § 9 Abs. 2 BImSchG u. a. auch als auflösende Potestativbedingung bezeichnet, siehe *Peschau,* in: Feldhaus, BImSchG, § 9 Rn. 30 und *Storost,* in: Ule/Laubinger/Repkewitz, BImSchG, § 9 Rn. D 15.
793 *Storost,* in: Ule/Laubinger/Repkewitz, BImSchG, § 9 Rn. D 18.
794 Die Erörterung der Frage der grds. Zulässigkeit von Nebenbestimmungen zu einem Vorbescheid ist an dieser Stelle nicht ergebnisführend, sodass auf die dazu einschlägige Literatur verwiesen wird. Nach h. M. wird diese Frage grds. bejaht: *Dietlein,* in: Landmann/Rohmer, UmweltR, BImSchG, § 9 Rn. 58; *Jarass,* BImSchG, § 9 Rn. 14; *Nöthlichs,* BImSchG, § 9, Erläuterung 1; im Ergebnis wohl bejahend *Peschau,* in: Feldhaus, BImSchG, § 9 Rn. 25; teilweise differenzierend *Kugelmann,* in: Kotulla, BImSchG, § 9 Rn. 84 ff. Für den atomrechtlichen Vorbescheid differenzierend bejahend: *Weber,* DÖV 1980, 397, 401 f.
795 *Mann,* in: Landmann/Rohmer, UmweltR, BImSchG, § 12 Rn. 111; *Jarass,* BImSchG, § 9 Rn. 14; *Kugelmann,* in: Kotulla, BImSchG, § 9 Rn. 88. A. A. eine kürzere Befristungsmöglichkeit als in § 9 Abs. 2 BImSchG zumindest bejahend: *Wasielewski,* in: GK-BImSchG, § 9 Rn. 53; *Dietlein,* in: Landmann/Rohmer, UmweltR, BImSchG, § 9 Rn. 63; *Nöthlichs,* BImSchG, § 9, Erläuterung 1, 5.
796 Siehe zur Vorwegnahme durch den Vorbescheid oben Kap. 2, B), I), 2., d), bb).
797 *Storost,* in: Ule/Laubinger/Repkewitz, BImSchG, § 9 Rn. E 1.

tritt seiner Unwirksamkeit eine Lücke in der Genehmigung des Anlagenvorhabens.[798]

Dieser Gedanke des Funktionszusammenhangs des Vorbescheids mit einer grundsätzlich unbegrenzten zeitlichen Gültigkeit lässt sich insoweit nur in bestimmtem Maße auf den fakultativen Rahmenbetriebsplan und dessen Zulassung übertragen. Aufgrund ihrer zeitlich begrenzten Geltungsdauer könnte die Zulassung eines fakultativen Rahmenbetriebsplans eine dem Vorbescheid ähnliche Funktion allenfalls für den Zeitraum ihrer rechtlichen Gültigkeit einnehmen. Dies wiederum entspräche nicht dem Kern des anlagengenehmigungsrechtlichen Vorbescheids, vorab verbindlich und endgültig eine Frage des weiteren Genehmigungsverfahrens positiv zu bescheiden. Aus diesem Grund spricht die zeitlich begrenzte Geltungsdauer eines fakultativen Rahmenbetriebsplans gegen eine Vergleichbarkeit dessen Zulassung mit dem Vorbescheid.[799]

Die Frage, ob eine (Rahmen-)Betriebsplanzulassung über ihren Fristablauf hinaus eine Bindungswirkung entfaltet, bedarf im Hinblick auf den vorliegenden Untersuchungsgegenstand hier noch keiner Erörterung[800].

i) Gemeinsam fehlende Gestattungswirkung

Dem positiven Vorbescheid[801] und der Zulassung eines fakultativen Rahmenbetriebsplans[802] ist gemeinsam, dass der Erlass beider Behördenentscheidungen jeweils keine Gestattungswirkung entfaltet[803]. Der Adressat der Entscheidung kann in beiden Fällen noch nicht mit der Ausführung des Anlagen- oder Bergbauvorhabens beginnen, sondern muss eine weitere behördliche Entscheidung abwarten.

j) Entscheidungsübergreifende Präklusionswirkung als Vergleichskriterium

Der Zulassung eines fakultativen Rahmenbetriebsplans und dem Vorbescheid ist gemeinsam, dass sie sich nicht auf das Verhältnis zwischen Antragsteller und Behörde beschränken, sondern darüber hinaus Auswirkungen im Verhältnis zu Dritten hervorrufen, seien diese rechtlicher oder

---

798 Vgl. BVerwGE 70, 365, 373 zur Aufhebung eines atomrechtlichen Konzeptvorbescheids; BVerwG, DVBl. 1982, 960, 961 zur Aufhebung eines atomrechtlichen Standortvorbescheids durch Anfechtungsklage; *Storost*, in: Ule/Laubinger/Repkewitz, BImSchG, § 9, Rn. B5, E 4 hinsichtlich der (gerichtlichen) Aufhebung des Vorbescheids; *Kugelmann*, in: Kotulla, BImSchG, § 9 Rn. 101.
799 So auch *Schulte*, Raumplanung und Genehmigung bei der Bodenschätzegewinnung, S. 365; a. A. *Strecker*, S. 49 unter Verweis auf *Kühne*, Bergrechtlicher Rahmenbetriebsplan, Anlagengenehmigungsrecht und Umweltverträglichkeitsprüfung.
800 Siehe dazu unten Kap. 2, B), IV), 4.
801 Zur fehlenden Gestattungswirkung des Vorbescheids oben Kap. 2, B), I), 2., d), aa).
802 Siehe zur fehlenden Gestattungswirkung der Zulassung eines fakultativen Rahmenbetriebsplans oben Kap. 1, C), III), 2., c), bb).
803 So auch *Niermann*, S. 76.

tatsächlicher Art. Dies gebietet es zu hinterfragen, wie sich beide Instrumente auf im jeweils vorgeschalteten Verwaltungsverfahren erhobene Bedenken Dritter verhalten.

Zunächst ist festzuhalten, dass sowohl dem Anlagengenehmigungs- als auch dem bergrechtlichen Betriebsplanverfahren grundsätzlich Präklusionswirkungen bekannt sind.[804]

aa) **Das Verhältnis zwischen nationalen materiellen Präklusionen und den unionsrechtlichen Vorgaben**

Vorab bedarf an dieser Stelle die aktuelle Entwicklung nationaler Präklusionsvorschriften vor dem Hintergrund der Rechtsprechung des Europäischen Gerichtshofes (**EuGH**) besonderer Beachtung. Dieser erklärte in seinem Urteil[805] vom 15. 10. 2015 die materiellen Präklusionsvorschriften der § 2 Abs. 3 UmwRG a. F.[806] und § 73 Abs. 4 VwVfG, welche solche Gründe von der rechtsbehelfsweisen Geltendmachung in der gerichtlichen Kontrolle einer Verwaltungsentscheidung ausschließen, die im vorangehenden Verwaltungsverfahren nicht fristgerecht als Einwendung erhoben wurden, mit den Vorgaben des Art. 11 der Umweltverträglichkeitsrichtlinie[807] (**UVP-RL**) und des Art. 25 der Industrieimmissionsrichtlinie[808] (**IE-RL**) für nicht vereinbar. Aufgrund des übereinstimmenden Regelungsgehalts übertrug das BVerwG diese Unionsrechtswidrigkeit[809] des § 73 Abs. 4 VwVfG ebenfalls auf die materielle Präklusionsvorschrift des § 10 Abs. 3 Satz 5 BImSchG und erklärte letztere für nicht anwendbar.[810] Damit zeigt sich eine Abkehr des BVerwG von seiner bisherigen[811] Rechtsprechung der Vereinbarkeit nationaler Einwendungspräklusionen mit den unionsrechtlichen Vorgaben. Die Unvereinbarkeit des § 73 Abs. 4 Satz 3 VwVfG bestätigte das

---

804 Siehe zur Präklusion im Betriebsplanverfahren oben Kap. 1, C), III), 1., a) und zur Präklusion im Falle eines Vorbescheids im Atom- und Immissionsschutzrecht oben Kap. 2, B), I), 2., d), cc).
805 EuGH, EnZW 2016, 78, 82 Rn. 75–82.
806 Gesetz über ergänzende Vorschriften zu Rechtsbehelfen in Umweltangelegenheiten nach der EG-Richtlinie 2003/35/EG (Umwelt-Rechtsbehelfesgesetz – UmwRG), in der Fassung der Bekanntmachung vom 8. April 2013 (BGBl. I S. 753).
807 Richtlinie 2011/92/EU des Europäischen Parlaments und des Rates vom 13. Dezember 2011 über die Umweltverträglichkeitsprüfung bei bestimmten öffentlichen und privaten Projekten (ABl. 2012 Nr. L 26 S. 1).
808 Richtlinie 2010/75/EU des Europäischen Parlaments und des Rates vom 24. November 2010 über Industrieemissionen (integrierte Vermeidung und Verminderung der Umweltverschmutzung) (ABl. Nr. L 334 S. 17, ber. ABl. 2012 Nr. L 158 f S. 25).
809 Die Nichtanwendbarkeit des § 73 Abs. 4 Satz 3 VwVfG aufgrund der Rechtsprechung des EuGH bestätigend, BVerwG, NVwZ 2017, 627, 628 Rn. 11.
810 BVerwG, NVwZ-RR 2017, 229, 230 Rn. 10.
811 Vgl. noch zur Ansicht der Vereinbarkeit von nationalen Präklusionsregeln mit dem Unionsrecht: BVerwGE 136, 291, 315 Rn. 107; BVerwG, NVwZ 2012, 176, 177 Rn. 30 ff.; NVwZ 2012, 180, 183 Rn. 23 f.; NVwZ 2011, 364, 365 f.

BVerwG in jüngster Vergangenheit, indem es diese materielle Präklusionsvorschrift bei der Zulassung eines obligatorischen Rahmenbetriebsplans für unanwendbar erklärte.[812] Damit lässt sich grundsätzlich ähnliches für die materielle Präklusion nach § 48 Abs. 2 Satz 5 BBergG und den § 11 BImSchG und § 7b AtG in Erwägung ziehen. Ob die Unvereinbarkeit mit Unionsrecht ebenfalls für diese Normen zutrifft oder nur[813] für Verfahren mit Umweltverträglichkeitsprüfung gilt – insbesondere im Hinblick auf das Zulassungsverfahren eines fakultativen Rahmenbetriebsplans ohne Umweltverträglichkeitsprüfung –, soll hier keiner abschließenden rechtlichen Bewertung zugeführt werden.

Dies offenlassend, muss in der vorliegenden Untersuchung auf den Vergleich der (materiellen) Präklusionswirkungen von Vorbescheid und Zulassung eines fakultativen Rahmenbetriebsplans eingegangen werden. Denn trotz der unionsrechtsbedingten grundsätzlichen Unanwendbarkeit materieller Präklusionsvorschriften stehen hinter dieser Rechtswirkung Erwägungen und Zweckrichtungen, welche gegebenenfalls Rückschlüsse auf die rechtsdogmatische Vergleichbarkeit von Vorbescheid und der Zulassung eines fakultativen Rahmenbetriebsplans zulassen.

bb) Dogmatische Eignung der Präklusion als Vergleichskriterium

Der positiv erteilte Vorbescheid entfaltet insbesondere nach § 11 BImSchG sowie § 7b AtG eine Präklusionswirkung dahingehend, dass Dritte nach Eintritt dessen Unanfechtbarkeit im weiteren Genehmigungsverfahren Einwendungen nicht mehr auf Grund von Tatsachen erheben dürfen, welche ihrerseits im Vorbescheidsverfahren entweder schon (fristgerecht) vorgebracht worden sind oder hätten vorgebracht werden können. Es handelt sich dabei um eine formelle und materielle Präklusion.[814]

Auch das bergrechtliche Betriebsplanverfahren kennt im Rahmen der Öffentlichkeitsbeteiligung des § 48 Abs. 2 BBergG eine materielle Präklusionswirkung gemäß § 48 Abs. 2 Satz 5 BBergG hinsichtlich verspätet erhobener Einwendungen.[815] Allerdings treten bei genauer Betrachtung gewisse Besonderheiten im Vergleich zu der von einem positiv erteilten Vorbescheid ausgehenden Präklusion hervor, welche die Qualität der Präklusionswirkung als geeignetes Vergleichskriterium entscheidend beeinträchtigen könn-

---

[812] BVerwG, ZfB 158 (2017), 107, 110 Rn. 20. Siehe zur materiellen Präklusion im Betriebsplanverfahren im Lichte der Rechtsprechung des BVerwG auch *Nolte,* ZfB 159 (2018), 77, 78 ff.
[813] Eine unmittelbare Geltung der EuGH Rechtsprechung wohl nur im Bereich der UVP- und IE-Richtlinie andeutend, *Hildebrandt/Koch,* NVwZ 2017, 1099, 1100; für eine Anwendbarkeit der Präklusionsregelung nur auf Bergbauvorhaben, die keiner UVP bedürfen und nicht der IE-Richtlinie unterfallen, siehe *Beckmann,* in: Frenz, BBergG, § 52 Rn. 49 m. w. N. Vgl. auch für eine grundsätzliche Vereinbarkeit des § 7b AtG mit dem Unionsrecht *Posser,* in: Hennenhöfer/Mann/Pelzer/Sellner, AtG, § 7b Rn. 4.
[814] Siehe dazu oben Kap. 2, B), I), 2., d), cc).
[815] Siehe dazu oben Kap. 1, C), III), 1., a).

ten. Vorangehend ist zu hinterfragen, ob die Präklusion von Einwendungen im Verwaltungsverfahren im Hinblick auf die gegenständliche Untersuchung ein geeignetes Vergleichskriterium darstellt. Dies wäre nur dann der Fall, wenn das Zulassungsverfahren bzw. die Zulassung eines fakultativen Rahmenbetriebsplans selbst überhaupt einer Präklusion von Einwendungen Dritter zugänglich sind.

Zunächst fällt auf, dass sowohl § 11 BImSchG als auch § 7b AtG für den Vorbescheid (und die Teilgenehmigung) ausdrücklich eine solche Präklusionswirkung anordnen. Eine solche Ausdrücklichkeit lässt § 48 Abs. 2 BBergG im Hinblick auf die Zulassung eines fakultativen Rahmenbetriebsplans vermissen. Denn die bergrechtliche Präklusionsregel in § 48 Abs. 2 Satz 5 BBergG ist demgegenüber im Wortlaut abstrakt gehalten und nicht auf die Zulassung einer bestimmten Betriebsplanart begrenzt. Sie scheint daher mangels entsprechender Vorgaben Geltung für alle Betriebsplanarten beanspruchen zu können, abhängig davon, in welchem Zulassungsverfahren die Öffentlichkeitsbeteiligung des § 48 Abs. 2 BBergG durchgeführt wird. Auch diese ist dem Wortlaut des § 48 Abs. 2 BBergG nach nicht auf eine bestimmte Betriebsplanart beschränkt.[816] Gleichsam bedeutet dies, dass, sofern hypothetisch die Beteiligung der Öffentlichkeit in einem Verfahren zur Zulassung eines fakultativen Rahmenbetriebsplans durchgeführt wird, eben diesem Rahmenbetriebsplanverfahren eine Präklusionswirkung zukommen kann. Dieses Ergebnis deutet sich insbesondere in der sogenannten Moers-Kapellen-Entscheidung des BVerwG an, als danach für die Gewährleistung des grundrechtlichen Schutzes des Oberflächeneigentums durch die Bergbehörden eine Beteiligung entsprechend betroffener Oberflächeneigentümer „[...] etwa [...] " im Zulassungsverfahren eines fakultativen Rahmenbetriebsplans in Frage käme[817].

Allerdings hat sich im Wege der Umsetzung der Vorgaben dieser Entscheidung in der bergrechtlichen Praxis für den untertägigen Bergbau ein anderer Weg aufgezeigt, nämlich die Ausgliederung[818] der Öffentlichkeitsbeteiligung in entsprechend dafür vorgesehene Sonderbetriebspläne. Der fakultative Rahmenbetriebsplan eigne sich aufgrund seiner bloß allgemein gehaltenen Angaben, der anhaltenden Ungewissheiten bergbautechnischer Sachgesetzlichkeiten[819] (insbesondere im Untertagebau) und der erst mit Fortschritt des Abbaus einhergehenden Konkretisierung der Planung noch nicht für eine ausreichende Beurteilung der exakten Auswirkungen des Bergbauvorhabens auf die Oberfläche,[820] sodass die Durchführung einer Beteiligung der

---

816 Vgl. im Ergebnis *Knöchel*, ZfB 134 (1993), 130, 137.
817 BVerwGE 81, 329, 346.
818 Siehe dazu oben Kap. 1, C), III), 1., a).
819 Siehe zu den Sachgesetzlichkeiten des Bergbaus oben Kap. 1, A).
820 Vgl. *Knöchel*, NWVBL 1992, 217, 218.

Öffentlichkeit in dessen Zulassungsverfahren ihren Zweck nicht erreichen könne.[821]

Dies führt letztlich dazu, dass die Präklusionswirkung des § 48 Abs. 2 Satz 5 BBergG im Kontext der Zulassung eines fakultativen Rahmenbetriebsplans – zumindest im Bereich des untertägigen Bergbaus – bislang wenig praktische Relevanz aufweist.[822]

Für die dogmatische Vergleichbarkeit zwischen der Zulassung eines fakultativen Rahmenbetriebsplans und dem Vorbescheid bleibt diese theoretische Präklusionsmöglichkeit hingegen von Bedeutung und lässt die Eignung der Präklusionswirkung als Vergleichskriterium bestehen.

cc) Zulassungsübergreifende Präklusion im bergrechtlichen Rahmenbetriebsplanverfahren

Fraglich ist, ob die gemäß § 48 Abs. 2 Satz 5 BBergG im Zulassungsverfahren eines fakultativen Rahmenbetriebsplans mögliche materielle Präklusion von Einwendungen mit der Präklusion des Vorbescheids im Sinne der § 11 BImSchG und § 7b AtG vergleichbar ist. Maßgeblicher Betrachtung bedarf insoweit der besondere Charakter dieser anlagengenehmigungsrechtlichen Präklusion.[823]

Die Präklusionswirkung des unanfechtbar gewordenen Vorbescheids dient insbesondere dazu, eine wiederholte behördliche Prüfung derselben Einwendungen auf allen Stufen des gesamten Genehmigungsverfahrens zu verhindern.[824] Sie wird auch als sogenannte vertikale[825] Präklusionswirkung bezeichnet. Diese Funktion wird insbesondere deutlich, da § 10 Abs. 3 Satz 5, Abs. 9 BImSchG und § 7 Abs. 1 Satz 2 AtVfV bereits für das Genehmigungsverfahren bzw. Vorbescheidsverfahren eine Präklusion verspäteter Einwendungen vorsehen. Mithin wirkt die vorbescheidliche Präklusion nach § 11 BImSchG bzw. § 7b AtG zusätzlich[826] in gestuften Verfahren und

---

821 Im Ergebnis *Keienburg*, Die Öffentlichkeitsbeteiligung im Bergrecht, S. 67–70; *Knöchel*, ZfB 134 (1993), 130, 133 f., der allerdings auf S. 137 darauf hinweist, dass in Ausnahmefällen ein in Bezug auf Oberflächeneigentum hinreichend detaillierter Rahmenbetriebsplan in Betracht kommen könnte.
822 Anders ist dies im Kontext eines Tagebaus, siehe dazu unten Kap. 2, B), I), 3., j), dd).
823 Die folgende Erörterung der Präklusion nach § 11 BImSchG und § 7b AtG erfolgt beschränkt auf den für die Vergleichsuntersuchung maßgeblichen Umfang.
824 Siehe dazu oben Kap. 2, B), I), 2., d), cc).
825 *Wolff/Bachof/Stober/Kluth*, Verwaltungsrecht I, § 62 Rn. 90 zum Begriff der vertikalen Präklusion.
826 Vgl. im Ergebnis *Dietlein*, in: Landmann/Rohmer, UmweltR, BImSchG, § 11 Rn. 33; *Jarass*, UPR 1983, 241, 245. Vgl. zum Verhältnis von § 7b AtG und § 7 Abs. 1 AtVfV *Ipsen*, DVBl. 1980, 146, 150, 152.

ergänzt[827] diese sogenannte horizontale[828] Präklusion. Denn sie beschränkt sich nicht auf die jeweils gegenständliche Verfahrensstufe, wie es die Präklusionswirkung des Genehmigungsverfahrens nach § 10 Abs. 3 Satz 5, Abs. 9 BImSchG und § 7 Abs. 1 Satz 2 AtVfV tut[829], sondern wirkt die Verfahrensstufen weiterer Teilentscheidungen übergreifend.[830] Das Besondere der vertikalen Präklusion liegt darin, dass Einwendungen für das gesamte weitere Anlagengenehmigungsverfahren ausgeschlossen werden. Sie ist Bestandteil der Systematik einer stufenweisen Abschichtung von Voraussetzungen und Problemen bezüglich der Genehmigung eines Anlagenvorhabens, denn ein wiederholt mehrfaches Befassen mit demselben Gegenstand widerspreche der Abschichtung in gestuften Verfahren[831]. Insoweit flankiert sie die vom Vorbescheid für das weitere Genehmigungsverfahren ausgehende Bindungswirkung hinsichtlich weiterer Behördenentscheidungen.[832]

Das Bild, welches das BBergG aufzeigt, erscheint demgegenüber nicht derart eindeutig. Der Wortlaut des § 48 Abs. 2 Satz 5 BBergG lässt eine ausdrückliche Erstreckung der materiellen Präklusion auf die weiteren Zulassungsverfahren von Haupt- und Sonderbetriebsplänen vermissen. Hier lautet es lediglich „*Verspätet erhobene Einwendungen sind ausgeschlossen*" und nicht etwa: verspätet erhobene Einwendungen sind ebenfalls in weiteren Betriebsplanzulassungsverfahren zur Durchführung des Bergbauvorhabens ausgeschlossen. Damit liegt der erste Schluss nahe, der Ausschluss verspätet vorgebrachter Einwendungen Dritter nach § 48 Abs. 2 Satz 5 BBergG gelte nur innerhalb des Zulassungsverfahrens des fakultativen Rahmenbetriebsplans[833] und einem dessen Zulassung betreffenden Rechtsschutzver-

---

827 *Czajka*, in: Feldhaus, BImSchG, § 11 Rn. 4; *Wasielewski*, in: GK-BImSchG, § 11 Rn. 1, 7, 9; vgl. auch *Storost*, in: Ule/Laubinger/Repkewitz, BImSchG, § 11 Rn. B 1.
828 *Wolff/Bachof/Stober/Kluth*, Verwaltungsrecht I, § 62 Rn. 89 zum Begriff der horizontalen Präklusion.
829 A. A. bei *Storost*, in: Ule/Laubinger/Repkewitz, BImSchG, § 11 Rn. B 2, nach welchem die Präklusion des § 10 Abs. 3 BImSchG ebenfalls für weitere Stufen des Genehmigungsverfahrens gelte, soweit in diesen keine erneute Öffentlichkeitsbeteiligung erfolge.
830 Vgl. BT-Drs. 7/179, S. 34 f. zu § 11 BImSchG und BT-Drs. 5/4071, S. 6 zu § 7b AtG. *Dietlein*, in: Landmann/Rohmer, UmweltR, BImSchG, § 11 Rn. 1 f., 33; *Czajka*, in: Feldhaus, BImSchG, § 11 Rn. 4.
831 *Wasielewski*, in: GK-BImSchG, § 11 Rn. 1; siehe auch *Schnappauf*, et 1980, 690, 693.
832 Von einem komplementären Verhältnis beider Wirkungen ausgehend *Wasielewski*, in: GK-BImSchG, § 11 Rn. 1, 18, welcher aber in Rn. 47 zustimmend mit *Dietlein*, in: Landmann/Rohmer, UmweltR, BImSchG, § 11 Rn. 1, 36 dem § 11 BImSchG in der Praxis aufgrund der weitreichenden Bindungswirkung von Teilentscheidungen eine mehr oder weniger deklaratorische Wirkung zuspricht; siehe auch *Czajka*, in: Feldhaus, BImSchG, § 11 Rn. 6. Vgl. zum Verhältnis Bindungswirkung und Präklusion *Büdenbender/Mutschler*, Rn. 342–354.
833 Dies allerdings nur, soweit die Beteiligung der Öffentlichkeit nach § 48 Abs. 2 BBergG auch im Zulassungsverfahren des fakultativen Rahmenbetriebsplans durchgeführt wird.

B) Die Bindungswirkung der Zulassung fakultativer Rahmenbetriebspläne

fahren.[834] Dieses Wortlautverständnis weiterdenkend erscheint die bergrechtliche Präklusion zunächst eher der Verfahrensstufen internen horizontalen Präklusion der § 10 Abs. 3 Satz 5 BImSchG und § 7 Abs. 1 Satz 2 AtVfV ähnlich, als der stufenübergreifenden der § 11 BImSchG bzw. § 7b AtG. Dies wiederum könnte einer dem Vorbescheid ähnlichen Problemabstufung im bergrechtlichen Betriebsplanverfahren durch die Zulassung eines fakultativen Rahmenbetriebsplans widersprechen.

Eine andere Sichtweise deutet sich in der Rechtsprechung des BVerwG an. Dieses geht in seiner sogenannten Garzweiler-II-Entscheidung[835] argumentativ im Kontext der Bindungswirkung[836] einer Rahmenbetriebsplanzulassung für weitere Hauptbetriebsplanzulassungen auf die in § 48 Abs. 2 BBergG vorgesehenen Beteiligungsregelungen ein, welche ebenfalls für die Zulassung eines Rahmenbetriebsplans gelten und insoweit eine materielle Präklusion hinsichtlich solcher Einwendungen bewirken, welche ein Dritter gegen eine Rahmenbetriebsplanzulassung hätte vorbringen können, mithin diese Rahmenbetriebsplanzulassung in der Art auch betroffene Eigentümer binde.

Diese Aussage lässt nicht eindeutig erkennen, wie die Reichweite der materiellen Präklusion von Einwendungen nach § 48 Abs. 2 Satz 5 BBergG im Rahmenbetriebsplanverfahren exakt zu verstehen ist. Da sie allerdings im Kontext einer Bindungswirkung der Zulassung eines fakultativen Rahmenbetriebsplans für folgende Hauptbetriebsplanzulassungen steht, muss dies dem Verständnis zugrunde gelegt werden. Insofern kann diese Formulierung der Präklusionswirkung durch das BVerwG nur derart verstanden werden, dass Einwendungen, die ein Dritter bereits im Zuge des Zulassungsverfahrens eines Rahmenbetriebsplans hätte vorbringen können, dies aber – die Gründe hierfür einmal außer Acht gelassen – nicht tat, ebenfalls in Bezug auf die im Geltungszeitraum dieses Rahmenbetriebsplans zuzulassenden Haupt- und Sonderbetriebspläne materiell präkludiert sind.[837]

Mit anderen Worten ergibt sich aus der Entscheidung des BVerwG, dass Einwendungen beteiligter Drittbetroffener, welche nicht oder verspätet im Zulassungsverfahren eines fakultativen Rahmenbetriebsplans vorgebracht wurden, in materieller Hinsicht folgenden, diesen Rahmen konkretisierenden Haupt- und Sonderbetriebsplanzulassungen weder im Verwaltungs-, noch im Rechtsschutzverfahren entgegengehalten werden können, solange

---

834 Vgl. *Stiens*, S. 199 in Fn. 90, der dies zumindest hinsichtlich eines obligatorischen Rahmenbetriebsplans annimmt.
835 BVerwGE 126, 205, 212 f.
836 Auf die vom BVerwG angenommene Bindungswirkung einer Rahmenbetriebsplanzulassung wird im späteren Verlauf dieser Untersuchung noch weiter einzugehen sein, so dass an dieser Stelle lediglich verwiesen wird auf unten Kap. 2, B), IV), 2., a), aa).
837 So im Ergebnis auch *Neumann*, in: Kühne/Ehricke, Entwicklungslinien des Bergrechts, S. 38.

die wirksame Zulassung dieses fakultativen Rahmenbetriebsplans zeitlich Geltung beansprucht.

Folgt man diesem Verständnis, zeigt sich ebenfalls im Hinblick auf die bergrechtliche Präklusion im Zulassungsverfahren von fakultativen Rahmenbetriebsplänen eine gewissermaßen die einzelnen Zulassungsentscheidungen des Betriebsplanverfahrens übergreifende Wirkung, sofern in diesem Verfahren eine Beteiligung im Sinne des § 48 Abs. 2 BBergG erfolgt. Dieses Verständnis der bergrechtlichen Präklusion erscheint in der Systematik des Betriebsplanverfahrens stimmig. Denn nach den Vorgaben der Moers-Kapellen-Entscheidung sei „[...] *nicht notwendig in jedem einzelnen Betriebsplanzulassungsverfahren jeder möglicherweise betroffene Eigentümer zu beteiligen* [...]"[838]. Die von einem bestimmten Vorhabenabschnitt betroffenen Dritten sollen die Möglichkeit erhalten, ihre Einwendungen gegen diesen Abschnitt vorzubringen, aber eben nicht zwingend in jedem Zulassungsverfahren eines diesen exakten Abschnitt betreffenden Betriebsplans erneut.[839] Sofern eine Beteiligung nach § 48 Abs. 2 BBergG im Rahmenbetriebsplanverfahren stattfindet und sich die materielle Präklusion des § 48 Abs. 2 Satz 5 BBergG nur auf dieses Verfahren beziehe, könnte ein Dritter weiterhin die, die Durchführung des Vorhabens gestattenden Hauptbetriebsplanzulassungen mit solchen Einwendungsgründen, welche ursprünglich im Rahmenbetriebsplanverfahren präkludiert waren, im Rechtsbehelfsverfahren angreifen, sodass die Einwendungspräklusion im Rahmenbetriebsplanverfahren insoweit gewissermaßen leer liefe.[840]

Dies ähnelt auf den ersten Anschein der Präklusionswirkung des positiven Vorbescheids im Sinne der § 11 BImSchG und § 7b AtG. Allerdings trifft diese zunächst augenscheinliche Ähnlichkeit beider Präklusionswirkungen bei genauer Betrachtung nur teilweise zu. Dies hat verschiedene, aber zusammenhängende Gründe.

dd) Unterschiede der Präklusionswirkungen des jeweiligen Fachrechts
Zunächst zeigt sich ein Unterschied im Hinblick auf den Umfang der erfassten Einwendungen. Der Wortlaut des § 48 Abs. 2 Satz 5 BBergG erfasst nur[841] verspätet erhobene Einwendungen, wohingegen § 11 BImSchG und § 7b AtG ebenfalls bereits im Vorbescheidsverfahren fristgerecht vorge-

---

838 BVerwGE 81, 329, 344.
839 Vgl. *Schmidt-Aßmann/Schoch*, S. 202, wonach die Beteiligung nicht bei jeder Hauptbetriebsplanzulassung erneut stattzufinden habe, sondern der Sonderbetriebsplan Einwirkungen auf das Oberflächeneigentum im Ergebnis wohl für eine Vielzahl von Hauptbetriebsplanzulassungen gelte; siehe dazu auch die bildliche Darstellung bei *Pollmann/Wilke*, S. 223, Bild 5.
840 Vgl. ähnliche Überlegungen zum gestuften Anlagengenehmigungsverfahren bei *Wasielewski*, in: GK-BImSchG, § 11 Rn. 22.
841 Vgl. *Keienburg*, Die Öffentlichkeitsbeteiligung im Bergrecht, S. 95, wonach ebenfalls verfrühte Einwendungen ausgeschlossen sein sollen, obwohl die Präklusion auf verspätete beschränkt sei.

B) Die Bindungswirkung der Zulassung fakultativer Rahmenbetriebspläne

brachte Einwendungen erfassen. Insofern können bereits im Vorbescheidsverfahren thematisierte Einwendungen nicht erneut auf weiteren Stufen vorgebracht werden.[842] Die bergrechtliche Präklusion in § 48 Abs. 2 Satz 5 BBergG bleibt aufgrund ihrer Begrenzung auf verspätet erhobene Einwendungen dahinter zurück. Die Verhinderung einer solchen mehrfachen Befassung mit bereits vorgebrachten Einwendungen wird durch den Wortlaut des § 48 Abs. 2 Satz 5 BBergG nicht explizit ausgeschlossen.

Zum anderen setzt die stufenübergreifende Präklusion nach § 11 BImSchG und § 7b AtG den Eintritt der Unanfechtbarkeit des positiv erteilten Vorbescheids voraus. Eine solche Voraussetzung erfordert die Präklusion des § 48 Abs. 2 Satz 5 BBergG nicht.

Ein grundsätzlicher Unterschied folgt entscheidend in tatsächlicher Hinsicht aus den Sachgesetzlichkeiten des Bergbaus. Denn sofern der Bergbau in dynamischer Weise fortschreitet, sei es im Tagebau oder insbesondere im Untertagebau, ändert sich gleichsam die Betroffeneneigenschaft Dritter und somit die Zahl der Einwendungsbefugten, deren Vorbringen der Präklusion ausgesetzt sein kann. Der Bergbau schreitet fort, sodass auf die Zeitspanne seiner Durchführung immer wieder neue Dritte von den Auswirkungen des Bergbaus betroffen werden. Im Unterschied zu einem statischen Anlagenvorhaben bedeutet dies, dass bis zum Abschluss des gesamten Bergbauvorhabens immer wieder neue Tatsachen auftreten können und dies auch mit aller Wahrscheinlichkeit werden, welche für sich Grund einer Einwendung sein können. Dies zu Grunde legend, kann die materielle Präklusion von Einwendungen nach § 48 Abs. 2 Satz 5 BBergG im Zulassungsverfahren eines fakultativen Rahmenbetriebsplans nur in begrenztem Maße zu einer Abschichtung von Einwendungen hinsichtlich des Bergbauvorhabens ähnlich der stufenübergreifenden Präklusion des Vorbescheids führen. Denn das Bergbauvorhaben und somit der Rahmen der möglichen Einwendungsgründe ist nicht starr und fest umrissen, sondern wandelt und erweitert sich fortlaufend. Diese bergbaulichen Sachgesetzlichkeiten aufgreifend lässt das BVerwG[843] erkennen, dass die Beteiligung Dritter im Rahmenbetriebsplanverfahren nicht allgemein zwingend sei, sondern dann, wenn mögliche Beeinträchtigungen Dritter bereits im Rahmenbetriebsplan erkennbar würden, beispielsweise im Tagebau, wohingegen die Sachgesetzlichkeiten des Untertagebaus die Ausgliederung der Beteiligung in Sonderbetriebsplanverfahren erforderten.

Dies spiegelt sich, wie bereits dargelegt[844], ebenfalls in der Systematik des bergrechtlichen Betriebsplanverfahrens wieder, als dass die Betriebsplanzulassungen, seien es Rahmen-, Haupt- oder Sonderbetriebspläne, nicht als

---

[842] Siehe dazu oben Kap. 2, B), I), 2., d), cc).
[843] Vgl. BVerwGE 127, 272, 277 Rn. 25; vgl. BVerwG, ZUR 2010, 430, 433.
[844] Siehe zur Gliederungssystematik des Betriebsplanverfahrens oben Kap. 2, B), I), 3., e).

einzelne Teilentscheidungen auf den Regelungsgehalt einer einmaligen Vollgenehmigung hinauslaufen. Findet eine wirkliche Abschichtung der Zulassungsvoraussetzungen des Bergbauvorhabens, wie es das gestufte Anlagengenehmigungsverfahren durch Vorbescheid und Teilgenehmigung bewirkt, nicht statt, erscheint gleichlaufend eine Abschichtung der Einwendungen Dritter nicht durchführbar – jedenfalls nicht für das gesamte Bergbauvorhaben, sondern allenfalls für einen begrenzten und somit überschaubaren Abschnitt dessen.

ee) Zwischenergebnis
Letztlich führt dies zu zwei wesentlichen Erkenntnissen, einmal generell im Hinblick auf die materielle Präklusion des § 48 Abs. 2 Satz 5 BBergG und fortführend im Besonderen mit Fokus auf die Zulassung eines fakultativen Rahmenbetriebsplans.

Die Unterschiedlichkeiten betrachtend lässt sich nur eine teilweise Vergleichbarkeit der bergrechtlichen Präklusionswirkung und der stufenübergreifenden des Vorbescheids konstatieren. Isoliert gesehen, wirken beide materiellen Präklusionen nicht nur innerhalb des jeweiligen Verwaltungsverfahrens, sondern beanspruchen Geltung ebenfalls für weitere das jeweilige Vorhaben betreffende Behördenentscheidungen. Allerdings findet im bergrechtlichen Betriebsplanverfahren aufgrund des fortschreitenden Bergbaus keine dem gestuften Anlagengenehmigungsrecht vergleichbare Abschichtung der Vollgenehmigungsvoraussetzungen statt, sodass dem folgend keine vergleichbare stufenweise Bewältigung von Einwendungen Dritter erfolgt. Dies führt dazu, dass beide Präklusionswirkungen unter Einbeziehung der Besonderheiten des jeweiligen Fachrechts keine identische Aufgabe verfolgen und insofern nur teilweise vergleichbar sind.

Ausgehend von dieser bloß teilweisen Vergleichbarkeit ist zu konstatieren, dass im Zulassungsverfahren eines fakultativen Rahmenbetriebsplans grundsätzlich die rechtliche Möglichkeit einer Beteiligung Drittbetroffener nach § 48 Abs. 2 BBergG besteht, nach der Rechtsprechung des BVerwG im Tagebau sogar geboten sein kann, und in der Folge eine materielle Präklusion verspäteter Einwendungen im Sinne des § 48 Abs. 2 Satz 5 BBergG erfolgt. Dies zeigt allerdings, dass die Zulassung eines fakultativen Rahmenbetriebsplans lediglich zur Präklusion von Einwendungen führen kann, wohingegen ein positiv erteilter Vorbescheid diese Wirkung zwingend aufweist. Dies wiederum deutet darauf hin, dass sich die Zulassung eines fakultativen Rahmenbetriebsplans im Hinblick auf Einwendungen nur bedingterweise und unter den jeweiligen Umständen des Einzelfalls der Funktion eines Vorbescheids der Vorabregelung bestimmter Voraussetzungen annähern kann, dies aber nicht schlechterdings muss.

B) Die Bindungswirkung der Zulassung fakultativer Rahmenbetriebspläne

k) Fehlende Konzentrationswirkung im Bergrecht

Sowohl Anlagen- als auch Bergbauvorhaben finden die für sie relevanten rechtlichen Regelungen nicht nur innerhalb des jeweiligen Fachrechts, sondern darüber hinaus in einer Vielzahl zu beachtender öffentlich-rechtlicher Vorgaben und behördlicher Entscheidungsvorbehalte anderer Fachbereiche. Die Durchführung eines Bergbauvorhabens bedarf nicht nur der Berücksichtigung der Vorschriften des BBergG. Daneben sei – vorliegend lediglich beispielhaft[845] angeführt – die Relevanz von Vorschriften des Abfall-, Bauplanungs-, Denkmalschutz-, Forst-, Immissionsschutz-, Naturschutz-, Sprengstoff- und Wasserrechts aufgezählt.

Der immissionsschutzrechtliche Vorbescheid im Sinne des § 9 BImSchG schließt in Abhängigkeit des Umfangs seines jeweiligen Regelungsgegenstandes grundsätzlich andere für diesen Ausschnitt des Anlagenvorhabens erforderliche – bis auf wenige Ausnahmen – Behördenentscheidungen (oder Teile dieser) ein und bewirkt eine verfahrensrechtliche Konzentration.[846] Entsprechend findet im Umfang dieser Konzentrationswirkung nur ein einziges Verwaltungsverfahren, nämlich das immissionsschutzrechtliche statt, und dieses endet mit einer einzelnen Behördenentscheidung.[847]

Ein anderes Bild zeigt sich für das bergrechtliche Betriebsplanverfahren. Die herrschende Meinung lehnt eine Konzentrationswirkung der bergrechtlichen Betriebsplanzulassung ab.[848] Sie schließt daher nicht die nach anderen Vorschriften des öffentlichen Rechts für die Durchführung des Bergbauvorhabens erforderlichen anderen Behördenentscheidungen mit ein oder ersetzt diese. Für die vorliegend zu untersuchende Zulassung eines fakultativen Rahmenbetriebsplans gilt insoweit nichts anderes.[849]

Dieses Fehlen einer Konzentrationswirkung der Zulassung eines fakultativen Rahmenbetriebsplans lässt dessen funktionale Vergleichbarkeit mit einem immissionsschutzrechtlichen Vorbescheid schwinden.[850] Insoweit stellt selbst die eine solche Vergleichbarkeit befürwortende Ansicht fest, dass die Zulassung eines fakultativen Rahmenbetriebsplans ohne entsprechende Konzentrationswirkung einer umfassenden Beurteilung des gänzlichen Bergbauvorhabens unter Beachtung aller in Betracht kommenden Belange nicht zugänglich sei und damit eine Investitionssicherung des Bergbauunternehmers ähnlich dem immissionsschutzrechtlichen Vorbescheid

---

845 Die im wesentlichen relevanten fachrechtlichen Vorschriften finden einen Überblick bei *Schulte*, ZfB 128 (1987), 178–232.
846 Siehe dazu oben Kap. 2, B), I), 2., d), dd).
847 Siehe dazu oben Kap. 2, B), I), 2., d), dd).
848 Siehe dazu oben Kap. 1, C), III), 2., c), cc).
849 Vgl. *Kühne*, UPR 1986, 81, 87 f.; *v. Mäßenhausen*, in: Boldt/Weller/Kühne/v. Mäßenhausen, BBergG, § 55 Rn. 149.
850 Im Ergebnis *Schulte*, Raumplanung und Genehmigung bei der Bodenschätzegewinnung, S. 365.

in Form einer sogenannten Grundsatzgenehmigung nicht erreicht werden könne[851]. Sofern der Gesetzgeber dem Betriebsplanverfahren im Allgemeinen ausdrücklich jegliche Konzentrationswirkung absprach[852], schien er für die Zulassung eines fakultativen Rahmenbetriebsplans im Besonderen gerade keine, einem immissionsschutzrechtlichen Vorbescheid ähnliche, das Bergbauvorhaben umfassende Beurteilung unter Einschluss anderer relevanter öffentlich-rechtlicher Vorgaben vorzusehen.[853] Dagegen wird im Hinblick auf den immissionsschutzrechtlichen Vorbescheid vertreten, eine Konzentrationswirkung sei für diesen wesentlich, anderenfalls könne – beispielhaft – in einem Standortvorbescheid keinerlei Bindung hinsichtlich aller relevanten planungsrechtlichen Vorgaben erreicht werden.[854] Geht man nun davon aus, dass der Vorbescheid des BImSchG ohne Konzentrationswirkung seine umfassende Funktion nicht erreichen könne, kann die Zulassung eines fakultativen Rahmenbetriebsplans mangels solcher Konzentrationswirkung ebenfalls nicht der Funktion eines immissionsschutzrechtlichen Vorbescheids gleichkommen.

Das bedeutet allerdings nicht, dass sich die Bergbehörden darüber hinaus nicht auch mit außerbergrechtlichen Belangen zu befassen hätten, einerseits im Rahmen des Betriebsplanverfahrens über Tatbestände des § 55 BBergG und im Wesentlichen der Entwicklung des § 48 Abs. 2 Satz 1[855] BBergG, andererseits neben[856] dem Betriebsplanverfahren über entsprechende Vorschriften außerhalb des BBergG.[857] Es kann sich im Wege verschiedener fachgesetzlicher Vorschriften[858] die Zuständigkeit der jeweiligen Bergbehörde ergeben, über die für die Durchführung des Bergbauvorhabens notwendigen bergrechtsexternen Genehmigungserfordernisse zu entscheiden.[859] Insoweit bedarf es an dieser Stelle durchaus der Überlegung, ob die fachbereichsübergreifende teilweise Kompetenzzuteilung durch § 48 Abs. 2 Satz 1 BBergG eine solche umfassendere Beurteilung des Bergbauvorhabens

---

851 Diese Kritik aufwerfend *Kühne*, UPR 1986, 81, 88.
852 Siehe dazu oben Kap. 1, C), III), 2., c), cc).
853 *Schulte*, Raumplanung und Genehmigung bei der Bodenschätzegewinnung, S. 365.
854 *Sellner*, Immissionsschutzrecht und Industrieanlagen, 2. Auflage, München 1988, S. 177 Rn. 274.
855 Vgl. zum Überblick der im Rahmen des § 48 Abs. 2 Satz 1 BBergG zu prüfenden außerbergrechtlichen öffentlichen Interessen *Kühne*, in: Boldt/Weller/Kühne/v. Mäßenhausen, BBergG, § 48 Rn. 52–59; *Vitzthum/Piens*, in: Piens/Schulte/Graf Vitzthum, BBergG, § 48 Rn. 39–52a, 60.
856 Beispielsweise entscheidet die Bergbehörde über die Erteilung einer wasserrechtlichen Erlaubnis, wenn ein Betriebsplan die Benutzung von Gewässern vorsieht, § 19 Abs. 2 WHG.
857 Vgl. *Schulte*, ZfB 128 (1987), 178, 219 ff.
858 Siehe zu diesen Zuständigkeitsverteilungen im Detail *Schulte*, ZfB 128 (1987), 178 ff.
859 *Gaentzsch*, NVwZ 1998, 889, 892.

B) Die Bindungswirkung der Zulassung fakultativer Rahmenbetriebspläne

in der Zulassung des fakultativen Rahmenbetriebsplans ermöglicht.[860] Dann läge zwar dennoch keine gesetzliche Konzentrationswirkung der Zulassungsentscheidung vor, der Beurteilungs- und Entscheidungsumfang der Bergbehörde käme einer solchen allerdings im Ergebnis näher. In der Literatur[861] fällt in diesem Kontext vereinzelt der Begriff einer sogenannten „faktischen Konzentrationswirkung" des bergrechtlichen Betriebsplanverfahrens: Trotz des Fehlens einer ausdrücklichen Normierung einer Konzentrationswirkung nähere sich das Betriebsplanverfahren durch das Zusammentreffen verschiedener Fachkompetenzen in der Person der Bergbehörden im Ergebnis zumindest dem Umfang einer Konzentration an.

Hiergegen spricht aber bereits eine im Wortlaut des § 48 Abs. 2 Satz 1 2. Halbs. BBergG angelegte Grenze der Norm. Sie gilt nämlich nur „[...] *unbeschadet anderer öffentlich-rechtlicher Vorschriften* [...]". Die Bergbehörde ist danach nur soweit zur Berücksichtigung öffentlicher Interessen im Betriebsplanverfahren über § 48 Abs. 2 Satz 1 BBergG befugt, „[...] *wie nicht bereits eine andere öffentlich-rechtliche Vorschrift eine spezielle Behörde mit der Wahrnehmung der zu schützenden öffentlichen Interessen betraut hat.*"[862] Hieraus ergibt sich gewissermaßen eine dem Normwortlaut immanente nachrangige Position des § 48 Abs. 2 Satz 1 BBergG gegenüber spezielleren fachrechtlichen Vorschriften.

Soweit eine öffentlich-rechtliche Vorschrift vorsieht, dass eine andere Behörde im Kontext eines bestimmten öffentlichen Interesses ein Verwaltungsverfahren durchzuführen und dieses mit einer entsprechenden Entscheidung abzuschließen hat, ist im oben genannten Sinne schon eine speziellere Behörde als die Bergbehörde für die Wahrnehmung exakt dieses öffentlichen Interesses zuständig, sodass § 48 Abs. 2 Satz 1 BBergG insoweit keine Anwendung findet. Das führt dazu, dass die Zulassung eines Betriebsplans nicht unter Einschluss bzw. Ersetzung anderer erforderlicher Behördenentscheidungen erfolgt, sondern bloß unter Berücksichtigung bergrechtsexterner materiell-rechtlicher Anforderungen an das im jeweiligen Betriebsplan beschriebene Bergbauvorhaben. Dies geschieht aber auch nur, soweit dieses relevante materielle Recht keiner anderweitigen Behördenentscheidung vorbehalten ist.[863]

Dies lässt sich anhand zweier Beispiele der Rechtsprechung des BVerwG verdeutlichen. Das erste Beispiel stammt aus dem Immissionsschutzrecht.

---

860 Ähnliche Überlegung bei *Schulte*, Raumplanung und Genehmigung bei der Bodenschätzegewinnung, S. 365.
861 *Schulte*, ZfB 128 (1987), 178, 221, 226, der wohl dennoch im Ergebnis eine Konzentrationswirkung der Betriebsplanzulassung verneint.
862 *Vitzthum/Piens*, in: Piens/Schulte/Graf Vitzthum, BBergG, § 48 Rn. 30. Bestätigt durch BVerwGE 74, 315, 324; *Kühne*, in: Boldt/Weller/Kühne/v. Mäßenhausen, BBergG, § 48 Rn. 44. Vgl. auch BVerwGE 126, 205, 209 Rn. 18
863 Vgl. *Gaentzsch*, in: Kühne/Gaentzsch, Wandel und Beharren im Bergrecht, S. 30.

Als öffentliches Interesse im Sinne des § 48 Abs. 2 Satz 1 BBergG sei das § 22 BImSchG für nicht immissionsschutzrechtlich genehmigungspflichtige Anlagen zu entnehmende Gebot, schädliche Umwelteinwirkungen, welche nach dem Stand der Technik vermeidbar wären, zu verhindern bzw. im Falle ihrer Unvermeidbarkeit auf ein Minimum zu reduzieren, durch die Bergbehörde im Betriebsplanverfahren zu berücksichtigen.[864] Daraus ergibt sich im Umkehrschluss, dass die Bergbehörde ein solches immissionsschutzrechtliches Gebot im Betriebsplanverfahren nicht zu berücksichtigen hat, sofern die gegenständliche Anlage einer Genehmigung[865] nach § 4 BImSchG bedarf. Denn dann berücksichtigt eine andere Behörde in ihrer für das Bergbauvorhaben erforderlichen anderen Entscheidung bereits dieses öffentliche Interesse an einer Vermeidung schädlicher Umwelteinwirkungen. Das zweite Beispiel folgt aus dem Bauplanungsrecht. Sofern das Bergbauvorhaben keines Genehmigungsverfahrens der Bauaufsicht bedürfe, habe die Bergbehörde im Betriebsplanverfahren im Wege des § 48 Abs. 2 Satz 1 BBergG ebenfalls über die sich für das Vorhaben ergebenden Voraussetzungen des Bauplanungsrechts mitzuentscheiden.[866] Auch hier zeigt sich wieder, die Berücksichtigung des Bauplanungsrechts fällt der Bergbehörde in dem Betriebsplanverfahren dann nicht zu, wenn dieses öffentliche Interesse bereits durch die jeweilige Bauaufsichtsbehörde im Baugenehmigungsverfahren gewahrt wird.

Beide Beispiele führen zu einer abstrakten Feststellung. Findet ein bergrechtsexternes öffentliches Interesse demnach nur dann über den Weg des § 48 Abs. 2 Satz 1 BBergG Eingang in das Betriebsplanverfahren, soweit keine spezielle Behörde nach Durchlauf eines entsprechenden Verwaltungsverfahrens per Entscheidung über dessen Schutz zu befinden hat, kann sich kein Beurteilungs- bzw. Regelungsgehalt der Betriebsplanzulassung ergeben, welcher im Ergebnis dem Umfang der immissionsschutzrechtlichen Konzentrationswirkung des § 13 BImSchG für den Vorbescheid entspreche.[867] Ohne eine ausdrücklich durch Gesetz angeordnete Konzentrationswirkung der Zulassung von Betriebsplänen führt die durch § 48 Abs. 2 Satz 1 BBergG ermöglichte Beachtung bergrechtsexterner Belange nicht dazu, dass die nach anderem Fachrecht für das Bergbauvorhaben erforder-

---

864 BVerwGE 74, 315, 322.
865 An dieser Stelle ist richtigkeitshalber darauf hinzuweisen, dass im Falle der Genehmigungsbedürftigkeit nach § 4 BImSchG der § 22 BImSchG bereits keine Anwendung finden kann, da dieser nur für genehmigungsfreie Anlagen gilt.
866 BVerwG, NVwZ 1989, 1162, 1163.
867 Siehe auch im Ergebnis *Gaentzsch*, in: Kühne/Gaentzsch, Wandel und Beharren im Bergrecht, S. 30, nach dem sich ebenfalls aus § 48 Abs. 2 BBergG keine Konzentrationswirkung der Betriebsplanzulassung ergebe.

lichen Behördenentscheidungen auch konkret Gegenstand des einfachen Betriebsplanverfahrens werden.[868]

Dieses Ergebnis ist auch nicht anders zu beurteilen, weil den Bergbehörden neben dem Betriebsplanverfahren durch öffentlich-rechtliche Vorschriften Zuständigkeiten zur Erteilung bergrechtsexterner Behördenentscheidungen – beispielsweise § 19 Abs. 2 WHG – übertragen werden. Denn in einem solchen Fall steht die erforderliche bergrechtsexterne Entscheidung, obgleich die Bergbehörde sie zu treffen zuständig ist, separat neben der Zulassung des Betriebsplans.[869] Der Beurteilungs- bzw. Regelungsumfang der Betriebsplanzulassung bleibt davon unberührt. Zum Wesen einer Konzentration gehört es allerdings, dass sich mehrere Behördenentscheidungen im Rahmen eines einzelnen Verwaltungsverfahrens bei einer Behörde vereinen, weshalb das Zusammentreffen von Zuständigkeiten für mehrere Entscheidungen bei einer Behörde als bloß unechte Konzentration zu verstehen sei.[870]

Abschließend können nun zwei Ergebnisse konstatiert werden. Erstens entfaltet die Zulassung eines fakultativen Rahmenbetriebsplans weder eine ausdrückliche Konzentrationswirkung noch kommt ihr Beurteilungs- bzw. Regelungsgehalt hinsichtlich der für ein Bergbauvorhaben erforderlichen bergrechtsexternen Behördenentscheidungen über § 48 Abs. 2 Satz 1 BBergG oder andere gesetzliche Zuständigkeitszuweisungen im Resultat dem Umfang der immissionsschutzrechtlichen Konzentrationswirkung gleich. Daraus ergibt sich folgendes zweites Ergebnis. Das Fehlen einer solchen Konzentrationswirkung bzw. einer Umfangsähnlichkeit der behördlichen Beurteilung und Regelung spricht gegen eine Vergleichbarkeit der Zulassung eines fakultativen Rahmenbetriebsplans und dem (immissionsschutzrechtlichen) Vorbescheid.

4. Teilergebnis

Abschließend gilt es, die erarbeiteten Zwischenergebnisse der vergleichenden Untersuchung zusammenzufassen. Zwar erinnern einerseits gewisse Ähnlichkeiten der Zulassung eines fakultativen Rahmenbetriebsplans an den Vorbescheid.
– Da beide Instrumente der Möglichkeit einer behördlichen Aufhebung unterliegen, sind sie der allgemeinen dogmatischen Herleitung einer Bindungswirkung zulasten der Erlassbehörde zugänglich.
– Sowohl der Zulassung eines fakultativen Rahmenbetriebsplans als auch dem Vorbescheid fehlt die den Vorhabenbeginn gestattende Wirkung.

---

868 v. *Mäßenhausen*, in: Boldt/Weller/Kühne/v. Mäßenhausen, BBergG, § 55 Rn. 121.
869 Vgl. *Schulte*, ZfB 128 (1987), 178, 221 f.
870 Vgl. *Jarass*, Konkurrenz, Konzentration und Bindungswirkung von Genehmigungen, S. 52 f.

- Konzeptvorbescheid und Rahmenbetriebsplanzulassung legen beide ein Rahmenkonzept fest, das der Konkretisierung durch nachfolgende Behördenentscheidungen bedarf.

Allerdings widersprechen überwiegend Unterschiede teils gravierender Art einer funktionalen Vergleichbarkeit beider Instrumente:
- Ein fundamentaler Unterschied zeigt sich allen voran in der Verschiedenheit der „Stufungssystematik": Anknüpfend an das Fehlen einer einmaligen Vollgenehmigung stellt die Gliederungskonzeption des Betriebsplanverfahrens, anders als die Stufung des Anlagengenehmigungsverfahrens, im Grundsatz eine zeitliche Aufgliederung des Bergbauvorhabens nach Durchführungsetappen dar, dessen einzelne Zulassungsentscheidungen nicht im Hinblick auf die Gesamtrealisierung des Gesamtbergbauvorhabens ergehen. Daher nimmt die Zulassung eines fakultativen Rahmenbetriebsplans im Unterschied zu einem Vorbescheid keine Regelungsausschnitte nachfolgender Haupt- und Sonderbetriebsplanzulassungen abschließend verbindlich vorweg, sondern trifft eine zusätzliche, rahmensetzende Regelung.
- Bereits grundlegend dient die Zulassung eines fakultativen Rahmenbetriebsplans im Unterschied zum Vorbescheid primär dem Kontroll- und Überwachungszweck des Bergbauvorhabens. Investitions- und Planungsschutz des Bergbauunternehmers kommen insoweit nur als Nebeneffekte der Zulassung in Betracht.
- Die Zulassung eines fakultativen Rahmenbetriebsplans weist im Unterschied zum Vorbescheid keinen zweigliedrigen Regelungsgehalt auf. Sie trifft die Feststellung der grundsätzlichen Zulassungsfähigkeit des Gesamtbergbauvorhabens bzw. längerfristigen Vorhabenabschnitts als abschließende Regelung mit geringer inhaltlicher Konkretisierung, allerdings daneben keine dem Anlagengenehmigungsverfahren vergleichbare vorläufige positive Gesamtbeurteilung.
- Hinsichtlich der gesetzlichen Grundkonstellation obliegt die Befugnis zur Einleitung eines fakultativen Rahmenbetriebsplanverfahrens und damit zur „Stufung" des Betriebsplanverfahrens grundsätzlich der Bergbehörde, wodurch sich die Zweckrichtung des fakultativen Rahmenbetriebsplans widerspiegelt.
- Zwar unterliegt die Zulassung eines fakultativen Rahmenbetriebsplans bis auf geringe Ausnahmen den gleichen Zulassungsvoraussetzungen wie Haupt- und Sonderbetriebsplanzulassungen, welche die Bergbehörde mit der gleichen Prüfungsintensität zu prüfen hat. Aufgrund der unterschiedlichen Gliederungskonzeption des Rahmenbetriebsplanverfahrens folgt daraus aber keine Vorwegnahme bestimmter Regelungsausschnitte.
- Mangels zwingender Vorgabe der verfahrensübergreifenden materiellen Präklusion des § 48 Abs. 2 Satz 5 BBergG für das Zulassungsverfahren

B) Die Bindungswirkung der Zulassung fakultativer Rahmenbetriebspläne

eines fakultativen Rahmenbetriebsplans, ist eine stufenweise Bewältigung der Einwendungen Dritter gegen das Bergbauvorhaben im Rahmenbetriebsplanverfahren möglich, aber nicht grundsätzliche Konsequenz der Zulassung eines fakultativen Rahmenbetriebsplans.

– Aufgrund der fehlenden Konzentrationswirkung kann die Zulassung eines fakultativen Rahmenbetriebsplans keine mit einem Vorbescheid vergleichbare Funktion im Betriebsplanverfahren wahrnehmen.
– Der Zeitpunkt der Aufstellung und Zulassung eines fakultativen Rahmenbetriebsplans ist flexibel ausgestaltet und muss nicht zwingend zu Beginn eines Bergbauvorhabens erfolgen.
– Die zeitlich begrenzte Wirksamkeit der Zulassung eines fakultativen Rahmenbetriebsplans widerspricht einer dem Vorbescheid ähnlichen Funktion, bestimmte Fragen des Gesamtvorhabens endgültig für das weitere Verfahren positiv zu bescheiden.
– Letztlich zeigt die Entwicklungsgeschichte von Vorbescheid und fakultativem Rahmenbetriebsplan keinerlei gemeinsame Orientierungspunkte, aus denen sich eine funktionale Vergleichbarkeit ergeben könnte. Vielmehr zeigen die Gesetzesmaterialien der einzelnen Fachgesetze die bewusste Hervorhebung der Unvergleichbarkeit von Anlagengenehmigungs- und Bergrecht.

In einer Gesamtschau kommen die vereinzelten Vergleichbarkeiten zwischen beiden Instrumenten in Anbetracht der grundlegenden Unterschiede nicht zum Tragen. Die Zulassung eines fakultativen Rahmenbetriebsplans ist in Angesicht der bestehenden gesetzlichen Lage nicht mit dem anlagengenehmigungsrechtlichen Vorbescheid vergleichbar und nimmt keine einem solchen entsprechende Funktion im Betriebsplanverfahren wahr, weshalb sie keine dem Vorbescheid vergleichbare uneingeschränkte Bindungswirkung im Hinblick auf nachfolgende Haupt- und Sonderbetriebsplanzulassungen entfaltet.[871]

---

[871] Im Ergebnis auch: BVerwGE 89, 246, 253 f.; OVG Lüneburg, ZfB 131 (1990), 19, 25; OVG Berlin, ZfB 131 (1990), 200, 209; VG Berlin, ZfB 130 (1989), 127, 133; *Schmidt-Aßmann/Schoch*, S. 190; *Karrenstein*, S. 135; *Schoch*, in: Kühne/Schoch/Beckmann, Gegenwartsprobleme des Bergrechts, S. 58–60; *Ludwig*, Auswirkungen der FFH-RL auf Vorhaben zum Abbau von Bodenschätzen nach dem BBergG, S. 58.

II) Vergleichbarkeit der Zulassung eines fakultativen Rahmenbetriebsplans mit anderen Instrumenten des gestuften Anlagengenehmigungsverfahrens

1. Die Zulassung eines fakultativen Rahmenbetriebsplans als Teilgenehmigung?

Neben dem Vorbescheid bietet das Anlagengenehmigungsrecht mit der Teilgenehmigung ein weiteres Instrument zur Stufung des Genehmigungsverfahrens. Nach § 8 Abs. 1 BImSchG soll auf Antrag eine Genehmigung für die Errichtung einer Anlage oder eines Teils einer Anlage oder für die Errichtung und den Betrieb eines Teils einer Anlage erteilt werden, sofern die Voraussetzungen einer Teilgenehmigung vorliegen. Offener formuliert § 18 Abs. 1 AtVfV, nach dem auf Antrag eine Teilgenehmigung erteilt werden kann, wenn deren bestimmte Voraussetzungen vorliegen. Auf die jeweiligen Voraussetzungen zum Erlass einer Teilgenehmigung im Immissionsschutz- und Atomrecht braucht an dieser Stelle nicht weiter eingegangen zu werden. Durch den Erlass von Teilgenehmigungen kann das Anlagenvorhaben in Stufen bzw. Abschnitten genehmigt werden.[872] Die Teilgenehmigung stellt einen Ausschnitt aus dem gestattenden Regelungsgehalt der Vollgenehmigung dar.[873] Anders als dem Vorbescheid, welcher sich auf eine feststellende Regelung beschränkt[874], kommt der wirksamen Teilgenehmigung somit eine Gestattungswirkung zu, die den Beginn der Durchführung des Anlagenteils erlaubt[875]. Werden Teilgenehmigungen erteilt, ergeben diese zusammengenommen den Gesamtregelungsgehalt der Vollgenehmigung.[876] Dies wird als „[...] *Konzept der summativen Vollgenehmigung* [...]"[877] bezeichnet. Dem wird durch das vorläufige positive Gesamturteil[878] Rechnung getragen, welches ebenfalls zum feststellenden Regelungsteil der Teilgenehmigung gehört[879].[880] Die wirksame Teilgenehmigung entfaltet hinsichtlich ihres abschließenden Regelungsgehalts eine uneingeschränkte Bin-

---

[872] BT-Drs. 7/179, S. 33 zu der Teilgenehmigung im Immissionsschutzrecht. *Jarass*, BImSchG, § 8 Rn. 1; siehe auch *Czajka*, in: Feldhaus, BImSchG, § 8 Rn. 4 f.

[873] Im Detail siehe *Dietlein*, in: Landmann/Rohmer, UmweltR, BImSchG, § 8 Rn. 21.

[874] Siehe dazu oben Kap. 2, B), I), 2., d), aa).

[875] Zur Gestattungswirkung der Teilgenehmigung: *Jarass*, BImSchG, § 8 Rn. 24; *Jarass*, UPR 1983, 241, 241; *Storost*, in: Ule/Laubinger/Repkewitz, BImSchG, § 8 Rn. B 6, D 3.

[876] *Jarass*, BImSchG, § 8 Rn. 5; *Dietlein*, in: Landmann/Rohmer, UmweltR, BImSchG, § 8 Rn. 21; OVG Koblenz, NVwZ 1987, 73, 74.

[877] *Schmidt-Aßmann*, Institute gestufter Verwaltungsverfahren: Vorbescheid und Teilgenehmigung, S. 576.

[878] Siehe zum vorläufigen positiven Gesamturteil ausführlich oben Kap. 2, B), I), 2., b), bb), und d), bb), (2).

[879] *Czajka*, in: Feldhaus, BImSchG, § 8 Rn. 8; *Dietlein*, in: Landmann/Rohmer, UmweltR, BImSchG, § 8 Rn. 28.

[880] BVerwGE 72, 300, 308; *Jarass*, UPR 1983, 241, 241 f.

dungswirkung zulasten der Erlassbehörde[881], hinsichtlich des vorläufigen positiven Gesamturteils, im Immissionsschutzrecht nach Maßgabe des § 8 Abs. 2 BImSchG, nur eine eingeschränkte Bindungswirkung[882]. Soweit die Teilgenehmigung eine abschließende Regelung trifft, entsprechen ihre Rechtswirkungen der der Vollgenehmigung.[883]

Eine Vergleichbarkeit der Zulassung eines fakultativen Rahmenbetriebsplans mit der anlagengenehmigungsrechtlichen Teilgenehmigung scheidet bereits mangels einer die Durchführung des Bergbauvorhabens freigebenden Gestattungswirkung der Rahmenbetriebsplanzulassung aus.[884] Darüber hinaus widersprechen einer solchen Vergleichbarkeit die grundlegend unterschiedliche Gliederungskonzeption des Betriebsplanverfahrens im Allgemeinen und die Funktion des fakultativen Rahmenbetriebsplans innerhalb dessen im Besonderen. Da der Vorbescheid und die Teilgenehmigung gleichermaßen Teilentscheidungen des gestuften Anlagengenehmigungsverfahrens sind, lässt sich insoweit auf diejenigen Gründe[885] der unterschiedlichen Stufungssystematik rekurrieren, die bereits zu einer Ablehnung der Vergleichbarkeit mit einem Vorbescheid führten.

2. Die Zulassung eines fakultativen Rahmenbetriebsplans als „isoliertes vorläufiges positives Gesamturteil"?

Teilweise wird in der Literatur[886] und Rechtsprechung[887] der Zulassung eines fakultativen Rahmenbetriebsplans der Charakter eines isolierten[888], dem gestuften Anlagengenehmigungsverfahren entsprechenden vorläufigen

---

881 *Storost*, in: Ule/Laubinger/Repkewitz, BImSchG, § 8 Rn. D 5 f.; siehe auch *Nöthlichs*, BImSchG, § 8 Erläuterung 1; *Jarass*, UPR 1983, 241, 242.
882 *Storost*, in: Ule/Laubinger/Repkewitz, BImSchG, § 8 Rn. D 7 ff.; *Jarass*, UPR 1983, 241, 242 ff. Vgl. zur eingeschränkten Bindungswirkung des vorläufigen positiven Gesamturteils beim Vorbescheid oben Kap. 2, B), I), 2., d), bb), (2).
883 BT-Drs. 7/179, S. 33 zu der Teilgenehmigung im Immissionsschutzrecht; *Jarass*, BImSchG, § 8 Rn. 2, 25; *Czajka*, in: Feldhaus, BImSchG, § 8 Rn. 34 bezogen auf den „gestattenden" Teil.
884 BVerwGE 89, 246, 253; *Schulte*, Kernfragen des bergrechtlichen Genehmigungsverfahrens, S. 48 f.; *Brauner*, NuR 1994, 20, 22.
885 Siehe dazu zusammenfassend das Teilergebnis oben Kap. 2, B), I), 4.
886 *Cosack*, NuR 2000, 311, 313; nach *Neumann*, in: Kühne/Ehricke, Entwicklungslinien des Bergrechts, S. 37, sei die Zulassung eines fakultativen Rahmenbetriebsplans „[...] am ehesten [...]" mit einem vorläufigen positiven Gesamturteil vergleichbar; vgl. *Schulte*, Kernfragen des bergrechtlichen Genehmigungsverfahrens, S. 61 f., der nach seiner Interpretation des Gasspeicher-Urteils des BVerwG die Zulassung eines fakultativen Rahmenbetriebsplans als vorläufiges positives Teilurteil qualifiziert, gleichwohl aber die Möglichkeit sieht, bei entsprechendem Umfang könne diese Zulassung auch ein vorläufiges positives Gesamturteil darstellen.
887 OVG Berlin, ZfB 131 (1990), 200, 216, 221; OVG Lüneburg, ZfB 131 (1990), 19, 24, 25, 27; VG Stade, ZfB 132 (1991), 213, 226.
888 Siehe zum Begriff „isoliertes vorläufiges positives Gesamturteil" OVG Berlin, ZfB 131 (1990), 200, 216.

positiven Gesamturteils zugesprochen. Dies hätte zur Folge, dass von der Rahmenbetriebsplanzulassung eine eingeschränkte Bindungswirkung zulasten der Bergbehörde ausginge, die sowohl unter dem Vorbehalt einer gleichbleibenden Sach- und Rechtslage als auch dem Vorbehalt einer Detailprüfung stünde[889].

Die Untersuchung dieser Annahme soll vorliegend nicht rückwärts beginnend mit der Frage erfolgen, ob eine mögliche Bindungswirkung der Zulassung eines fakultativen Rahmenbetriebsplans der eines vorläufigen positiven Gesamturteils entspreche[890], sondern primär mit einem Vergleich der rechtlichen Charakteristika beider Instrumente. Denn nur soweit diese in einem ersten Schritt vergleichbar sein sollten, ließe sich in einem zweiten Schritt eine vergleichbare Rechtsfolge erwägen.

Zwar kann die Zulassung eines fakultativen Rahmenbetriebsplans, je nach Umfang des Planinhalts, die grundsätzliche Zulassungsfähigkeit des gesamten Bergbauvorhabens feststellen[891] und erinnert somit bezogen auf ihre Reichweite an eine vorläufige positive Gesamtbeurteilung im Rahmen einer Teilentscheidung im gestuften Anlagengenehmigungsverfahren. Damit erscheint der Vergleich beider Instrumente auf den ersten Eindruck durchaus naheliegend. Es ist ebenfalls festzustellen, dass der Zweck der Zulassung eines fakultativen Rahmenbetriebsplans und der eines vorläufigen positiven Gesamturteils in gewissen Punkten Ähnlichkeiten aufweisen. Das vorläufige positive Gesamturteil im Anlagengenehmigungsrecht soll die Verbindung und Ausrichtung der einzelnen Teilentscheidung auf die Genehmigung der Gesamtanlage sicherstellen und diese insoweit miteinander verknüpfen.[892] Der fakultative Rahmenbetriebsplan dient durch seinen vorgegebenen Rahmen der Koordination und verbesserten Kontrolle zuzulassender Haupt- und Sonderbetriebspläne, indem er letztere in einen größeren Zusammenhang stellt und nahtlose Übergänge zwischen diesen ermöglicht.[893] Obwohl die einzelnen Etappen des Betriebsplanverfahrens nach dessen Gliederungskonzeption nicht ausschließlich auf die Gesamtrealisierung des gesamten Bergbauvorhabens ausgerichtet sind[894], erfolgt sowohl durch das vorläufige positive Gesamturteil als auch die Zulassung des fakul-

---

889 Vgl. zur eingeschränkten Bindungswirkung des vorläufigen positiven Gesamturteils bei einem Vorbescheid oben Kap. 2, B), I), 2., d), bb), (2).

890 Die Frage der Vergleichbarkeit im Wesentlichen auf die Verbindlichkeit beschränkend: OVG Lüneburg, ZfB 131 (1990), 19, 25. Die Ablehnung einer Vergleichbarkeit von vorläufigem positiven Gesamturteil und der Rahmenbetriebsplanzulassung größtenteils auf deren unterschiedliche Bindungswirkungen stützend: v. *Mäßenhausen*, ZfB 135 (1994), 119, 125; *Niermann*, S. 72–74.

891 Siehe dazu oben Kap. 2, B), I), 3., f), bb), (6).

892 Siehe zum Zweck des vorläufigen positiven Gesamturteils oben Kap. 2, B), I), 2., d), bb), (2).

893 Siehe dazu oben Kap. 1, C), II), 2. Siehe zur Ermöglichung nahtloser Übergänge durch den fakultativen Rahmenbetriebsplan oben Kap. 2, B), I), 3., f), bb), (3).

894 Siehe dazu oben Kap. 2, B), I), 3., e), bb).

B) Die Bindungswirkung der Zulassung fakultativer Rahmenbetriebspläne

tativen Rahmenbetriebsplans eine gezielte Koordination der einzelnen Behördenentscheidungen. Soweit man die Zulassung des fakultativen Rahmenbetriebsplans als vorläufiges positives Gesamturteil ansehe, beträfe dieses Gesamturteil nur den Umfang des im Rahmenbetriebsplan beschriebenen Vorhabens oder längerfristigen Vorhabenabschnitts.[895]

Eine Vergleichbarkeit mit dem vorläufigen positiven Gesamturteil steht aber im Widerspruch zu der Regelungsintensität der Rahmenbetriebsplanzulassung. Denn anders als der bloß vorläufige Charakter einer positiven Gesamtbeurteilung im Anlagengenehmigungsrecht trifft die Zulassung eines fakultativen Rahmenbetriebsplans eine abschließend feststellende Regelung mit geringem inhaltlichen Konkretisierungsgrad und weist daher keinen bloß vorläufigen Charakter auf[896]. Daraus ergibt sich ebenfalls eine unterschiedliche Folge für das weitere Verfahren. Die Rahmenbetriebsplanzulassung wird, anders als das vorläufige positive Gesamturteil[897], nicht durch nachfolgende Entscheidungen der Behörde aktualisiert und sukzessive ersetzt, denn sie konstituiert einen Rahmen, welcher als zusätzliche und bestehend bleibende Regelung neben die Haupt- und Sonderbetriebsplanzulassungen tritt[898].

Aufgrund dieser grundlegend unterschiedlichen Regelungsintensität stellt die Zulassung eines fakultativen Rahmenbetriebsplans kein „isoliertes" vorläufiges positives Gesamturteil des Bergbauvorhabens im Betriebsplanverfahren dar.[899] Eine Bindungswirkung der Zulassung eines fakultativen Rahmenbetriebsplans lässt sich daher nicht durch einen Vergleich mit einem gesonderten vorläufigen positiven Gesamturteil im Sinne des gestuften Anlagengenehmigungsverfahrens herleiten.[900] Dies schließt nicht aus, dass die Zulassung abstrakt eine Bindungswirkung zulasten der Bergbehörde entfalten kann, jedenfalls aber keine, die aus einem Vergleich mit den Teilent-

---

[895] v. *Mäßenhausen*, ZfB 135 (1994), 119, 125, der eine Vergleichbarkeit dann aber ablehnt.
[896] Siehe zur Regelungsintensität der Zulassung eines fakultativen Rahmenbetriebsplans oben Kap. 2, B), I), 3., f), bb).
[897] Siehe zum vorläufigen Charakter des vorläufigen positiven Gesamturteils und dessen Ersetzung bzw. Verfestigung durch nachfolgende Teilentscheidungen oben Kap. 2, B), I), 2., d), bb), (2).
[898] Siehe dazu oben Kap. 2, B), I), 3., f), bb), (3).
[899] Im Ergebnis auch BVerwGE 89, 246, 253, welches aber maßgeblich auf die unterschiedliche Stufungskonzeption zwischen Betriebsplan- und Anlagengenehmigungsverfahren abstellt; siehe auch VG Gelsenkirchen, ZfB 131 (1990), 325, 328, welches ohne Begründung eine vorläufige positive Gesamtbeurteilung durch die Rahmenbetriebsplanzulassung ablehnt; im Ergebnis ebenfalls *Niermann*, S. 74; siehe wohl im Ergebnis auch *Ludwig*, Auswirkungen der FFH-RL auf Vorhaben zum Abbau von Bodenschätzen nach dem BBergG, S. 58 f.; *Schoch*, in: Kühne/Schoch/Beckmann, Gegenwartsprobleme des Bergrechts, S. 59.
[900] Im Ergebnis eine Vergleichbarkeit der Zulassung eines fakultativen Rahmenbetriebsplans mit einem vorläufigen positiven Gesamturteil ebenfalls ablehnend siehe *Piens*, in: Piens/Schulte/Graf Vitzthum, BBergG, § 56 Rn. 55.

scheidungen und Instrumenten des gestuften Anlagengenehmigungsverfahrens herrührt.

III) Die Zulassung eines fakultativen Rahmenbetriebsplans als „Zusicherung"

Nach vereinzelter Ansicht[901] sei die Zulassung eines fakultativen Rahmenbetriebsplans mit der Zusicherung nach § 38 VwVfG vergleichbar, sodass die Bergbehörde für eine gleichbleibende Sach- und Rechtslage die Zulassung zukünftiger das Vorhaben gestattender Betriebspläne auf dieser Basis zusage. Wesentlicher Ausgangspunkt dieser Überlegung ist die, wie sich bereits gezeigt hat[902], unzutreffende Annahme[903] einer bloß vorläufigen Regelungsintensität der Zulassung eines fakultativen Rahmenbetriebsplans, weshalb von dieser nur eine eingeschränkte Bindungswirkung zulasten der Bergbehörde ausgehen könne. Im Folgenden gilt es, diese These einer funktionalen Vergleichbarkeit zu untersuchen.

Nach der in § 38 Abs. 1 Satz 1 VwVfG enthaltenen Legaldefinition handelt es sich bei der Zusicherung um eine von der zuständigen Behörde erteilte Zusage, einen bestimmten Verwaltungsakt später zu erlassen oder zu unterlassen. Rechtsfolge dieser ist eine eingeschränkte[904] Bindungswirkung zulasten der Behörde, da diese nach § 38 Abs. 3 VwVfG per Gesetz als spezielle Normierung des Wegfalls der Geschäftsgrundlage automatisch nicht mehr an die Zusicherung gebunden ist[905], wenn sich nach Abgabe der Zusicherung die Sach- oder Rechtslage derart ändert, dass die Behörde bei Kenntnis der nachträglich eingetretenen Änderungen die Zusicherung nicht gegeben hätte oder aus rechtlichen Gründen nicht hätte geben dürfen. Die umstrittene Frage, ob es sich bei der Zusicherung selbst um einen Verwaltungsakt im Sinne des § 35 S. 1 VwVfG oder um einen Akt anderer Rechtsnatur handelt[906], kann an dieser Stelle dahinstehen.

---

901 VG Berlin, ZfB 130 (1989), 127, 133. Für einen ähnlichen Regelungsgehalt siehe auch OVG Lüneburg, ZfB 131 (1990), 19, 27, welches aber die Rahmenbetriebsplanzulassung als vorläufiges positives Gesamturteil ansieht, S. 24, 25, 27.
902 Siehe zum abschließenden Regelungscharakter der Zulassung oben Kap. 2, B), I), 3., f), bb).
903 VG Berlin, ZfB 130 (1989), 127, 133.
904 *Niermann*, S. 72.
905 Siehe BVerwGE 97, 323, 330; *Stuhlfauth*, in: Obermayer/Funke-Kaiser, VwVfG, § 38 Rn. 57 f.; *Henneke*, in: Knack/Henneke, VwVfG, § 38 Rn. 58 f.; *Ramsauer*, in: Kopp/Ramsauer, VwVfG, § 38 Rn. 42; *Brüning*, S. 154.
906 Wohl h. M. für die Qualifizierung als Verwaltungsakt: *U. Stelkens*, Stelkens/Bonk/Sachs, VwVfG § 38 Rn. 33, 39; *Henneke*, in: Knack/Henneke, VwVfG, § 38 Rn. 38; *Ramsauer*, in: Kopp/Ramsauer, VwVfG, § 38 Rn. 8; *Tiedemann*, in: Bader/Ronellenfitsch, VwVfG, § 38 Rn. 13; vgl. im Ergebnis wohl BVerwG, NVwZ 1986, 1011, 1012; im Ergebnis auch *Stuhlfauth*, in: Obermayer/Funke-Kaiser, VwVfG, § 38 Rn. 6. Gegen die Qualifizierung als Verwaltungsakt: *Uechtritz*, in: Mann/Sennekamp/Uechtritz, VwVfG, § 38 Rn. 51 f.; Ziekow, VwVfG, § 38

B) Die Bindungswirkung der Zulassung fakultativer Rahmenbetriebspläne

Bereits nach einer Betrachtung der einschlägigen Regelungen muss konstatiert werden, dass ein normativer Anhaltspunkt für einen vergleichbaren Charakter, insbesondere eine eingeschränkte Bindungswirkung der Rahmenbetriebsplanzulassung, wie sie § 38 Abs. 3 VwVfG für die Zusicherung statuiert, den Vorschriften zum Betriebsplanverfahren nicht zu entnehmen ist.[907] Daneben widersprechen systematische Erwägungen einer solchen, funktionalen Vergleichbarkeit beider Instrumente.

Die wesentliche Voraussetzung einer Zusicherung ist der Wille der zuständigen Behörde, sich zum Erlass oder Unterlassen eines bestimmten Verwaltungsakts zu verpflichten.[908] Die Zusicherung sagt dementsprechend eine bestimmte Regelung nur zu, enthält diese zukünftige Regelung aber noch nicht selbstständig.[909] Bereits hierin zeigt sich der grundsätzliche Unterschied zu der Zulassung eines fakultativen Rahmenbetriebsplans. Anders als die Zusicherung trifft die Zulassung eines fakultativen Rahmenbetriebsplans nicht die Zusage, zukünftige Verwaltungsakte in Form von Betriebsplanzulassungen zu erlassen, sondern als selbstständiger Verwaltungsakt stellt sie die grundsätzliche Zulassungsfähigkeit des Bergbauvorhabens fest[910].[911] Die Rahmenbetriebsplanzulassung trifft also längst eine eigenständige Regelung in der Sache, nämlich eine Feststellung zur grundsätzlichen Zulassungsfähigkeit des Vorhabens in Form einer Rahmensetzung.

Dieser gesetzte Rahmen bleibt systematisch als zusätzliche und eigenständige Regelung neben den nachfolgenden und diesen erst konkretisierenden Haupt- und Sonderbetriebsplanzulassungen bestehen, da die Rahmenbetriebsplanzulassung keine Regelungsausschnitte nachfolgender Betriebsplanzulassung vorwegnimmt.[912] Bereits in dieser systematisch erforderlichen Beständigkeit der Rahmenbetriebsplanzulassung und ihrer Funktion

---

Rn. 4. Für die Qualifizierung als sog. Verwaltungsvorakt *Korte*, in: Wolf/Bachof/Stober/Kluth, VerwaltungsR I, § 53 Rn. 12.

907 Siehe *Fluck*, Anmerkungen zum Urteil des VG Berlin vom 18.05.1988, ZfB 130 (1989), 127 (Urteil), 142 (Anmerkungen), 144 hinsichtlich des Fehlens einer dem § 38 Abs. 3 VwVfG vergleichbaren Vorschrift im BBergG.

908 *Korte*, in: Wolf/Bachof/Stober/Kluth, VerwaltungsR I, § 53 Rn. 9; siehe auch *Ramsauer*, in: Kopp/Ramsauer, VwVfG, § 38 Rn. 9; *Stuhlfauth*, in: Obermayer/Funke-Kaiser, VwVfG, § 38 Rn. 8 f.

909 *Korte*, in: Wolf/Bachof/Stober/Kluth, VerwaltungsR I, § 53 Rn. 14; *Brüning*, S. 153. Vgl. im Umkehrschluss aus dem Unterschied zwischen Zusicherung und Vorbescheid, BVerwG, DÖV 1969, 143; *Stuhlfauth*, in: Obermayer/Funke-Kaiser, VwVfG, § 38 Rn. 13.

910 Siehe zu diesem feststellenden Regelungsgehalt der Zulassung eines fakultativen Rahmenbetriebsplans oben Kap. 2, B), I), 3., f), bb).

911 Siehe auch *Niermann*, S. 72; ähnlich *Rausch*, S. 44, nach welchem die Zulassung keine Zusicherung zukünftiger Hauptbetriebsplanzulassungen enthalte, sondern ein selbstständiger Verwaltungsakt sei.

912 Siehe dazu oben Kap. 2, B), I), 3., e), dd).

als eigenständiger Regelung neben Haupt- und Sonderbetriebsplänen zeigt sich, dass sie nicht bloß eine Zusicherung nachfolgender Haupt- und Sonderbetriebsplanzulassung trifft. Denn die in bestimmtem Maße notwendige Verbindlichkeit der Rahmenbetriebsplanzulassung ergibt sich schon aus dieser systematischen Funktion im Betriebsplanverfahren und nicht aus einem, wie er für die Zusicherung essentiell wäre, Bindungswillen der Bergbehörde, zukünftige Haupt- und Sonderbetriebspläne zuzulassen.[913]

Anders als die Zusicherung, welche sich mit dem wirksamen Erlass des derart zugesagten Verwaltungsakts erledige[914], tritt eine Erledigung der Rahmenbetriebsplanzulassung mit dem Erlass nachfolgender Haupt- und Sonderbetriebspläne nicht ein[915]. Insoweit kann sich der Regelungsgehalt bzw. Inhalt einer Rahmenbetriebsplanzulassung nicht in der bloßen Zusicherung nachfolgender Betriebspläne erschöpfen.

Desgleichen ist der Zulassung des fakultativen Rahmenbetriebsplans neben dieser eigenständigen feststellenden Regelung keine zusätzliche Zusicherung oder einer solchen ähnliche Wirkung zu entnehmen. Denn aufgrund des grundsätzlich wesentlich geringeren Konkretisierungsgrades des fakultativen Rahmenbetriebsplans trifft dieser keine einem Haupt- oder Sonderbetriebsplan entsprechenden detaillierten Aussagen, die als eine Zusicherung einzelner Haupt- oder Sonderbetriebspläne verstanden werden könnten. Allenfalls ließe sich die Rahmenbetriebsplanzulassung nur als Art grundsätzliche Zusicherung der in ihrem Geltungsumfang erforderlichen Haupt- und Sonderbetriebspläne auffassen. Diese Überlegung wird man allerdings in Bezug auf das Erfordernis der Zusicherung, einen bestimmten Verwaltungsakt zuzusagen, ablehnen müssen. Zwar erfordert diese Bestimmtheit nicht, dass der Inhalt des zugesicherten Verwaltungsakts bereits vollständig und detailliert vorgeben ist, sondern es reiche aus, wenn dieser „[...] *nach Art und Regelungsgegenstand in der Zusicherung konkretisiert* [...]" sei.[916] Jedoch würde, insbesondere nach der eine Vergleichbarkeit befürwortenden Ansicht die Rahmenbetriebsplanzulassung alle in ihrem Geltungsumfang erforderlichen Haupt- und Sonderbetriebs-

---

913 Vgl. die Überlegungen bei *Uechtritz*, in: Mann/Sennekamp/Uechtritz, VwVfG, § 38 Rn. 39, hinsichtlich der Ablehnung, in einem vorläufigen positiven Gesamturteil im gestuften Anlagengenehmigungsverfahren eine Zusicherung zu sehen, da sich dessen Bindungswirkung bereits aus dem jeweiligen Fachrecht und anderen Grundsätzen ergebe.

914 Vgl. VGH Mannheim, NVwZ-RR 1997, 582, 584; siehe *Stuhlfauth,* in: Obermayer/Funke-Kaiser, VwVfG, § 38 Rn. 55; *Uechtritz,* in: Mann/Sennekamp/Uechtritz, VwVfG, § 38 Rn. 166; *Guckelberger,* DÖV 2004, 357, 359; kritisch und im Ergebnis wohl a. A. *U. Stelkens,* Stelkens/Bonk/Sachs, VwVfG § 38 Rn. 109.

915 Siehe dazu oben Kap. 2, B), I), 3., f), bb), (3).

916 *U. Stelkens,* Stelkens/Bonk/Sachs, VwVfG § 38 Rn. 14. So auch *Uechtritz,* in: Mann/Sennekamp/Uechtritz, VwVfG, § 38 Rn. 106; *Ziekow,* VwVfG, § 38 Rn. 3; *Tiedemann,* in: Bader/Ronellenfitsch, VwVfG, § 38 Rn. 19; im Ergebnis auch *Henneke,* in: Knack/Henneke, VwVfG, § 38 Rn. 16.

planzulassungen unter Beachtung einer gleichbleibenden Sach- und Rechtslage zusichern. Damit würde nicht nur entgegen dem Wortlaut des § 38 Abs. 1 Satz 1 VwVfG, welcher sich auf einen einzelnen[917] Verwaltungsakt bezieht, eine unbestimmte Vielzahl an erforderlichen Betriebsplanzulassungen zugesichert werden, sondern darüber hinaus auch deren jeweilige Bestimmtheit wohl nicht mehr den Anforderungen der Zusicherung entsprechen.

An das Verhältnis von Zusicherung und zugesichertem Verwaltungsakt anknüpfend, ergibt sich ein weiterer Grund gegen eine funktionale Vergleichbarkeit aus den materiellen Rechtmäßigkeitsanforderungen der Zusicherung. Da sich die Behörde nur zu rechtmäßigem Verhalten verpflichten dürfe, unterliege die Rechtmäßigkeit der Zusicherung den gleichen Rechtmäßigkeitsvoraussetzungen wie der zugesicherte zukünftige Verwaltungsakt.[918] Dies habe zur Folge, dass die Behörde, welche sich zum Erlass eines bestimmten Verwaltungsakts in der Zukunft verpflichtet, dessen Rechtmäßigkeit bereits im Zeitpunkt der Zusicherung durch eine „[...] *Voraussubsumtion* [...]" abschließend zu prüfen hat.[919] Anderenfalls wäre unklar, ob die Behörde den zukünftigen Erlass des Verwaltungsakts überhaupt zusichern darf. Übertragen auf das Betriebsplanverfahren bedeute dieses Folgendes: Die Bergbehörde müsste bei der Zulassung eines fakultativen Rahmenbetriebsplans die Zulassungsvoraussetzungen der zugesicherten zukünftigen Haupt- und Sonderbetriebsplanzulassungen abschließend vorprüfen. Nur so wäre gewährleistet, dass sich die Bergbehörde zu rechtmäßigem zukünftigen Verhalten verpflichtet. Derart verhält es sich allerdings bei der Zulassung des fakultativen Rahmenbetriebsplans nicht. Denn wie sich bereits gezeigt hat[920], muss die Bergbehörde in dieser Zulassungsentscheidung nicht abschließend vorprüfen, ob die zukünftig im Geltungsbereich des fakultativen Rahmenbetriebsplans erforderlichen Haupt- und Sonderbetriebspläne zugelassen werden dürfen. Dies dürfte vor dem Hintergrund der Ungewissheiten des Bergbaus und dem unterschiedlichen Konkretisierungsgrad der Betriebsplanarten schon gar nicht möglich sein, unabhängig davon, ob die Sach- und Rechtslage gleichbleibt. Mangels einer solchen

---

917 Siehe allerdings zur Möglichkeit der Zusicherung „wahlweiser" Verwaltungsakte bzw. die Zusicherung, entweder den einen oder den anderen Verwaltungsakt in Abhängigkeit vom Eintritt eines Ereignisses zu erlassen, *U. Stelkens*, Stelkens/Bonk/Sachs, VwVfG § 38 Rn. 14 und auch *Uechtritz*, in: Mann/Sennekamp/Uechtritz, VwVfG, § 38 Rn. 108.
918 *Ramsauer*, in: Kopp/Ramsauer, VwVfG, § 38 Rn. 23; im Umkehrschluss *Uechtritz*, in: Mann/Sennekamp/Uechtritz, VwVfG, § 38 Rn. 92; vgl. auch *U. Stelkens*, Stelkens/Bonk/Sachs, VwVfG § 38 Rn. 85; im Ergebnis auch *Stuhlfauth*, in: Obermayer/Funke-Kaiser, VwVfG, § 38 Rn. 42; *Tiedemann*, in: Bader/Ronellenfitsch, VwVfG, § 38 Rn. 29. Vgl. auch zur Zusage allgemein BVerwG, DVBl. 1976, 220, 221.
919 *Brüning*, S. 154. Ähnliche Annahme auch bei *Uechtritz*, in: Mann/Sennekamp/Uechtritz, VwVfG, § 38 Rn. 126; *Guckelberger*, DÖV 2004, 357, 361.
920 Siehe dazu oben Kap. 2, B), I), 3., f), cc).

Voraussubsumtion kann die Bergbehörde nachfolgende Haupt- und Sonderbetriebsplanzulassungen nicht im Sinne einer Zusicherung zusagen. Diese Unterschiede zusammenfassend ist abschließend zu konstatieren, dass die Zulassung eines fakultativen Rahmenbetriebsplans als eigenständige feststellende Regelung der grundsätzlichen Zulassungsfähigkeit des Bergbauvorhabens oder längerfristigen Vorhabenabschnitts keine Zusicherung der Zulassung zukünftiger Haupt- und Sonderbetriebspläne enthält. Sie ist daher nicht mit der Zusicherung im Sinne des § 38 Abs. 1 VwVfG funktional oder rechtscharakterlich vergleichbar.[921] Eine Bindungswirkung der Rahmenbetriebsplanzulassung zulasten der Bergbehörde hinsichtlich nachfolgender Haupt- und Sonderbetriebsplanzulassungen lässt sich daher zumindest nicht im Sinne einer Zusicherung herleiten.

IV) Bergrechtliche Bindungswirkung der Zulassung eines fakultativen Rahmenbetriebsplans sui generis

Der Vergleich der Zulassung eines fakultativen Rahmenbetriebsplans mit geläufigeren Instrumenten des allgemeinen und besonderen Verwaltungsrechts hat gezeigt, dass der Rahmenbetriebsplanzulassung kein exaktes Äquivalent in sonstigen Fachbereichen zugeordnet werden kann. Derart wurde in der Literatur zutreffend betont: *„Welchem geläufigen Rechtsinstitut auch immer man den zugelassenen Rahmenbetriebsplan vergleichend gegenüberzustellen oder anzunähern trachtet, genau paßt keines. Das spielt im Grunde auch keine Rolle; denn das Bergrecht ist an solche Vorgaben nicht gebunden; man braucht die Rahmenbetriebsplanzulassung nicht in eine der bekannten „Schubladen" einzuordnen."*[922]

Dennoch hat die Vorgehensweise, die Frage nach der ungewissen Bindungswirkung der Zulassung eines fakultativen Rahmenbetriebsplans anhand einer funktional vergleichenden Betrachtung mit Instrumenten zu erarbeiten, welche sich ihrerseits hinsichtlich der von ihnen ausgehenden Bindung bewährt haben, grundlegende Erkenntnisse gebracht. Die auf die für eine Bindungswirkung essentiellen Voraussetzungen abgestimmte Herausarbeitung hat nicht nur die Systematik der Bindungswirkung allgemein und in besonderen verwaltungsrechtlichen Konstellationen gezeigt, sondern darüber hinaus diejenigen Gesichtspunkte offenbart, die eine Bindungswirkung der Zulassung eines fakultativen Rahmenbetriebsplans einerseits voraussetzen und andererseits ermöglichen. Da sich der Anknüpfungspunkt für eine solche Bindungswirkung nicht in einer funktionalen

---

[921] Im Ergebnis auch *Gaentzsch,* in: Kühne/Gaentzsch, Wandel und Beharren im Bergrecht, S. 27; *Niermann,* S. 72–74; *Fluck,* Anmerkungen zum Urteil des VG Berlin vom 18.05.1988, ZfB 130 (1989), 127 (Urteil), 142 (Anmerkungen), 144.

[922] *Gaentzsch,* in: Kühne/Gaentzsch, Wandel und Beharren im Bergrecht, S. 25.

Vergleichbarkeit mit anderen Instrumenten findet[923], muss die Herausarbeitung der Bindungswirkung der Zulassung eines fakultativen Rahmenbetriebsplans letztlich bei diesen erworbenen Erkenntnissen über die Rahmenbetriebsplanzulassung selbst ansetzen und dabei auf die zu Beginn dargestellten Grundlagen der Bindungswirkung von Verwaltungsakten rekurrieren.[924]

1. Bindung nach allgemeinen Grundlagen wirksamer Verwaltungsakte

Bereits zu Beginn der Untersuchung hat sich gezeigt[925], dass die Bindungswirkung behördlicher Entscheidungen kein besonderes Phänomen spezieller Rechtsinstrumente des besonderen Verwaltungsrechts ist, sondern eine Rechtsfolge der Handlungsform des Verwaltungsakts innerhalb des allgemeinen Verwaltungsrechts: Jeder wirksame Verwaltungsakt entfaltet grundsätzlich eine von der nachträglichen Änderung der Sach- oder Rechtslage unabhängige Bindungswirkung zulasten der Erlassbehörde, welche ihr zum einen ein inhaltliches Abweichen durch weiteres Handeln versagt und zum anderen die Aufhebung dieses Verwaltungsakts nur unter bestimmten Voraussetzungen ermöglicht.

Aus dieser Vorgabe folgen zwei wesentliche Weichenstellungen für die weitere Untersuchung: Zunächst manifestiert dies die Unschädlichkeit der vorherig dargelegten Unvergleichbarkeit der Rahmenbetriebsplanzulassung mit anderen Instrumenten im Hinblick auf eine gegebenenfalls von ihr ausgehende Bindungswirkung. Gleichsam tritt damit der Ausgangspunkt für die Herausarbeitung einer solchen Bindungswirkung deutlicher hervor, nämlich der Rechtscharakter der bindungserzeugenden Handlungsform als Verwaltungsakt im Sinne des § 35 Satz 1 VwVfG.[926]

Da die Zulassung eines fakultativen Rahmenbetriebsplans ein Verwaltungsakt ist, welcher als abschließende Regelung die Feststellung der grundsätzlichen Zulassungsfähigkeit des Bergbauvorhabens bzw. längerfristigen Vorhabenabschnitts trifft,[927] findet dieser allgemein verwaltungsrechtliche Grundsatz der Bindungswirkung wirksamer Verwaltungsakte Anwendung. Demnach ergibt sich aus dem Rechtscharakter und der abschließenden

---

923 Zu diesem Ergebnis kommen auch *Ludwig*, Auswirkungen der FFH-RL auf Vorhaben zum Abbau von Bodenschätzen nach dem BBergG, S. 59; *Kolonko*, S. 180.
924 Siehe im Ergebnis auch *Kolonko*, S. 180.
925 Siehe dazu oben Kap. 2, A), I).
926 Für die Frage nach der Bindungswirkung der Rahmenbetriebsplanzulassung ebenfalls an die Handlungsform des Verwaltungsakts anknüpfend siehe: *Ludwig*, Auswirkungen der FFH-RL auf Vorhaben zum Abbau von Bodenschätzen nach dem BBergG, S. 57; *Kolonko*, S. 180.
927 Siehe dazu oben Kap. 2, B), I), 3., f), bb).

Regelungsintensität[928] der Rahmenbetriebsplanzulassung als feststellendem Verwaltungsakt die grundsätzliche Bindung der erlassenden Bergbehörde an die feststellende Regelung dieser wirksamen Zulassungsentscheidung.[929] Bei der Zulassung der diesen Rahmen konkretisierenden Haupt- und Sonderbetriebspläne ist die Bergbehörde also an die Feststellungen der wirksamen Rahmenbetriebsplanzulassung gebunden.[930] Die Annahme dieser Bindungswirkung zeigt sich systemstimmig im Hinblick auf die Möglichkeit der Bergbehörde, die Rahmenbetriebsplanzulassung nach den § 5 BBergG i. V. m. §§ 48, 49 VwVfG – wenn auch nur als ultima ratio – aufheben zu können[931]. Denn wie sich gezeigt hat, stellt die Bindungswirkung wirksamer Verwaltungsakte systematisch die Kehrseite der behördlichen Aufhebungsmöglichkeiten nach §§ 48, 49 VwVfG dar[932]. Die Rahmenbetriebsplanzulassung gliedert sich dementsprechend in das System aus Wirksamkeit, Bindungswirkung und Aufhebungsmöglichkeit des allgemeinen Verwaltungsrechts ein. Weil die Bergbehörde an ihre getroffene Entscheidung über die Zulassung eines fakultativen Rahmenbetriebsplans gebunden ist und von dieser grundsätzlich inhaltlich nicht durch die Zulassung konkretisierender Haupt- und Sonderbetriebspläne abweichen darf, ermöglicht ihr das Gesetz im Gegenzug – unter anderem[933] – über den Verweis des § 5 BBergG auf die §§ 48, 49 VwVfG, sich im Falle des Vorliegens derer Voraussetzungen wieder von der Zulassungsentscheidung zu lösen.

Die noch in der Gasspeicher-Entscheidung des BVerwG vertretene Auffassung, durch die Zulassung eines fakultativen Rahmenbetriebsplans werde dem Bergbauunternehmer nur „[...] *ein verpflichtender, aber nicht in gleicher Weise wie bei einem Vorbescheid ein berechtigender Rahmen vorgegeben* [...]"[934], kann aufgrund dieser regelnden Eigenschaften der Zulassung

---

928 In diesem Kontext ist zu erinnern, dass die abschließende Regelungsintensität den Regelfall eines Verwaltungsakts im Sinne des § 35 Satz 1 VwVfG darstellt, siehe dazu oben Kap. 2, B), I), 3., f), bb), (3).

929 Für die Annahme der Bindungswirkung auf die Eigenschaft der Rahmenbetriebsplanzulassung als Verwaltungsakt abstellend siehe: *Ludwig*, Auswirkungen der FFH-RL auf Vorhaben zum Abbau von Bodenschätzen nach dem BBergG, S. 57; siehe auch OVG Münster, ZfB 139 (1998), 146, 152; *Cosack*, NuR 2000, 311, 313; *Kolonko*, S. 181, die allerdings von einer präjudiziellen Bindung ausgeht; *Rausch*, S. 44.

930 Vgl. BVerwGE 126, 205, 212, wonach die festgestellte grundsätzliche Zulassungsfähigkeit des Bergbauvorhabens in folgenden Haupt- und Sonderbetriebsplanzulassungen „[...] *nicht erneut in Frage gestellt werden* [...]" dürfe; bestätigt durch BVerwGE 132, 261, 268 Rn. 28; siehe auch *Kolonko*, S. 181; eine Bindung für nachfolgende Betriebsplanzulassungen annehmend siehe auch *Dammert*, in: Bergrecht im Wandel der Zeit – gestern, heute, morgen (Hrsg.: Pielow), S. 154.

931 Siehe dazu oben Kap. 2, B), I), 3., a), bb).

932 Siehe dazu oben Kap. 2, A), I), 1.

933 Auf weitere Grenzen der Bindungswirkung ist an späterer Stelle einzugehen, siehe dazu unten Kap. 2, B), IV), 2.

934 BVerwGE 89, 246, 254.

als feststellendem Verwaltungsakt nicht zutreffen.[935] Denn soweit die Zulassung des fakultativen Rahmenbetriebsplans eine Bindungswirkung zulasten der Bergbehörde entfaltet, wirkt sich diese in diesem Umfang ebenfalls für den jeweiligen Bergbauunternehmer aus. Sie muss sich auch gegenüber dem Unternehmer hinsichtlich ihrer Bindung an die Rahmenbetriebsplanzulassung festhalten lassen können.

Nach den Grundlagen des allgemeinen Verwaltungsrechts ergibt sich somit grundsätzlich eine (zunächst) uneingeschränkte Bindungswirkung der Zulassung eines fakultativen Rahmenbetriebsplans zulasten der erlassenden Bergbehörde, welche es ihr verwehrt, in nachfolgenden Haupt- und Sonderbetriebsplanzulassungen inhaltlich davon abzuweichen.

2. Bestimmung des Umfangs dieser Bindungswirkung

Ist damit die Frage, ob der Zulassung eines fakultativen Rahmenbetriebsplans grundsätzlich eine Bindungswirkung zulasten der Bergbehörde zukommt, zu bejahen, bedarf im Folgenden der exakte Umfang dieser Bindungswirkung einer umfassenden Bestimmung. Im Ausgang ist dabei wiederum auf zwei allgemeine Grundlagen der Bindungswirkung wirksamer Verwaltungsakte zu rekurrieren.

Nach dem dargelegten Grundsatz der Kongruenz von Regelungsgehalt und Bindungswirkung richtet sich der exakte Umfang der Bindungswirkung nach dem Umfang des Regelungsgehalts des jeweiligen Verwaltungsakts.[936] Aus diesem Grunde wurde zu Beginn der Untersuchung von einer zum Regelungsgehalt akzessorischen Bindungswirkung ausgegangen.[937] Daneben ist die Bindungswirkung eines wirksamen Verwaltungsakts hinsichtlich ihres exakten Umfangs nach dem diesem zugrunde liegenden materiellen Recht zu beurteilen.[938] Insoweit gilt es, diejenigen rechtlichen Vorgaben des BBergG, welche sich inhaltlich auf die Bindungswirkung einer Rahmenbetriebsplanzulassung auswirken, in die Beurteilung miteinzubeziehen.

An dieser Stelle ist festzuhalten, dass beide Grundlagen in engem Zusammenhang stehen. Denn ebenfalls der Regelungsgehalt der Rahmenbetriebsplanzulassung richtet sich unter anderem nach den materiell-rechtlichen Vorgaben des BBergG hinsichtlich der notwendigen Angaben, die der Unternehmer in seinem einzureichenden fakultativen Rahmenbetriebsplan treffen muss. Dennoch soll im Folgenden der exakte Umfang der Bindungswirkung zunächst anhand des Regelungsgehalts der Zulassung bestimmt werden (dazu **a)**), um dieses Ergebnis anhand spezifisch materiellen Bergrechts (dazu **b)** – **h)**), welches sich auf die Bindungswirkung der Zulassung

---

935 So auch *Schoch*, in: Kühne/Schoch/Beckmann, Gegenwartsprobleme des Bergrechts, S. 59; wohl auch *Kolonko*, S. 181.
936 Siehe dazu oben Kap. 2, A), I), 1.
937 Siehe dazu oben Kap. 2, A), I), 1.
938 Siehe dazu oben Kap. 2, A), I), 1.

eines fakultativen Rahmenbetriebsplans auswirken kann, zu vervollständigen.

a) Regelungskongruenter Bindungsumfang

Die Anwendung des Grundsatzes der Kongruenz von Regelungsgehalt und Bindungswirkung auf die Zulassung eines fakultativen Rahmenbetriebsplans führt zu folgender Annahme: Der Umfang der Bindungswirkung zulasten der Bergbehörde richtet sich nach dem exakten Regelungsgehalt der Zulassung eines fakultativen Rahmenbetriebsplans.[939]

Der Regelungsgehalt der Rahmenbetriebsplanzulassung ließ sich hinsichtlich zweier Eigenschaften differenziert betrachten: hinsichtlich des Inhalts der Regelung (Konkretisierungsgrad der Regelung) und hinsichtlich der Intensität der Regelung (abschließend oder vorläufig).[940] Ein dazu kongruenter Umfang der Bindungswirkung muss sich ebenfalls zwischen dem Inhalt dieser Bindung und der Intensität der Bindung unterscheiden lassen.[941] Der Inhalt der Bindung betrifft die Frage, an welche Festsetzungen der Rahmenbetriebsplanzulassung die Bergbehörde inhaltlich gebunden ist, die Intensität der Bindung betrifft die Frage, wie stark die Bergbehörde an diesen Inhalt gebunden ist bzw. genauer, wann sie dies nicht mehr sein könnte. Beide Aspekte bedürfen vorliegend einer exakten Erörterung und Herausarbeitung aus dem Regelungsgehalt der Rahmenbetriebsplanzulassung.

aa) Bindungsinhalt

Insofern ist zunächst der genaue Inhalt der Bindungswirkung herauszuarbeiten.

Da die Zulassung eines fakultativen Rahmenbetriebsplans die Feststellung der grundsätzlichen Zulassungsfähigkeit des Bergbauvorhabens trifft, kann eine inhaltlich kongruente Bindung der Bergbehörde nur hinsichtlich dieser grundsätzlichen Zulassungsfähigkeit eintreten. Demnach ist die Bergbehörde mit wirksamer Zulassung eines fakultativen Rahmenbetriebsplans an die so festgestellte grundsätzliche Zulassungsfähigkeit des Bergbauvorhabens gebunden. Grundsätzlich hat sie diese der Zulassung nachfolgend konkretisierender Haupt- und Sonderbetriebspläne als feststehend zugrunde zu

---

939 Vgl. allgemein zu Betriebsplanzulassungen *Schulte*, Kernfragen des bergrechtlichen Genehmigungsverfahrens, S. 59; vgl. auch *v. Mäßenhausen*, ZfB 135 (1994), 119, 126.

940 Vgl. dazu oben Kap. 2, B), I), 3., f), bb), (6). Vgl. auch *Schmidt-Aßmann*, Institute gestufter Verwaltungsverfahren: Vorbescheid und Teilgenehmigung, S. 575, 577, der hinsichtlich des Regelungsgehalts (bzw. Aussagegehalts) von Teilentscheidungen im gestuften Genehmigungsverfahren zwischen dem „Aussageumfang" und der „Aussageintensität" differenziert.

941 Die Begriffe Inhalt und Intensität der Bindungswirkung werden grundsätzlich ebenfalls bei *Ossenbühl*, NJW 1980, 1353, 1354 verwendet. Vgl. auch allgemein *Schulte*, Kernfragen des bergrechtlichen Genehmigungsverfahrens, S. 66, der zwischen dem Inhalt und der Reichweite einer Genehmigung unterscheidet.

B) Die Bindungswirkung der Zulassung fakultativer Rahmenbetriebspläne

legen[942] und darf keine Entscheidung treffen, die inhaltlich von dieser grundsätzlichen Zulassungsfähigkeit abweicht oder zu dieser in Widerspruch steht. Zusammenfassend kann „[...] *die grundsätzliche Zulassungsfähigkeit des Gesamtvorhabens* [...] *nicht erneut in Frage gestellt werden.*"[943] Da sich die Feststellung der grundsätzlichen Zulassungsfähigkeit aus der Gesamtschau der einzelnen inhaltlichen Angaben des fakultativen Rahmenbetriebsplans ergibt – soweit die Bergbehörde darüber entschieden hat –,[944] knüpft gleichsam die von der Zulassung ausgehende Bindungswirkung im Einzelnen an die Feststellung der Vereinbarkeit der einzelnen Inhaltsangaben mit den Zulassungsvoraussetzungen an. Die Bergbehörde hat also bei der Zulassung konkretisierender Haupt- und Sonderbetriebspläne von der grundsätzlichen Zulassungsfähigkeit des Bergbauvorhabens auszugehen und ist im Rahmen dieser an die einzelnen inhaltlichen Angaben des fakultativen Rahmenbetriebsplans, soweit sie über diese eine entsprechende vorbehaltlose Feststellung getroffen hat, gebunden.

Setzt man an dieser Stelle den Grundsatz der Kongruenz konsequent um, kommt dem Konkretisierungsgrad dieser inhaltlichen Angaben und der dazu ergehenden Feststellung eine entscheidende Rolle zu. Wie sich gezeigt hat, weisen nicht alle Angaben eines fakultativen Rahmenbetriebsplans ein identisches Maß an inhaltlicher Konkretisierung auf, weshalb ebenfalls die Feststellung hinsichtlich dieser Angaben unterschiedlichen Konkretisierungsgraden unterliegt.[945] Eine kongruente Bindungswirkung setzt dies fort. Der Inhalt der Bindung der Bergbehörde richtet sich nach dem Konkretisierungsgrad der Feststellung der Zulassung des fakultativen Rahmenbetriebsplans[946], sodass sich aus der geringen Konkretisierung nur eine inhaltlich entsprechende, also rahmenmäßige Bindung ergibt.[947] Konsequenterweise ergeht hinsichtlich konkreterer Angaben im fakultativen Rahmenbetriebsplan eine entsprechend konkrete Feststellung in der Zulassung, was einen kongruenten und demnach konkreteren Bindungsinhalt zur Folge hat. Mit anderen Worten ergibt sich ein bestimmter ableitender Zusammenhang zwi-

---

942 Vgl. BVerwGE 126, 205, 212 Rn. 25; 132, 261, 268 Rn. 28; BVerwG, NVwZ 2009, 333, 334.
943 BVerwGE 126, 205, 212 Rn. 25.
944 Siehe oben Kap. 2, B), I), 3., f), bb), (6).
945 Siehe dazu oben Kap. 2, B), I), 3., f), bb), (6).
946 Siehe auch *v. Hammerstein,* in: Boldt/Weller/Kühne/v. Mäßenhausen, BBergG, § 52 Rn. 45, der insoweit allerdings sprachlich von der „Feststellungswirkung" der Rahmenbetriebsplanzulassung ausgeht.
947 Vgl. OVG Münster, ZfB 139 (1998), 146, 152, nach welchem die feststellende Regelung „[...] *je nach dem Konkretisierungsgrad der allgemeinen Angaben rahmenmäßig Bindungswirkung* [...]" entfalte; siehe auch *Kolonko,* S. 181; vgl. auch *Piens,* in: Piens/Schulte/Graf Vitzthum, BBergG, § 56 Rn. 60; vgl. an das OVG Münster anknüpfend zur rahmenmäßigen Bindung, aber im Ergebnis wohl strenger VG Aachen, Beschl. vom 03.07.2001 – 9 L 354/01 –, juris, Rn. 29 und Urt. v. 10. 12. 2001 – 9 K 7/01 –, juris, Rn. 28.

schen den Angaben[948] im Rahmenbetriebsplan, der dazu ergehenden Feststellung und der davon ausgehenden Bindungswirkung. Die Bindung der Bergbehörde an die festgestellte grundsätzliche Zulassungsfähigkeit gliedert sich im Detail auf in die Bindung an die Feststellung der Vereinbarkeit der einzelnen Inhaltsangaben mit den Zulassungsvoraussetzungen. Der Inhalt dieser Bindung richtet sich demnach kongruent nach dem Konkretisierungsgrad der einzelnen Angaben, soweit die Bergbehörde darüber eine vorbehaltlose Feststellung getroffen hat. Dies hat keinesfalls eine zweigeteilte Bindungswirkung zur Folge, sondern eine einheitliche, welche sich allerdings in einer Gesamtschau oder in ihren einzelnen Bestandteilen betrachten lässt.

Dahingehende Überlegungen, eine Bindungswirkung nur hinsichtlich konkretisierter Festsetzungen eines fakultativen Rahmenbetriebsplans entstehen zu lassen, sodass die Bergbehörde an bloß allgemein gehaltene Beschreibungen wiederum bei der Zulassung nachfolgend konkretisierender Haupt- und Sonderbetriebspläne nicht gebunden sei,[949] wird der Kongruenz von Bindungswirkung und Regelungsgehalt nicht gerecht. Vielmehr ist davon auszugehen, dass die Bindungswirkung der Rahmenbetriebsplanzulassung ebenfalls hinsichtlich der Feststellung über allgemeine Beschreibungen mit bloß geringer Konkretisierung eintritt, diese Bindung ihrem Inhalt nach allerdings mit einer kongruent geringen Konkretisierung besteht. Denn soweit die Bergbehörde eine feststellende Regelung getroffen hat, gleich welchen Konkretisierungsgrades im Einzelfall, ist sie nach den allgemeinen verwaltungsrechtlichen Grundlagen an diese grundsätzlich gebunden. Für eine derartige, punktuelle Bindungswirkung hinsichtlich einzelner Angaben ermangelt es normativer und systematischer Hinweise in den Vorschriften zum Betriebsplanverfahren.[950]

Letztlich entfaltet die Zulassung eines fakultativen Rahmenbetriebsplans eine Bindungswirkung hinsichtlich ihres gesamten feststellenden Regelungsgehalts und damit hinsichtlich aller Angaben des fakultativen Rahmenbetriebsplans, soweit die Bergbehörde diese für mit den Zulassungsvoraussetzungen vereinbar festgestellt hat. Die Konkretisierung dieses Bindungsinhalts ist abhängig von der Konkretisierung der feststellenden Regelung und kann, wie diese, hinsichtlich der einzelnen Angaben des fakultativen Rahmenbetriebsplans unterschiedlich ausfallen. Auf diese

---

948 Vgl. auch allgemein OVG Berlin, ZfB 131 (1990), 200, 217, nach welchem der Umfang der Bindungswirkung einer Betriebsplanzulassung abhängig sei von dem Inhalt des durch den Unternehmer eingereichten Betriebsplans.
949 So wohl aber *Ludwig,* Auswirkungen der FFH-RL auf Vorhaben zum Abbau von Bodenschätzen nach dem BBergG, S. 59.
950 Vgl. allgemein *Schmidt-Aßmann/Schoch,* S. 188, wonach das Fehlen jeglicher Bindungswirkung der Zulassung eines fakultativen Rahmenbetriebsplans insgesamt einer Normierung bedurft hätte, die das BBergG allerdings nicht enthalte.

Weise werden gleichsam die allgemeine Bindungswirkung eines wirksamen Verwaltungsakts und die Besonderheiten des, unterschiedliche Konkretisierungsgrade aufweisenden, Regelungsgehalts der Rahmenbetriebsplanzulassung in einen funktionierenden Zusammenhang gebracht. Zusammengenommen ist die Bergbehörde an die festgestellte grundsätzliche Zulassungsfähigkeit des Bergbauvorhabens bzw. längerfristigen Vorhabenabschnitts bei der Zulassung konkretisierender Haupt- und Sonderbetriebspläne gebunden. Trifft sie hinsichtlich bestimmter einzelner Angaben im fakultativen Rahmenbetriebsplan eine konkretere Feststellung, wird sie an diese entsprechend inhaltlich konkreter gebunden.

bb) Bindungsintensität

Die Intensität der Bindung ergibt sich ebenfalls aus einer Kongruenz zum Regelungsgehalt der Rahmenbetriebsplanzulassung, genauer gesagt zu der Intensität der Regelung. Da die feststellende Regelung der Zulassung eines fakultativen Rahmenbetriebsplans zwar von geringer inhaltlicher Konkretisierung ist, insoweit aber keine bloß vorläufige, sondern eine abschließende Regelungsintensität aufweist[951], folgt daraus grundsätzlich eine kongruent uneingeschränkte Intensität der Bindungswirkung, so dass diese nicht automatisch mit einer nachträglichen Änderung der Sach- oder Rechtslage entfällt. Dennoch wird die Bindungswirkung der Zulassung eines fakultativen Rahmenbetriebsplans in der Literatur vielfach unter den Vorbehalt einer gleichbleibenden Sach- und Rechtslage gestellt.[952]

In diesem Kontext zeigt auch die Rechtsprechung des BVerwG keine vollständig stringente Linie auf. Ging das BVerwG noch in seiner Gorleben-II-Entscheidung[953] davon aus, eine Bindungswirkung käme allenfalls nur bei gleichbleibender Sach- und Rechtslage in Betracht, wandelte sich diese Sichtweise in der Garzweiler-II-Entscheidung[954] zur Bejahung einer Bindungswirkung unter dem Vorbehalt bloß gleichbleibender tatsächlicher Verhältnisse und in einer nachfolgenden Entscheidung[955] wieder zur Annahme

---

951 Siehe zur abschließenden Regelungsintensität oben Kap. 2, B), I), 3., f), bb).
952 Für den Vorbehalt einer gleichbleibenden Sach- und Rechtslage: *Ludwig*, Auswirkungen der FFH-RL auf Vorhaben zum Abbau von Bodenschätzen nach dem BBergG, S. 59; nach *Kirchner*, Glückauf 128 (1992), 483, 485, stehe die Bindungswirkung der Zulassung eines fakultativen Rahmenbetriebsplans unter dem Vorbehalt, dass sich die Sachlage „[…] *nicht wesentlich verändert* […]" habe; differenzierend *Pohl*, S. 132, 134; *Kolonko*, S. 182; im Ergebnis wohl auch für eine eingeschränkte Bindungswirkung *Keienburg*, NVwZ 2013, 1123, 1124.
953 Vgl. BVerwGE 100, 1, 12: „[…] *bei unveränderter Sach- und Rechtslage* […]".
954 Vgl. BVerwGE 126, 205, 212 Rn. 25: „[…] *vorbehaltlich einer Änderung der tatsächlichen Verhältnisse* […]".
955 Vgl. BVerwGE 132, 261, 270 Rn. 35: „[…] *nur vorbehaltlich einer Änderung der tatsächlichen und rechtlichen Verhältnisse.*" Anzumerken ist an dieser Stelle, dass in dem Beschluss des BVerwG, NVwZ 2009, 333, 334 unter Verweis auf die Garzweiler-II Entscheidung von dem Vorbehalt der Änderung tatsächlicher Verhältnisse ausgegangen wurde.

einer Bindungswirkung unter einem Vorbehalt gleichbleibender Sach- und Rechtslage.[956] Dabei ist festzustellen, dass die Annahme eines solchen Vorbehalts der Bindungswirkung in keinem der genannten Judikate des BVerwG näher dogmatisch begründet wird.

Eine solche Begründung findet sich entgegen Stimmen der Rechtsprechung[957] und Literatur[958] insbesondere nicht in der grundsätzlichen Allgemeinheit der Angaben des fakultativen Rahmenbetriebsplans. Gründe für eine differenzierte Bindungsintensität in Abhängigkeit zum Konkretisierungsgrad der Feststellung sind nicht ersichtlich. Denn soweit die Bergbehörde gleichermaßen über Angaben mit geringem Konkretisierungsgrad als auch über konkretisierte Angaben eine Feststellung mit abschließender Regelungsintensität treffen kann, ist sie in beiden Fällen mit der gleichen Intensität an diese Feststellung gebunden[959]. Der geringen Konkretisierung der Feststellung wird dann bereits durch die dazu kongruente Konkretisierung des Bindungsinhalts Rechnung getragen. Eine davon abweichende Sichtweise setzt sich zu der Kongruenz von Regelungsgehalt und Bindungswirkung in Widerspruch. Denn danach steht die Intensität der Bindung grundsätzlich in Abhängigkeit zu der Intensität der bindenden Regelung. Die Bindungswirkung weist sowohl hinsichtlich der feststellenden Regelung über allgemein gehaltene Festsetzungen als auch über konkrete Anga-

---

[956] Anzumerken ist insoweit, dass das Judikat BVerwGE 100, 1 ff. dem vierten Senat und die Judikate BVerwGE 126, 205 ff. und 132, 261 ff. dem siebten Senat entstammen.

[957] Vgl. wohl OVG Lüneburg, ZfB 131 (1990), 19, 26 f., welches diese allgemeinen Angaben allerdings in Relation zu Instrumenten des gestuften Anlagengenehmigungsverfahrens setzt und im Ergebnis der Rahmenbetriebsplanzulassung zwar eine einheitliche, aber eingeschränkte Bindungswirkung beimisst.

[958] So aber differenzierend *Pohl*, S. 132 f., der anhand des jeweiligen Konkretisierungsgrades der Inhaltsangaben zwischen einerseits sog. flexiblen und andererseits sog. vorbescheidsähnlichen Rahmenbetriebsplänen differenzieren will, sodass Rahmenbetriebsplänen mit allgemeinen Aussagen zum Vorhaben eine lediglich eingeschränkte Bindungswirkung zukomme. Bereits dieser strikten Unterteilung in zwei verschiedene Kategorien von fakultativen Rahmenbetriebsplänen kann nicht gefolgt werden, da es dem Unternehmer obliegt, wie konkret er die Angaben des Rahmenbetriebsplans ausgestaltet (siehe dazu oben Kap. 2, B), I), 3., f), bb), (6)). In diesem Sinne erkennt auch *Pohl*, S. 134, dass es durchaus möglich sei, dass ein fakultativer Rahmenbetriebsplan zum Teil konkrete und zum Teil lediglich allgemeine Angaben enthalten kann, sodass nach seiner Ansicht ersten eine uneingeschränkte und zweiten eine bloß eingeschränkte Bindungswirkung zukommen soll.

[959] Siehe auch *Kolonko*, S, 181, welche ebenfalls die Folgerung einer eingeschränkten Bindungswirkung aus der Allgemeinheit der Angaben ablehnt (im Ergebnis aber dennoch eine solche aus anderen Gründen annimmt); vgl. im Ansatz OVG Lüneburg, ZfB 131 (1990), 19, 26, wonach der Rahmenbetriebsplanzulassung trotz unterschiedlicher Konkretisierungsgrade einzelner Inhaltsangaben nur eine einheitliche Bindungsintensität zukommen könne (im Ergebnis nimmt das OVG allerdings bloß eine eingeschränkte Bindung durch den Vergleich mit dem vorläufigen positiven Gesamturteil an).

B) Die Bindungswirkung der Zulassung fakultativer Rahmenbetriebspläne

ben die gleiche uneingeschränkte Bindung entsprechend dem jeweiligen inhaltlichen Konkretisierungsgrad der Regelung auf.[960]

Vermittelnder zeigt sich der Ansatz in der Literatur, die Bindungswirkung als „*Variantenbindung mit Abweichungsvorbehalt*" zu qualifizieren[961]: Den verschiedenen Tatbestandsmerkmalen der Zulassungsvoraussetzungen komme im Hinblick auf die von der Rahmenbetriebsplanzulassung ausgehende Bindungswirkung eine unterschiedliche „[...] *Tiefenschärfe* [...]"[962] zu, was zu einer unterschiedlichen Bindungsintensität führe. Dabei bestünde hinsichtlich Angaben zu dem Umfang und Konzept des Abbaus sowie dem Standort (sog. äußerer Rahmen) eine stärkere Bindungsintensität, da die Bergbehörde diese Angaben durch ihre Feststellung anerkannt habe. Von dieser Feststellung könne die Bergbehörde nur im Falle einer „[...] *gravierenden* [...]"[963] Änderung der Sach- und Rechtslage abweichen, deren Eintritt diese letztlich besonders begründen müsse. Andererseits käme den Angaben zu den Einwirkungsbereichen der Felder, den für den Abbau in Frage kommenden Flözen, der Oberfläche und tektonischen Angaben (sog. innere Struktur) nur eine entsprechend geringere Bindungsintensität zu, da insoweit nur festgestellt werde, der Abbau sei „[...] *nach derzeitigem Kenntnisstand nicht schlechthin ausgeschlossen* [...]"[964]. So enthalte der Rahmenbetriebsplan beispielsweise hinsichtlich detaillierterer Anforderungen, zum Beispiel der exakten Reihenfolge des Abbaus, noch keine Angaben. Insgesamt sei die Rahmenbetriebsplanzulassung mit einem konkludenten Vorbehalt zu sehen, der ein Überschreiten dieses Rahmens durch konkretisierende Hauptbetriebsplanzulassungen in bestimmten Maße – wohl unterhalb wesentlicher Änderungen des Konzepts – zulasse, sodass es einer vorherigen teilweisen behördlichen Aufhebung nicht bedürfe.

Dieser Ansicht ist im Ergebnis allein insoweit zuzustimmen, als dass der Bindungsumfang hinsichtlich verschiedener Angaben im fakultativen Rahmenbetriebsplan und den dazu ergehenden Feststellungen in der Zulassung variieren kann. Die dogmatische Begründung ist aber entgegen dieser Ansicht nicht innerhalb der Bindungsintensität zu verorten, sondern, wie sich gezeigt hat, innerhalb des Bindungsinhalts, welcher kongruent zu dem Konkretisierungsgrad der feststellenden Regelung ausfällt. Daher ist ebenfalls nicht ersichtlich, wieso hinsichtlich der Feststellung zu den weniger konkretisierten Angaben des fakultativen Rahmenbetriebsplans eine noch

---

[960] So im Ergebnis auch *Rausch*, S. 44, der die uneingeschränkte Bindungswirkung allerdings als „[...] *volle Bindungswirkung* [...]" bezeichnet.
[961] Dazu und zu der nachfolgenden Begründung siehe *Schmidt-Aßmann/Schoch*, S. 190–193. Siehe auch *Schoch*, in: Kühne/Schoch/Beckmann, Gegenwartsprobleme des Bergrechts, S. 59
[962] *Schmdit-Aßmann/Schoch*, S. 190.
[963] *Schmdit-Aßmann/Schoch*, S. 191.
[964] *Schmdit-Aßmann/Schoch*, S. 191.

geringere Bindungsintensität eintreten soll, welche ebenfalls nicht weiter präzisiert wird. Denn ausgehend von der vorliegend erarbeiteten Erkenntnis, trifft die Bergbehörde, soweit nicht anders vorbehalten, hinsichtlich aller Angaben des fakultativen Rahmenbetriebsplans, unabhängig von deren Konkretisierungsgrad im Einzelfall, eine abschließend feststellende Regelung, woraus sich eine kongruent einheitliche[965] Bindungsintensität ergibt. Eine geringere Bindungsintensität hinsichtlich der Angaben der Abbaufelder und Flöze lässt sich auch nicht dadurch begründen, dass der fakultative Rahmenbetriebsplan hinsichtlich der detaillierteren Anforderungen, wie beispielsweise der Reihenfolge des Abbaus, keine Angaben enthalte.[966] Denn soweit der Plan dazu keine Angaben enthält, trifft die Bergbehörde diesbezüglich in der Zulassung gleichsam keine Feststellung, sodass eine dahingehende Bindung gar nicht eintreten kann. Insoweit besteht bereits kein Bedürfnis, eine inhaltlich dazu nicht eingetretene Bindung in ihrer Intensität einzuschränken. Dass der fakultative Rahmenbetriebsplan durch seine Angaben hinreichende Abweichungsmöglichkeiten im Sinne eines „[...] *Variantenreichtums* [...]" offen halte[967], ist eine Maßgabe, welche nicht die Intensität der Bindung betrifft, sondern bereits den Umfang der feststellenden Regelung in der Zulassungsentscheidung und damit letztlich, wie es bereits erarbeitet wurde, eine Frage des Bindungsinhalts. Darüber hinaus erscheint die Annahme eines konkludenten Überschreitungs-Vorbehalts innerhalb der Rahmenbetriebsplanzulassung zwar praktisch nachvollziehbar, rechtsdogmatisch aber nicht hinreichend begründet und wirkt somit in gewissem Maße ergebnisorientiert eingeführt. Denn ein solcher automatischer und konkludenter Vorbehalt findet keine normative Grundlage innerhalb der Vorschriften zum Betriebsplanverfahren und ist insbesondere vor dem Hintergrund des Bestimmtheitsgebotes des § 37 VwVfG i. V. m. § 5 BBergG kritisch zu sehen.[968] Einer Differenzierung der Bindungsintensität hinsichtlich der Art und Konkretisierung der einzelnen Angaben im fakultativen Rahmenbetriebsplan kann demnach in Anbetracht der grundsätzlichen Dogmatik der Bindungswirkung vorliegend nicht gefolgt werden.

Bedenken bestehen ebenfalls hinsichtlich einer Einschränkung der Bindungswirkung aufgrund einer präjudiziellen Wirkung der Zulassung eines

---

965 Auch nach Ansicht des OVG Lüneburg, ZfB 131 (1990), 19, 26, komme der Rahmenbetriebsplanzulassung eine einheitliche Bindungsintensität zu, auch wenn es im Ergebnis dann nur eine eingeschränkte Bindungswirkung annimmt.
966 So aber wohl *Schmidt-Aßmann/Schoch*, S. 191.
967 *Schmidt-Aßmann/Schoch*, S. 191 und auch S. 193.
968 Vgl. ergänzend auch *Stiens*, S. 193, welcher diesen von Schmidt-Aßmann/Schoch vorgeschlagenen Abweichungsvorbehalt im Hinblick auf die verfassungsrechtliche Rechtsschutzgarantie kritisch sieht.

B) Die Bindungswirkung der Zulassung fakultativer Rahmenbetriebspläne

fakultativen Rahmenbetriebsplans[969]: Wenn sich die Sach- und Rechtslage nach Erlass der Rahmenbetriebsplanzulassung ändere, solle diese zwar weiterhin wirksam bestehen bleiben, sie sei allerdings für folgende Verwaltungsakte nicht mehr präjudiziell, sodass die konkretisierenden Haupt- und Sonderbetriebspläne nicht unter Verweis auf die Feststellung der Rahmenbetriebsplanzulassung zugelassen werden könnten.

Unabhängig davon, ob man den Vorbehalt einer wesentlichen Änderung der Sach- und Rechtslage bei der Konstruktion präjudizieller Verwaltungsakte als mit der Systematik der Bindungswirkung wirksamer Verwaltungsakte für vereinbar hält, erscheint dies jedenfalls im Hinblick auf das Verhältnis von Rahmenbetriebsplanzulassung zu konkretisierenden Haupt- und Sonderbetriebsplanzulassungen fragwürdig. Zwar prägt die Rahmenbetriebsplanzulassung aufgrund der festgestellten grundsätzlichen Zulassungsfähigkeit die Entscheidung über die Zulassung konkretisierender Betriebspläne in diesem Umfang durchaus vor und mag auf diese Weise an ein Präjudiz erinnern.[970] Voraussetzung für eine Präjudizialität soll sein, dass die Regelung des ersten – präjudiziellen – Verwaltungsakts eine der materiellen Voraussetzungen der Rechtsfolge des folgenden Verwaltungsakts darstelle.[971] Aufgrund des grundsätzlich wesentlich unterschiedlichen Konkretisierungsgrades von fakultativem Rahmenbetriebsplan und konkretisierenden Haupt- und Sonderbetriebsplänen wird diese Voraussetzungen allerdings nur ansatzweise zutreffen können. Insbesondere wurde bereits dargelegt, dass innerhalb der Rahmenbetriebsplanzulassung die Zulassung nachfolgend konkretisierender Betriebspläne nicht vorzuprüfen ist.[972] Der Grund für das automatische Entfallen der präjudiziellen Wirkung mit Eintritt einer nachträglichen wesentlichen Änderung der Sach- und Rechtslage liege in dem zeitlichen Bezug des präjudiziellen Verwaltungsakts, als dieser noch aufgrund einer Sach- und Rechtslage ergehe, welche nach der Änderung derart nicht mehr der Entscheidung über den Folgeverwaltungsakt zugrunde liege.[973] Der präjudizielle Verwaltungsakt könne nur in seinem „[...] *konkreten Zeitbezug in die spätere Entscheidung eingehen* [...]".[974] Im Betriebsplanverfahren soll die Rahmenbetriebsplanzulassung den Haupt- und Sonderbetriebsplanzulassungen aber nicht bloß in ihrem Bezug auf den Zeitpunkt ihres Erlasses zugrunde liegen. Denn die Rahmenbetriebsplanzulassung erstreckt ihre wirksame Geltung auf einen festgelegten län-

---

969 So aber *Kolonko*, S. 181 f. unter Verweis auf die allgemeinen Ausführungen bei *Seibert*, S. 227 f.
970 Siehe zur Wirkung von präjudiziellen Verwaltungsakten oben Kap. 2, A), I), 3.
971 Siehe dazu bereits oben Kap. 2, A), I), 3.
972 Siehe dazu oben Kap. 2, B), I), 3., f), cc).
973 *Seibert*, S. 227 f.; *Brüning*, S. 167.
974 *Erichsen/Knoke*, NVwZ 1983, 185, 191.

gerfristigen Zeitraum.[975] Zwar ergeht die Zulassungsentscheidung auf der Grundlage der zu diesem Zeitpunkt bestehenden Sach- und Rechtslage. Dennoch wird durch die Rahmenbetriebsplanzulassung nicht nur festgestellt, dass das Bergbauvorhaben im Zeitpunkt der Zulassungsentscheidung grundsätzlich zulassungsfähig ist, sondern dass es im Hinblick auf die festgesetzte zeitliche Geltungsdauer grundsätzlich zulassungsfähig ist bzw. sein wird. Dementsprechend geht die Feststellung der Rahmenbetriebsplanzulassung nicht bloß in dem Zeitbezug ihres Erlasses in die Zulassungsentscheidung konkretisierender Haupt- und Sonderbetriebsplanzulassungen ein, sondern erstreckt sich auf ihre gesamte Geltungsdauer. Darüber hinaus mag gegebenenfalls mit einer nachträglichen wesentlichen Änderung der Sach- oder Rechtslage eine etwaige präjudizielle Wirkung entfallen, da aber die aus der Wirksamkeit des Verwaltungsakts folgende Bindungswirkung davon unberührt bleibt[976], muss aufgrund des dann doch bestehenden Abweichungs- bzw. Widerspruchsverbots[977] die Bergbehörde die Rahmenbetriebsplanzulassung zunächst aufheben – wenn diese sich nicht durch die wesentliche Änderung bereits teilweise erledigt hat –, soweit sie davon in einer konkretisierenden Haupt- oder Sonderbetriebsplanzulassung inhaltlich abweichen will.[978] Anderenfalls würde die Systematik der Bindungswirkung wirksamer Verwaltungsakte insbesondere vor dem Hintergrund der behördlichen Aufhebungsmöglichkeiten durch die Konstruktion der präjudiziellen Wirkung unterlaufen werden. Denn faktisch lägen dann, unabhängig vom jeweiligen Zeitbezug der Verwaltungsakte, zwei sich unter Umständen inhaltlich widersprechende Entscheidungen der gleichen Behörde vor, nämlich sich widersprechende Betriebsplanzulassungen.

Letztlich entfaltet die Zulassung eines fakultativen Rahmenbetriebsplans insgesamt eine uneingeschränkte Bindungswirkung, welche nicht unter dem Vorbehalt einer gleichbleibenden Sach- und Rechtslage steht. Diese Bindungsintensität besteht einheitlich und nicht in Abhängigkeit von dem inhaltlichen Konkretisierungsgrad der jeweiligen feststellenden Regelung der Rahmenbetriebsplanzulassung. Die Bergbehörde darf von einer wirksamen Zulassung eines fakultativen Rahmenbetriebsplans, auch wenn sich die Sach- oder Rechtslage nachträglich ändern sollte, nicht automatisch in konkretisierenden Haupt- oder Sonderbetriebsplanzulassungen inhaltlich abweichen bzw. sich in Widerspruch dazu setzen.

---

975 Siehe dazu oben Kap. 2, B), I), 3., h).
976 *Brüning*, S. 166; vgl. *Seibert*, S. 228, welcher von einer weiterhin bestehenden Verbindlichkeit ausgeht; so wohl auch *Erichsen/Knoke*, NVwZ 1983, 185, 191.
977 Siehe dazu oben Kap. 2, A), I), 1.
978 Vgl. dazu bereits die allgemeine kritische Überlegung oben Kap. 2, A), I), 3.

b) Funktionales Bindungserfordernis des Betriebsplanverfahrens

Rekurrierend auf das zuvor dargestellte Konzept des Betriebsplanverfahrens als zeitliche Aufgliederung nach Durchführungsetappen erfordert bereits die Funktion des fakultativen Rahmenbetriebsplans im Betriebsplanverfahren eine gewisse Bindung an dessen Zulassung im Hinblick auf nachfolgende, ihn konkretisierende Haupt- und Sonderbetriebsplanzulassungen.[979] Denn der durch die Rahmenbetriebsplanzulassung vorgegebene Rahmen lässt sich nur dann im Sinne der gesetzlichen Kontroll- und Koordinationsfunktion durch Haupt- und Sonderbetriebspläne konkretisieren, wenn er selbst nicht bei jeder deren Zulassungen inhaltlich erneut zur Disposition steht.[980] Dieser Rahmen muss nicht starr, aber in dem Maß seiner Konkretisierung verbindlich sein. Die dogmatische Umsetzung dieses funktionalen Erfordernisses nach Verbindlichkeit liegt zum einen in der abschließenden Regelungsintensität der Rahmenbetriebsplanzulassung, da diese nicht durch nachfolgende und ihn konkretisierende Haupt- und Sonderbetriebsplanzulassungen sukzessive ersetzt wird[981], zum anderen in der von dieser Regelung ausgehenden uneingeschränkten Bindungswirkung. Denn nur wenn die Bergbehörde bei der Zulassung konkretisierender Haupt- und Sonderbetriebspläne an die Rahmenbetriebsplanzulassung gebunden ist und von deren feststellender Regelung nicht beliebig inhaltlich abweichen darf, ist gewährleistet, dass der dieser Art vorgegebene Rahmen für das Bergbauvorhaben gilt und nicht der Gefahr einer ständigen Abänderung unterliegt.

Die sich aus der Handlungsform und dem Regelungsgehalt der Zulassung ergebende Bindungswirkung erfüllt folglich ein sich aus der Funktion des fakultativen Rahmenbetriebsplans in der Systematik des Betriebsplanverfahrens ergebendes Bedürfnis nach einer notwendigen Verbindlichkeit.

c) Ergänzung und Abänderung zugelassener Betriebspläne, §§ 52 Abs. 4 Satz 2, 54 Abs. 1, 56 Abs. 3 BBergG

Die §§ 52 Abs. 4 Satz 2, 54 Abs. 1 BBergG sehen für Betriebspläne, mangels normativer Differenzierung auch für den fakultativen Rahmenbetriebsplan[982], unter anderem die Möglichkeit zur Ergänzung oder Abänderung vor, welche ihrerseits zur schriftlichen Zulassung im Sinne des § 56 Abs. 3, 1 Satz 1 BBergG einzureichen sind. Demnach bedürfen auch die Ergänzung und Abänderung eines fakultativen Rahmenbetriebsplans der Durchführung des Zulassungsverfahrens und des Erlasses einer Zulassungs-

---

979 Siehe dazu oben Kap. 2, B), I), 3., e), dd).
980 Siehe dazu oben Kap. 2, B), I), 3., e), dd).
981 Siehe dazu oben Kap. 2, B), I), 3., f), bb), (3).
982 Vgl. BT-Drs. 8/1315, S. 108; siehe *Piens,* in: Piens/Schulte/Graf Vitzthum, BBergG, § 52 Rn. 115 zumindest im Hinblick auf die Verlängerung von Betriebsplänen; vgl. v. *Hammerstein,* in: Boldt/Weller/Kühne/v. Mäßenhausen, BBergG, § 52 Rn. 115, nach dem auch Abänderungen zugelassener Rahmenbetriebspläne in Betracht kommen.

entscheidung in Form eines Verwaltungsakts durch die Bergbehörde.[983] Insbesondere die Abänderung eines zugelassenen Betriebsplans kommt in Betracht, wenn das Bergbauvorhaben dergestalt, wie es in dem Betriebsplan dargestellt und zugelassen ist, nicht mehr ausgeführt werden kann und daher auf eine von dem Inhalt des Betriebsplanes nicht mehr erfassten Art realisiert werden soll bzw. muss.[984]

Aus dieser Systematik soll auf den Umfang der Bindungswirkung der Zulassung eines fakultativen Rahmenbetriebsplans geschlossen werden können. Denn entfiele diese Bindungswirkung automatisch mit einer nachträglichen Änderung der Sach- oder Rechtslage, bestünde für die Ergänzungs- oder Abänderungszulassung in § 56 Abs. 3 BBergG hinsichtlich der Zulassung eines fakultativen Rahmenbetriebsplans kein Bedürfnis.[985] Dies erscheint zunächst nachvollziehbar, denn mangels weiterer Bindung an den Inhalt der Rahmenbetriebsplanzulassung könnte die Behörde dann in konkretisierenden Haupt- und Sonderbetriebsplanzulassungen davon abweichende Entscheidungen treffen, ohne eine Ergänzung oder Abänderung des Rahmenbetriebsplans zuvor zulassen zu müssen. Diese Annahme übersieht allerdings den persönlichen Anwendungsbereich der Ergänzungs- und Abänderungsmöglichkeit in §§ 52 Abs. 4 Satz 2, 54 Abs. 1, 56 Abs. 3 BBergG. Denn diese gelten nur für Veränderungen zugelassener Betriebspläne durch den Bergbauunternehmer, nicht durch die Bergbehörde.[986] Aus diesen Vorschriften folgt somit keine Möglichkeit der Bergbehörde selbst, von dem Inhalt eines zugelassenen fakultativen Rahmenbetriebsplans abzuweichen,[987] sondern nur die Aufgabe, über eine solche unternehmerinitiierte Veränderung des Rahmenbetriebsplans per Verwaltungsakt zu entscheiden.

Allerdings zeigt sich an dieser Systematik die uneingeschränkte Bindung des Bergbauunternehmers an die Zulassung eines fakultativen Rahmenbetriebsplans. Machen bestimmte Umstände eine inhaltliche Abänderung konkretisierender Haupt- und Sonderbetriebspläne erforderlich, muss ebenfalls ein zugelassener fakultativer Rahmenbetriebsplan, soweit dieser diesbezüg-

---

983 VG Stade, ZfB 133 (1992), 52, 67; siehe dazu auch *v. Hammerstein*, in: Boldt/Weller/Kühne/v. Mäßenhausen, BBergG, § 52 Rn. 116. Die umstrittene Frage, inwieweit eine Verlängerung eines zugelassenen Betriebsplans als Neuerteilung anzusehen ist und welche formellen und materiellen Voraussetzung für deren Zulassung vorliegen müssen, bedarf insoweit hier keiner Erörterung, siehe dazu die Darstellung bei *v. Hammerstein*, in: Boldt/Weller/Kühne/v. Mäßenhausen, BBergG, § 52 Rn. 117–120 m. w. N.

984 *v. Hammerstein*, in: Boldt/Weller/Kühne/v. Mäßenhausen, BBergG, § 52 Rn. 115; *Kremer/Neuhaus gen. Wever*, BBergG, Rn. 281; vgl. auch *Fluck*, Anmerkungen zum Urteil des VG Berlin vom 18.05.1988, ZfB 130 (1989), 127 (Urteil), 142 (Anmerkungen), 143.

985 Siehe dazu VG Stade, ZfB 133 (1992), 52, 67.

986 *v. Hammerstein*, in: Boldt/Weller/Kühne/v. Mäßenhausen, BBergG, § 52 Rn. 112; *Piens*, in: Piens/Schulte/Graf Vitzthum, BBergG, § 52 Rn. 117; *Kühne*, UPR 1992, 218, 219 f.

987 So im Ergebnis auch *Kühne*, UPR 1992, 218, 219 f.

B) Die Bindungswirkung der Zulassung fakultativer Rahmenbetriebspläne

lich entsprechende Festlegungen enthält, gleichsam abgeändert und diese Abänderung zugelassen werden.[988] Diesen Gedanken fortsetzend muss ein zugelassener fakultativer Rahmenbetriebsplan, sofern nachfolgend erst noch zuzulassende konkretisierende Haupt- und Sonderbetriebspläne von diesem inhaltlich abweichen sollen oder müssen, ebenfalls abgeändert und diese Änderung zugelassen werden. Die Bindung des Unternehmers an die Zulassung eines fakultativen Rahmenbetriebsplans kann in Anbetracht dieser Dogmatik nicht automisch mit einer Änderung der Sach- oder Rechtslage entfallen. Das BBergG stellt auf diese Weise dem Unternehmer einerseits Möglichkeiten zur Verfügung, andererseits verpflichtet es ihn, zugelassene fakultative Rahmenbetriebspläne an geänderte tatsächliche und rechtliche Umstände anzupassen, soweit das Bergbauvorhaben durch konkretisierende Haupt- und Sonderbetriebsplanzulassungen durchgeführt werden soll. Dies rekurriert auf den Zweck des fakultativen Rahmenbetriebsplans[989], einen verbindlichen Rahmen für nachfolgende Haupt- und Sonderbetriebspläne zu ziehen, um diese koordiniert in einen größeren Zusammenhang zu setzen. Könnte der Bergbauunternehmer durch nachfolgende Haupt- und Sonderbetriebspläne willkürlich von den Festsetzungen eines zugelassenen fakultativen Rahmenbetriebsplans abweichen, würde dessen Zweck und Existenz im System des Betriebsplansverfahrens unterlaufen werden.

Der sich daraus für den Unternehmer ergebende uneingeschränkt geltende Bindungsumfang lässt sich auf die Bindung der Bergbehörde übertragen. Denn die Bindungswirkung eines wirksamen Verwaltungsakts gilt nicht nur gegenüber der Erlassbehörde, sondern auch gegenüber dem Adressaten des Verwaltungsakts[990].

In diesem Kontext ist ebenfalls die Gasspeicher-Entscheidung des BVerwG zu beachten, als dieses konstatierte[991]: Sofern eine nachträgliche Änderung der Sach- oder Rechtslage dazu führe, dass der Inhalt eines zugelassenen fakultativen Rahmenbetriebsplans nun in Unvereinbarkeit zu den Zulassungsvoraussetzungen stünde, sei dieser in Anwendung der §§ 56 oder 57 BBergG entsprechend abzuändern bzw. ein Änderungs- oder sogar Einstellungsbetriebsplan einzureichen. Obgleich das BVerwG im Ergebnis unter anderem aus dieser Anpassung des Rahmenbetriebsplans von der Annahme einer uneingeschränkten Bindungswirkung seiner Zulassung absah[992], mag dies im Ergebnis zwar faktisch zutreffen, dogmatisch liegt die-

---

[988] Vgl. v. *Hammerstein*, in: Boldt/Weller/Kühne/v. Mäßenhausen, BBergG, § 52 Rn. 115.
[989] Siehe dazu oben Kap. 2, B), I), 3., b), aa).
[990] Vgl. *Ramsauer*, in: Kopp/Ramsauer, VwVfG, § 43 Rn. 14; *Peuker*, in: Knack/Henneke, VwVfG, § 43 Rn. 12; *Ziekow*, VwVfG, § 43 Rn. 3.
[991] BVerwGE 89, 246, 252, 254.
[992] Im Ergebnis BVerwGE 89, 246, 254.

ser Überlegung allerdings eher eine uneingeschränkte Bindungswirkung[993] zu Grunde. Denn nur wenn diese Bindungswirkung nicht automatisch mit jeder Änderung der Sach- oder Rechtslage entfällt, müssen die §§ 56 f. BBergG überhaupt zur Anwendung kommen. Selbst wenn also nach Ansicht des BVerwG eine Pflicht[994] zur Abänderung des zugelassenen Rahmenbetriebsplans bei einer entsprechenden Änderung der Sach- oder Rechtslage besteht, ist die von dieser Zulassung ausgehende Bindungswirkung uneingeschränkt und wird erst durch die Anwendung der §§ 56 f. BBergG durchbrochen.

Letztlich bestätigen die Vorschriften §§ 52 Abs. 4 Satz 2, 54 Abs. 1, 56 Abs. 3 BBergG hinsichtlich der Ergänzung und Abänderung zugelassener Betriebspläne die sich aus den allgemeinen Grundlagen ergebende uneingeschränkte Bindungswirkung der Zulassung eines fakultativen Rahmenbetriebsplans.

d) Abweichung von einem zugelassenen Betriebsplan, § 57 BBergG

Nach § 57 BBergG darf von einem zugelassenen Betriebsplan auf ausdrückliche Anordnung des Unternehmers bereits vor der Zulassung des hierfür erforderlichen Änderungsbetriebsplanes abgewichen[995] werden, wenn eine Gefahr für Leben oder Gesundheit Beschäftigter oder Dritter nur derart abgewendet werden kann (Abs. 1) oder infolge unvorhergesehener Ereignisse Gefahren für bedeutende Sachgüter ein sofortiges Abweichen erfordern (Abs. 2). Dies hat der Unternehmer unverzüglich anzuzeigen (Abs. 1 Satz 2) und nach § 57 Abs. 3 BBergG die Zulassung der infolge der Abweichung erforderlichen Änderung des Betriebsplanes unverzüglich zu beantragen.

Nach dem Wortlaut erfasst § 57 BBergG grundsätzlich alle Arten von Betriebsplänen. Daher findet diese Abweichungsbefugnis ebenfalls Anwendung hinsichtlich der Zulassung eines fakultativen Rahmenbetriebsplans. Diese Norm gewährt damit die Möglichkeit, in Notsituationen[996] von den Festsetzungen einer Betriebsplanzulassung tatsächlich abzuweichen, indem innerhalb des Bergbaubetriebs diejenigen Maßnahmen vorgenommen werden dürfen, die zur Abwendung einer Gefahr für die genannten Rechtsgüter erforderlich sind. Das Gesetz will damit der Situation Rechnung tragen, dass es aufgrund drohender Gefahren immer wieder zu notwendigen Abweichungen von einem zugelassenen Betriebsplan kommen kann und die

---

993 Vgl. *Kühne*, Braunkohleplanung und bergrechtliche Zulassungsverfahren, S. 53 und *Kühne*, DVBl. 2006, 662, 664, nach welchem das BVerwG derart zwar die Bindungswirkung ablehne, im Ergebnis aber doch den die Änderung der Sach- und Rechtslage überdauernden Bestand der Zulassung annehme; vgl. *v. Mäßenhausen*, ZfB 135 (1994), 119, 125.
994 Vgl. BVerwGE 89, 246, 254: „[...] *sind Festlegungen eines zugelassenen Rahmenbetriebsplans* [...] *zu ändern.*"
995 Die weitere Möglichkeit des § 57 Abs. 1 Satz 1 BBergG zu sofortigen, auf die endgültige Einstellung des Betriebes gerichteten Maßnahmen, soll hier nicht weiter thematisiert werden.
996 *Kloepfer*, UmweltR, § 11 Rn. 571: „[...] *aus Notfallgründen.*"

eigentlich zuvor notwendige Änderungszulassung eines Betriebsplans aufgrund der Notlage nicht abgewartet werden kann.[997] Insoweit regelt § 57 BBergG nicht die inhaltliche Abweichung der konkretisierenden Haupt- oder Sonderbetriebspläne von der Zulassung eines fakultativen Rahmenbetriebsplans.[998] Vielmehr ergänzt die Norm die Regelungen über die Ergänzung und Abänderung zugelassener Betriebspläne um die Möglichkeit des sofortigen Handelns unter Nachholung der Änderungszulassung. Insbesondere durch die Möglichkeit der Abweichung von einem bereits zugelassenen Betriebsplan nach § 57 BBergG trägt das BBergG dem tatsächlichen Erfordernis nach Flexibilität Rechnung.[999] Hieran zeigt sich, dass die Vorschriften zum Betriebsplanverfahren grundsätzlich von einer beständigen Verbindlichkeit und damit auch von einer uneingeschränkten Bindung der Zulassungen von Betriebsplänen ausgehen, ohne zwischen den verschiedenen Betriebsplanarten zu differenzieren. Darüber hinausgehende Rückschlüsse auf den Umfang der Bindungswirkung speziell der Zulassung eines fakultativen Rahmenbetriebsplans ergeben sich jedoch nicht.

e) Nachträgliche Auflagen, § 56 Abs. 1 Satz 2 BBergG
Rückschlusse auf die Intensität der Bindungswirkung der Zulassung eines fakultativen Rahmenbetriebsplans könnten sich aus § 56 Abs. 1 Satz 2 BBergG ergeben.

Nach § 56 Abs. 1 Satz 2 BBergG ist die nachträgliche Aufnahme, Änderung oder Ergänzung von Auflagen unter bestimmten Voraussetzungen, insbesondere der wirtschaftlichen Vertretbarkeit[1000] für den Unternehmer, zulässig, soweit es zur Sicherstellung der Zulassungsvoraussetzungen[1001] erforderlich ist. Mangels Differenzierung des Wortlauts zwischen verschiedenen Betriebsplanarten ist davon auszugehen, dass § 56 Abs. 1 Satz 2 BBergG für alle Betriebsplanzulassungen, demnach ebenfalls für die Zulassung eines fakultativen Rahmenbetriebsplans[1002], gilt. Hierdurch wird zunächst die Bestandskraft der Betriebsplanzulassungen eingeschränkt.[1003]

---

997 BT-Drs. 8/1315, S. 113.
998 *Piens*, in: Piens/Schulte/Graf Vitzthum, BBergG, § 57 Rn. 9; vgl. wohl auch *Kremer/Neuhaus gen. Wever*, BBergG, Rn. 283.
999 Siehe zu diesem Argument VG Berlin, ZfB 130 (1989), 127, 133.
1000 Siehe zu der wirtschaftlichen Vertretbarkeit im Detail zusammenfassend: *v. Hammerstein*, in: Boldt/Weller/Kühne/v. Mäßenhausen, BBergG, § 56 Rn. 16–19; *Piens*, in: Piens/Schulte/Graf Vitzthum, BBergG, § 56 Rn. 245–251.
1001 Zu diesen in § 56 Abs. 1 Satz 2 BBergG angesprochenen Zulassungsvoraussetzungen zählen die Voraussetzungen des § 55 Abs. 1 Satz 1 Nr. 2–13, Abs. 2 BBergG und darüber hinaus die des § 48 Abs. 2 Satz 1 BBergG, siehe dazu im Detail *v. Hammerstein*, in: Boldt/Weller/Kühne/v. Mäßenhausen, BBergG, § 56 Rn. 22.
1002 Vgl. im Ergebnis wohl BVerwGE 89, 246, 254; *Kühne*, UPR 1992, 218, 220.
1003 *v. Hammerstein*, in: Boldt/Weller/Kühne/v. Mäßenhausen, BBergG, § 56 Rn. 15; *Piens*, in: Piens/Schulte/Graf Vitzthum, BBergG, § 56 Rn. 227; *Beckmann*, DÖV 2010, 512, 517.

Zum anderen wirkt sich diese Möglichkeit auch auf die Bindungswirkung aus. Denn der Wortlaut des § 56 Abs. 1 Satz 2 BBergG knüpft nicht erst an die Unanfechtbarkeit der Betriebsplanzulassung an, sodass die Möglichkeit nachträglicher Auflagen bereits ab dem wirksamen Erlass der Betriebsplanzulassung Anwendung findet. § 56 Abs. 1 Satz 2 BBergG enthält dadurch nicht nur eine inhaltliche Grenze der Bindungswirkung der Zulassung eines fakultativen Rahmenbetriebsplans[1004], sondern ebenfalls einen systematischen Hinweis auf deren uneingeschränkte Bindungsintensität. Denn die bereits gesetzlich vorgesehene Möglichkeit nachträglicher Auflagen soll die Tatsache berücksichtigen, dass die Auswirkungen eines Bergbauvorhabens im Zeitpunkt der Zulassung eines Betriebsplans nicht immer ausnahmslos vorausgesehen werden können[1005] bzw. „[...] *Änderungen der Ausgangslage nicht auszuschließen sind* [...]"[1006]. Aus der Dogmatik des § 56 Abs. 1 Satz 2 BBergG folgen zwei Rückschlüsse hinsichtlich der Bindungswirkung der Zulassung eines fakultativen Rahmenbetriebsplans.

Erstens sollen sich Änderungen der Umstände nach Erlass der Zulassung, welche das weitere Vorliegen der Zulassungsvoraussetzungen in Frage stellen, nicht automatisch auf die Zulassung und die Bindung der Bergbehörde an diese auswirken, sondern unter anderem mit Hilfe nachträglicher Auflagen durch die Bergbehörde berücksichtigt werden. Deshalb spricht die Funktion des § 56 Abs. 1 Satz 2 BBergG im Betriebsplanverfahren für eine uneingeschränkte Bindungswirkung der Zulassung eines fakultativen Rahmenbetriebsplans.

Zweitens lässt das BBergG für die Anpassung der Zulassungsentscheidung im Wege einer solchen nachträglichen Auflage nicht bereits die Gefährdung des fortwährenden Vorliegens der Zulassungsvoraussetzungen genügen, sondern macht darüber hinaus die Erfüllung weiterer Anforderungen erforderlich. Das BBergG gesteht der Bergbehörde insoweit nur eine eingeschränkte Möglichkeit zu, nachträglich in die bereits erlassene Zulassung einzugreifen.[1007] Der Bestand der Zulassungsentscheidung und auch deren Bindungswirkung werden daher normativ in engem Maße gegenüber einer drohenden Verletzung der Zulassungsvoraussetzungen privilegiert.[1008]

Letztlich spricht die Existenz und Funktion der Möglichkeit nachträglicher Auflagen in § 56 Abs. 1 Satz 2 BBergG für eine uneingeschränkte Bindungswirkung der Zulassung eines fakultativen Rahmenbetriebsplans, welche nicht mit dem nachträglichen Eintritt einer Änderung der Sach- oder Rechtslage automatisch entfällt.

1004 *Piens,* in: Piens/Schulte/Graf Vitzthum, BBergG, § 56 Rn. 232.
1005 OVG Frankfurt (Oder), Beschluss v. 14. 10. 2004 – 4 B 228/04 –, juris, Rn. 10; *Boldt/Weller,* BBergG, 1. Aufl., Berlin 1984, § 56 Rn. 16.
1006 *Piens,* in: Piens/Schulte/Graf Vitzthum, BBergG, § 56 Rn. 231.
1007 *Schmidt-Aßmann/Schoch,* S. 169.
1008 Vgl. wohl ähnlich *Kühne,* UPR 1992, 218, 220.

B) Die Bindungswirkung der Zulassung fakultativer Rahmenbetriebspläne

f) Allgemeine Anordnungsbefugnis, § 71 BBergG

Ähnliches könnte sich aus der Befugnis der Bergbehörde zum Erlass nachträglicher Anordnungen ergeben.

Nach § 71 Abs. 1 Satz 1 BBergG kann die zuständige Behörde im Einzelfall Maßnahmen zur Durchführung der Regelungen des BBergG treffen. Dabei sieht § 71 Abs. 1 Satz 2 BBergG vor, dass sie Anordnungen, welche insbesondere über die auf Grund eines zugelassenen Betriebsplans gestellten Anforderungen hinausgehen, nur treffen kann, soweit dies zum Schutz von Leben, Gesundheit und Sachgütern Beschäftigter oder Dritter erforderlich ist. Ob darüber hinaus an solche Anordnungen das Erfordernis der wirtschaftlichen Vertretbarkeit des § 56 Abs. 1 Satz 2 BBergG zu stellen ist,[1009] bedarf im Hinblick auf den Untersuchungsgegenstand vorliegend keiner Erörterung. Mangels Differenzierungen des Wortlauts ist davon auszugehen, dass § 71 Abs. 1 Satz 2 BBergG mit der Formulierung „[...] *eines zugelassenen Betriebsplans* [...]" alle Arten von Betriebsplänen erfasst, mitunter auch fakultative Rahmenbetriebspläne. Berücksichtigung muss ebenfalls das Verhältnis der allgemeinen Anordnungsbefugnis zu der zuvor[1010] erörterten Möglichkeit nachträglicher Auflagen finden. Die Anwendung der Anordnungsbefugnis nach § 71 Abs. 1 BBergG eröffnet sich für die Bergbehörde erst nachrangig, wenn eine Berichtigung der Betriebsplanzulassung primär im Wege nachträglicher Auflagen nach § 56 Abs. 1 Satz 2 BBergG nicht in Frage kommt.[1011]

Unter den Voraussetzungen des § 71 Abs. 1 Satz 2 BBergG wird der zuständigen Bergbehörde der Eingriff in die durch die wirksame Betriebsplanzulassung vermittelte Rechtsposition des Bergbauunternehmers ermöglicht.[1012] Auf diesem Wege kann die Bergbehörde auf gefährdende Umstände, welche sich erst nach der Zulassung eines Betriebsplans zeigen, reagieren.[1013] Die Anordnungsbefugnis nach § 71 Abs. 1 Satz 2 BBergG wirkt

---

1009 Das Erfordernis der wirtschaftlichen Vertretbarkeit und technischen Erfüllbarkeit des § 56 Abs. 1 Satz 2 BBergG für Anordnungen nach § 71 Abs. 1 BBergG annehmend: *Piens*, in: Piens/Schulte/Graf Vitzthum, BBergG, § 71 Rn. 35, 109. Differenzierender: *Keienburg*, in: Boldt/Weller/Kühne/v. Mäßenhausen, BBergG, § 71 Rn. 5, nach welcher die technische Erfüllbarkeit des § 56 Abs. 1 Satz 2 BBergG für Anordnungen nach § 71 Abs. 1 BBerG zu fordern sei, die wirtschaftliche Vertretbarkeit allerdings nur in eingeschränkter Weise bei vergleichbarer Interessenlage (unter Verweis auf die nachfolgende Entscheidung des BVerwG). Nach BVerwGE 151, 156, 167 Rn. 42 sei das Erfordernis der wirtschaftlichen Vertretbarkeit des § 56 Abs. 1 Satz 2 Nr. 1 BBergG im Rahmen des § 71 Abs. 1 Satz 1 BBergG grds. abzulehnen und einzig im Falle einer vergleichbaren Interessenlage möglich.
1010 Siehe dazu oben Kap. 2, B), IV), 2., e).
1011 BVerwGE 81, 329, 333; 151, 156, 166 Rn. 38; *Keienburg*, in: Boldt/Weller/Kühne/v. Mäßenhausen, BBergG, § 71 Rn. 5; vgl. auch die Darstellung bei *Kremer/Neuhaus gen. Wever*, BBergG, Rn. 361 f.
1012 *Piens*, in: Piens/Schulte/Graf Vitzthum, BBergG, § 71 Rn. 9.
1013 *Keienburg*, in: Boldt/Weller/Kühne/v. Mäßenhausen, BBergG, § 71 Rn. 3.

sich also auf die Bestandskraft der Betriebsplanzulassung aus,[1014] betrifft daneben aber ebenfalls die von der Zulassung ab deren Wirksamkeit ausgehende Bindungswirkung. Denn sofern § 71 Abs. 1 Satz 2 BBergG der Bergbehörde den Erlass von Anordnungen ermöglicht, welche inhaltlich über die Anforderungen der Betriebsplanzulassung hinausgehen und damit strengere Festsetzungen treffen, kann darin ein inhaltliches Abweichen von der Zulassungsentscheidung liegen. Eine wirksame Anordnung im Sinne des § 71 Abs. 1 Satz 2 BBergG schränkt im Umfang ihres Regelungsgehalts die Bindung der Bergbehörde an die wirksame Betriebsplanzulassung ein. Die vertiefende Frage, ob § 71 Abs. 1 Satz 2 BBergG dabei bloß eine eigenständige Regelung ermöglicht, welche zusätzlich neben die Betriebsplanzulassung tritt und die Bindungswirkung faktisch beschränkt oder als Regelung im Sinne einer inhaltlichen Änderung direkt auf den Gegenstand[1015] der Betriebsplanzulassung einwirkt und damit die Bindungswirkung beschränkt, bedarf an dieser Stelle keiner weiteren Erörterung, denn in beiden Fällen wird der Umfang der Bindungswirkung im Ergebnis gleichermaßen berührt.

Zwar betrifft § 71 Abs. 1 Satz 2 BBergG damit nicht direkt die Bindung der Bergbehörde an die Rahmenbetriebsplanzulassung bei der Entscheidung über die Zulassung nachfolgend konkretisierender Haupt- und Sonderbetriebspläne. An der Anordnungsbefugnis des § 71 Abs. 1 Satz 2 BBergG zeigt sich aber grundsätzlich eine weitere gesetzliche Möglichkeit der Bergbehörde, trotz Zulassung eines Betriebsplans, flexibel in Abweichung von deren Festsetzungen auf Änderungen der Situation im Einzelfall reagieren zu können.[1016] Darüber hinausgehende Rückschlüsse auf den Umfang der Bindungswirkung der Zulassung eines fakultativen Rahmenbetriebsplans ergeben sich aus der allgemeinen Anordnungsbefugnis jedoch nicht.

g) Verhältnis zum Bergschadensrecht im Sinne der §§ 110 Abs. 1, 124 BBergG

Das materielle Bergrecht, welches sich auf den Umfang der Bindungswirkung der Zulassung eines fakultativen Rahmenbetriebsplans auswirkt, könnte sich auch außerhalb der Vorschriften zum Betriebsplanverfahren und innerhalb der Vorschriften zum Bergschadensrecht finden.

In § 110 Abs. 1 BBergG wird eine Anpassungsobliegenheit[1017] des Bauherrn bei der Errichtung, Erweiterung und wesentlichen Veränderung einer

---

1014 Vgl. *Schmidt-Aßmann/Schoch*, S. 169.
1015 Beispielsweise könne sich nach *Piens*, in: Piens/Schulte/Graf Vitzthum, BBergG, § 71 Rn. 40 die Anordnung nach § 71 Abs. 1 Satz 2 als Widerruf einer Betriebsplanzulassung „[...] darstellen [...]", was zur gleichzeitigen Anwendung der Inhalte des § 49 VwVfG führe.
1016 Vgl. auch insgesamt zu § 71 BBergG *Schmidt-Aßmann/Schoch*, S. 170.
1017 BT-Drs. 8/1315, S. 139, da § 110 Abs. 1 BBergG keine auf dem Klageweg verfolgbare Verpflichtung des Bauherrn begründe, sondern dieser bei Nichtbeachtung seiner Ersatzansprüche wegen eines Bergschadens nach § 112 BBergG verlustig werden kann.

B) Die Bindungswirkung der Zulassung fakultativer Rahmenbetriebspläne

baulichen Anlage vorgeschrieben, soweit durch Gewinnungsbetriebe, für welche zumindest ein Rahmenbetriebsplan vorliegt, Oberflächenbeeinträchtigungen zu besorgen sind, welche den vorbeugenden Schutz baulicher Anlagen erforderlich machen und der Bergbauunternehmer eine solche Anpassung verlangt. Präzisiert auf den vorliegenden Untersuchungsgegenstand ist von den Voraussetzungen dieser Anpassungsobliegenheit die Bezugnahme auf das Vorliegen zumindest eines Rahmenbetriebsplans von besonderer Bedeutung. Dabei ist die Zulassung des Rahmenbetriebsplans aufgrund des Wortlauts der Norm – „[…] *vorliegt* […]" – noch nicht erforderlich, sodass dieser lediglich aufgestellt und bei der zuständigen Bergbehörde eingereicht worden zu sein braucht.[1018]

Von dieser Bezugnahme des Vorliegens eines Rahmenbetriebsplans könnte auf die uneingeschränkte Bindungsintensität der Zulassung eines fakultativen Rahmenbetriebsplans geschlossen werden, da eine „[…] *unter dem Vorbehalt jederzeitiger abweichender Beurteilung stehende und damit* [ihre][1019] *Wirksamkeit verlierende Zulassung* […]" als Voraussetzung der in besonderem Maße grundrechtsrelevanten Anpassungsobliegenheit kritisch zu betrachten wäre[1020]. Diese Überlegung zeigt sich zunächst dahingehend nachvollziehbar, dass der Zulassung eines fakultativen Rahmenbetriebsplans eine gewisse Bindungswirkung für konkretisierende Haupt- und Sonderbetriebspläne nach dem Anschein dieser Regelung zukommen müsste, wenn bereits das Vorliegen eines solchen Rahmenbetriebsplans ausreichend ist, um bestimmte Bauherren zu Anpassungsmaßnahmen anhalten zu können.

Ein tieferer Einblick in die Dogmatik dieser Regelung zeigt allerdings ein anderes Bild auf. Denn die Anknüpfung an das Vorliegen eines Rahmenbetriebsplans ist, wie zuvor beschrieben, nicht die einzige Voraussetzung des § 110 Abs. 1 BBergG. Das alleinige Vorliegen eines Rahmenbetriebsplans reicht nicht aus, damit der Unternehmer wirksam die Anpassung durch den Bauherrn verlangen kann. § 110 Abs. 1 BBergG legt dem fakultativen Rahmenbetriebsplan demnach bereits keine derartige Bindungswirkung bzw. Position zu, die ein Handeln auf Grund seiner Existenz allein ermöglicht. Darüber hinaus relativieren sich Rückschlüsse von der Regelung in § 110 Abs. 1 BBergG auf die Bindungswirkung einer Rahmenbetriebsplanzulassung, sofern man die Voraussetzung des Vorliegens eines Rahmenbe-

---

[1018] Ausführlich *Schubert*, in: Boldt/Weller/Kühne/v. Mäßenhausen, BBergG, § 110 Rn. 17; *Schulte*, in: Piens/Schulte/Graf Vitzthum, BBergG, § 110 Rn. 12; wohl enger *Schenke*, S. 35, welcher im Rahmen der §§ 110 ff. BBergG von der Zulassung eines Betriebsplans ausgeht.
[1019] Dieses Wort wurde nachträglich vom Verfasser eingeführt, da es in dem Urteil des VG Stade an der entsprechenden Stelle fehlt.
[1020] So VG Stade, ZfB 133 (1992), 52, 67 in Bezug auf § 110 BBergG und § 124 Abs. 1 i. V. m. § 110 Abs. 1 BBergG.

triebsplans präziser betrachtet. An dieser Stelle ist zunächst wiederholend zu konstatieren, dass diese Regelung an das bloße Vorliegen des Rahmenbetriebsplans anknüpft, weshalb eine Bezugnahme auf die Zulassung eines fakultativen Rahmenbetriebsplans, welche eine Bindungswirkung entfaltet, derart nicht vorliegt. Da nur *zumindest* ein Rahmenbetriebsplan vorliegen muss, genügt dieser Voraussetzungen ebenfalls das Vorliegen eines konkreteren Haupt- oder Sonderbetriebsplans.[1021]

An dieser Stelle ist ebenfalls ein Rückblick in die Entstehungsgeschichte der Norm geboten. Das Vorliegen zumindest eines Rahmenbetriebsplans als auslösendes Ereignis der Anpassungsobliegenheit des § 110 Abs. 1 BBergG war zunächst in dem Gesetzesentwurf des BBergG von Seiten der Bundesregierung (damals § 108 Abs. 1 BBergG a. F.) nicht vorgesehen.[1022] Erst der Ausschuss für Wirtschaft (9. Ausschuss) indizierte die Voraussetzung zumindest eines vorliegenden Rahmenbetriebsplans (damals § 108 Abs. 1 BBergG a. F.).[1023] Nach der dabei zugrundeliegenden Erwägung sollte die Anpassungsobliegenheit des Bauherrn so frühzeitig wie möglich auslösen, gleichzeitig jedoch erst in einem Zeitpunkt, in dem die Gesamtsituation „[...] *überschaubar ist und mit der Sozialpflichtigkeit des Eigentums noch im Einklang [...]*"[1024] stehe, weshalb auf den Rahmenbetriebsplan als frühstem Zeitpunkt der Betriebsplanpflicht abgestellt wurde.[1025] Durch die Einführung dieser Voraussetzung in den § 110 Abs. 1 BBergG sollte daher nicht an den Rahmenbetriebsplan aufgrund einer bestimmten Rechtswirkung (Bindungswirkung) seiner Zulassung angeknüpft werden, sondern lediglich, weil dieser aus planungstechnischer Sicht den chronologisch frühsten Zeitpunkt der Umsetzung der Betriebsplanpflicht – in der Regel – darstellt. Aus historischer Sicht ist § 110 Abs. 1 BBergG weder eine ausdrückliche noch eine konkludent systematische Aussage hinsichtlich der Bindungswirkung bzw. der Bindungsintensität der Zulassung eines fakultativen Rahmenbetriebsplans zu entnehmen.

Darüber hinaus bietet § 110 Abs. 1 BBergG nicht die Möglichkeit, sei es des Unternehmers oder der Bergbehörde, auf nicht vorausssehbare Änderungen der Sach- oder Rechtslage nach der Zulassung eines fakultativen Rahmenbetriebsplans derart flexibel im Sinne von „Spontanität" zu reagieren,[1026] wie sie die Änderung bzw. Ergänzung der Rahmenbetriebsplanzulassung, nachträgliche Auflagen nach § 56 Abs. 1 Satz 2 BBergG oder § 71 Abs. 1 Satz 2 BBergG vorsehen. Nach § 110 Abs. 1 BBergG soll bereits im

---

1021 *Schubert*, in: Boldt/Weller/Kühne/v. Mäßenhausen, BBergG, § 110 Rn. 15; *Schulte*, in: Piens/Schulte/Graf Vitzthum, BBergG, § 110 Rn. 12.
1022 Vgl. dazu BT-Drs. 8/1315, S. 40, 139.
1023 BT-Drs. 8/3965, S. 69.
1024 BT-Drs. 8/3965, S. 141.
1025 BT-Drs. 8/3965, S. 141.
1026 Vgl. wohl anders *Niermann*, S. 73.

Vorfeld der Durchführung des Vorhabens präventiv zur Schadensvorbeugung gehandelt werden können,[1027] weshalb der Wortlaut der Norm ausdrücklich vorsieht, dass Beeinträchtigungen der Oberfläche *zu besorgen* sind. Ebenfalls diese Funktion des § 110 Abs. 1 BBergG vermindert einen Rückschluss auf die Bindungsintensität der Zulassung eines fakultativen Rahmenbetriebsplans.

Diese Überlegungen lassen sich auch auf die Sicherungsmaßnahmen nach § 111 BBergG und die Anpassung und Sicherung im Zusammenhang mit öffentlichen Verkehrsanlagen nach § 124 Abs. 1 Satz 2 i. V. m. §§ 110 f. BBergG übertragen, soweit diese an die Tatbestandsvoraussetzung des Vorliegens zumindest eines Rahmenbetriebsplans nach § 110 Abs. 1 BBergG anknüpfen[1028]. Für eine tiefere Erörterung dieser gesetzlichen Regelungen besteht daher vorliegend kein Bedürfnis.

Letztlich lassen sich § 110 Abs. 1 BBergG, entgegen dem ersten Anschein, keine dogmatisch durchgreifenden Rückschlüsse auf den Umfang der Bindungswirkung, insbesondere die Bindungsintensität der Zulassung eines fakultativen Rahmenbetriebsplans entnehmen.

h) Kein Verlust der sachgesetzlich notwendigen Flexibilität des Betriebsplanverfahrens

Abschließend bleibt die herausgearbeitete uneingeschränkte Bindungswirkung der Zulassung eines fakultativen Rahmenbetriebsplans im Hinblick auf ihre Vereinbarkeit mit der sich aus den Sachgesetzlichkeiten[1029] des Bergbaus ergebenden Notwendigkeit nach Flexibilität zu untersuchen.

In diesem Zusammenhang findet sich durchaus Kritik an einer uneingeschränkten Bindungsintensität. Eine solche entspräche nicht der sich aus der räumlichen Fortentwicklung und Lagerstättengebundenheit eines Bergbauvorhabens ergebenden dynamischen Betriebsweise.[1030] Könne die Bergbehörde in Folge einer uneingeschränkten Bindungswirkung der Rahmenbetriebsplanzulassung nur auf dem Wege der §§ 48, 49 VwVfG und §§ 56, 57 BBergG auf Änderungen der Sach- oder Rechtslage entsprechend reagieren, verliere das Betriebsplanverfahren insbesondere im Hinblick auf die §§ 48, 49 VwVfG, welche nicht für eine der ständigen und dynamischen Änderungen der Sach- und Rechtslage unterliegenden Situation nach Erlass des Verwaltungsakts geschaffen worden seien, seine Flexibilität.[1031]

1027 Vgl. *Schubert*, in: Boldt/Weller/Kühne/v. Mäßenhausen, BBergG, § 110 Rn. 1.

1028 Vgl. *Schubert*, in: Boldt/Weller/Kühne/v. Mäßenhausen, BBergG, § 111 Rn. 10, § 124 Rn. 26; *Schulte*, in: Piens/Schulte/Graf Vitzthum, BBergG, § 124 Rn. 21.

1029 Siehe zu den Sachgesetzlichkeiten des Bergbaus und dem daraus folgenden Flexibilitätserfordernis oben Kap. 1, A).

1030 VG Berlin, ZfB 130 (1989), 127, 133.

1031 *Ludwig*, Auswirkungen der FFH-RL auf Vorhaben zum Abbau von Bodenschätzen nach dem BBergG, S. 58, allerdings im Hinblick auf eine Vergleichbarkeit der Rahmenbetriebsplanzulassung mit einem Vorbescheid; ähnlich *Cosack*, NuR 2000, 311, 313 hinsichtlich der Frage

Mag diese Kritik auf eine uneingeschränkte Bindung derart, wie sie sich im Anlagengenehmigungsrecht findet, durchaus zutreffen, so greift sie hinsichtlich des vorliegend erarbeiteten Bindungsumfangs der Zulassung eines fakultativen Rahmenbetriebsplans nicht durch. Dem liegen verschiedene Aspekte zu Grunde, die es nachfolgend wiederholend zu konstatieren und im Hinblick auf Flexibilitätsanforderungen erneut zu bewerten gilt:

Eine derartige Bewertung muss von einer gewissen Konnexität zwischen Flexibilität und rechtlicher Kontrolle ausgehen. Die Reglementierung eines Vorhabens hat zwangsläufig eine in gewissem Maße eintretende Einschränkung der Flexibilität dessen zur Folge. Diese Einschränkung ist der Unterwerfung eines Vorhabens unter eine gesetzlich vorgeschriebene, behördliche Kontrolle immanent. Dies bedeutet, soweit der Bergbau einer rechtlichen Kontrolle und dem Erfordernis einer vorherigen Erlaubnis unterworfen wird, ist ein gewisser Verlust an Flexibilität hinzunehmen. Mit anderen Worten ist eine vollständig offen gehaltene Flexibilität der Vorhabendurchführung, mag sie auch gegebenenfalls den bergbaulichen Sachgesetzlichkeiten am ehesten entsprechen, nicht möglich.

Ein notwendiges Maß an Flexibilität ergibt sich vordergründig aus dem Bindungsinhalt der Rahmenbetriebsplanzulassung selbst. Denn aufgrund der grundsätzlich wenig konkretisierten Angaben im fakultativen Rahmenbetriebsplan und der dazu ergehenden Feststellung in der Zulassung kommt deren Bindungswirkung nur ein dazu kongruenter und dementsprechend wenig konkretisierter Bindungsinhalt zu.[1032] Enthält der fakultative Rahmenbetriebsplan keine detaillierten Einzelangaben, ergeht insoweit keine feststellende Regelung, an welche die Bergbehörde gebunden sein könnte.[1033] Diese Details bleiben dementsprechend einer „ungebundenen" Beurteilung bzw. Entscheidung bei der Zulassung von Haupt- und Sonderbetriebsplänen weiterhin offen. Lässt also bereits der Bindungsinhalt Spielraum[1034], um innerhalb konkretisierender Haupt- und Sonderbetriebsplanzulassungen auf nachträgliche Änderungen der Sach- oder Rechtslage, welche sich auf konkretere und damit durch die Rahmenbetriebsplanzulassung noch nicht entschiedene Aspekte auswirken, reagieren zu können, besteht darüber hinaus kein Bedürfnis nach einer weiteren Einschränkung

---

einer vorbescheidsähnlichen Bindungswirkung und §§ 48, 49 VwVfG; siehe auch OVG Lüneburg, ZfB 131 (1990), 19, 27, allerdings im Kontext einer dem Vorbescheid vergleichbaren uneingeschränkten Bindungswirkung.

1032 Siehe dazu oben Kap. 2, B), IV), 2., a), aa).
1033 *Kolonko*, S. 181 f.
1034 Vgl. auch *Kolonko*, S. 181, nach welcher der grobe Inhalt des fakultativen Rahmenbetriebsplans Spielräume für die konkretisierenden Haupt- und Sonderbetriebspläne lasse; vgl. *Schmidt-Aßmann/Schoch*, S. 193, wonach der Inhalt eines fakultativen Rahmenbetriebsplans derart variabel ausgestaltet sei, dass die Folgen neuer Erkenntnisse mit diesem Inhalt meist weiterhin in Einklang stünden.

der Bindungsintensität. Dies entspricht auch dem durch das BBergG vorgegebenen systematischen Verhältnis der Betriebsplanarten untereinander, als dass der fakultative Rahmenbetriebsplan durch Haupt- und Sonderbetriebspläne konkretisiert werden soll.[1035]

Die Berücksichtigung der im Bergbau notwendigen Flexibilität des Betriebsplanverfahrens ist daher nicht im Wege der Intensität, sondern durch den Inhalt der Bindungswirkung zu gewährleisten. Diese Annahme setzt darüber hinaus die sich aus der allgemeinen Dogmatik der Bindungswirkung wirksamer Verwaltungsakte folgenden Grundsätze konsequent fort, da sich eine Einschränkung der Bindungsintensität, wie sich gezeigt hat, nicht aus besonderen rechtlichen Vorgaben des BBergG ergibt[1036].

Diese Eigenschaft der Bindungswirkung zeigt sich darüber hinaus vorteilhaft im Hinblick auf eine Einzelfallflexibilität[1037]. Es liegt an dem Bergbauunternehmer, den Konkretisierungsgrad der Feststellung der Zulassung durch seine Angaben im fakultativen Rahmenbetriebsplan vorzugeben.[1038] Damit beeinflusst er ebenfalls die von dieser Zulassungsentscheidung ausgehende Bindungswirkung bzw. präziser den Bindungsinhalt,[1039] soweit die Bergbehörde über seine Angaben feststellend entschieden hat. Auf diese Weise kann der Bergbauunternehmer flexibel auf die tatsächlichen, für ihn prognostizierbaren Anforderungen seines geplanten Bergbauvorhabens reagieren und angemessen dessen sachgesetzliche Aspekte im Einzelfall berücksichtigen.[1040] Fasst er die Angaben weniger konkret, bleibt die kongruente Bindungswirkung der Rahmenbetriebsplanzulassung im Ergebnis inhaltlich flexibler. Dies lässt ihm selber einen breiteren Spielraum hinsichtlich aufzustellender konkretisierender Haupt- und Sonderbetriebspläne. Dafür wird die Bergbehörde bei der Zulassung letzterer weniger konkret an die Rahmenbetriebsplanzulassung gebunden. Beiden kommt dafür, wie sich gezeigt hat, ein breiteres Handlungsspektrum im Hinblick auf sich ändernde Umstände tatsächlicher oder rechtlicher Art zu. Fasst der Unternehmer seine Angaben im fakultativen Rahmenbetriebsplan konkretisierter, steigt damit grundsätzlich der Konkretisierungsgrad des Bindungsinhalts. Dem Unternehmer verbleibt zwar einerseits hinsichtlich der konkretisierenden Haupt- und Sonderbetriebspläne ein geringerer Abweichungsspiel-

---

1035 Siehe dazu oben Kap. 2, B), I), 3., e), dd).
1036 Siehe dazu oben Kap. 2, B), IV, 2., a) – g).
1037 Vgl. auch *Schmidt-Aßmann/Schoch*, S. 188, nach denen der konkrete Gehalt der Bindung aufgrund der Einflussmöglichkeiten von Unternehmer und Behörde auf den Rahmenbetriebsplaninhalt einzelfallabhängig sei.
1038 Siehe dazu oben Kap. 2, B), I), 3., f), bb), (6).
1039 So auch *Cosack*, NuR 2000, 311, 313.
1040 Vgl. auch *Stiens*, S. 192, nach welchem die Möglichkeit des Bergbauunternehmers, die Inhalte der Betriebspläne zum Großteil selbst festlegen zu können, das gestufte Betriebsplanverfahren in Anbetracht der Sachgesetzlichkeiten „[…] *ausreichend* […]" ergänze.

raum, allerdings wird die Bergbehörde inhaltlich konkreter gebunden. Für den Unternehmer stellt sich die Bindungswirkung somit als zwei Seiten einer Medaille dar: Strebt dieser eine inhaltlich konkrete Bindung der Bergbehörde über den Konkretisierungsgrad seiner Angaben an, muss er im Gegenzug eine entsprechende Einschränkung seines eigenen Spielraums bei der Aufstellung konkretisierender Haupt- und Sonderbetriebspläne in Kauf nehmen.

Die Einheitlichkeit der Bindungsintensität hinsichtlich aller in der Zulassung festgestellten Angaben im fakultativen Rahmenbetriebsplan und die Steuerung der Flexibilität über den Bindungsinhalt zeigt sich insbesondere im Vergleich zu Ansätzen, die Bindungsintensität im Einzelfall von der Art der Angabe abhängig zu machen[1041], praktikabler. Denn dann braucht bei der Zulassung konkretisierender Haupt- und Sonderbetriebspläne nicht auf komplexem Wege die Bindungsintensität der Bergbehörde hinsichtlich der einzelnen Angaben im fakultativen Rahmenbetriebsplan bestimmt zu werden, soweit sich die Sach- oder Rechtslage nachträglich ändert. Die Bindungsintensität ist für den Unternehmer, die zuständige Bergbehörde und Dritte von vornherein eindeutig und hinsichtlich aller in der Zulassung festgestellten Aspekte von gleicher Intensität. Hieran zeigt sich außerdem, dass die Annahme einer einheitlichen Bindungsintensität ein entscheidendes Maß an Transparenz für alle Beteiligten aufweist.

Über diese sich bereits aus dem Bindungsinhalt ergebende Flexibilität hinaus sieht das Betriebsplanverfahren, wie bereits dargelegt, weitere gesetzliche Möglichkeiten sowohl für den Unternehmer als auch für die Bergbehörde vor, um auf Änderungen der Sach- und Rechtslage nach Zulassung eines fakultativen Rahmenbetriebsplans trotz der uneingeschränkten Bindungsintensität reagieren zu können. Derart bietet sich auf der einen Seite für den Unternehmer die Möglichkeit der Ergänzung oder Abänderung[1042] des zugelassenen fakultativen Rahmenbetriebsplans nach den §§ 52 Abs. 4 Satz 2, 54 Abs. 1, 56 Abs. 3 BBergG und die Abweichungsmöglichkeit[1043] nach § 57 BBergG. Auf der anderen Seite sieht das BBergG für die Bergbehörde die Möglichkeit nachträglicher Auflagen[1044] gemäß § 56 Abs. 1 Satz 2 BBergG vor, ermächtigt sie durch die allgemeine Anordnungsbefugnis[1045] nach § 71 Abs. 1 BBergG über die Anforderungen der Rahmenbetriebsplanzulassung hinauszugehen und über den Verweis des § 5 BBergG – wenn auch nur als ultima ratio – letztlich zur Aufhebung[1046] der wirksamen Rahmenbetriebsplanzulassung nach den §§ 48, 49 VwVfG. Diese

---

1041 Siehe dazu bereits ablehnend oben Kap. 2, B), IV, 2., a), bb).
1042 Siehe dazu oben Kap. 2, B), IV), 2., c).
1043 Siehe dazu oben Kap. 2, B), IV), 2., d).
1044 Siehe dazu oben Kap. 2, B), IV), 2., e).
1045 Siehe dazu oben Kap. 2, B), IV), 2., f).
1046 Siehe dazu oben Kap. 2, B), I), 3., a), bb).

B) Die Bindungswirkung der Zulassung fakultativer Rahmenbetriebspläne

Handlungsvielfalt zur Anpassung der Rahmenbetriebsplanzulassung an sich wandelnde Umstände berücksichtigt die Dynamik des Bergbaus in Form der ständigen Fortentwicklung und Lagerstättengebundenheit und das sich daraus ergebende Flexibilitätserfordernis angemessen.[1047]

Darüber hinaus ist an die Rechtsnatur der Zulassung eines fakultativen Rahmenbetriebsplans als feststellendem Verwaltungsakt zu erinnern. Entscheidet sich der Gesetzgeber auf der einen Seite für diese behördliche Handlungsform, können nicht auf der anderen Seite die sich daraus ergebenden Eigenschaften und Rechtsfolgen mit dem Hinweis auf tatsächliche Besonderheiten und Anforderungen des Bergbaus umgangen werden. Hält man insoweit eine uneingeschränkte Bindungswirkung als mit den bergbaulichen Sachgesetzlichkeiten für unvereinbar und die dargelegten gesetzlichen Möglichkeiten zur Einwirkung auf diese Zulassungsentscheidung für nicht ausreichend, muss man doch die sich de lege lata aus der berggesetzlichen Entscheidung[1048] für die Handlungsform des Verwaltungsakts ergebenden Konsequenzen akzeptieren. Diese allgemeinen verwaltungsrechtlichen Grundlagen lassen sich nicht einfach mit dem Hinweis auf sachgesetzliche Besonderheiten umgehen.[1049] Vielmehr wäre dazu eine Anpassung der entsprechenden Vorschriften des Betriebsplanverfahrens de lege ferenda notwendig.

Letztlich wird die im Bergbau sachgesetzlich notwendige Flexibilität durch den im Einzelfall in gewissem Maße steuerbaren Bindungsinhalt der Zulassung eines fakultativen Rahmenbetriebsplans – insbesondere in Anbetracht der Eigenschaft als Verwaltungsakt – berücksichtigt, ohne dass es einer gleichzeitigen Einschränkung der Bindungsintensität bedürfte. Letztere ergibt sich schon nicht aus den der Zulassung zu Grunde liegenden gesetzlichen Vorschriften. Darüber hinaus sieht das BBergG flankierend eine Vielzahl an Möglichkeiten sowohl des Unternehmers als auch der Bergbehörde vor, um auf Grund sich nachträglich ändernder Umstände auf die Rahmenbetriebsplanzulassung einzuwirken.

1047 *Fluck*, Anmerkungen zum Urteil des VG Berlin vom 18.05.1988, ZfB 130 (1989), 127 (Urteil), 142 (Anmerkungen), 143; vgl. auch *Brauner*, NuR 1994, 20, 22; vgl. allgemein *Kühne*, in: Kühne/Ehricke, Öffentlichkeitsbeteiligung und Eigentumsschutz im Bergrecht, S. 54, nach welchem die allgemeinen Grundlagen des Verwaltungsrechts zur Bestimmung der Bindungswirkung „[…] *einen angemessen Ausgleich zwischen Bindung und Flexibilität* […]" sichern.
1048 Vgl. zusätzlich auch VG Stade, ZfB 133 (1992), 52, 69, nach dem sich das BBergG wohl für eine uneingeschränkte Bindungswirkung der Rahmenbetriebsplanzulassung entscheide, da es für diese die gleichen Vorschriften zur nachträglichen Abänderung und behördlichen Aufhebung wie für andere Betriebsplanarten zur Anwendung bringe.
1049 Vgl. auch *Niermann*, S. 73, nach dem sich eine Einschränkung der Bindungswirkung der Zulassung eines Rahmenbetriebsplans nicht unter Verweis auf die Sachgesetzlichkeiten des Bergbaus rechtfertigen lasse.

3. Teilergebnis

Die Zulassung eines fakultativen Rahmenbetriebsplans entfaltet aufgrund ihrer Rechtsnatur als feststellender Verwaltungsakt eine uneingeschränkte Bindungswirkung, welche nicht automatisch mit dem nachträglichen Eintritt einer Änderung der Sach- oder Rechtslage entfällt. Der Bindungsinhalt setzt dabei den Konkretisierungsgrad der feststellenden Regelung in der Zulassung kongruent fort. Die Bergbehörde ist bei der Zulassung konkretisierender Haupt- und Sonderbetriebspläne an die festgestellte grundsätzliche Zulassungsfähigkeit des im Rahmenbetriebsplan beschriebenen Bergbauvorhabens gebunden. Im Rahmen dieser grundsätzlichen Zulassungsfähigkeit erfolgt eine Bindung an die einzelnen Angaben der feststellenden Regelung, kongruent zu deren jeweiligem, allerdings grundsätzlich geringem Konkretisierungsgrad.

Ergibt sich auf Grund einer Änderung der Sach- oder Rechtslage, welche nach Zulassung eines fakultativen Rahmenbetriebsplans eintritt, dass das Bergbauvorhaben derart, wie es im Rahmenbetriebsplan beschrieben wurde, nicht mehr grundsätzlich zulassungsfähig ist bzw. bleibt, muss die Bergbehörde, bevor sie davon inhaltlich abweichende Haupt- oder Sonderbetriebsplanzulassungen erlässt, die Rahmenbetriebsplanzulassung durch nachträgliche Auflagen gemäß § 56 Abs. 1 Satz 2 BBergG entsprechend anpassen oder im Zweifel als ultima ratio die Rahmenbetriebsplanzulassung nach § 5 BBerGG i. V. m. § 49 Abs. 2 VwVfG (teilweise) aufheben.

Sieht der Unternehmer es für erforderlich – sei es aufgrund nachträglicher Änderungen seiner Planung oder der Sach- und Rechtslage –, in konkretisierenden Haupt- oder Sonderbetriebsplänen vom Inhalt eines zugelassenen fakultativen Rahmenbetriebsplans abzuweichen bzw. darüber hinauszugehen, dann muss er aufgrund der uneingeschränkten Bindungswirkung zuvor eine Ergänzung oder Abänderung des zugelassenen fakultativen Rahmenbetriebsplans nach den §§ 52 Abs. 4 Satz 2, 54 Abs. 1, 56 Abs. 3 BBergG erwirken.

Aufgrund des sich in dem Bindungsinhalt fortsetzenden insgesamten Konkretisierungsunterschiedes zwischen fakultativen Rahmenbetriebsplänen einerseits und Haupt- bzw. Sonderbetriebsplänen andererseits zeigt sich letztlich eine inhaltliche Grenze der Auswirkung der Bindung für das weitere Betriebsplanverfahren. Aus der Zulassung eines fakultativen Rahmenbetriebsplans allein ergibt sich kein Anspruch des Bergbauunternehmers auf Zulassung konkretisierender Haupt- und Sonderbetriebspläne, ohne dass es einer Prüfung derer Inhalte anhand der Zulassungsvoraussetzungen bedürfte.[1050] Die Bergbehörde darf dabei allerdings grundsätzliche Aspekte, über welche sie bereits innerhalb der Rahmenbetriebsplanzulassung entschieden hat, nicht erneut in Frage stellen, sondern muss diese bei

---

1050 BVerwGE 89, 246, 250.

der Zulassung konkretisierender Haupt- und Sonderbetriebspläne als gegeben voraussetzen und eine dazu konkretisierende Regelung treffen. Die Rahmenbetriebsplanzulassung gibt demnach einen uneingeschränkt verbindlichen Rahmen vor, innerhalb dessen sich sowohl die durch den Unternehmer aufzustellenden konkretisierenden Haupt- und Sonderbetriebspläne als auch die dazu ergehenden Zulassungsentscheidungen der Bergbehörde zu halten haben. Dies setzt aus dogmatischer Sicht insbesondere das sich wiederholende Zulassungserfordernis des Betriebsplanverfahrens sowie die systematische Funktion[1051] der Rahmenbetriebsplanzulassung, keine Regelungsausschnitte vorwegzunehmen, sondern eine eigenständige und zusätzliche Regelung zu treffen, konsequent um. Die Rahmenbetriebsplanzulassung tritt neben die konkretisierenden Haupt- und Sonderbetriebspläne und beeinflusst über ihre Bindungswirkung deren behördliche Zulassungsentscheidungen, ohne aber wie im Anlagengenehmigungsrecht Regelungsausschnitte vorwegzunehmen. Die Bindungswirkung der Rahmenbetriebsplanzulassung wird sich also insbesondere im Hinblick auf die bei der Zulassung konkretisierender Haupt- und Sonderbetriebspläne nach § 48 Abs. 2 BBergG durchzuführende nachvollziehende Abwägung samt anzustellender Verhältnismäßigkeitsprüfung[1052] und der Beurteilung unbestimmter Rechtsbegriffe[1053] auswirken. Bei diesen Entscheidungen darf die Bergbehörde von der festgestellten grundsätzlichen Zulassungsfähigkeit des im fakultativen Rahmenbetriebsplan beschriebenen Bergbauvorhabens nicht abweichen bzw. diese nicht erneut hinterfragen[1054], sodass diese grundsätzliche Zulassungsfähigkeit im Rahmen der Abwägung bzw. des Beurteilungsspielraums als feststehend vorauszusetzen ist.

4. Keine Bindungswirkung der Rahmenbetriebsplanzulassung über ihr Fristende hinaus

Die uneingeschränkte Bindungswirkung der Zulassung eines fakultativen Rahmenbetriebsplans findet eine zeitliche Grenze in der gesetzlichen Befristung des fakultativen Rahmenbetriebsplans. Mit Ablauf seiner Geltungsfrist verliert die Zulassung eines fakultativen Rahmenbetriebsplans ex nunc ihre Rechtswirkungen.[1055] Besteht ab diesem Zeitpunkt im Sinne des § 43 Abs. 2 VwVfG ex nunc keine wirksame Rahmenbetriebsplanzulassung mehr, kann

---

1051 Siehe dazu oben Kap. 2, B), I), 3., e), dd).
1052 Siehe *Schmidt-Aßmann/Schoch*, S. 191. Vgl. zur Verhältnismäßigkeit im Rahmen der Abwägung nach § 48 Abs. 2 BBergG: *Kühne*, in: Boldt/Weller/Kühne/v. Mäßenhausen, BBergG, § 48 Rn. 46; *Vitzthum/Piens*, in: Piens/Schulte/Graf Vitzthum, BBergG, § 48 Rn. 34
1053 Vgl. zur Relevanz unbestimmter Rechtsbegriffe bei der Zulassung von Betriebsplänen und Verlängerungen solcher Betriebsplanzulassungen, *v. Hammerstein*, in: Boldt/Weller/Kühne/v. Mäßenhausen, BBergG, § 52 Rn. 119.
1054 Siehe dazu oben Kap. 2, B), IV), 2., a), aa).
1055 Siehe dazu oben Kap. 2, B), I), 3., h).

von dieser keinerlei aus deren Wirksamkeit folgende Bindungswirkung für sich chronologisch an den abgelaufenen Rahmenbetriebsplan anschließende zukünftige Betriebsplanzulassungen mehr ausgehen.[1056] Die Rahmenbetriebsplanzulassung erzeugt keine Bindungswirkung über ihren Geltungszeitraum hinaus.[1057]

Eine andere Konstellation betrifft die speziellere Frage, ob von der Rahmenbetriebsplanzulassung eine Bindungswirkung hinsichtlich der Entscheidung über ihre Verlängerung nach §§ 52 Abs. 4 Satz 2, 54 Abs. 1, 56 Abs. 3 BBergG ausgeht.[1058] Aus dogmatischer Sicht wird man der Annahme einer entsprechenden Bindungswirkung der Rahmenbetriebsplanzulassung hinsichtlich ihrer Verlängerung nach Fristablauf nicht folgen können.[1059] Denn die Bindungswirkung besteht nur hinsichtlich des Regelungsgehalts der Rahmenbetriebsplanzulassung und diese Regelung unterliegt einer begrenzten zeitlichen Geltungsdauer. Über diesen Geltungszeitraum hinaus enthält die Zulassung keine feststellende Regelung, sodass eine dahingehende Bindung bereits mangels entsprechenden Regelungsumfangs nicht entstehen kann. Enthält die Rahmenbetriebsplanzulassung die positive Feststellung der grundsätzlichen Zulassungsfähigkeit für einen Zeitraum der nächsten 15 Jahre, wurde über die grundsätzliche Zulassungsfähigkeit des Vorhabens nach Ablauf dieser 15 Jahre keinerlei Feststellung getroffen. Demnach kann die Behörde hinsichtlich eines nachfolgenden zeitlichen Abschnitts nicht gebunden sein. Dies setzt voraus, dass die Verlängerung des fakultativen Rahmenbetriebsplans zur Zulassung gestellt wird, bevor dessen zeitliche Geltungsdauer abgelaufen ist. Nach dessen Ablauf scheidet

---

1056 *Kolonko*, S. 183; vgl. *Schulte*, Kernfragen des bergrechtlichen Genehmigungsverfahrens, S. 56 f., 58; *Schulte*, Raumplanung und Genehmigung bei der Bodenschätzegewinnung, S. 365 f.; *Ludwig*, Auswirkungen der FFH-RL auf Vorhaben zum Abbau von Bodenschätzen nach dem BBergG, S. 51. Nicht eindeutig, aber im Ergebnis wohl a. A. vgl. VG Lüneburg, ZfB 135 (1994), 153, 174 f. hinsichtlich eines sich anschließenden Rahmenbetriebsplans.

1057 *Kloepfer*, UmweltR, § 11 Rn. 562; vgl. *Piens*, in: Piens/Schulte/Graf Vitzthum, BBergG, § 56 Rn. 58; mit Tendenz in diese Richtung, aber im Ergebnis offenlassend siehe auch BVerwGE 100, 1, 11 f.; vgl. zur Hauptbetriebsplanzulassung VG Freiburg, ZfB 158 (2017), 180, 186.

1058 Für eine eingeschränkte Bindungswirkung der Rahmenbetriebsplanzulassung im Lichte des Vertrauensschutzes hinsichtlich der Entscheidung über ihre Verlängerung, sofern die Sach- und Rechtslage seit der Rahmenbetriebsplanzulassung bei der Verlängerungsentscheidung gleichgeblieben ist: *Kühne*, Bergrechtlicher Rahmenbetriebsplan, Anlagengenehmigungsrecht und Umweltverträglichkeitsprüfung, S. 55–57; so auch *v. Hammerstein*, in: Boldt/Weller/Kühne/v. Mäßenhausen, BBergG, § 52 Rn. 118 f; *v. Mäßenhausen*, ZfB 135 (1994), 119, 133; im Ergebnis wohl ähnlich *Pohl*, S. 135–138; vgl. wohl auch VG Lüneburg, ZfB 135 (1994), 153, 171–175. Kritisch im Detail dazu: *Schulte*, Raumplanung und Genehmigung bei der Bodenschätzegewinnung, S. 366 f.

1059 Eine dahingehende Bindung ablehnend siehe *Kloepfer*, UmweltR, § 11 Rn. 562; vgl. auch OVG Lüneburg, DVBl. 2013, 725, 726; VG Freiburg, ZfB 158 (2017), 180, 186 hinsichtlich eines Hauptbetriebsplans; vgl. OVG Berlin-Brandenburg, Beschl. v. 09.05.2006 – OVG 11 N 56.05 –, juris, Rn. 21 hinsichtlich eines Hauptbetriebsplans.

B) Die Bindungswirkung der Zulassung fakultativer Rahmenbetriebspläne

eine Bindungswirkung hinsichtlich der Verlängerungsentscheidung ohnehin mangels nunmehr wirksamer ursprünglicher Rahmenbetriebsplanzulassung aus.

In dem Kontext der Verlängerung eines Betriebsplans bzw. seiner Zulassung, insbesondere im Unterschied zu einer Neuerteilung der Zulassung, wird zum Teil angenommen, dass nicht das gesamte behördliche Prüfungsprogramm der Zulassungsvoraussetzungen der §§ 55, 48 Abs. 2 BBergG durchgeführt werden müsse, sondern eine darauf beschränkte Prüfung, ob sich seit der Erstzulassung des Betriebsplans die Sach- und Rechtslage wesentlich verändert habe.[1060] Ob eine Beschränkung des Prüfungsumfangs bei der Verlängerung eines Betriebsplans in dieser genannten Art auf anderem Wege als einer hypothetischen Bindung in Frage käme[1061] oder überhaupt anzunehmen ist, bedarf vor dem Hintergrund des Untersuchungsgegenstandes vorliegend keiner abschließenden Erörterung. Vermittelnd ließe sich hier jedoch daran denken, diesen reduzierten Prüfungsumfang der Bergbehörde als eine Folge der Systematik der Betriebsplanverlängerung selbst anzusehen.[1062] Denn wird ein Betriebsplan bzw. dessen Zulassung verlängert, ändert sich dessen gegenständlicher Inhalt nicht, sondern nur seine für diesen Inhalt vorgesehene zeitliche Frist wird verlängernd geändert.[1063] Dementsprechend wäre die Ablehnung einer Bindungswirkung bezüglich der Verlängerungsentscheidung im Hinblick auf einen bloß reduzierten Prüfungsumfang unschädlich.

Letztlich bleibt zu konstatieren, dass die Zulassung eines fakultativen Rahmenbetriebsplans aus dogmatischer Sicht keinerlei Bindungswirkung sowohl hinsichtlich nach Ablauf dessen Geltungszeitraums folgender Betriebspläne als auch hinsichtlich einer etwaigen Verlängerung der

---

1060 *Piens*, in: Piens/Schulte/Graf Vitzthum, BBergG, § 52 Rn. 110; vgl. VG Lüneburg, ZfB 135 (1994), 153, 168. Anders: VG Freiburg, ZfB 158 (2017), 180, 186; wohl auch OVG Lüneburg, DVBl. 2013, 725, 726; *Schulte*, Kernfragen des bergrechtlichen Genehmigungsverfahrens, S. 70, der die Verlängerung als Neuzulassung samt erneuter Prüfung qualifiziert.
1061 Die Reduktion des Prüfungsumfangs bei der Verlängerung eines Betriebsplans u. a. auf eine etwaige Bindungswirkung der Betriebsplanzulassung stützend: *v. Hammerstein*, in: Boldt/Weller/Kühne/v. Mäßenhausen, BBergG, § 52 Rn. 118.
1062 So wohl *Piens*, in: Piens/Schulte/Graf Vitzthum, BBergG, § 52 Rn. 110 ff.; vgl. auch VG Lüneburg, ZfB 135 (1994), 153, 168 f., welches allerdings diese Sichtweise darüber hinaus mit einer Art Bindungswirkung auf S. 171 ff. zu stützen versucht; vgl. auch *v. Hammerstein*, in: Boldt/Weller/Kühne/v. Mäßenhausen, BBergG, § 52 Rn. 119, der allerdings daneben auch eine entsprechende Bindungswirkung annimmt; siehe *v. Mäßenhausen*, ZfB 135 (1994), 119, 133, nach dem die Verlängerung aufgrund der expliziten Nennung in § 56 Abs. 3 BBergG nicht einer Neuerteilung gleichkomme, der darüber hinaus aber ebenfalls zur Annahme einer entsprechenden Bindung kommt. Anders VG Freiburg, ZfB 158 (2017), 180, 187, wonach sich aus dem Begriff der Verlängerung selbst keine Reduktion des Prüfungsumfangs ergebe.
1063 Vgl. *Piens*, in: Piens/Schulte/Graf Vitzthum, BBergG, § 52 Rn. 112; VG Lüneburg, ZfB 135 (1994), 153, 168 f.

ursprünglichen Rahmenbetriebsplanzulassung entfaltet. Die akzessorische Bindungswirkung ist in zeitlicher Hinsicht begrenzt auf den Geltungszeitraum der bindenden feststellenden Regelung in der Rahmenbetriebsplanzulassung.

5. Auswirkung der Bindung für den Rechtsschutz Dritter

Die Bindungswirkung der Zulassung eines fakultativen Rahmenbetriebsplans zeigt ebenfalls Auswirkungen im Hinblick auf den Rechtsschutz Dritter[1064], welche es im Folgenden einer dahingehend präzisierten rechtlichen Zusammenfassung zuzuführen gilt. Aufgrund des vorliegenden Untersuchungsgegenstandes soll eine darüber hinausgehende Vertiefung der grundlegenden Problematik des Rechtsschutzes Dritter im Betriebsplanverfahren hier nicht erfolgen.[1065]

Die Anfechtung der Zulassung eines fakultativen Rahmenbetriebsplans gemäß § 42 Abs. 1 Alt. 1 Verwaltungsgerichtsordnung (**VwGO**)[1066] durch Dritte setzt nach den §§ 42 Abs. 2, 113 Abs. 1 Satz 1 VwGO voraus, dass die Rahmenbetriebsplanzulassung gegen entsprechende drittschützende Normen verstößt[1067] und diese Dritten dadurch in ihren subjektiv-öffentlichen Rechten verletzt werden.[1068] Für den Rechtsschutz ist daher von ausschlaggebender Bedeutung, wodurch exakt sich aus der Zulassung eines fakultativen Rahmenbetriebsplans eine Verletzung der Rechte Dritter ergeben kann.

An dieser Stelle ist ein Rückblick hinsichtlich der Entwicklung des Rechtsschutzes Dritter gegen die Zulassung fakultativer Rahmenbetriebspläne geboten, um die Position der Bindungswirkung in diesem Kontext herauszuarbeiten. Denn soweit das BVerwG eine entsprechende Bindungswirkung dieser Zulassung noch negierte, wurde eine Verletzung Dritter in eigenen Rechten durch die Rahmenbetriebsplanzulassung mangels einer sich gegenüber Dritten verbindlich auswirkenden Feststellung einerseits

---

1064 Das Verbandsklagerecht anerkannter Umweltvereinigungen nach UmwRG und anerkannter Naturschutzvereinigungen nach dem BNatSchG soll hier nicht näher Gegenstand der Erörterung sein, sodass auf die dazu einschlägige Literatur verwiesen wird, siehe insbesondere die Übersicht bei *v. Hammerstein,* in: Boldt/Weller/Kühne/v. Mäßenhausen, BBergG, Vorbem. §§ 50 bis 57c Rn. 23–31.

1065 Siehe dazu allerdings insbesondere die umfassende Darstellung bei *Piens,* in: Piens/Schulte/Graf Vitzthum, BBergG, § 56 Rn. 188–226.

1066 Verwaltungsgerichtsordnung (VwGO), in der Fassung der Bekanntmachung vom 19. März 1991 (BGBl. I S. 686), zuletzt geändert durch Art. 181 Elfte ZuständigkeitsanpassungsVO vom 19. 6. 2020 (BGBl. I S. 1328).

1067 *Schmidt-Aßmann/Schoch,* S. 194.

1068 Allgemein zur Anfechtung von Betriebsplanzulassungen durch Dritte: *v. Hammerstein,* in: Boldt/Weller/Kühne/v. Mäßenhausen, BBergG, Vorbem. §§ 50 bis 57c Rn. 18. Vgl. statt vieler allgemein zur Anfechtung von Verwaltungsakten durch Dritte: *Sodan,* in: Sodan/Ziekow, VwGO, § 42 Rn. 384 f.; *Gärditz,* in: Gärditz, VwGO, § 42 Rn. 93; *Würtenberger,* Rn. 316; *Hufen,* § 25 Rn. 43; insbesondere zur Klagebefugnis *Kloepfer,* UmweltR, § 8 Rn. 50.

und mangels Gestattungswirkung andererseits abgelehnt.[1069] Aus dieser Sichtweise folgt, dass für eine Verletzung subjektiv-öffentlicher Rechte Dritter durch die Zulassung eines fakultativen Rahmenbetriebsplans mangels einer Gestattungswirkung nur die hinsichtlich konkretisierender Haupt- und Sonderbetriebsplanzulassungen bestehende Bindungswirkung in Frage kommen kann.[1070] Diese Annahme findet Bestätigung insbesondere in der neueren Rechtsprechung des BVerwG. Danach bewirke § 48 Abs. 2 Satz 1 BBergG bereits bei der Zulassung eines fakultativen Rahmenbetriebsplans im Falle eines geplanten Tagebaus Drittschutz hinsichtlich derjenigen Grundstückseigentümer, „[...] *deren Grundstücke für den Tagebau unmittelbar in Anspruch genommen werden sollen* [...]", mit der Folge, dass diese im Sinne der § 42 Abs. 2 und § 113 Abs. 1 Satz 1 VwGO in eigenen Rechten verletzt sein könnten.[1071] Die Rahmenbetriebsplanzulassung trifft damit, trotz fehlender Gestattungswirkung, eine sich gegenüber Dritten auswirkende Regelung, als dass das Bergbauvorhaben ebenfalls in Anbetracht derer Eigentumsbelange als grundsätzlich zulassungsfähig festgestellt wird und diese Feststellung eine Bindung hinsichtlich der Zulassung konkretisierender Haupt- und Sonderbetriebspläne entfaltet.[1072]

Die mögliche Verletzung subjektiv-öffentlicher Rechte Dritter folgt demnach aus der Bindung der Bergbehörde an die Feststellung der Zulassung des fakultativen Rahmenbetriebsplans bezüglich der Zulassung konkretisierender Haupt- und Sonderbetriebspläne. In dem Zulassungsverfahren eines fakultativen Rahmenbetriebsplans kann, sofern je nach Bergbauzweig und Einzelfall innerhalb dessen eine Beteiligung betroffener Dritter im Sinne des § 48 Abs. 2 BBergG erfolgt, eine zulassungsübergreifende materielle Präklusionswirkung nach § 48 Abs. 2 Satz 5 BBergG dahingehend eintreten, dass verspätet vorgebrachte Einwendungen ebenfalls im Hinblick auf die nachfolgend konkretisierenden Haupt- und Sonderbetriebsplanzulassungen ausgeschlossen sind.[1073]

Daraus ergibt sich nach Ansicht des BVerwG[1074] eine mögliche Bindung „[...] *auch* [...]" des drittbetroffenen Grundstückseigentümers an die Zulassung des fakultativen Rahmenbetriebsplans. Wird ein Drittbetroffener am

---

1069 So noch BVerwGE 89, 246, 250, 256, welches allerdings aufgrund der drittschützenden Voraussetzungen des § 55 Abs. 1 Satz 1 Nr. 3 BBergG bei der Zulassung eines fakultativen Rahmenbetriebsplans eine mögliche Rechtsverletzung Dritter im Sinne der Klagebefugnis zunächst annahm, S. 249; auf diese alte Rechtsprechung hinweisend siehe BVerwG, NVwZ 2009, 333, 334; unter Verweis auf BVerwGE 89, 246 ff. siehe auch OVG Saarland, ZfB 135 (1994), 22, 25.
1070 Vgl. in diesem Zusammenhang *Schmidt-Aßmann/Schoch*, S. 194, nach denen eine Beeinträchtigung von Rechten nur durch eine verbindliche Entscheidung in Frage komme.
1071 BVerwGE 126, 205, 208 Rn. 16.
1072 BVerwGE 126, 205, 211 f. Rn. 23, 25; bestätigt durch BVerfGE 134, 242, Rn. 274, 276.
1073 Siehe dazu oben Kap. 2, B), I), 3., j), cc).
1074 BVerwGE 126, 205, 212 f.

Zulassungsverfahren beteiligt und seine nicht oder verspätet vorgebrachte Einwendung materiell präkludiert, kann er diese Einwendungen inhaltlich nicht mehr geltend machen und wird auf diese Weise an die Feststellung der Zulassung des fakultativen Rahmenbetriebsplans inhaltlich gebunden. Aus der Bindung gegenüber Dritten folgt auch, dass diese, soweit die Zulassung eines fakultativen Rahmenbetriebsplans ihnen gegenüber bestandskräftig geworden ist, die Zulassungen konkretisierender Haupt- und Sonderbetriebspläne nicht mehr aus Gründen anfechten können, über welche bereits durch die Rahmenbetriebsplanzulassung bestandskräftig[1075] entschieden wurde, sie also die grundsätzliche Zulassungsfähigkeit des Vorhabens nicht mehr hinterfragen dürfen.[1076]

Zusammenfassend ergibt sich daraus für den Rechtsschutz Dritter gegen Rahmenbetriebsplanzulassungen folgender Grundsatz: Da die Zulassung eines fakultativen Rahmenbetriebsplans eine Bindungswirkung entfaltet, welche es der Bergbehörde verbietet, in konkretisierenden Haupt- und Sonderbetriebsplanzulassungen inhaltlich von der Feststellung der Rahmenbetriebsplanzulassung abzuweichen bzw. sich dazu in Widerspruch zu setzen, sie also die grundsätzliche Zulassungsfähigkeit des Vorhabens nicht wieder in Frage stellen darf, können bereits dadurch Dritte in ihren subjektiven Rechten beeinträchtigt werden, soweit entsprechende drittschützende Vorschriften innerhalb der Zulassung des Rahmenbetriebsplans geprüft wurden[1077] und die Feststellung somit eine Aussage hinsichtlich der Belange Drittbetroffener enthält.[1078] Dies setzt allerdings voraus, dass die Berücksichtigung und Prüfung drittschützender Belange nicht durch entsprechende Vorbehalte in der Rahmenbetriebsplanzulassung in Sonderbetriebspläne ausgegliedert wurde.[1079] Ist dies doch der Fall, trifft die Zulassung eines fakultativen Rahmenbetriebsplans aufgrund dieser vorbehaltenen Ausglie-

---

1075 Siehe zum Begriff der formellen Bestandskraft im Sinne der Unanfechtbarkeit insbesondere: BVerwG, NVwZ 1983, 285; *Sachs*, in: Stelkens/Bonk/Sachs, VwVfG, § 43 Rn. 20 ff.; *Leisner-Egensperger*, in: Mann/Sennekamp/Uechtritz, VwVfG, § 43 Rn. 16 f.
1076 Vgl. BVerwGE 126, 205, 212 f. Rn. 25, wonach die Rahmenbetriebsplanzulassung „[…] *auch den betroffenen Eigentümer in dieser Weise binden kann* […]" vgl. im Ergebnis auch, allerdings bezüglich der Zulassung eines obligatorischen Rahmenbetriebsplans *Piens*, in: Piens/Schulte/Graf Vitzthum, BBergG, § 56 Rn. 68.
1077 Vgl. zur Drittanfechtung von Betriebsplänen auch *Wysk*, in: Wysk, VwGO, § 42 Rn. 146.
1078 Vgl. im Ergebnis auch VG Berlin, ZfB 130 (1989), 127, 133. Den Rechtsschutz Dritter aufgrund einer Verletzung ihrer Rechte durch die Zulassung eines fakultativen Rahmenbetriebsplans im Ergebnis ebenfalls bejahend vgl. OVG Berlin, ZfB 131 (1990), 200, 210, 225.
1079 Siehe zu den entsprechenden Sonderbetriebsplanarten oben Kap. 1, C), III), 1., a). Siehe zu den Klagemöglichkeiten Dritter im Steinkohlenbergbau in Anbetracht der Sonderbetriebsplanpraxis insbesondere die Übersicht bei *Piens*, in: Piens/Schulte/Graf Vitzthum, BBergG, § 56 Rn. 195–197.

derung keine dahingehende Feststellung und entfaltet somit keine diesbezügliche Bindungswirkung.[1080]
Letztlich ist damit die Zulassung eines fakultativen Rahmenbetriebsplans aufgrund der von dieser ausgehenden uneingeschränkten Bindungswirkung einer gerichtlichen Anfechtung durch Drittbetroffene grundsätzlich zugänglich, soweit in der Rahmenbetriebsplanzulassung eine Feststellung über das geplante Bergbauvorhaben hinsichtlich derer, durch entsprechende drittschützende Vorschriften erfassten, Rechte getroffen wurde.

Ob eine Rechtsverletzung Dritter einerseits möglich[1081] im Sinne der Klagebefugnis nach § 42 Abs. 2 VwGO erscheint und andererseits im Sinne des § 113 Abs. 1 Satz 1 VwGO tatsächlich vorliegt, bedarf aufgrund der unterschiedlichen inhaltlichen Ausgestaltungen des fakultativen Rahmenbetriebsplans und dessen Zulassung immer einer genauen Beurteilung im konkreten Einzelfall.[1082]

C) Die Bindungswirkung der Zulassung obligatorischer Rahmenbetriebspläne

Wird für ein Bergbauvorhaben die Aufstellung und Zulassung eines obligatorischen Rahmenbetriebsplans erforderlich[1083], bedarf deren Verhältnis und Wirkung hinsichtlich der konkretisierenden Haupt- und Sonderbetriebsplanzulassungen einer genauen Betrachtung.

I) Dogmatischer Ausgang der Bindungswirkung

Nach einstimmiger Auffassung entfaltet die Zulassung eines obligatorischen Rahmenbetriebsplans eine Bindungswirkung zulasten der Bergbehörde hinsichtlich der konkretisierenden Haupt- und Sonderbetriebsplanzulassun-

---

1080 Vgl. auch *Piens*, in: Piens/Schulte/Graf Vitzthum, BBergG, § 56 Rn. 66. Vgl. OVG Lüneburg, DVBl. 2013, 725, 725 f., wonach eine Verletzung Dritter in ihren bestehenden Gewinnungsrechten durch eine Rahmenbetriebsplanzulassung, welche sich auf ihre Felder erstrecke, nicht anzunehmen sei, soweit die Rahmenbetriebsplanzulassung die Prüfung der daraus möglicherweise folgenden Beeinträchtigungen zulässigerweise in einen Hauptbetriebsplan ausgliedere und insoweit kein Präjudiz entstehe; vgl. OVG Lüneburg, ZfB 131 (1990), 19, 28, das eine mögliche Verletzung Dritter in ihren Salzbauberechtigungen durch eine Rahmenbetriebsplanzulassung negiert, da die fragliche Rahmenbetriebsplanzulassung insoweit mit einer entsprechenden Nebenbestimmung der Nachreichung dieser Berechtigungen durch den Unternehmer versehen war.
1081 Vgl. zum Erfordernis der Möglichkeit der Rechtsverletzung im Rahmen der Klagebefugnis nach § 42 Abs. 2 VwGO statt vieler: *R. P. Schenke*, in: Kopp/Schenke, VwGO, § 42 Rn. 66; *Sodan*, in: Sodan/Ziekow, VwGO, § 42 Rn. 379 f.
1082 Siehe auch *Schmidt-Aßmann/Schoch*, S. 194.
1083 Siehe zur Erforderlichkeit eines obligatorischen Rahmenbetriebsplans oben Kap. 1, C), II), 2., b).

gen.[1084] Das BVerwG umschreibt dies dahingehend, dass der obligatorische Rahmenbetriebsplan „[...] *einen verbindlichen Rahmen für die nachfolgenden Hauptbetriebspläne und Sonderbetriebspläne* [...]"[1085] setze.

Aus dogmatischer Sicht fundiert diese Bindungswirkung einerseits auf speziellen berggesetzlichen Regelungen hinsichtlich des obligatorischen Rahmenbetriebsplans und andererseits auf den allgemeinen Grundsätzen bindender Verwaltungsakte:

Die Bindungswirkung der Zulassung eines obligatorischen Rahmenbetriebsplans folgt zunächst schon aus dem Gehalt des § 57a Abs. 5 BBergG.[1086] Danach erstrecken sich zum einen die Rechtswirkungen der Planfeststellung hinsichtlich der vom Vorhaben berührten Belange Dritter und der Aufgabenbereiche Beteiligter auch auf die Zulassung und Verlängerung der zur Durchführung des Rahmenbetriebsplans erforderlichen Haupt-, Sonder- und Abschlussbetriebspläne, soweit über die diesbezüglichen Einwendungen entschieden worden ist oder bei rechtzeitiger Geltendmachung hätte entschieden werden können. Zum anderen werden Entscheidungen nach § 48 Abs. 2 BBergG durch den Planfeststellungsbeschluss ausgeschlossen, außer in den in § 48 Abs. 2 Satz 3[1087] BBergG genannten Fällen des Drittschutzes. Dieser Regelung liegt aus Sicht des Gesetzgebers die Systematik zu Grunde, dass durch die Planfeststellung eine umfassende Prüfung und Feststellung der Zulässigkeit des geplanten Bergbauvorhabens hinsichtlich aller dadurch tangierten Belange erfolgt, wobei die Zulassung von Haupt- und Sonderbe-

---

1084 *Keienburg*, in: Boldt/Weller/Kühne/v. Mäßenhausen, BBergG, § 57a Rn. 36; *Piens*, in: Piens/Schulte/Graf Vitzthum, BBergG, § 52 Rn. 133; *Gaentzsch*, in: FS Sendler, S. 413; *Keienburg*, Die Öffentlichkeitsbeteiligung im Bergrecht, S. 244, 247; *Kühne*, in: Kühne/Ehricke, Öffentlichkeitsbeteiligung und Eigentumsschutz im Bergrecht, S. 50 f.; *Kühne*, DVBl. 2006, 662, 665; v. *Mäßenhausen*, ZfB 135 (1994), 119, 130; *Niermann*, S. 106, 210; *Ludwig*, Auswirkungen der FFH-RL auf Vorhaben zum Abbau von Bodenschätzen nach dem BBergG, S. 64; *Kolonko*, S. 210; *Cosack*, NuR 2000, 311, 313 f.; OVG Münster, Beschl. v. 06.07.2005 – 11 B 750/05 –, juris, Rn. 8; OVG Koblenz, ZUR 2013, 293, 297. Vgl. auch *Bohne*, in: Tettinger (Hrsg.), Umweltverträglichkeitsprüfung bei Projekten des Bergbaus und der Energiewirtschaft, S. 48, der diese als vertikale Konzentrationswirkung bezeichnet.
1085 BVerwGE 127, 259, 262 f. Rn. 25; 127, 272, 274 Rn. 18.
1086 *Kühne*, in: Kühne/Ehricke, Öffentlichkeitsbeteiligung und Eigentumsschutz im Bergrecht, S. 50; *Kühne*, in: Kühne/Ehricke, Entwicklungslinien des Bergrechts, S. 70; siehe auch *Kühne*, DVBl. 2006, 662, 665; *Keienburg*, Die Öffentlichkeitsbeteiligung im Bergrecht, S. 244; v. *Mäßenhausen*, ZfB 135 (1994), 119, 130; *Cosack*, NuR 2000, 311, 313 f.; vgl. *Gaentzsch*, in: FS Sendler, S. 413; vgl. *Gaentzsch*, in: Kühne/Gaentzsch, Wandel und Beharren im Bergrecht, S. 35; vgl. *Niermann*, S. 106, 209 f.; vgl. *Bohne*, ZfB 130 (1989), 93, 108, 121; vgl. *Neumann*, in: Kühne/Ehricke, Entwicklungslinien des Bergrechts, S. 44, nach welchem § 57a Abs. 5 BBergG die Bindungswirkung beschreibe.
1087 Der Wortlaut des § 57a Abs. 5 2. Halbs. BBergG nimmt Bezug auf § 48 Abs. 2 Satz 2 BBergG, welcher allerdings in der aktuellsten Fassung des BBergG nunmehr § 48 Abs. 2 Satz 3 BBergG darstellt, sodass von einer versehentlich unterbliebenen wörtlichen Anpassung des § 57a Abs. 5 2. Halbs. BBergG durch den Gesetzgeber auszugehen ist.

triebsplänen zur Durchführung des Vorhabens weiterhin erforderlich bleibt.[1088] Flankiert wird dies durch die allgemeinen entstehungsgeschichtlichen Erwägungen hinsichtlich des obligatorischen Rahmenbetriebsplans, da durch dessen Zulassung maßgebliche Aspekte des geplanten Bergbauvorhabens einer „[...] *verbindlichen Regelung zugeführt* [...]" werden, „[...] *die für die gesamte Dauer des Vorhabens Bestand haben soll.*"[1089]

Darüber hinaus ist hinsichtlich der Bindungswirkung ebenfalls, wie bei der Zulassung eines fakultativen Rahmenbetriebsplans, auf die allgemeinen Grundsätze[1090] der Bindungswirkung wirksamer Verwaltungsakte zu rekurrieren,[1091] da die Zulassung eines obligatorischen Rahmenbetriebsplans als Planfeststellungsbeschluss und damit als Verwaltungsakt erfolgt[1092]. Danach tritt mit der Wirksamkeit der Zulassung eines obligatorischen Rahmenbetriebsplans eine grundsätzlich uneingeschränkte Bindung der Bergbehörde ein, welche ihr ein inhaltliches Abweichen davon bzw. einen dazu inhaltlichen Widerspruch in nachfolgend konkretisierenden Haupt- und Sonderbetriebsplanzulassungen verbietet. Dies ergibt sich auch im Umkehrschluss aus dem Grundsatz, die Bindungswirkung stelle die Kehrseite der behördlichen Aufhebungsmöglichkeit dar[1093], soweit die §§ 48, 49 VwVfG grundsätzlich Anwendung auf den bergrechtlichen Planfeststellungsbeschluss über die Zulassung eines obligatorischen Rahmenbetriebsplans finden[1094].

1088 BT-Drs. 11/4015, S. 12.
1089 BT-Drs. 11/4015, S. 8.
1090 Siehe dazu oben Kap. 2, A), I), 1.
1091 Vgl. auch *Ludwig*, Auswirkungen der FFH-RL auf Vorhaben zum Abbau von Bodenschätzen nach dem BBergG, S. 63.
1092 Vgl. dazu bereits oben Kap. 1, C), III), 2., und b). Siehe zur Rechtsnatur eines Planfeststellungsbeschlusses als Verwaltungsakt statt vieler: *T. Lieber*, in: Mann/Sennekamp/Uechtritz, VwVfG, § 74 Rn. 63; *Neumann/Külpmann*, in: Stelkens/Bonk/Sachs, VwVfG, § 74 Rn. 19; *Ramsauer/Wysk*, in: Kopp/Ramsauer, VwVfG, § 74 Rn. 15.
1093 Siehe dazu oben Kap. 2, A), I), 1.
1094 *Keienburg*, in: Boldt/Weller/Kühne/v. Mäßenhausen, BBergG, § 57a Rn. 60, allerdings nur als ultima ratio; *Niermann*, S. 249; für eine Anwendbarkeit des § 49 VwVfG vgl. auch *Kühne*, in: Kühne/Ehricke, Öffentlichkeitsbeteiligung und Eigentumsschutz im Bergrecht, S. 52; zurückhaltender und wohl a. A. *Piens*, in: Piens/Schulte/Graf Vitzthum, BBergG, § 56 Rn. 94. Vgl. zur Anwendbarkeit der §§ 48, 49 VwVfG auf die Zulassung eines fakultativen Rahmenbetriebsplans oben Kap. 2, B), I), 3., a), bb). Allgemein zur umstrittenen Frage der grundsätzlichen Anwendbarkeit der §§ 48, 49 VwVfG auf Planfeststellungsbeschlüsse siehe statt vieler: BVerwG, NVwZ 2016, 1325, 1326 Rn. 26, 1327 Rn. 31; BVerwGE 144, 44, 51 Rn. 23; 105, 6, 11; *Neumann/Külpmann*, in: Stelkens/Bonk/Sachs, VwVfG, § 72 Rn. 113–114; *Ramsauer/Wysk*, in: Kopp/Ramsauer, VwVfG, § 72 Rn. 24; *Schink*, in: Knack/Henneke, VwVfG, § 72 Rn. 54; *Masing/Schiller*, in: Obermayer/Funke-Kaiser, VwVfG, § 72 Rn. 32 f.

II) Regelungskongruenter Bindungsumfang

Ähnlich wie bereits bei der Zulassung eines fakultativen Rahmenbetriebsplans aufgezeigt[1095] und in Anwendung des Grundsatzes[1096] der Kongruenz von Regelungsgehalt und Bindung, richtet sich der exakte Umfang der Bindungswirkung nach dem genauen Regelungsgehalt der Zulassung des obligatorischen Rahmenbetriebsplans[1097].

1. Regelungsgehalt der Zulassung eines obligatorischen Rahmenbetriebsplans

Gegenständlich erfasst der obligatorische Rahmenbetriebsplan aufgrund der UVP-Pflicht das Gesamtbergbauvorhaben und kann, anders als der fakultative Rahmenbetriebsplan, grundsätzlich[1098] nicht nur für bestimmte Teile eines Vorhabens aufgestellt werden,[1099] sodass letztlich für dieses Gesamtvorhaben nur ein einzelner obligatorischer Rahmenbetriebsplan vorliegt.[1100]

Zunächst sind auch im Falle des obligatorischen Rahmenbetriebsplans nach § 52 Abs. 4 Satz 1 BBergG eine Darstellung des Umfangs, der technischen Durchführung und der Dauer des beabsichtigten Vorhabens sowie der Nachweis des Vorliegens der Zulassungsvoraussetzungen des § 55 Abs. 1 BBergG erforderlich.[1101] In inhaltlicher Hinsicht müssen dessen Angaben aber grundsätzlich ein deutlich höheres Maß an Konkretisierung aufweisen als die innerhalb eines fakultativen Rahmenbetriebsplans.[1102] So sieht das BBergG selbst strengere Anforderungen vor, die über die Angaben eines

---

1095 Siehe dazu oben Kap. 2, B), IV), 2., a).
1096 Siehe dazu oben Kap. 2, A), I), 1.
1097 Vgl. auch *Keienburg*, Die Öffentlichkeitsbeteiligung im Bergrecht, S. 244, 247; OVG Münster, Beschl. v. 06.07.2005 – 11 B 750/05 –, juris, Rn. 8; *v. Mäßenhausen*, ZfB 135 (1994), 119, 130.
1098 Eine Ausnahme davon macht § 52 Abs. 2b Satz 1 BBergG für Vorhaben einschließlich notwendiger Folgemaßnahmen, welche wegen ihrer räumlichen Ausdehnung oder zeitlichen Erstreckung in selbständigen Abschnitten oder Stufen durchgeführt werden. Dann kann nach dieser Regelung der obligatorische Rahmenbetriebsplan entsprechend den Abschnitten oder Stufen aufgestellt und zugelassen werden, wenn dadurch nicht die erforderliche Einbeziehung der erheblichen Auswirkungen des gesamten Vorhabens auf die Umwelt ganz oder teilweise unmöglich wird. Siehe dazu auch bereits oben Kap. 1, C), II), b).
1099 BVerwGE 100, 1, 7; BVerwG, NVwZ 2002, 1237, 1237; *v. Hammerstein*, in: Boldt/Weller/Kühne/v. Mäßenhausen, BBergG, § 52 Rn. 57; *Neumann*, in: Kühne/Ehricke, Entwicklungslinien des Bergrechts, S. 39 f. unter Verweis auf die Rechtsprechung des BVerwG; siehe auch *v. Mäßenhausen*, ZfB 135 (1994), 119, 126.
1100 *Piens*, in: Piens/Schulte/Graf Vitzthum, BBergG, § 52 Rn. 147; vgl. *Niermann*, S. 104; *Keienburg*, Die Öffentlichkeitsbeteiligung im Bergrecht, S. 248.
1101 OVG Saarland, Urt. v. 21.04.2004 – 2 R 26/03 –, juris, Rn. 60; vgl. *v. Hammerstein*, in: Boldt/Weller/Kühne/v. Mäßenhausen, BBergG, § 52 Rn. 102, 104.
1102 Siehe dazu bereits oben Kap. 1, C), II), 2., b). Siehe differenziert zur Konkretisierung der verschiedenen Angaben eines obligatorischen Rahmenbetriebsplans im untertägigen Steinkohlenbergbau, *Knöchel*, NWVBl. 1992, 117, 119 f.

C) Die Bindungswirkung der Zulassung obligatorischer Rahmenbetriebspläne

fakultativen Rahmenbetriebsplans hinausgehen.[1103] Nach § 57a Abs. 2 Satz 1 BBergG muss der obligatorische Rahmenbetriebsplan den Anforderungen genügen, welche sich aus den Voraussetzungen für die Durchführung des Planfeststellungsverfahrens unter Berücksichtigung der Antragserfordernisse für die vom Planfeststellungsbeschluss eingeschlossenen behördlichen Entscheidungen ergeben. Daneben muss er nach § 57a Abs. 2 Satz 2 BBergG alle für die Umweltverträglichkeitsprüfung bedeutsamen Angaben in der Form eines Berichts zu den voraussichtlichen Umweltauswirkungen des Vorhabens nach Maßgabe des § 16 UVPG und der UVP-V Bergbau enthalten. Der obligatorische Rahmenbetriebsplan beinhaltet daher nicht nur allgemeine, sondern unter anderem sehr detaillierte Angaben in besonderem Maße hinsichtlich der Prüfung der Umweltverträglichkeit des Bergbauvorhabens.[1104] Zusammenfassend setzt sich sein Inhalt also aus Angaben bezüglich der spezifisch bergrechtlichen Voraussetzungen der Zulassung, der Umweltveräglichkeitsprüfung des Vorhabens und den eingeschlossenen Behördenentscheidungen zusammen.[1105]

Die Zulassung eines obligatorischen Rahmenbetriebsplans entfaltet anders als sonstige Planfeststellungen keine Gestattungswirkung, sondern trifft als abschließende Regelung lediglich die Feststellung der Zulässigkeit des in ihm beschriebenen Bergbauvorhabens.[1106] Dieser ist[1107] zuzulassen, wenn das Bergbauvorhaben anhand seiner Angaben die Zulassungsvoraussetzungen des § 55 Abs. 1 BBergG erfüllt, es als umweltverträglich zu bewerten ist, gemäß § 48 Abs. 2 BBergG keine entgegenstehenden öffentlichen Interesse vorliegen und letztlich die materiellen Voraussetzungen der durch die Konzentrationswirkung[1108] eingeschlossenen Behördenentscheidungen vorliegen.[1109] Dabei ist zu berücksichtigen, dass nach § 52

1103 BT-Drs. 11/4015, S. 11.
1104 *Niermann*, S. 105; vgl. *Bohne*, in: Tettinger (Hrsg.), Umweltverträglichkeitsprüfung bei Projekten des Bergbaus und der Energiewirtschaft, S. 32; siehe auch *Ludwig*, Auswirkungen der FFH-RL auf Vorhaben zum Abbau von Bodenschätzen nach dem BBergG, S. 62; *Kolonko*, S. 201; vgl. *Cosack*, NuR 2000, 311, 314. Wohl teilweise strenger *v. Mäßenhausen*, ZfB 135 (1994), 119, 131, nach welchem sich insbesondere die Auswirkungen auf die Umwelt durch die dynamischen Bereiche eines Bergbauvorhabens nicht alle vollständig detailliert darstellen ließen.
1105 *Keienburg*, in: Boldt/Weller/Kühne/v. Mäßenhausen, BBergG, § 57a Rn. 5; *Piens*, in: Piens/Schulte/Graf Vitzthum, BBergG, § 57a Rn. 13.
1106 *Piens*, in: Piens/Schulte/Graf Vitzthum, BBergG, § 52 Rn. 130, § 56 Rn. 74.
1107 Siehe zur Ausgestaltung als gebundene Kontrollerlaubnis oben Kap. 1, C), III), 2., a) und b).
1108 Siehe zur formellen Konzentrationswirkung der Zulassung eines obligatorischen Rahmenbetriebsplans oben Kap. 1, C), III), 2., c), cc).
1109 *Keienburg*, in: Boldt/Weller/Kühne/v. Mäßenhausen, BBergG, § 57a Rn. 30; vgl. zu den Zulassungsvoraussetzungen des obligatorischen Rahmenbetriebsplans auch *Kühne*, in: Kühne/Ehricke, Öffentlichkeitsbeteiligung und Eigentumsschutz im Bergrecht, S. 51; siehe ausführlich zur Anwendbarkeit der bergrechtlichen Zulassungsvoraussetzungen der §§ 55

Abs. 2a Satz 3 BBergG die Anforderungen eines vorsorgenden Umweltschutzes, welche sich bei der UVP ergeben und über die Zulassungsvoraussetzungen des § 55 BBergG sowie die sich aus anderem Fachrecht ergebenden Voraussetzungen hinausgehen, öffentliche Interessen im Sinne des § 48 Abs. 2 BBergG darstellen.[1110] Mit anderen Worten stellt eine dahingehend erteilte Zulassung grundsätzlich das Vorliegen dieser Voraussetzungen im Hinblick auf das im obligatorischen Rahmenbebtriebsplan beschriebene Vorhaben fest.[1111]

Im Detail zeigen sich hier jedoch grundsätzlich unterschiedliche Konkretisierungsgrade hinsichtlich der feststellenden Regelung zu den jeweiligen Voraussetzungen. Insbesondere hinsichtlich der verschiedenen einzelnen bergrechtlichen Zulassungsvoraussetzungen des § 55 Abs. 1 BBergG kann teilweise nur allgemeiner gehalten und mit geringerem Konkretisierungsgrad entschieden[1112] werden, sodass die Feststellung im Planfeststellungsbeschluss dahingehend noch einer weiteren Konkretisierung durch Haupt- und Sonderbetriebsplanzulassungen bedarf.[1113] Andererseits weist die Feststellung hinsichtlich der Umweltverträglichkeit des Bergbauvorhabens, der konzentrierten nach anderem Fachrecht erforderlichen Behördenentscheidungen und dem Nichtvorliegen entgegenstehender öffentlicher Interessen im Sinne des § 48 Abs. 2 Satz 1 BBergG einen abschließenden, vollständig detaillierten Konkretisierungsgrad auf, sodass bezüglich dieser Voraussetzungen eine weitere Konkretisierung durch nachfolgende Entscheidungen nicht mehr notwendig ist.[1114]

Dieser in sich differenzierte Konkretisierungsgrad der feststellenden Regelung des Planfeststellungsbeschlusses folgt aus den bergbaulichen Sachgesetzlichkeiten, denn obgleich der obligatorische Rahmenbetriebsplan in

---

Abs. 1, 48 Abs. 2 BBergG auf die Zulassung eines obligatorischen Rahmenbetriebsplans *Niermann*, S. 208.

1110 Siehe dazu auch *Gaentzsch*, in: FS Sendler, S. 412.
1111 Vgl. auch OVG Koblenz, ZUR 2013, 293, 297; OVG Münster, Beschl. v. 06.07.2005 – 11 B 750/05 –, juris, Rn. 8, zwar allgemein hinsichtlich der Rahmenbetriebspläne formuliert, inhaltlich allerdings auf den obligatorischen Rahmenbetriebsplan bezogen.
1112 Nach *Keienburg*, in: Boldt/Weller/Kühne/v. Mäßenhausen, BBergG, § 57a Rn. 6 erfolge zwar hinsichtlich der Voraussetzungen des § 55 BBergG lediglich eine vorläufige Prüfung, sodass die abschließende Prüfung dieser Voraussetzungen erst in konkretisierenden Haupt- und Sonderbetriebsplanzulassungen erfolge. Damit scheint allerdings keinerlei Aussage über eine etwaige Vorläufigkeit der feststellenden Regelung getroffen worden zu sein, sondern wie sich aus dem dortigen Kontext ergibt, der Hinweis, dass über diese Voraussetzungen in der Planfeststellung noch nicht in vollem Konkretisierungsgrad entschieden werden kann.
1113 Siehe *Kühne*, in: Kühne/Ehricke, Öffentlichkeitsbeteiligung und Eigentumsschutz im Bergrecht, S. 51; vgl. *Kühne*, DVBl. 2006, 662, 666; vgl. *Keienburg*, Die Öffentlichkeitsbeteiligung im Bergrecht, S. 247.
1114 Siehe dazu *Keienburg*, Die Öffentlichkeitsbeteiligung im Bergrecht, S. 247 f. Siehe zur abschließenden Feststellung der Umweltverträglichkeit auch *Kolonko*, S. 201.

gewisser Hinsicht detaillierter ausgestaltet werden muss, lassen die Anforderungen des Bergbaus bezüglich der bergrechtsspezifischen Voraussetzungen des § 55 Abs. 1 BBergG trotzdem nur eine allgemeinere und rahmenmäßige Beurteilung des Gesamtvorhabens zu.[1115] Insoweit ist der zum Teil in der Literatur[1116] pauschalisiert geforderte hohe Detailgrad der bergrechtsspezifischen Angaben hinsichtlich des Abbaus im obligatischen Rahmenbetriebsplan vorsichtig zu sehen. Vermittelnder ließe sich zwischen eher statischen Aspekten, welche eine höhere Konkretisierung zulassen, und dynamischen Aspekten, die nur einer geringeren Konkretisierung im Zeitpunkt der Zulassung eines obligatorschen Rahmenbetriebsplans zugänglich sind, differenzieren.[1117] Hierbei kann ebenfalls ergänzend auf die Ausführungen zum möglichen Konkretisierungsgrad des feststellenden Regelungsgehalts der Zulassung eines fakultativen Rahmenbetriebsplans hinsichtlich der spezifisch bergrechtlichen Zulassungsvoraussetzungen rekurriert werden.[1118]

2. Folgen der systematischen Position des obligatorischen Rahmenbetriebsplans

Für den exakten Umfang der Bindungswirkung und deren Folgen für das weitere Betriebsplanverfahren ist zusätzlich das systematische Verhältnis der Betriebsplanarten zueinander von Relevanz. Der obligatorische Rahmenbetriebsplan geht über die systematische Funktion des fakultativen Rahmenbetriebsplans im Betriebsplanverfahren hinaus.[1119] Dies zeigt sich insbesondere daran, dass dem obligatorischen Rahmenbetriebsplan eine unterschiedliche systematische Position innerhalb der Gliederungssystematik des Betriebsplanverfahrens zukommt. Insofern soll der obligatorische Rahmenbetriebsplan zu einer „[...] *Entlastung des* [...] *Hauptbetriebsplanverfahrens und aller anderen Betriebsplanverfahren, für die der Rahmen insofern ein für allemal festgelegt ist* [...]"[1120], führen. Dies legt nahe, dass

---

1115 Vgl. auch *Knöchel*, NWVBl. 1992, 117, 117 f., nach dem die bergbaulichen Sachgesetzlichkeiten ebenfalls bei einem Rahmenbetriebsplan, der durch Planfeststellung zugelassen werde, zu berücksichtigen seien; vgl. *Cosack*, NuR 2000, 311, 314, der auf die Begrenzung des möglichen Detaillierungsgrades durch die Sachgesetzlichkeiten hinweist.
1116 *Ludwig*, Auswirkungen der FFH-RL auf Vorhaben zum Abbau von Bodenschätzen nach dem BBergG, S. 64.
1117 Siehe zu dieser Unterscheidung: *v. Mäßenhausen*, ZfB 135 (1994), 119, 130; *Keienburg*, in: Boldt/Weller/Kühne/v. Mäßenhausen, BBergG, § 57a Rn. 5.
1118 Siehe dazu oben Kap. 2, B), I), 3., f), bb), (6).
1119 Vgl. *Niermann*, S. 102. *Gaentzsch*, in: Kühne/Gaentzsch, Wandel und Beharren im Bergrecht, S. 43 sieht darüber hinaus insgesamt sogar „[...] *zwei gänzlich unterschiedliche Arten* [...]" des Rahmenbetriebsplans; vgl. *Schulte*, Raumplanung und Genehmigung bei der Bodenschätzegewinnung, S. 374, nach welchem fakultativer und obligatorischer Rahmenbetriebsplan nicht vergleichbar seien.
1120 BT-Drs. 11/4015, S. 8.

der obligatorische Rahmenbetriebsplan nicht nur[1121], wie der fakultative Rahmenbetriebsplan[1122], eine zusätzliche rahmensetzende Regelung trifft, die neben die konkretisierenden Haupt- und Sonderbetriebspläne tritt, sondern in gewissem Umfang auch bestimmte Aspekte dieser konkretisierenden Zulassungen vorweg verbindlich festlegt[1123], mitunter also auch eine Vorwegnahme von Regelungsaspekten erfolgt.[1124] Denn eine Entlastung setzt bereits sprachlich voraus, dass diejenigen Aspekte, um welche entlastet werden soll, nicht erneut zu behandeln sind. Diese Annahme wird auch durch den normativen Gehalt des § 57a Abs. 5 BBergG gestützt, als nach dessen erstem Halbsatz zum einen alle gegen das Bergbauvorhaben vorzubringenden Einwendungen innerhalb des Planfeststellungsverfahrens erledigt werden und zum anderen nach dessen zweitem Halbsatz eine Prüfung der Anforderungen des § 48 Abs. 2 BBergG bei konkretisierenden Betriebsplanzulassungen nicht erneut erfolgen solle,[1125] mit Ausnahme von den in § 48 Abs. 2 Satz 3[1126] BBergG genannten Fällen des Schutzes von Rechten

---

[1121] Denn grundsätzlich behalte der obligatorische Rahmenbetriebsplan seine rahmensetzende Eigenschaft bei, *Gaentzsch*, in: Kühne/Gaentzsch, Wandel und Beharren im Bergrecht, S. 37.
[1122] Siehe dazu oben Kap. 2, B), I), 3., e), dd).
[1123] Vgl. *Piens*, in: Piens/Schulte/Graf Vitzthum, BBergG, § 52 Rn. 133, nach welchem „[...] *Teilaspekte des Vorhabens vorab entschieden sind.*" *Keienburg*, Die Öffentlichkeitsbeteiligung im Bergrecht, S. 247, mit Ausnahme der Voraussetzungen des § 55 Abs. 1 BBergG; nach *Ludwig*, Auswirkungen der FFH-RL auf Vorhaben zum Abbau von Bodenschätzen nach dem BBergG, S. 65 werde durch die Zulassung des obligatorischen Rahmenbetriebsplans „[...] *über Teilaspekte des Vorhabens vorab entschieden [...]*"; *Schulte*, Raumplanung und Genehmigung bei der Bodenschätzegewinnung, S. 375 geht von einer Abschichtung aus; vgl. auch *Bohne*, ZfB 130 (1989), 93, 109; vgl. OVG Münster, Beschl. v. 06.07.2005 – 11 B 750/05 –, juris, Rn. 11, wonach die Sonderbetriebsplanzulassung hinsichtlich in der Planfeststellung des obligatorischen Rahmenbetriebsplans bereits behandelter Einwendungen inhaltlich keine erneute Regelung treffe; vgl. OVG Saarland, Urt. v. 21.04.2004 – 2 R 26/03 –, juris, Rn. 71, wonach der Planfeststellungsbeschluss bereits Teile der Regelungsgehalte der Haupt- und Sonderbetriebspläne enthalte.
[1124] Insoweit wird auch die Zulassung eines obligatorischen Rahmenbetriebsplans teilweise mit dem Vorbescheid aus dem Anlagengenehmigungsrecht verglichen: *Keienburg*, in: Boldt/Weller/Kühne/v. Mäßenhausen, BBergG, § 57a Rn. 36; *Kühne*, UPR 1989, 326, 329; *Kühne*, in: Kühne/Ehricke, Öffentlichkeitsbeteiligung und Eigentumsschutz im Bergrecht, S. 51; *v. Mäßenhausen*, ZfB 135 (1994), 119, 130. Kritisch zu einem solchen Vergleich: *Niermann*, S. 106; *Gaentzsch*, in: FS Sendler, S. 417; *Gaentzsch*, in: Kühne/Gaentzsch, Wandel und Beharren im Bergrecht, S. 39; *Cosack*, NuR 2000, 311, 314, der allerdings die Zulassung eines obligatorischen Rahmenbetriebsplans grob mit einer Art Zusicherung zu vergleichen versucht. Letztlich ist ein praktisches Bedürfnis nach einem solchen Vergleich nicht ersichtlich, da der Zulassung eines obligatorischen Rahmenbetriebsplans ohnehin bereits eine eigene Bindungswirkung zuerkannt wird.
[1125] BT-Drs. 11/4015, S. 12.
[1126] Der Wortlaut des § 57a Abs. 5 2. Halbs. BBergG nimmt Bezug auf § 48 Abs. 2 Satz 2 BBergG, welcher allerdings in der aktuellsten Fassung des BBergG nunmehr § 48 Abs. 2 Satz 3

Dritter, bei denen die Bergbehörde weiterhin zum Handeln nach § 48 Abs. 2 BBergG berechtigt bleibt[1127].
Als Folge dieser Systematik und des grundsätzlich höheren inhaltlichen Konkretisierungsgrads des obligatorischen Rahmenbetriebsplans sollen für konkretisierende Haupt- und Sonderbetriebspläne grundsätzlich nur wenige weitere Regelungsmöglichkeiten hinsichtlich spezifisch bergbaulicher und technischer Aspekte sowie personenbezogener Voraussetzungen ohne Auswirkungen auf Dritte verbleiben.[1128] Letztlich wird eine Vorabregelung bzw. Vorwegnahme von Regelungsteilen aber nur insoweit in Frage kommen, wie die Angaben innerhalb des obligatorischen Rahmenbetriebsplans sich in diesem Zeitpunkt bereits in vollendetem Detaillierungsgrad darstellen lassen und die Bergbehörde darüber entsprechend in dem Planfeststellungsbeschluss entscheiden kann.[1129] Denn nur wenn bestimmte Aspekte einem Detaillierungsgrad zugänglich sind, der eine spätere Konkretisierung entbehrlich macht, weil er bereits dem Konkretisierungsgrad von Haupt- und Sonderbetriebsplänen in kongruentem Maße entspricht, kann Raum sein für eine entsprechende Vorwegnahme.

3. Bindungsinhalt

Nach dem Grundsatz[1130] der Kongruenz von Regelungsgehalt und Bindungswirkung ergibt sich aus den vorstehenden Darstellungen des feststellenden Regelungsumfangs der Bindungsinhalt.

Der genaue Inhalt der Bindungswirkung des Planfeststellungsbeschlusses erfasst grundsätzlich die Feststellung der Vereinbarkeit des beschriebenen Bergbauvorhabens mit den Zulassungsvoraussetzungen des § 55 Abs. 1 BBergG, soweit die Planangaben diese Feststellung bereits ermöglichen, des Nichtentgegenstehens öffentlicher Interessen nach § 48 Abs. 2 Satz 1 BBergG sowie der Umweltverträglichkeit des Bergbauvorhabens und letztlich die von der Konzentrationswirkung erfassten erforderlichen anderen Entscheidungen.[1131]

Die aufgezeigten unterschiedlichen Konkretisierungsgrade der feststellenden Regelung bezüglich der verschiedenen Voraussetzungen des obligatorischen Rahmenbetriebsplans haben einen dazu kongruenten, also ebenfalls

---

BBergG darstellt, sodass von einer versehentlich unterbliebenen wörtlichen Anpassung des § 57a Abs. 5 2. Halbs. BBergG durch den Gesetzgeber auszugehen ist.

1127 *Gaentzsch,* in: FS Sendler, S. 416; *Gaentzsch,* in: Kühne/Gaentzsch, Wandel und Beharren im Bergrecht, S. 39.
1128 *Gaentzsch,* in: FS Sendler, S. 417; *Gaentzsch,* in: Kühne/Gaentzsch, Wandel und Beharren im Bergrecht, S. 39. Kritisch dazu *Kühne,* DVBl. 2006, 662, 669.
1129 Vgl. wohl auch im Umkehrschluss *Kühne,* DVBl. 2006, 662, 669.
1130 Siehe dazu oben Kap. 2, A), I), 1.
1131 Siehe dazu *Piens,* in: Piens/Schulte/Graf Vitzthum, BBergG, § 52 Rn. 133; *Keienburg,* in: Boldt/Weller/Kühne/v. Mäßenhausen, BBergG, § 57a Rn. 37; *Keienburg,* Die Öffentlichkeitsbeteiligung im Bergrecht, S. 247.

unterschiedlich konkretisierten Bindungsinhalt zur Folge.[1132] Da die Feststellung hinsichtlich der Vereinbarkeit des Bergbauvorhabens mit den bergrechtlichen Zulassungsvoraussetzungen des § 55 Abs. 1 BBergG zum Teil nur von geringerer Konkretisierung ist,[1133] kann die dazu kongruente Bindungswirkung gleichsam nur dieses inhaltliche Maß aufweisen. Die Bindung der Bergbehörde an die Feststellung hinsichtlich der Voraussetzungen des § 55 Abs. 1 BBergG erfolgt daher nur in einem dazu kongruenten, grundsätzlich eher geringeren Konkretisierungsgrad. Dies hat zur Folge, dass insoweit grundsätzlich keine Vorwegnahme von Regelungen der nachfolgend konkretisierenden Haupt- und Sonderbetriebsplanzulassungen erfolgen kann.[1134]

Andererseits hat die abschließend konkretisierte Feststellung hinsichtlich der konzentrierten anderen Fachentscheidungen, der Umweltverträglichkeit des Gesamtbergbauvorhabens und des Nichtentgegenstehens öffentlicher Interessen im Sinne des § 48 Abs. 2 Satz 1 BBergG einen kongruent konkretisierten Bindungsinhalt zur Folge, der entsprechend der Position des obligatorischen Rahmenbetriebsplans im Betriebsplanverfahren zu einer Vorabentscheidung[1135] über diese Aspekte führt, sodass es diesbezüglich keiner erneuten Prüfung und Regelung in[1136] nachfolgend „konkretisierenden" Haupt- und Sonderbetriebsplanzulassungen bedarf.[1137] Hinsichtlich der Voraussetzungen des § 48 Abs. 2 Satz 1 BBergG ergibt sich dies auch aus der Funktion des obligatorischen Rahmenbetriebsplans, da dessen Zulassung nach § 57a Abs. 5 2. Halbs. BBergG grundsätzlich Entscheidungen nach § 48 Abs. 2 BBergG ausschließt, mithin also eine Prüfung dieser Voraussetzung bzw. entgegenstehender öffentlicher Interessen im weiteren Betriebsplanverfahren nicht mehr erfolgen soll[1138]. Durch den Planfeststellungsbeschluss über den obligatorischen Rahmenbetriebsplan wird also mit rechtlicher Wirkung nach § 57a Abs. 5 BBergG für folgende Haupt- und Sonderbetriebspläne in abschließender Weise verbindlich über die Umweltauswirkungen des beschriebenen Bergbauvorhabens entschie-

---

1132 Vgl. auch *Kühne*, DVBl. 2006, 662, 669, nach dem die unterschiedlichen Konkretisierungsgrade die Bindungswirkung festlegen.
1133 Siehe dazu oben Kap. 2, C), II), 1.
1134 Vgl. *Keienburg*, Die Öffentlichkeitsbeteiligung im Bergrecht, S. 247.
1135 Siehe zur Vorabentscheidung durch die Zulassung des obligatorischen Rahmenbetriebsplans hinsichtlich bestimmter Zulassungsvoraussetzungen auch *Piens*, in: Piens/Schulte/Graf Vitzthum, BBergG, § 52 Rn. 133.
1136 Richtigerweise wären nach anderem Fachrecht erforderliche Behördenentscheidungen mangels Konzentrationswirkung der einfachen Betriebsplanzulassung (siehe Kap. 1, C), III), 2., c), cc)) nicht innerhalb dieser, sondern daneben zu treffen.
1137 Vgl. *Keienburg*, Die Öffentlichkeitsbeteiligung im Bergrecht, S. 247 f.
1138 Siehe dazu bereits oben Kap. 2, C), II), 2.

den.[1139] Letztlich folgt aus dem insgesamt höheren Konkretisierungsgrad des obligatorischen Rahmenbetriebsplans und der dazu ergehenden Feststellung in der Zulassung eine detaillierte Bindungswirkung.[1140]

Ähnlich wie bereits im Falle der Zulassung des fakultativen Rahmenbetriebsplans dargelegt[1141], ist davon auszugehen, dass die Bindungswirkung der Zulassung des obligatorischen Rahmenbetriebsplans nicht nur gegenüber der erlassenden Bergbehörde, sondern gleichermaßen gegenüber dem den Plan aufstellenden Bergbauunternehmer gilt. Will dieser in nachfolgend konkretisierenden Haupt- oder Sonderbetriebsplänen inhaltlich von dem Planfeststellungsbeschluss abweichen, muss er aufgrund der kongruenten Bindungswirkung zuvor eine diesem Umfang entsprechende inhaltliche Änderung[1142] des Planfeststellungsbeschlusses erwirken.

Eine inhaltliche Einschränkung der Bindungswirkung soll sich allerdings aus § 57a Abs. 5 2. Halbs. BBergG ergeben können.[1143] Da hiernach Entscheidungen im Sinne des § 48 Abs. 2 Satz 3[1144] BBergG hinsichtlich des Schutzes der Rechte Dritter durch den Planfeststellungsbeschluss nicht ausgeschlossen werden, können diese grundsätzlich auch erst im Kontext nachfolgender Haupt- und Sonderbetriebsplanzulassungen erfolgen, sodass derart insbesondere beim untertägigen[1145] Bergbau die Ausgliederung der

---

1139 *Bohne*, in: Tettinger (Hrsg.), Umweltverträglichkeitsprüfung bei Projekten des Bergbaus und der Energiewirtschaft, S. 48; *Bohne*, ZfB 130 (1989), 93, 108, 121; *Niermann*, S. 105 f.; siehe auch *Gaentzsch*, in: FS Sendler, S. 415; siehe auch *v. Mäßenhausen*, ZfB 135 (1994), 119, 130, nach dem durch die Planfeststellung „[...] *grundsätzlich verbindlich über die Vereinbarkeit des Vorhabens mit der Umwelt entschieden* [...]" werde; vgl. auch OVG Saarland, Urt. v. 21.04.2004 – 2 R 26/03 –, juris, Rn. 81.
1140 Siehe dazu auch *Ludwig*, Auswirkungen der FFH-RL auf Vorhaben zum Abbau von Bodenschätzen nach dem BBergG, S. 64; so auch *Kolonko*, S. 210.
1141 Siehe dazu oben Kap. 2, B), IV, 2., c).
1142 Derart sieht insbesondere § 52 Abs. 2c BBergG für wesentliche Änderungen des Bergbauvorhabens die Geltung des § 52 Abs. 2a BBergG, also die Durchführung eines neuen Planfeststellungsverfahrens vor.
1143 BVerwGE 127, 272, 278 Rn. 29 geht von einer Einschränkung der Bindungswirkung aus; *Kühne*, in: Kühne/Ehricke, Öffentlichkeitsbeteiligung und Eigentumsschutz im Bergrecht, S. 50 f.; *Keienburg*, in: Boldt/Weller/Kühne/v. Mäßenhausen, BBergG, § 57a Rn. 38 spricht von einer „Ausnahme"; *Neumann*, in: Kühne/Ehricke, Entwicklungslinien des Bergrechts, S. 44; vgl. OVG Saarland, ZfB 134 (1993), 218, 220, welches sprachlich allerdings von einer Ausnahme der vertikalen Konzentrationswirkung ausgeht.
1144 Der Wortlaut des § 57a Abs. 5 2. Halbs. BBergG nimmt Bezug auf § 48 Abs. 2 Satz 2 BBergG, welcher allerdings in der aktuellsten Fassung des BBergG nunmehr § 48 Abs. 2 Satz 3 BBergG darstellt, sodass von einer versehentlich unterbliebenen wörtlichen Anpassung des § 57a Abs. 5 2. Halbs. BBergG durch den Gesetzgeber auszugehen ist.
1145 Siehe zur Nichtgeltung dieser Einschränkung im Falle der durch eine mögliche Grundabtretung betroffenen Grundstückseigentümer bei großen Tagebauen unter Verweis auf die Garzweiler Entscheidung des BVerfG (BVerfGE 134, 242 ff.) die Zusammenfassung bei *Keienburg*, in: Boldt/Weller/Kühne/v. Mäßenhausen, BBergG, § 57a Rn. 39. Vgl. insbesondere zu dem

Beurteilung der schwerwiegend betroffenen Oberflächeneigentümer auch beim obligatorischen Rahmenbetriebsplan in einen entsprechenden Sonderbetriebsplan aus Gründen der Sachgerechtigkeit ermöglicht wird.[1146] Hierfür spreche insbesondere der entstehungsgeschichtliche[1147] Zusammenhang der gemeinsamen Einführung des § 57a Abs. 5 2. Halbs. BBergG und dem sich inhaltlich aus der Moers-Kapellen Rechtsprechung des BVerwG ergebenden § 48 Abs. 2 Satz 3[1148] BBergG in das Bundesberggesetz.[1149] Letztlich verbürgt sich hinter der Regelung in § 57a Abs. 5 2. Halbs. BBergG allerdings keine spezialgesetzliche Inhaltsbeschränkung der Bindungswirkung, sondern eine konsequente Umsetzung der allgemeinen Grundsätze der Bindungswirkung wirksamer Verwaltungsakte. Denn sofern die Bergbehörde im Planfeststellungsbeschluss keinerlei feststellende Regelung hinsichtlich der Rechte schwerwiegend drittbetroffener Grundsückseigentümer trifft[1150], da deren Behandlung aus dem Regelungsgegenstand ausgegliedert wurde, kann insoweit keine kongruente Bindungswirkung eintreten. § 57a Abs. 5 2. Halbs.

Unterschied der Beurteilbarkeit der Drittbetroffenheit im Falle von Unter- und Tagebau BVerwGE 127, 272, 277 Rn. 25, 279 Rn. 31.

1146 BVerwGE 127, 272, 278 f. Rn. 29–31; bestätigt durch BVerwG, ZUR 2010, 430, 432 f.; ausführlich *Keienburg*, Die Öffentlichkeitsbeteiligung im Bergrecht, S. 248 ff.; vgl. *Keienburg*, in: Boldt/Weller/Kühne/v. Mäßenhausen, BBergG, § 57a Rn. 38; *Piens*, in: Piens/Schulte/Graf Vitzthum, BBergG, § 57a Rn. 55; siehe *Neumann*, in: Kühne/Ehricke, Entwicklungslinien des Bergrechts, S. 44 f.; im Ergebnis auch *Kühne*, in: Kühne/Ehricke, Entwicklungslinien des Bergrechts, S. 72; vgl. auch *Kühne*, DVBl. 2006, 662, 670; vgl. im Ergebnis wohl auch *Knöchel*, ZfB 134 (1993), 130, 137 f.; vgl. im Ergebnis OVG Berlin-Brandenburg, Beschl. v. 17.08.2010 – OVG 11 N 10.08 –, juris, Rn. 14. Siehe zur Möglichkeit der Ausgliederung der Beteiligung betroffener Oberflächeneigentümer beim obligatorischen Rahmenbertriebsplan auch bereits oben Kap 1, C), III), 1., a). Eine solche Ausgliederung aus dem obligatorischen Rahmenbetriebsplan ablehnend siehe *Ludwig*, Auswirkungen der FFH-RL auf Vorhaben zum Abbau von Bodenschätzen nach dem BBergG, S. 64 f.; im Ergebnis offenlassend, aber wohl mit ablehnender Tendenz VG Saarland, Beschl. v. 25.01.2002 – 2 F 82/01 –, juris, Rn. 74 ff.; daran anknüpfend und im Ergebnis ablehnend *Himmelmann/Tünnesen-Harmes*, UPR 2002, 212, 214 f.

1147 Siehe die Erwägungen des Ausschusses für Wirtschaft (9. Ausschuss), BT-Drs. 11/5601, S. 9, 15 f. Siehe darüber hinaus zur Einführung des § 48 Abs. 2 Satz 2 ff. BBergG auch bereits oben Kap. 1, C), III), 1., a).

1148 Der Wortlaut des § 57a Abs. 5 2. Halbs. BBergG nimmt Bezug auf § 48 Abs. 2 Satz 2 BBergG, welcher allerdings in der aktuellsten Fassung des BBergG nunmehr § 48 Abs. 2 Satz 3 BBergG darstellt, sodass von einer versehentlich unterbliebenen wörtlichen Anpassung des § 57a Abs. 5 2. Halbs. BBergG durch den Gesetzgeber auszugehen ist.

1149 Vgl. BVerwGE 127, 272, 278 Rn. 30; siehe ausführlich *Keienburg*, Die Öffentlichkeitsbeteiligung im Bergrecht, S. 248 f.; *Keienburg*, in: Boldt/Weller/Kühne/v. Mäßenhausen, BBergG, § 57a Rn. 38; *Kühne*, DVBl. 2006, 662, 670.

1150 Siehe auch die Formulierung bei *Keienburg*, Die Öffentlichkeitsbeteiligung im Bergrecht, S. 248, nach der § 57a Abs. 5 2. Halbs. BBerG eine Ausnahme vom Inhalt der Zulassung eines obligatorischen Rahmenbetriebsplans darstelle.

BBergG ermöglicht damit präziser bereits eine Ausnahme vom feststellenden Regelungsgehalt der Planfeststellung.

4. Bindungsintensität

Der Bindungswirkung der Zulassung eines obligatorischen Rahmenbetriebsplans kommt insoweit eine uneingeschränkte Bindungsintensität zu, sodass diese nicht automatisch mit dem nachträglichen Eintritt einer Änderung der Sach- oder Rechtslage entfällt[1151]. Dies ergibt sich bereits nach den allgemeinen Grundlagen[1152] aus dem abschließenden Regelungscharakter der Feststellung im Planfeststellungsbeschluss. Denn ebenso wie die Zulassung eines fakultativen Rahmenbetriebsplans[1153] trifft der Planfeststellungsbeschluss über die Zulassung eines obligatischen Rahmenbetriebsplans keine bloß vorläufige Regelung hinsichtlich der Vereinbarkeit des Gesamtvorhabens mit den daran zu stellenden Voraussetzungen. Ebenfalls macht die Funktion des obligatorischen Rahmenbetriebsplans im Betriebsplanverfahren, hinsichtlich bestimmter Regelungsaspekte die konkretisierenden Haupt- und Sonderbetriebspläne zu entlasten, mithin also zu einer Vorabregelung zu führen, die Beständigkeit der Bindungswirkung gegen nachträgliche Änderungen der Sach- und Rechtslage erforderlich.

5. Zeitliche Grenze der Bindungswirkung und Rechtsschutz Dritter

Gleichsam wie bei der Zulassung eines fakultativen Rahmenbetriebsplans[1154] endet die Bindungswirkung der Zulassung eines obligatorischen Rahmenbetriebsplans mit dem Ablauf dessen Geltungszeitraums.[1155] Die bereits hinsichtlich der Bindungswirkung der Zulassung eines fakultativen Rahmenbetriebsplans dargelegten Erkenntnisse lassen sich hier übertragen. Die Zulassung eines obligatorischen Rahmenbetriebsplans entfaltete demnach keine Bindungswirkung über ihren Geltungszeitraum hinaus.

Aufgrund der von dem wirksamen Planfeststellungsbeschluss der Zulassung eines obligatorischen Rahmenbetriebsplans ausgehenden Bindungswirkung ist dieser durch Dritte, soweit der Planfeststellungsbeschluss gegen drittschützende Vorschriften verstößt, grundsätzlich anfechtbar.[1156] Zu beachten ist an dieser Stelle die bereits dargelegte Möglichkeit, die Beteiligung schwerwiegend betroffener Oberflächeneigentümer im Untertagebau auch bei der Zulassung eines obligatorischen Rahmenbetriebsplans in einen

---

1151 *Keienburg*, in: Boldt/Weller/Kühne/v. Mäßenhausen, BBergG, § 57a Rn. 36; vgl. im Ergebnis auch *Cosack*, NuR 2000, 311, 314.
1152 Siehe dazu oben Kap. 2, A), I), 1.
1153 Siehe dazu oben Kap. 2, B), I), 3., f), bb).
1154 Siehe dazu oben Kap. 2, B), IV), 4.
1155 So auch *Stiens*, S. 198.
1156 *Keienburg*, in: Boldt/Weller/Kühne/v. Mäßenhausen, BBergG, § 57a Rn. 66 f. Siehe ergänzend zur Frage der Unvereinbarkeit materieller Präklusionsvorschriften mit dem Unionsrecht im Falle eines obligatorischen Rahmenbetriebsplans oben Kap. 2, B), I), 3., e), aa).

entsprechenden Sonderbetriebsplan auszugliedern[1157]. In einem solchen Fall besteht die Klagemöglichkeit dieser Dritten gegen die Zulassung des entsprechenden Sonderbetriebsplans, hinsichtlich dessen ihre Einwendungen durch die Zulassung des obligatorischen Rahmenbetriebsplans gemäß § 57a Abs. 5 2. Halbs. BBergG nicht ausgeschlossen werden.[1158] Daneben lassen sich die hinsichtlich des Rechtsschutzes Dritter gegen die Zulassung eines fakultativen Rahmenbetriebsplans erarbeiteten Erkenntnisse[1159] entsprechend übertragen, soweit es um die grundsätzliche Anerkennung der Anfechtungsmöglichkeit aufgrund der Bindungswirkung der Zulassung geht: Mangels einer die Durchführung des Bergbauvorhabens gestattenden Wirkung kommt als dogmatischer Anknüpfungspunkt für die Rechtsverletzung Dritter durch die Zulassung eines obligatorischen Rahmenbetriebsplans nur die davon ausgehende uneingeschränkte Bindungswirkung hinsichtlich konkretisierender Haupt- und Sonderbetriebsplanzulassungen in Frage. Eine tiefgreifendere Darstellung dieser Thematik soll vorliegend in Anbetracht des Untersuchungsgegenstandes nicht erfolgen, sodass auf die einschlägige Rechtsprechung[1160] und Literatur[1161] verwiesen wird.

III) Teilergebnis

Der Planfeststellungsbeschluss über die Zulassung eines obligatorischen Rahmenbetriebsplans entfaltet aufgrund des normativen Gehalts des § 57a Abs. 5 BBergG und seiner Eigenschaft als feststellender Verwaltungsakt eine uneingeschränkte Bindungswirkung zulasten der Bergbehörde, welche nicht automatisch mit einem nachträglichen Eintritt einer Änderung der Sach- oder Rechtslage entfällt. Der Inhalt dieser Bindungswirkung erfasst kongruent den gesamten feststellenden Regelungsgehalt der Planfeststellung und setzt dessen Konkretisierungsgrad fort. Dieser Grad an Konkretisierung zeigt sich insgesamt, aufgrund der unterschiedlichen inhaltlichen Anforderungen des obligatorischen Rahmenbetriebsplans, wesentlich höher als im Falle eines fakultativen Rahmenbetriebsplans, weist in sich allerdings ebenfalls unterschiedliche Konkretisierungsgrade auf. Dabei ist zwischen den

---

1157 Siehe dazu oben Kap. 1, C), III), 1., a). und Kap 2, C), II), 3.
1158 BVerwGE 127, 272, 279 Rn. 32, 34.
1159 Siehe dazu oben Kap. 2, B), IV), 5.
1160 Vgl. statt vieler zur Voraussetzung der Verletzung drittschützender Vorschriften bei der Drittanfechtung des Planfeststellungsbeschlusses über die Zulassung eines obligatorischen Rahmenbetriebsplans: BVerwGE 127, 259, 263 f. Rn. 27 f.; 272, 275 Rn. 20 f.; OVG Münster, Urt. v. 27. 11. 2005 – 11 A 1751/04 –, juris, Rn. 92 ff., 124 ff.; OVG Bautzen, Urt. v. 26.09.2008 – 4 B 773/06 –, juris, Rn. 50 ff., 63 ff.
1161 Siehe detailliert zum Rechtsschutz Dritter gegen den Planfeststellungsbeschluss über die Zulassung eines obligatorischen Rahmenbetriebsplans: *Keienburg*, in: Boldt/Weller/Kühne/v. Mäßenhausen, BBergG, § 57a Rn. 66–69; *Keienburg*, Die Öffentlichkeitsbeteiligung im Bergrecht, S. 202 ff.

C) Die Bindungswirkung der Zulassung obligatorischer Rahmenbetriebspläne

einzelnen Voraussetzungen bzw. Regelungsgegenständen der Planfeststellung zu unterscheiden: die bergrechtsspezifischen Zulassungssvoraussetzungen des § 55 Abs. 1 BBergG, das Nichtentgegenstehen öffentlicher Interessen nach § 48 Abs. 2 BBergG, die Umweltverträglichkeit des Vorhabens und die eingeschlossenen anderen Behördenentscheidungen. Flankierend kommt insoweit die teilweise unterschiedliche systematische Funktion des obligatorischen Rahmenbetriebsplans zum Tragen, wonach dieser nicht nur auf eine zusätzliche Rahmensetzung beschränkt ist, sondern im Wege einer Entlastung bestimmte Aspekte folgender Haupt- und Sonderbetriebsplanzulassungen vorab regeln kann, welche dann keiner erneuten und konkretisierenden Regelung mehr bedürfen. Die Bergbehörde ist daher bei der Entscheidung über die Zulassung nachfolgend „konkretisierender" Haupt- und Sonderbetriebspläne an die Feststellung des Planfeststellungsbeschlusses hinsichtlich der Zulassung des obligatorischen Rahmenbetriebsplans uneingeschränkt gebunden und darf davon weder inhaltlich abweichen noch sich dazu in Widerspruch setzen.

Kapitel 3:
Zusammenfassung in Thesen

1. Jeder wirksame Verwaltungsakt entfaltet grundsätzlich im Umfang seines Regelungsgehalts eine uneingeschränkte Bindungswirkung zulasten der Erlassbehörde, welche ihr ein inhaltliches Abweichen bzw. einen inhaltlichen Widerspruch in weiteren Behördenentscheidungen verbietet. Dabei folgt der exakte Umfang der Bindungswirkung im Einzelfall aus einer Kongruenz zu dem Regelungsgehalt des Verwaltungsakts unter Beachtung des für die Enscheidung maßgeblichen materiellen Rechts. (Siehe Kap. 2, A), I), 1.)

2. Der fakultative Rahmenbetriebsplan und dessen Zulassung dienen pimär einem Kontroll- und Überwachungszweck des Bergbauvorhabens sowohl durch die Bergbehörde als auch durch den Bergbauunternehmer selbst. Investitions- und Planungsschutz des Unternehmers kommen dabei als mitverwirklichter Nebeneffekt in Betracht. (Siehe Kap. 2, B), I), 3., b))

3. Mangels einmaliger Vollgenehmigung stellt das bergrechtliche Betriebsplanverfahren im Grundsatz eine zeitliche Aufgliederung des Bergbauvorhabens nach Durchführungsetappen dar, dessen einzelne Zulassungsentscheidungen jeweils nicht im Hinblick auf die Gesamtrealisierung des Gesamtbergbauvorhabens erlassen werden. (Siehe Kap. 2, B), I), 3., e), aa) – bb))

4. Die Zulassung eines fakultativen Rahmenbetriebsplans trifft eine rahmensetzende Regelung, die zusätzlich neben die erforderlichen Haupt- und Sonderbetriebsplanzulassungen tritt und durch diese inhaltlich ausgefüllt und konkretisiert wird. Aufgrund dieser Stufungssystematik nimmt die Zulassung eines fakultativen Rahmenbetriebsplans keine Regelungsteile nachfolgend konkretisierender Haupt- oder Sonderbetriebsplanzulassungen verbindlich vorweg. (Siehe Kap. 2, B), I), 3., e), dd))

5. Einerseits konstituiert das BBergG keine ausdrückliche normative Verpflichtung, einen fakultativen Rahmenbetriebsplan vor Haupt- oder Sonderbetriebsplänen aufzustellen und zuzulassen, andererseits besteht im Hinblick auf eine Rahmensetzung ein dahingehend funktional orientiertes Bedürfnis. (Siehe Kap. 2, B), I), 3., d))

6. Die Zulassung eines fakultativen Rahmenbetriebsplans weist einen feststellenden Regelungsgehalt auf. Insoweit trifft sie die Feststellung der grundsätzlichen Zulassungsfähigkeit des Bergbauvorhabens bzw. längeren Vorhabenabschnitts hinsichtlich der Zulassungsvoraussetzungen der §§ 55 Abs. 1, 48 Abs. 2 BBergG als Regelung mit abschließender Regelungsintensität, aber geringer inhaltlicher Konkretisierung. Sie enthält daher keine

bloß vorläufige Regelung, welche durch konkretisierende Haupt- oder Sonderbetriebsplanzulassungen im Umfang deren Regelungsgehalts sukzessive ersetzt würde. (Siehe Kap. 2, B), I), 3., f), aa) – bb))

7. Der exakte Konkretisierungsgrad der feststellenden Regelung steht dabei in Abhängigkeit zu dem Maß der Konkretisierung der einzelnen inhaltlichen Angaben in dem durch den Bergbauunternehmer aufgestellten fakultativen Rahmenbetriebsplan im Einzelfall, soweit die Bergbehörde darüber entschieden hat. (Siehe Kap. 2, B), I), 3., f), bb), (6))

8. Die Zulassung eines fakultativen Rahmenbetriebsplans weist keinen zweigliedrigen Regelungsgehalt auf und enthält daher neben der Feststellung der grundsätzlichen Zulassungsfähigkeit des Bergbauvorhabens bzw. längerfristigen Vorhabenabschnitts keine weitere vorläufige positive Gesamtbeurteilung des Gesamtbergbauvorhabens. (Siehe Kap. 2, B), I), 3., f), cc))

9. Sie entfaltet keine ausdrückliche Konzentrationswirkung hinsichtlich der nach anderem Fachrecht für die Durchführung des Bergbauvorhabens erforderlichen anderen Behördenentscheidungen, noch kommt ihr Regelungsgehalt hinsichtlich solcher Entscheidungen im Wege des § 48 Abs. 2 Satz 1 BBergG oder anderer gesetzlicher Zuständigkeitszuweisungen dem Umfang einer Konzentrationswirkung gleich. (Siehe Kap. 2, B), I), 3., k))

10. Aus einer Gesamtschau dieser Aspekte ergibt sich, trotz gewisser gegebener Ähnlichkeiten, die Unvergleichbarkeit der Zulassung eines fakultativen Rahmenbetriebsplans mit dem Vorbescheid des gestuften Anlagengenehmigungsverfahrens. Daher lässt sich die Bindungswirkung der Zulassung hinsichtlich nachfolgend konkretisierender Haupt- und Sonderbetriebsplanzulassungen nicht aus einer funktionalen Vergleichbarkeit mit dem Vorbescheid herleiten. (Siehe Kap. 2, B), I), 4.)

11. Mangels Gestattungswirkung und aufgrund der unterschiedlichen systematischen Funktion innerhalb der Gliederungskonzeption im Betriebsplanverfahren ist die Zulassung eines fakultativen Rahmenbetriebsplans nicht mit der Teilgenehmigung im gestuften Anlagengenehmigungsverfahren vergleichbar. (Siehe Kap. 2, B), II, 1.)

12. Trotz gewisser funktionaler Ähnlichkeiten mit dem vorläufigen positiven Gesamturteil des gestuften Anlagegenehmigungsrechts stellt die Zulassung eines fakultativen Rahmenbetriebsplans aufgrund der abschließenden Regelungsintensität ihrer Feststellung mit geringem inhaltlichen Konkretisierungsgrad kein isoliertes vorläufiges positives Gesamturteil im bergrechtlichen Betriebsplanverfahren dar, folglich dessen sich daraus vergleichend keine eingeschränkte Bindungswirkung hinsichtlich konkretisierender Haupt- und Sonderbetriebsplanzulassungen herleiten lässt. (Siehe Kap. 2, B), II), 2.)

13. Aufgrund der eigenständigen feststellenden Regelung mit abschließender Regelungsintensität und dem Fehlen einer Voraussubsumtion sichert die Zulassung eines fakultativen Rahmenbetriebsplans nicht die

C) Die Bindungswirkung der Zulassung obligatorischer Rahmenbetriebspläne

zukünftige Zulassung konkretisierender Haupt- oder Sonderbetriebspläne zu. Daher ist sie nicht funktional oder rechtscharakterlich mit der Zusicherung i. S. v. § 38 Abs. 1 VwVfG vergleichbar, sodass sich daraus keine einer solchen Zusicherung entsprechende eingeschränkte Bindungswirkung der Zulassung herleiten lässt. (Kap. 2, B), III))

14. Die uneingeschränkte Bindungswirkung der Zulassung eines fakultativen Rahmenbetriebsplans zulasten der Bergbehörde lässt sich nicht aus einem Vergleich mit anderen Instrumenten herleiten, sondern folgt nach den allgemeinen Grundlagen der Bindung wirksamer Verwaltungsakte bereits aus ihrer Rechtsnatur als feststellender Verwaltungsakt und erfasst nach der Kongruenz von Regelungsgehalt und Bindungswirkung den gesamten Regelungsgehalt der Zulassung. (Siehe Kap. 2, B), IV), 1. – 3.)

15. Bei der exakten Bestimmung des regelungskongruenten Umfangs dieser Bindungswirkung lässt sich, in Fortsetzung der Unterscheidung zwischen Regelungsinhalt (Konkretisierungsgrad der Regelung) und Regelungsintensität (abschließend oder vorläufig), ebenfalls zwischen dem Bindungsinhalt einerseits und der Bindungsintensität andererseits differenzieren. (Siehe Kap. 2, B), IV), 2., a))

16. Der Konkretisierungsgrad des Bindungsinhalts entspricht dabei kongruent dem jeweiligen Konkretisierungsgrad der feststellenden Regelung in der Zulassung und kann bezüglich der einzelnen Angaben differenziert ausfallen, sodass hinsichtlich Aspekten der Feststellung mit geringer Konkretisierung nur eine dazu kongruent gering konkretisierte Bindung eintritt, wohingegen ein höherer Konkretisierungsgrad einen entsprechend konkretisierten Bindungsinhalt zur Folge hat. (Siehe Kap. 2, B), IV), 2., a), aa))

17. Damit ist die Bergbehörde bei der Zulassung konkretisierender Haupt- und Sonderbetriebspläne an die festgestellte grundsätzliche Zulassungsfähigkeit des Bergbauvorhabens gebunden, innerhalb derer eine Bindung an die einzelnen Aspekte der feststellenden Regelung in Kongruenz zu deren jeweiligem – aber grundsätzlich geringem – Konkretisierungsgrad erfolgt. (Siehe Kap. 2, B), IV), 2., a), aa))

18. Aufgrund der abschließenden Regelungsintensität der Feststellung und des maßgeblichen materiellen Bergrechts mitsamt dessen rechtlicher Möglichkeiten, auf nachträgliche Änderungen der Umstände zu reagieren, weist die Bindungswirkung der Zulassung einheitlich eine uneingeschränkte Bindungsintensität auf, sodass die Bindung nicht automatisch mit einem nachträglichen Eintritt einer Änderung der Sach- oder Rechtslage entfällt. (Siehe Kap. 2, B), IV), 2., a), bb) – g))

19. Hierbei gewährleistet insbesondere die Steuerung des exakten Konkretisierungsgrades des Bindungsinhalts im Einzelfall durch die Gestaltung des fakultativen Rahmenbetriebsplans durch den Unternehmer und gegebenenfalls die Bergbehörde, trotz einheitlich uneingeschränkter Bindungsintensität, unter dem Gesichtspunkt der allseitigen Transparenz die im Bergbau

Kapitel 3: Zusammenfassung in Thesen

sachgesetzlich notwendige Flexibilität des Betriebsplanverfahrens. (Siehe Kap. 2, B), IV), 2., h))

20. Führt eine nachträgliche Änderung der Sach- oder Rechtslage dazu, dass das Bergbauvorhaben derart, wie es im fakultativen Rahmenbetriebsplan beschrieben und zugelassen wurde, nun nicht mehr grundsätzlich zulassungsfähig ist, muss die Bergbehörde, bevor sie davon in konkretisierenden Haupt- und Sonderbetriebsplanzulassungen abweichen darf, die Rahmenbetriebsplanzulassung durch nachträgliche Auflagen nach § 56 Abs. 1 Satz 2 BBergG entsprechend anpassen oder als ultima ratio diese gemäß § 5 BBergG i. V. m. § 49 Abs. 2 VwVfG ganz oder teilweise aufheben. (Siehe Kap. 2, B), IV), 3.)

21. Gleichermaßen muss der Bergbauunternehmer aufgrund der auch ihm gegenüber eingetretenen uneingeschränkten Bindungswirkung eine Ergänzung oder Abänderung des zugelassenen fakultativen Rahmenbetriebsplans nach den §§ 52 Abs. 4 Satz 2, 54 Abs. 1, 56 Abs. 3 BBergG erwirken, bevor er in konkretisierenden Haupt- oder Sonderbetriebsplänen von dem Inhalt der Zulassung abweichen oder darüber hinausgehen darf. (Siehe Kap. 2, B), IV), 3.)

22. Da die Zulassung des fakultativen Rahmenbetriebsplans keine Regelungsausschnitte der Haupt- oder Sonderbetriebsplanzulassungen vorwegnimmt, sondern als eigenständige Regelung zusätzlich neben diese tritt, wirkt sich ihre Bindungswirkung bei deren jeweiliger Zulassung maßgeblich innerhalb der nach § 48 Abs. 2 BBergG anzustellenden Abwägung samt Verhältnismäßigkeitsprüfung und der Beurteilung unbestimmter Rechtsbegriffe aus, bei denen die Bergbehörde die festgestellte grundsätzliche Zulassungsfähigkeit des Bergbauvorhabens nicht hinterfragen oder abweichend beurteilen darf. (Siehe Kap. 2, B), IV), 3.)

23. Insoweit wird trotz uneingeschränkt bindender Rahmensetzung insbesondere das im Betriebsplanverfahren notwendige, sich wiederholende Zulassungserfordernis von Hauptbetriebsplänen weiterhin gewährleistet. (Siehe Kap. 2, B), IV), 3.)

24. Die Bindungswirkung ist begrenzt auf den Geltungszeitraum der feststellenden Regelung der Zulassung des fakultativen Rahmenbetriebsplans, sodass weder eine Bindung hinsichtlich der Entscheidung über die Verlängerung der ursprünglichen Rahmenbetriebsplanzulassung noch hinsichtlich der Zulassung nach Ablauf des Geltungszeitraums folgender Betriebspläne eintritt. (Siehe Kap. 2, B), IV), 4.)

25. Aufgrund der uneingeschränkten Bindungswirkung ist die Zulassung eines fakultativen Rahmenbetriebsplans einer gerichtlichen Anfechtung durch Drittbetroffene grundsätzlich zugänglich, soweit im Einzelfall in der Zulassung eine feststellende Regelung bezüglich derer, durch entsprechende drittschützende Vorschriften erfassten Rechte getroffen wurde. (Siehe Kap. 2, B), IV), 5.)

C) Die Bindungswirkung der Zulassung obligatorischer Rahmenbetriebspläne

26. Der Planfeststellungsbeschluss über die Zulassung eines obligatorischen Rahmenbetriebsplans entfaltet eine uneingeschränkte Bindungswirkung zulasten der erlassenden Bergbehörde, die nicht automatisch mit dem nachträglichen Eintritt einer Änderung der Sach- oder Rechtslage entfällt und ihr ein inhaltliches Abweichen in konkretisierenden Haupt- und Sonderbetriebsplanzulassungen verbietet. (Kap. 2, C), III))

27. Diese Bindungswirkung ergibt sich zum einen spezifisch aus dem normativen Gehalt des § 57a Abs. 5 BBergG, zum anderen folgt sie nach den allgemeinen Grundlagen der Bindung wirksamer Verwaltungsakte aus der Rechtsnatur des Planfeststellungsbeschlusses als feststellendem Verwaltungsakt. (Siehe Kap. 2, C), I))

28. Aufgrund des insgesamt wesentlich höheren Konkretisierungsgrades des obligatorischen Rahmenbetriebsplans gemäß § 57a Abs. 2 Satz 1 und 2 BBergG und der damit einhergehenden Feststellung im Planfeststellungsbeschluss kommt der regelungskongruenten Bindungswirkung ein grundsätzlich entsprechend detaillierter Bindungsinhalt zu, welcher allerdings hinsichtlich der verschiedenen Voraussetzungen bzw. Regelungsgegenstände der Zulassung divergiert. (Siehe Kap. 2, C), II), 3.)

29. Insoweit muss die exakte Bestimmung des Konkretisierungsgrades dieses Bindungsinhalts im Einzelnen hinsichtlich der bergrechtlichen Anforderungen des § 55 Abs. 1 BBergG einerseits und der Umweltverträglichkeit, dem Nichtentgegenstehen öffentlicher Interessen nach § 48 Abs. 2 BBergG und den von der Konzentrationswirkung eingeschlossenen anderen Behördenentscheidungen andererseits unterscheiden. (Siehe Kap. 2, C), II), 3.)

30. Durch die systematische Funktion des obligatorischen Rahmenbetriebsplans, nicht nur einen zusätzlichen Rahmen zu den Haupt- und Sonderbetriebsplanzulassungen zu setzen, sondern darüber hinaus eine Entlastung des weiteren Betriebsplanverfahrens zu bewirken, können durch dessen Zulassung bestimmte Aspekte und Voraussetzungen des Bergbauvorhabens vorweg geregelt werden, soweit diese bereits einer derart detaillierten Entscheidung zugänglich sind, dass sie keiner weiteren konkretisierenden Regelung in Haupt- und Sonderbetriebsplanzulassungen mehr bedürfen. (Siehe Kap. 2, C), II), 2.)

31. Ebenfalls die Bindungswirkung des Planfeststellungsbeschlusses über die Zulassung eines obligatorischen Rahmenbetriebsplans findet eine zeitliche Wirkungsgrenze in dem Geltungszeitraum des Rahmenbetriebsplans und entfaltet keine Bindung darüber hinaus. (Siehe Kap. 2, C), II), 5.)

Weitere Titel aus der Reihe.

WWW.BOORBERG.DE

Band 66

Rechtsfragen der Marktintegration Erneuerbarer Energien
Probleme und Perspektiven
von Dr. Tobias Lehberg
2017, 212 Seiten, € 38,–
ISBN 978-3-415-06096-8

Band 67

Der städtebauliche Vertrag als Instrument des Klimaschutzes
Eine Untersuchung an Praxisbeispielen
von Frederic Maximilian Mainka
2018, 176 Seiten, € 38,–
ISBN 978-3-415-06343-3

Band 68

Verantwortung und Finanzierung im Zuge der Energiewende
Dokumentation der XXI. Jahrestagung des Instituts für Berg- und Energierecht am 9. März 2017
hrsg. von Professor Dr. iur. Johann-Christian Pielow
2018, 150 Seiten, € 36,80
ISBN 978-3-415-06376-1

BOORBERG

RICHARD BOORBERG VERLAG   FAX 0711/7385-100 · 089/4361564
TEL 0711/7385-343 · 089/436000-20   BESTELLUNG@BOORBERG.DE